共通テスト対応

英単語
1800

ESSENTIAL ENGLISH WORDS FOR
The Common Test for University Admissions

国立2次・私大出題語にみる
本書のカバー率

東 京 大 学 (前期)	98.9%	早稲田大学 (政経)	97.7%
京 都 大 学 (前期)	97.5%	慶應義塾大学 (経済)	98.4%
大 阪 大 学 (前期)	95.3%	上 智 大 学 (経営)	98.2%
名古屋大学 (前期)	96.6%	北 海 道 大 学 (前期)	99.2%
九 州 大 学 (前期)	98.6%	東京工業大学 (前期)	97.6%
東 北 大 学 (前期)	97.4%	一 橋 大 学 (前期)	98.2%

※各大学の試験問題（2021年／東京大学などの一部の大学はリスニングを含む）の総語数を集計。書籍内の見出し語・関連語・コラム・巻末（中学単語・カタカナ語／まとめて覚える語）に掲載された英単語，および一般的に理解が容易であると判断される「カタカナ語」をカバーした語としている。

本書の見出し語・語義・例文のリスニング音声はWEBからダウンロードできます。詳細情報は「東進WEB書店」でご確認ください。

www.toshin.com/books

※音声ダウンロードについての詳細は上記のサイトをご参照ください。
※音声ダウンロードの際には，下記のパスワードが必要になります。

Password TSKT1800

はじめに
Preface

最重要の 1800 語とは？

　本書は、前著『英単語センター 1800』を「大学入学共通テスト」に向けて改訂したものです。前著は「最も重要な単語とは、最も頻繁に用いられる単語である」という立場から、受験生にとって最も重要な単語を収録しました。単語の選定には以下のようなデータを活用してきました。

①センター本試験・追試験およびその前身である「共通1次試験」
②出題範囲とされている検定教科書「英語Ⅰ、Ⅱ」
③ British National Corpus を始めとする最近のコーパス言語学の諸成果
④現在世界中で広く利用されている Oxford、Longman、Macmillan、Cambridge の英語学習辞典
⑤大学英語教育学会（JACET）や編者個人のケンブリッジ、シドニー両大学での基礎研究・検証結果

　これらのデータをもとに、さらに派生語などへの拡張性を勘案し、見出し語として1語1語厳しく選定した結果、前著のセンター試験カバー率は、過去17年間（2003～2019年）のセンター本試験全体で平均「99.5%」となりました。

　しかし、2020年度よりセンター試験が廃止され、代わりに大学入学共通テストが実施されることになりました。そこで、今回これまでの分析結果に、大学入学共通テストの試行調査2回分のデータを加え、見出し語の再調査を行いました。これにより入れ替えとなった見出し語は「21語」という全体の中ではわずかなものですが、大学入学共通テストの傾向に対応した単語集となりました。

　この1800語とその派生語に中学単語とカタカナ語を加えると（反意語・類義語・関連語を入れないで）、本書で修得できる単語の総数は5000語をゆうに超えます。これらは大学入学共通テストのみならず有名大学の出題に十分対応できるばかりか、実社会での「使える英語力」に欠かせない、「最重要語」となることを請け合います。左頁の表は、本書の収録語の、2021年度入試（2021年1～2月実施）のカバー率です。

「使える英語力」と単語力

編者が関係してきたこの40年ほどの入試英語、とりわけセンター試験や代表的な大学の入試問題で最近目立つ傾向は「国際水準」への接近、つまり長文化・即対応のできる学力重視とそれに加えて**文脈を読む力を重視した設問の増加**ということです。要するに、膨大な分量を短時間で処理できる能力の重視です。**実社会で求められている「使える英語力」**への流れとまさに一致します。

私たちがどんなに単語力をつけても、ときに知らない単語に遭遇するのは避けられません。その際には、文脈から意味を推測し、文章全体の趣旨を把握する力をつけることが求められるのです。「想定外の事態に適切に対応する能力」が求められているとも言えます。

英語の位置

入学試験において英語を課さない大学はほとんどありません。なぜ、大学はそのように英語の力を重視するのでしょうか？　大学は研究機関であり、論文などを通してその活動成果を発表する必要があります。研究を進めていくためには広く資料を読みこなさなければなりませんが、いちいち翻訳が出されるのを待っていてはとても最先端の研究・発表など期待はできません。英語以外にも論文レベルで読みこなせる外国語の知識があればなおよいのですが、最低でも学問の分野でもすでに「世界語」となっている英語の力は必要不可欠なのです。大学が学術機関であろうとする限り、後継者の養成で英語力を軽んずることはできないのです。

さらに実業界でも大学に劣らず、国際化が避けられない最重要な課題となっています。今日、生存競争の激しい実業界では厳しくプレゼンテーション力や交渉力が求められます。そしてここでも「共通使用語」は英語なのです。かつてなら読み一辺倒、時間をかけてじっくり考える力で曲がりなりにも対応できたところでも、今ではそれでは済まなくなりました。相手の主張に対して時機を失せずに自分の意見を的確に返す力が欠かせなくなりました。こうした場面では、英語こそ**コミュニケーションの道具**であり、日本語と同程度に使える力が要求されています。

大学以降で学ぶ英語について

　大学は大きく専門分野ごとに学部に分かれています。そして、学科、専攻、自分の研究テーマと細分化されていきます。そこで新たに必要になる英語は専門分野の英語 (いわゆる専門語) です。さらに社会人になると、業界用語や営業・法務・労務などそれぞれの分野特有の業務用語が飛び交うことになります。大学入試の英語では、そうした専門化に入る前段階の、今後どの分野に行っても多用される基本となる単語が出題されるのが原則です。

　本書はその中核となる単語＝**「将来大きく発展する礎となる単語」**を最小数に絞り込むことを目指して研究してきた成果です。それは、最小限の苦労で最大限の成果を得るためです。余分なものは極力そぎ落としました。本書に盛り込まれている単語は、余すことなくきちんと脳中に収納してください。世界中の人々と対話するために。

2020 年 9 月　編者

まずは次の英文を見て下さい。色のついた単語が 38 語あります。そのうち、意味を言えないものが 3 つ以上あったら要注意です。

Reading Habits Among Students　　　　　　by David Moore

July, 2010

　　Reading for pleasure is reading just for fun rather than for your school assignment or work. There is strong evidence linking reading for enjoyment and educational outcomes. Research has shown that students who read daily for pleasure perform better on tests than those who do not. Researchers have also found that reading for fun, even a little every day, is actually more beneficial than just spending many hours reading for studying and gathering information. Furthermore, frequent reading for fun, regardless of whether reading paper or digital books, is strongly related with improvements in literacy.

　この文章は、2018 年に行われた「大学入学共通テスト」の試行調査の問題です。

　本書では、上記の色のついている単語は全て学ぶことができる仕掛けになっています。ただし、青色の単語は 1800 語の見出し語としてではなく、その派生語として掲載していますので、併せて習得していくことになります。

　派生語については、語尾の形が変わることによって品詞や意味がどのように変化するか（Lesson13・14）や、語頭に un-（接頭辞）がつくことによって反対の意味になること（Lesson15）など、本書のコラムで詳しく解説しているのでしっかり整理・マスターして下さい。これだけで習得した単語が何倍にも増えるのですから。

　色のついてない単語は中学単語やカタカナ語にあたるものです。もし色のついてない単語の中に知らないものがある場合は、中学生用の英単語集をまずマスターして下さい。カタカナ語については本書の巻末にも

収録されているので、確認しておきましょう。逆に、全ての語の意味が言える人は相当に語彙力があり、本書の学習では、音声面に集中して「英語耳」「英語口」の獲得に努力するのがふさわしいと思われます。

本書と音声の利用法

　文字も音声も文法もことごとく異なる外国語である英語を必死に丸暗記してもすぐに忘れてしまう危険性があります。できるだけ確かな記憶とし、読む・聞く・書く・話すという４つの技能を満遍なく身につけるためには、次のように学習することをお勧めします。

①読んで学習する

　品詞や訳語が１つだけではない場合には、全てを合わせてその単語の意味を総合的に押さえます。英語の単語は１単語＝１意味でないことが普通です。派生語も見出し語に劣らず大切なので目を通します。

　本書には全ての見出し語に必ず句例・文例がつけられています。句例・文例はこなれた日本語と合わせて理解するようにします。頻度の高い自然な句例を習得すると、会話・作文の際に威力を発揮することが後ほどわかるはずです。

②音声を聞く

　目で本書を一通り理解したら、今度は耳を使いましょう。必要に応じて見出し語や句例・文例を目で追いながら、音声を聞きます。１回で済むはずはありませんから、聞き取れるまで何回でも試みて下さい。目で見て分かっても聞いてわからなければ学習が不十分です。目でも耳でもわかって初めて理解ができたという段階になるのです。

　本書では英米の男女複数の方に登場していただいています。個人的に特異な癖はほとんどありませんが、英米の発音の違いや男女の差、年齢の差などがあるようにしてみました。英語が「世界語」であるということは、様々な訛りや個人差が必ずある、ということですから、多様な発音に少しでも多くなじむ必要があります。

③聞いた後でまねして繰り返す

　声に出して吹き込み音声をまねして下さい。物まね名人になれなくて

もかまいませんが、うまくまねが出来れば、それだけ自分の発音は広く世界で理解される、と思って結構です。句例・文例をまねすると見出し語一つ一つを単独に発音するときと違って、弱く発音される場合に別の音に変わったり聞こえなくなったりすることもあると分かるでしょう。

　そのような英語の音調＝イントネーションと呼ばれる側面に耳と口で学習を進めます。「英語耳」と「英語口」を習得するのが目当てです。理論はいりません、まねする（学ぶ）ことが大切なのです。理屈よりは実際に「使える」ことが大切なのです。

④最後は聞き流す

　できるだけ本書を見ないで聞き流して、気が向いた表現をまねして口に出してみて下さい。この段階になれば、通学中にイヤホンを耳に入れて音声を流しっぱなしでもかまわないでしょう。ミュージックをいくら流しても「英語耳」はできませんが、本書の音声を流しっぱなしにすることで自分の耳が英語音に慣れて、対応できるようにきっと変わっていきます。

　人間は忘れる動物ですから、しばらく離れていると文字も音声も忘れます。手を動かして書いたり、ちょっと耳を活用して聞いたりして毎日のように接するのが一番いいのです。Practice makes perfect [Learn by doing]. のことわざがあるように、学習・記憶には理屈より繰り返しで慣れることが一番いいのだと心得ましょう。

もくじ
Contents

見出し語

米式つづりで表記しました。

英式つづりについては必要に応じて ■▶ で表記しました。

語義

「；」で区切ったものは異なる語義、「，」で区切ったものは類似の語義を、また、「／」は品詞が異なることを意味します。

発音

様々な発音の中で最も標準的な《英音》と《米音》を表示しました。異なる発音にも戸惑わずに聞き取れるようにしましょう。

品詞によって異なる場合などは単語ごとに併記しました。その場合は、原則として語義の品詞表示の順に発音記号を表示しました。

便宜上カタカナでも表示しましたが、実際の音はネイティブスピーカーの発音を何度も聞いて理解・習得して下さい。

※特別に英音と米音を併記する場合は「｜」で区切り、《英》《米》を表示しました。また、英米の区別なく2種類以上の発音がある場合は「，」で区切りました。

略号

名 名詞　動 動詞　形 形容詞　副 副詞　接 接続詞　前 前置詞　助 助動詞
（派生語の品詞は○囲み）
《英》英語　《米》米語　《口》口語　（　）省略可能　[　]入れ換え可能
＝ 類義語　⇔ 反意語　⋯▶ 関連語　【略】略語　⊛ 2語以上の語

語形変化

【複】として、名詞の複数形を示しました。

【変】として、動詞の活用形（原形 - 過去形 - 過去分詞；現在分詞）や形容詞・副詞の比較形（比較級 - 最上級）を示しました。

■▶

日本人にとって間違いやすいことや興味深いことを参考として示しました。

例文・句例

見出し語を赤字で示しました。

（　）は省略可能、[　]は直前の語（句）と入れ換え可能であることを示します。

音声

見出し語と語義と例文を読み上げました。

※音声ダウンロード・ストリーミングについての詳細情報は「東進 WEB 書店」（http://www.toshin.com/books）でご確認下さい。

ROUND 1

STAGE 01-02-03

No.0001–0300
（300 words）

【頻出度】
★★★★★

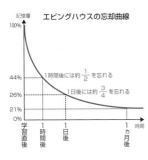

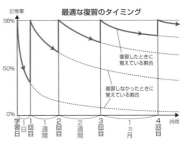

脳科学の研究によると，最も効果的な復習のタイミングは，❶1回目…学習した翌日 ❷2回目…その1週間後 ❸3回目…そのまた2週間後 ❹4回目…そのまた1カ月後であると言われています。右の表に学習した日付（または○や✓など）を記入して，忘れがちな英単語を効率的に復習していきましょう。	STAGE	1回目	2回目	3回目	4回目
	01				
	02				
	03				

0001
even
[í:vən]
イーヴン

副 ～でさえ（も），いっそう
used to emphasize something surprising or extreme
形 平らな；偶数の
=副 still（いっそう）
⇔形 uneven（でこぼこの）
▶ 名詞・代名詞も修飾する。

0002
less
[lés]
レス

形 より少な［小さ］い
not so much or to a smaller degree
副 より少な［小さ］く
▶ little の比較級。【変】little-less/lesser-least

0003
however
[hauévər]
ハウエヴァ

副 どんなに～でも；しかしながら
in whatever way; regardless of how

0004
while
[hwáil]
（ホ）ワイル

名 間，（ある長さの）時間
a period of time
接 ～する間に；一方では
名 meanwhile（合間）☞No.0889
=接 whilst（～する間に）
▶ whilst は while より堅い語。

0005
change
[tʃéindʒ]
チェインヂ

動 を変える；変わる
take or use another instead of
名 つり銭；変化
=動 vary（を変える） 動 modify（を変更する）
動 transform（を変形させる）☞No.0837

0006
part
[pá:rt]
パート

名 部分；役割
a piece or feature of something such as an object, area, event, or period of time
動 を分ける；分かれる
形 partial（一部分の；不公平な）
副 partially（部分的に） 副 partly（部分的に）
名 particle（小片，小さな粒）
=名 portion（分け前）
名 piece（〔切断された〕一部分）☞No.0175

0007
different
[dífərənt]
ディファレント

形 違う，別の
not same
動 differ（違う；意見を異にする）
副 differently（〔～とは〕異なって，違って）
名 difference（違い，相違〔点〕）
形 indifferent（無関心な）

0001

0001 Even a child wouldn't do that.
▶子供でさえもそうはしないだろう。

- [ ] even now ：今でも
- [ ] even if
  ：たとえ〜だとしても
- [ ] even though
  ：たとえ〜（する）にしても

0002 More haste, less speed.
▶急がば回れ。《諺》

- [ ] no less than
  ：〜ほども多く（の）
- [ ] not less than
  ：少なくとも〜

0003 Keep on with your studies however hard they sometimes seem.
▶時にどんなに辛いと思われても勉強は続けなさい。

0004 He sat silent all the while.
▶彼はその間ずっと黙って座っていた。

- [x] all the while
  ：その間ずっと
- [ ] for a while
  ：しばらくの間
- [ ] after a while
  ：しばらくして（から）

0005 You must change trains at Shinjuku Station.
▶新宿駅で電車を乗り換えなさい。

- [x] change trains
  ：電車を乗り換える
- [ ] change one's clothes
  ：着がえる
- [ ] Here's your change.
  ：おつりをどうぞ。

0006 Students come from every part of the world to the university.
▶その大学には世界中のいたる所から生徒がやって来る。

- [x] come from every part of the world
  ：世界中のいたる所からやって来る
- [ ] take part in A
  ：A に参加する

0007 I want to do something different from my father.
▶父とは違うことをやりたい。

- [x] different from A
  ：A とは違う
- [ ] different in A
  ：A の点で異なる

TO BE CONTINUED [1/ 14] ➡

0008
own
[óun]
オウン

動 を所有する
have something that legally belongs to you
形 自分(自身)の
名 owner (所有者)
名 ownership (所有者たること;所有権)
■▶ have より堅い語。進行形は不可。

0009
problem
[prábləm | 〈英〉prɔ́b-]
プロブレム

名 問題,厄介なこと
a thing that is difficult to deal with or to understand
形 problematic (問題のある)
=名 question (問題)

0010
example
[igzǽmpl]
イグザンプル

名 例,手本
a person or a way of behaving that is considered
suitable to be copied
=名 instance (〔実〕例) ☞ No.0256
■▶ 類義語 instance, sample, specimen, case の中
で最も一般的な語。

0011
seem
[síːm]
スィーム

動 〜のように思える,〜らしい
give the impression of being something or having a
particular quality
副 seemingly (うわべは,見たところでは)
=動 look (to be) (〜に見える)
  動 appear (to be) (見たところ〜らしい) ☞ No.0125
■▶ 進行形は不可。同音 seam「継ぎ目」。

0012
believe
[bilíːv]
ビリーヴ

動 (を)信じる
think that something is true, correct, or real
名 belief (信念;信仰)   形 believable (信用できる)

0013
actually
[ǽktʃuəli]
アクチュアリィ

副 実は;実際に
used to emphasize the real or exact truth of a situation,
rather than what people may think
形 actual (現実の)
=副 really (実は)

0014
fact
[fǽkt]
ファクト

名 事実;実際
a thing that is known or proved to be true
形 factual (事実の)
=名 truth (真実)

008 His father owns a restaurant.
▶彼の父はレストランを所有している。

☐ of *one's* own ：自分自身の
☐ on *one's* own ：ひとりで

---

009 He solved the difficult problem.
▶彼はその**難問を解いた**。

✔ solve a difficult problem
：難問を解く
☐ What's the problem?
：どうしたんだ？
☐ That's no problem.
：それは問題ないよ。

---

010 He is a good example of the ideal husband.
▶彼は理想的な夫**の好例**だ。

✔ a good example of *A*
：*A* の好例
☐ for example ：例えば

---

011 She seems to be a very nice girl.
▶彼女はとてもいい子**のようだ**。

✔ seem to be *A*[like *A*]
：*A* のように見える
☐ it seems (that)節
：～のように思える
☐ seem to *do*
：～するように思われる

---

012 Do you believe in God?
▶神 (の存在)**を信じ**ますか？

✔ believe in *A*：*A* (の存在)
を信じる，*A* を支持する
☐ believe (that)節
：～と信じている

---

013 He looks poor, but he's actually very rich.
▶彼は貧乏のように見えるが，**実は**大金持ちだ。

---

014 The fact is (that) she knew nothing about the news.
▶**実は**彼女はそのニュースについて何も知らなかったのです。

☐ the fact that節
：～という事実
☐ in fact ：実は，実際は

TO BE CONTINUED [**2**/ 14] ➡ 15

0015
end
[énd]
エンド

图 終わり；目的；端
a situation in which something is finished or no longer exists
動 を終える；終わる
图 ending (終結；最後)
形 endless (終わりのない)

0016
important
[impɔ́:rtənt]
インポータント

形 重要な；有力な
of great significance or value
图 importance (重要［重大］〔性〕)
⇔形 unimportant (重要でない)

0017
human
[hjú:mən]
ヒューマン

形 人間の；人間的な
belonging to or relating to people, especially as opposed to machines or animals
图 人間
图 humanity (人間性)　图 humanism (人間主義)
形 humane (思いやりのある)

0018
reason
[rí:zn]
リーズン

图 理由；理性
why something happens, or why someone does something
動 判断する
形 reasonable (道理に合った＝形 rational；手ごろな)

0019
consider
[kənsídər]
コンスィダァ

動 (を)熟考する，(を)よく考える
think carefully about (something), typically before making a decision
图 consideration (考慮)
形 considerable (かなりの，たくさんの) ☞No.0987
副 considerably (相当に)
前 接 considering (～を考慮すると，～を思えば)
＝動 regard (を考える) ☞No.0454
　動 contemplate (を熟考する)

0020
point
[pɔ́int]
ポイント

图 要点；点；先端；得点
the most important fact or idea
動 (を)指し示す
■▶成績の点数は mark や grade で表す。

0021
able
[éibl]
エイブル

形 〖be able to do〗～することができる；
有能な
having the power, skill, means, or opportunity to do something
⇔形 unable (〖be unable to do〗～することができない)

0015 He always gives up before the end.

▶彼はいつも**終わり**が来ないうちに諦める。

- ☐ the end of *A* ：*A* の最後
- ☐ end in *A*
  ：結果として *A* になる

0016 The important meeting had finished before he arrived.

▶彼が到着する前に**重要な会議**は終わってしまった。

- ✔ an important meeting [decision]
  ：重大な会議 [決定]

0017 It's an important issue such as the energy crisis and human rights.

▶それはエネルギー危機や**人権**などの重要な問題です。

- ✔ human rights ：人権
- ☐ human beings ：人類

0018 He resigned for personal reasons.

▶彼は一身上の**理由**により辞任した。

- ☐ the reason for *A* ：*A* の理由
- ☐ a reason why節[(that)節]
  ：〜という理由
- ☐ explain the reason
  ：理由を説明する

0019 Consider it again.

▶もう一度**よく考えなさい**。

- ☐ consider *doing*[×to *do*]
  ：〜しようと考える
- ☐ consider whether節
  ：〜かどうか考える

0020 There's no point in taking your camera there.

▶そこへカメラを持参しても**意味がない**。

- ✔ there is no point in *doing*
  ：〜しても [するのは] 意味がない
- ☐ to the point ：的を射た

0021 In order to get the job, you must be able to drive.

▶その仕事に就くには，**運転ができ**なければならない。

TO BE CONTINUED [**3**/ 14] ➡

17

0022	**happen** [hǽpən] ハプン	動 **起こる，生じる** take place; occur 名 happening (出来事) ＝動 occur (起こる) ☞No.0191 　熟 take place (起こる)

0023	**rather** [rǽðər｜〈英〉rάːðə] ラザァ	副 **かなり；むしろ** very; to a large degree ＝副 fairly (かなり) ☞No.0807

0024	**form** [fɔ́ːrm] フォーム	名 **形；姿；形式** the way something is or appears to be 動 を形づくる 形 formal (正規の；改まった) 副 formally (正式に；形式上)　名 formula (公式) 名 format (書式，形式)　名 formation (編成；形成)

0025	**likely** [láikli] ライクリィ	形 〖be likely to do〗 **〜しそうな；ありそうな** probably happen or be true 名 likelihood (ありそうなこと)　副 likewise (同様に) ⋯→副 like (に似ている，〜のような)

0026	**create** [kriéit] クリエイト	動 **を創造する** make something exist that did not exist before 名 creature (生き物)　形 creative (創造的な) 名 creator (創造者；〖the C-〗神)

0027	**might** [máit] マイト	名 **力，権力** great strength and power 助 〖助動詞 may の過去形〗 **〜かもしれない** 形 mighty (強力な) ■▶ 名 と 助 は同一綴りの別語源語。

0028	**although** [ɔːlðóu] オールゾウ	接 **〜だけれども** despite the fact that ■▶ though よりも意味が強く堅い語。al (＝ all 強め) ＋ though。

0029	**mind** [máind] マインド	動 (を)**気にする** feel annoyed or upset about something 名 **心；考え** ⇔名 body (身体)　名 matter (物質) ☞No.0099 ■▶ mind は思考や精神の存在場所としての「心」をい い，heart は感情を意味する。

0022 What <u>happened</u> after he left?

▶彼が帰ってから**何が起こったの？**

- ✔ **What** happened?
  : 何が起こったの？
- □ happen **to** *do*
  : たまたま〜する

0023 The boy got a <u>rather</u> nice present from his parents. ▶その少年は両親から**かなり**素晴らしい贈り物をもらいました。

- □ would **rather** *do*
  : むしろ〜したい
- □ cool **rather than** cold
  : 寒いというより涼しい

0024 Pollution comes in many <u>forms</u>.

▶汚染は多くの**形**で現れる。

- □ fill out[in] a **form**
  : 用紙に記入する
- □ an application **form**
  : 申込用紙

0025 She is <u>likely</u> to come late.

▶彼女は遅れて**来そうだ**。

- □ it is likely (that)節
  : たぶん〜だろう

0026 All people are <u>created</u> equal.

▶人は皆平等に**創られ**ている。

- □ **All men are created equal.**
  : 全ての人は平等に創られている。（アメリカ独立宣言の言葉）

0027 <u>Might</u> is right.

▶**力**は正義なり。「勝てば官軍」《諺》

- □ **might** have *done*
  : 〜したのかもしれない（過去の可能性）
- □ **might** be *doing*
  : 〜しているのかもしれない

0028 <u>Although</u> she had a cold, she won the game.

▶風邪を引いていた**が**，彼女はその試合に勝った。

0029 "Do you <u>mind</u> if I smoke?" —"No, not at all."

▶「タバコを吸っ**てもいいですか？**」「ええ，どうぞ。」

- ✔ **Do[Would] you mind if節?**
  : 〜してもいいですか？
- □ **mind** *A*'s *doing*
  : *A* が〜するのを嫌がる

TO BE CONTINUED [**4**/ 14] ➡   19

0030 **course** [kɔ́:rs] コース	图 進路，方向；成り行き the planned direction taken by a boat or plane to reach a place
0031 **experience** [ikspíəriəns] イクスピァリアンス	图 経験 (the process of getting) knowledge or skill from doing, seeing, or feeling things 動 を経験する
0032 **difficult** [dífikʌ̀lt｜〈英〉-kəlt] ディフィカルト	形 難しい，困難な hard to do, understand, or deal with ⑧ difficulty（困難） ⇔形 easy（易しい）
0033 **decide** [disáid] ディサイド	動 (を)決める，(を)決定する make a choice or judgment about something, especially after considering all the possibilities or arguments ⑱ decisive（決定的な）　⑧ decision（決定）
0034 **increase** 動[inkrí:s] 图[ínkri:s] 《動》インクリース 《名》インクリース	動 増える；を増やす (make something) become larger in amount or size 图 増加，増大 ⑩ increasingly（ますます） =⑩ enlarge（〔を〕拡大する） 　⑩ multiply（増える；を増やす） ⇔⑩ decrease（減少する）☞No.0749
0035 **cause** [kɔ́:z] コーズ	動 の原因となる；を引き起こす make something happen, especially something bad 图 原因；理由 ⇔⑧ effect（結果）☞No.0077 ■▶ cause は結果・行動を引き起こす直接の「原因」をいい，reason は「理由，わけ」を表す。
0036 **area** [éəriə] エアリア	图 地域，場所 a particular part of a country, town, etc. =⑧ region（地域）☞No.0543 　⑧ district（地区）☞No.1543
0037 **possible** [pásəbl｜〈英〉pɔ́s-] パスィブル	形 可能な；ありうる able to be done or achieved ⑧ possibility（あり［起こり］うること，可能性） ⑩ possibly（あるいは，ひょっとしたら） ⇔⑱ impossible（不可能な）☞No.0569

0030 Several courses are open to you.

▶あなたはいくつかの**進路**を選べる。

- ☐ **of course** ：当然ながら
- ☐ **take a course** ：講座を受講する

0031 He spoke from his own experience.

▶彼は自身の**経験に基づいて話し**ました。

- ☑ **speak from experience** ：経験に基づいて話す
- ☐ **have experience** ：経験がある

0032 The questions are too difficult for the children.

▶その質問は子供たち**には難し**すぎる。

- ☑ **difficult for** *A* **(to** *do***)** ：*A* には（〜するのは）難しい

0033 I decided to be a teacher.

▶私は教師**になろうと決心した。**

- ☑ **decide to** *do* ：〜しようと決心する
- ☐ **decide (that)節** ：〜ということを決定［決意］する

0034 The rate of inflation has increased by 3%.

▶インフレ率が 3% **上がった。**

- ☐ **increase in size[value]** ：大きさ［価値］が増す

0035 A traffic jam tends to cause traffic accidents.

▶交通渋滞は**交通事故を引き起こ**しがちだ。

- ☑ **cause a traffic accident** ：交通事故を引き起こす
- ☐ **cause a delay** ：遅延を引き起こす
- ☐ **cause and effect** ：原因と結果

0036 It's rained heavily in the Kanto area.

▶激しい雨が関東**地方**に降った。

- ☐ **a non-smoking** area ：禁煙区域
- ☐ **in the area around** *A* ：*A* の周辺に

0037 Lend me some money if possible.

▶**できることなら**少しお金を貸してくれないか。

- ☑ **if possible** ：できることなら
- ☐ **as** *A* **as possible** ：できるだけ *A*

TO BE CONTINUED [5/ 14] ➡

0038 similar
[símələr]
スィミラー

形 似ている，同様の
almost the same
名 similarity (類似，相似) 副 similarly (同様に)
＝前 like (～のような，～に似ている)

0039 almost
[ɔ́ːlmoust]
オールモウスト

副 ほとんど
nearly
＝副 nearly (ほとんど)
■ almost はもう少しのところで達していないこと
を，nearly はもう少しで達しそうなことをいう。

0040 develop
[divéləp]
ディヴェロップ

動 発達する；を発達させる；を開発する
(cause something to) grow or change into a more
advanced, larger, or stronger form
名 development (発達，成長；開発)
名 developer (〔宅地〕開発〔業〕者)
＝動 exploit (を開発する)

0041 pay
[péi]
ペイ

動 (を)払う；引き合う
give someone money for something you buy or for a
service
名 給料；報い
名 payment (支払い；弁済) 形 paid (有給の)
■【変】pay-paid-paid

0042 age
[éidʒ]
エイチ

名 年齢；時代
the number of years someone has lived or something
has existed
形 aged (～歳の；年を取った) 名 ag(e)ing (老化)

0043 order
[ɔ́ːrdər]
オーダァ

名 順序；秩序；命令；注文
the way that things or events are arranged in relation to
each other, so that one thing is first, another thing is
second, etc.
動 (を)命令する；(を)注文する
形 orderly (順序正しい)
⇔名 disorder (乱雑) ☞No.1357
■「オーダーメイドの」は custom-made。

0044 result
[rizʌ́lt]
リザルト

名 結果，結末；〔通例 -s〕(試験の)成績
something that happens or exists because something
else has happened
動 〔result from A〕A から結果として生じる
＝名 effect (結果) ☞No.0077
名 consequence (結果) ☞No.0823

338 We have similar views on the topic of education.

▶教育の話題では我々は**似たような**見方をしている。

☐ be similar to[in] A
: A と [の点で] 似ている

☐ look similar : 似て見える

---

339 It is almost 12 o'clock.

▶もう 12 時**近い**。

☐ almost every A
: ほとんどあらゆる A

☐ almost all (of) A
: ほとんど全ての A

☐ do almost nothing
: ほとんど何も〜しない

---

340 He learned about volunteer work in developing countries.

▶彼は**発展途上国**でのボランティア活動について学んだ。

☑ a developing[developed] country
: 発展途上 [先進] 国

☐ develop one's knowledge and skills
: 知識と技能を高める

---

341 You can pay by credit card.

▶**支払い**はクレジットカードで結構です。

☐ a pay increase : 昇給

☐ pay for A
: A の支払いをする

---

342 I started to learn French at the age of 16.

▶私は 16 **歳で**フランス語を学び始めた。

☑ at the age of A
: A 歳の時 [で]

☐ for ages : 長い間

---

343 Please line up in order of age.

▶**年齢順に**並んで下さい。

☑ in order of age[height]
: 年齢 [身長] 順に

☐ order A to do
: A (人)に〜せよと命じる

---

344 She got good exam results.

▶彼女は良い**試験の成績**をおさめた。

☑ exam results
: 試験の成績 [結果]

☐ as a result of A
: A の結果として

☐ result in A
: A という結果に終わる

TO BE CONTINUED [6/ 14] ➡

23

0045
past
[pǽst | 〈英〉pάːst]
パスト

形 **過ぎ去った，過去の**
refer to a period up until now
名 **過去**
前 **〜過ぎに**
▶ 比較変化しない。

0046
instead
[instéd]
インステッド

副 **代わりに**
in place of someone or something else
= 熟 in A's place [stead] / in place of A (A の代わりに)

0047
research
[risə́ːrtʃ | ríːsəːrtʃ]
リサーチ / リーサーチ

名 **研究，調査**
serious study of a subject, in order to discover new facts or test new ideas
動 **(を)研究 [調査] する**
名 researcher (研究者)

0048
language
[lǽŋgwidʒ]
ラングウィッヂ

名 **言語，言葉**
a system of communication by written or spoken words, which is used by the people of a particular country or area

---

0049
according
[əkɔ́ːrdiŋ]
アコーディング

前 【according to】 **〜に従って；〜によれば**
based on particular system or plan
副 accordingly (従って；それに応じて)
動 accord (一致する，調和する)
名 accordance (一致，調和)

0050
suggest
[səgdʒést]
サヂェスト

動 **を提案する；をそれとなく言う**
tell someone your ideas about what they should do, where they should go, etc.
名 suggestion (提案)
▶ suggest は話し合ってほしいと控えめに持ち出す。propose は積極的に「提案する」。

0051
whether
[hwéðər]
ウェザァ

接 **〜かどうか**
(used especially in reporting questions and expressing doubts) if, or not:
▶ weather「天気」と同音。

---

045 He has lived in Australia for the past three years. ▶彼は**ここ3年間**オーストラリアに住んでいる。	✔ **for the past** A **years** ：ここ A 年間 □ **at 5 past 10** ：10時5分過ぎに
046 I want honor instead of money. ▶私はお金**ではなくて**名誉が欲しい。	✔ **instead of** A ：A の代わりに
047 He has been doing medical research for many years. ▶彼は長年，医学**研究をし**続けてきた。	✔ **do[conduct] research** ：研究[調査]をする □ **do research into[on/in]** A ：A についての研究をする
048 This school offers a variety of courses for foreign language learners. ▶この学校は様々な**外国語**学習者向けのコースを提供している。	✔ **a foreign language** ：外国語 □ **the English language** ：英語
049 According to the paper(s), there is a growing tendency for tourists to seek out places where they have never been. ▶新聞**によれば**，旅行者の間に訪れたことのない場所を捜し出す傾向が高まっている。	□ **according as** 節 ：〜に応じて
050 I suggest you choose that bag. ▶そのバッグをお選び**になったら**。	✔ **suggest (that)**節[*doing*] ：〜ということを [〜しようと] 提案する □ **suggest to** A **(that)**節 ：A に〜ということを提案する
051 Please tell me whether you can come (or not). ▶来られる**かどうか**教えて下さい。	✔ **whether 〜 (or not)** ：〜かどうか □ **whether** A **or not** ：A であろうとなかろうと

TO BE CONTINUED [7/ 14] ➡

25

0052 remember

[rimémbər]
リメンバー

動〖remember to *do*〗忘れないで～する；（を）思い出す
not forget something that you must do, get, or bring
= 動 recall（〔を〕思い出す）☞No.0949
…▶動 remind（に思い出させる）☞No.0485

0053 set

[sét]
セット

動 を置く；（太陽・月が）沈む
put something in a particular place or position
名 ひとそろい，セット
ⓐ setting（据えつけ）　ⓐ setup（仕組み）
…▶ⓐ reset（再起動）
■▶【変】set-set-set

0054 case

[kéis]
ケイス

名 場合；事件；箱；訴訟
a particular situation or example of something
= ⓐ instance（場合）

0055 agree

[əgríː]
アグリー

動 同意する，（意見が）一致する
have the same opinion
ⓐ agreement（〔意見の〕一致）
⇔動 disagree（同意しない）

0056 several

[sévərəl]
セヴェラル

形 いくつかの；色々の，様々な
more than two but not many
■▶ some のように漠然とせず，3～5程度。a few <
several < many の順で多くなる。

0057 future

[fjúːtʃər]
フューチァア

名 未来，将来
a period of time that is to come
⇔ⓐ past（過去）☞No.0045

0058 sense

[séns]
センス

名 感覚；意味；分別
the ability to understand or judge something
動 を感じ取る
ⓟ sensitive（敏感な）☞No.0876
ⓟ sensible（分別のある）
…▶ⓐ nonsense（たわごと）☞No.1737

0059 continue

[kəntínjuː]
コンティニュー

動 （を）続ける；引き続き～である
not stop happening, existing, or doing something
ⓟ 動 continuous(ly)（絶え間ない［く］）
ⓟ 動 continual(ly)（断続的な［に］）

052 Did you remember to post the letters?

▶忘れないで手紙を出してくれましたか？

- remember *doing*
  ：～したことを覚えている

053 He set the dishes on the table.

▶彼は皿をテーブルの上に並べた。

- ✔ set the dishes on the table
  ：皿をテーブルの上に並べる
- set *A B*
  ：*A* を *B* の状態にする
- repeat a set of calculations
  ：一連の計算を繰り返す

054 I am going to the party in any case.

▶いずれにせよ，私はパーティに行く。

- ✔ in any case
  ：いずれにせよ
- a packing case ：包装箱

055 I agree with you about the plan.

▶その計画では君に賛成だ。

- ✔ agree with *A*
  ：*A*〈人〉に賛成する，*A*〈人〉と同意見である
- agree to *do*
  ：～することに同意する

056 Several weeks later, she recovered and left the hospital.

▶数週間後，彼女は回復し退院した。

- ✔ several weeks later[ago]
  ：数週間後 [前]
- for several days ：数日間

057 The earth's climate will get warmer in the future.

▶将来，地球の気候は温暖化する。

- ✔ in the future
  ：将来 (は)，今後
- future generation
  ：これから先の世代

058 He has a great sense of humor.

▶彼には大いにユーモアがわかる心がある。

- ✔ a sense of humor
  ：ユーモアがわかる心
- common sense ：常識
- make sense of *A*
  ：*A*〈事〉を理解する

059 To be continued.

▶ (連載記事などが) 続く。

- continue *doing*[to *do*]
  ：～し続ける
- continue for three hours
  ：3時間続く

0060 improve
[imprúːv]
インプルーヴ

動 を改善する；良くなる，進歩する
make something better or become better
名 improvement（改良；進歩）
＝動 advance（進歩する；を発展［進歩］させる）
☞ No.0345
  動 upgrade（（を）アップグレードする）
  動 better（をより良くする；を上回る）

0061 least
[líːst]
リースト

形 一番少ない
less than anything or anyone else
副 一番少なく
形 less [little の比較級]（より少な［小さ］い）☞ No.0002
⇔形 more[many, much の比較級]（もっと多い）
■▶ little の最上級。「数」の場合 fewest を用いる。

0062 include
[inklúːd]
インクルード

動 を含む
contain something as a part of something else
名 inclusion（包括；算入）
前 including（を含めて）　形 inclusive（包括的な）
⇔動 exclude（を締め出す）☞ No.1388

0063 describe
[diskráib]
ディスクライブ

動 を述べる；を描写する
say or write what someone or something is like
名 description（描写，記述）
＝動 explain（〔を〕説明する）☞ No.0081

0064 common
[kámən | 〈英〉kóm-]
カモン

名 共通
to have the same interests, attitudes, etc. as someone else
形 共通の；普通の
副 commonly（一般に）

0065 train
[tréin]
トゥレイン

名 列車
a set of several carriages that are connected to each other and pulled along a railway line by an engine
動 訓練を受ける；を訓練する
名 training（訓練）
■▶ 複数の車両が連結された列車全体をいう。1台1台は《米》car，《英》carriage, coach となる。

0066 choose
[tʃúːz]
チューズ

動 （を）選ぶ
decide what you want from two or more things or possibilities
名 choice（選択）
■▶ 【変】choose-chose-chosen。choose は限定されたものの中から「選ぶ」。select は広い範囲の中から「選ぶ」。

---

060 She tried to improve relations with her sister.

▶彼女は姉との**関係を改善しよう**と努力した。

- ✔ improve **relations**
  ：関係を改善する
- ☐ improve *oneself*
  ：自分自身を向上させる
- ☐ improve *one's* **English**
  ：英語力を向上させる

---

061 He's the relative I like the least.

▶彼は私の**最も**好ま**ない**身内です。

- ☐ at least ：少なくとも

---

062 The price includes dinner, bed, and breakfast.

▶その値段は1泊2食**込み**です。

- ☐ include *A* in[on] *B*
  ：*B* に *A* を加える

---

063 Can you describe the umbrella you lost?

▶なくした傘について**説明頂け**ますか？

- ☐ describe *A* as *B*
  ：*A* を *B* と評する
- ☐ describe *A* to *B*
  ：*A* を *B* に説明する

---

064 They have much in common with us.

▶彼らには私たち**と共通点が**多い。

- ✔ have *A* in common (with *B*)
  ：*A* を (*B* と) 共通に持つ
- ☐ common sense ：常識

---

065 Passenger trains can carry many passengers.

▶**旅客列車**は多くの乗客を運ぶことができます。

- ✔ a passenger[《米》freight, 《主に英》goods] train
  ：旅客 [貨物] 列車
- ☐ by train ：電車で，列車で
- ☐ get on[off] a train
  ：電車に乗る[から降りる]

---

066 We chose her as chairman.

▶我々は彼女を議長に**選んだ**。

- ✔ choose *A* (as) *B*[*A* (to be) *B*]：*A*〈人〉を *B*〈役職など〉に選ぶ
- ☐ choose *A* from *B*
  ：*B* から *A* を選ぶ

TO BE CONTINUED [**9**/ 14] ➡ 29

0067 type
[táip]
タイプ

图 型（式）；種類
a category of people or things having common characteristics

動 キーボードを打つ；をキーボード で打つ
® typical（典型的な） ® typically（典型的に）
® typist（タイピスト）
…® stereotype（固定観念）

0068 university
[jù:nəvə́:rsəti]
ユーニヴァースィティ

图 (総合) 大学
a high-level educational institution in which students study for degrees and academic research is done
=® college（〔単科〕大学）
® institute（〔工科〕大学；研究所）

0069 job
[dʒáb | 〈英〉dʒɔ́b]
ヂャブ

图 仕事，職
the regular work that a person does to earn money
® jobless（失業中の）
=® post（地位）☞No.1077
® position（勤め口）☞No.0502
® occupation（職業，職種）

0070 activity
[æktívəti]
アクティヴィティ

图 活動，運動
things that people do, especially in order to achieve a particular aim
® active（活動的な） ® activist（活動家）

0071 lead
[lí:d]
リード

動 を過ごす；(を) 導く；先導する
live a particular type of life

图 リード，勝ち越し
® leader（リーダー，指導者）
® leadership（指揮，統率力）
® leading（優れた，主要な）
…® lead（鉛※同綴り別発音 [léd]）
■▶ lead は先頭に立って「連れていく」。guide は同行して「案内する」。direct は道順・方向などを「指示する」。

0072 allow
[əláu]
アラウ

動 を許す，を認める
let someone have or do something
® allowance（許容量；手当，こづかい）
■▶ let は相手にその意志通りにすることを「許す」。allow は「禁止しない，黙認する」。permit は積極的に「許可を与える」。

30

067 Many types of sports are popular among the Japanese.

▶日本人の間ではいろんな**種類の**スポーツに人気がある。

✔ a type of *A*   : *A* の種類

---

068 My brother graduated from Harvard University last year.

▶兄は昨年**ハーバード大学**を卒業した。

✔ Harvard University
         : ハーバード大学

☐ go to (the) university
         : 大学に行く [通う]

---

069 I will apply for a part-time job.

▶私は**アルバイトの仕事に**申し込むつもりだ。

✔ a part-time[full-time] job
       : アルバイト [正規] の仕事

☐ look for a new job
       : 新しい仕事を探す

☐ Good job.   : よくやった。

---

070 He seems to be involved in political activities.

▶彼は**政治活動**に関わっているようだ。

✔ political activities
        : 政治活動

☐ volunteer activities
       : ボランティア活動

☐ leisure[outdoor] activities
       : レジャー [野外] 活動

---

071 I lead a wonderful college life.

▶私は素晴らしい大学**生活を送っている**。

✔ lead a *A* life
        : *A* な生活を送る

☐ lead *A* to *B*
       : *A* を *B*〈場所〉へ案内する

---

072 Smoking is not allowed.

▶**禁煙**。《掲示》

✔ Smoking is not allowed.
        : 禁煙。《掲示》

☐ allow *A* to *do*
       : *A* が～することを許す

☐ allow *AB*
       : *A* に *B* を与える

TO BE CONTINUED [10/ 14] ➡

0073 **view**
[vjúː]
ヴュー

名 **眺め；見方**
what you can see from a particular place, or the ability to see from a particular place

動 **を眺める；を調べる**
名 viewer (見物人；テレビ視聴者)
名 viewpoint (見える地点；見解)
= 名 sight (光景) ☞No.0994 名 scene (景色) ☞No.1179

0074 **require**
[rikwáiər]
リクワイア

動 **を必要とする；を要求する**
need something or make something necessary
名 requirement (必要品；必要条件)
= 名 request (を要請する) ☞No.1288
■▶ 進行形にしない。

0075 **else**
[éls]
エルス

副 **その他に [の]；さもなければ**
in addition; besides
副 elsewhere (どこかよそで [に／へ])
…▶ 形 other (他の)

0076 **system**
[sístəm]
スィステム

名 **体制；制度，体系**
an organized set of ideas or theories or a particular way of doing something
形 systematic (組織的な)

0077 **effect**
[ifékt]
イフェクト

名 **効果，影響，結果**
a change that is caused by an event, action, etc.
形 effective (効果的な)
副 effectively (有効に；効果的に)
⇔ 名 cause (原因；理由) ☞No.0035
■▶ 動 affect「に影響を与える」と混同しないように注意。

0078 **popular**
[pápjulər | 〈英〉pɔ́p-]
パピュラァ

形 **人気がある；民衆の；大衆的な**
liked by a lot of people
副 popularly ([世間] 一般に；通俗的に)
名 popularity (人気；通俗性)
名 形 pop (ポピュラー音楽 [の])
名 population (人口)

0079 **follow**
[fálou | 〈英〉fɔ́l-]
ファロウ

動 **に従う；(に) ついて行く**
do something in the way that someone has told or advised you to do it
形 副 following (次の／〜の後で)
名 follower (信奉 [追随] 者；熱心なファン)
⇔ 動 lead ([を] 導く) ☞No.0071

---

073 We have a good view of the lake here.

▶ここからは湖がよく**見える**。

- ✔ a view of[from] A
  ：A の [からの] 眺め
- a beautiful[great] view
  : 美しい [素晴らしい] 眺め
- in my view
  ：私の見るところでは

---

074 The job does not require any formal training.

▶その仕事には正式な訓練は全く**いらない**。

- require A to do
  ：A に～するように要求する
- require that節
  ：～ということを必要とする

---

075 Do you want anything else?

▶ 他に何か欲しいものはありますか？

- ✔ anything[something] else
  ：他の何か
- or else ：さもなければ

---

076 We need a reliable security system.

▶信頼性のある**セキュリティシステム**が必要だ。

- ✔ a security system
  ：セキュリティシステム
- the solar system ：太陽系

---

077 The drug has a strong effect on the brain.

▶その薬は脳に強い**効果を及ぼす**。

- ✔ have an effect on A
  ：A に効果 [影響] を及ぼす [生ずる]
- a side effect ：(薬の) 副作用

---

078 Jane is very popular among teenagers.

▶ジェーンは十代の若者に非常に**人気がある**。

- be popular with A
  ：A に人気がある
- become popular
  ：人気が出る [になる]

---

079 She followed her parents' advice.

▶彼女は両親**の忠告に従った**。

- ✔ follow A's advice[orders]
  ：A の忠告 [指示] に従う
- follow A into B：A の後について B に入る

TO BE CONTINUED [11 / 14] ➡

0080 **hold**
[hóuld]
ホウルド

動 を催す；を手に持つ
have a meeting, party, election, etc. in a particular place or at a particular time
名 保持；支配力
名 holder（保持者；入れ物）　名 holding（持ち株）
▶【変】hold-held-held

0081 **explain**
[ikspléin]
イクスプレイン

動 （を）説明する
tell someone about something in a way that is clear or easy to understand
名 explanation（説明）

0082 **sound**
[sáund]
サウンド

形 健全な；しっかりとした
not broken or damaged; healthy; in good condition
名 音
動 鳴る；〜に思われる
▶ 耳障りな「音」は noise。心地よい音楽的な「音」は tone。

0083 **chance**
[tʃǽns|〈英〉tʃɑ́ːns]
チャンス

名 偶然；見込み；機会，好機
the way some things happen without being planned or caused by people
…▶名 opportunity（機会，好機）☞No.0155
▶ 好ましくない「偶然」は accident。

0084 **space**
[spéis]
スペイス

名 空間；空所，余地；宇宙
an empty area that is available to be used
形 spacious（広々とした）

0085 **social**
[sóuʃəl]
ソウシャル

形 社会的な；つきあいの
forming groups or living together in their natural state
名 society（社会）☞No.0137
副 socially（社会的に〔は〕）
動 socialize（を社会的なものにする；を社会化する）

0086 **provide**
[prəváid]
プロヴァイド

動 を供給する，を与える；備えをする
give someone something that they need
名 provision（供給；準備）
接 providing（〜との条件で，〜という場合には）
▶ provide はあらかじめ準備しておいて「供給する」。
equip は必要な道具・装置などを「備えつける」。

---

080 The final game was held yesterday.

▶最終試合は昨日行われた。

- ✔ hold a game[concert]
  : 試合 [コンサート] を催す
- ☐ Hold on.
  : 待って [電話を切らないで]。

---

081 I explained to him what had happened.

▶私は彼に何が起こったのか説明した。

- ✔ explain to A wh節[句]
  : A〈人〉に〜かを説明する
- ☐ explain A to B
  : A を B〈人〉に説明する

---

082 A sound mind in a sound body.

▶健全な身体に健全な精神は宿る《諺》

- ☐ That sounds good[great].
  : それは良いね。
- ☐ Not a sound was heard.
  : 物音一つしなかった。

---

083 He discovered it by chance a couple of months ago.

▶彼が数ヶ月前にそれを偶然発見しました。

- ✔ by chance : 偶然 (にも)
- ☐ have a chance of *doing*[A]
  : 〜する [A の] 見込みがある

---

084 That desk takes up too much space.

▶その机は場所を取りすぎる。

- ✔ take up too much space
  : 場所を取りすぎる
- ☐ space travel : 宇宙旅行

---

085 Man is a social animal.

▶人間は社会的動物だ。

- ☐ social problems[welfare]
  : 社会問題 [福祉]

---

086 He provided his children with the right book.

▶彼は子供たちに適切な本を与えた。

- ✔ provide A with B
  : A〈人〉に B を与える
- ☐ provide B for[to] A
  : A〈人〉に B を与える

0087
quite
[kwáit]
クワイト

副 **全く；すっかり**
completely
■▶ ⑯ quiet「静かな」と発音が混同しないように注意。

0088
various
[véəriəs]
ヴェアリアス

形 **色々な；いくつかの**
many different
副 variously (色々に，様々に)
名 variation (変化，変動)
名 variety (多様性；変化) ☞ №.0223
動 vary (を変える；変化する)

0089
share
[ʃéər]
シェア

動 **(を)分け合う，(を)共有する**
have or use something with other people
名 **割り当て；分け前**
名 shareholder (出資者，株主)

0090
century
[séntʃəri]
センチュリィ

名 **世紀，100 年間**
a period of 100 years
…名 decade (10 年間) ☞ №.0381

0091
parent
[péərənt]
ペアレント

名 **親**(父または母)
a mother or father of a person or an animal
形 parental (親の，親らしい)
■▶ 日本語の親と少しずれて，「父」または「母」を指す。「両親」の場合は parents。

0092
present
名形[préznt]
動[prizént]
《名》《形》プレゼント
《動》プリゼント

名 (1) 〖the ～〗**現在**；(2) **プレゼント**
(1) the time that is happening now
形 (1) **現在の**；〖通例 be ～〗**居る，存在する**
動 (2) 〖present A with B/B to A〗 B を A に与える
名 presence (存在；出席⇔ 名 absence)
名 presentation (提示；発表)
⇔形 absent (不在で，いない；欠席して)
■▶ (1) と (2) は同一綴りの別語源語。

0093
finally
[fáinəli]
ファイナリィ

副 **ついに，最終的に**
after a long time or some difficulty
形 final (最後の)
＝熟 at last (やっと〔のことで〕，ついに)

0094
finish
[fíniʃ]
フィニッシュ

動 **を終える；終わる**
complete something or come to the end of an activity
名 **最後；仕上げ**
＝動 complete (を完成させる) ☞ №.0234

---

087 Are you quite certain about this?

▶あなたはこの件について**絶対に**確信がありますか？

- □ quite **a lot**
  ：とてもたくさん
- □ quite **a few**
  ：かなりの数の

088 There are various means of communication in modern society.

▶現代社会には**様々なコミュニケーション手段**がある。

- ☑ various **means of communication**
  ：様々なコミュニケーション手段
- □ various **ways to** *do*
  ：〜する様々な方法

089 Would you like to share our taxi?

▶私たちのタクシーに**相乗りし**ませんか？

- □ share *A* **with** *B*
  ：*B* と *A* を共有する

090 In half a century, we can expect great scientific advances.

▶ **50 年後に**，偉大な科学的進歩が期待できる。

- ☑ in half a century
  ：50 年後に
- □ **for** centuries
  ：何世紀もの間

091 The parents of the bride thanked the guests for coming to the wedding.

▶**花嫁の両親**は結婚式に来てくれたことについて招待客に感謝した。

- ☑ the parents of the bride
  ：花嫁の両親

092 The project is going well at present.

▶**現在は**プロジェクトはうまくいっている。

- ☑ at present ：現在 (で) は
- □ **be** present **at** *A*
  ：*A* に出席している
- □ **a Christmas[birthday]** present：クリスマス [誕生日] プレゼント

093 Her parents finally let her go to Europe alone. ▶両親は**ついに**彼女が一人でヨーロッパへ行くのを許した。

- □ **After many years of** *A*, finally ... .
  ：何年にもわたる *A* の末，ついに…。

094 He started to work for a bank after he finished college.

▶彼は**大学を終えた**後銀行で働き始めた。

- ☑ finish **college[breakfast]**
  ：大学 [朝食] を終える
- □ finish **with** *A*
  ：*A* を使い終わる

TO BE CONTINUED [13/ 14] ➡

37

0095	**travel** [trǽvəl] トゥラヴェル	動 (を)**旅行する** go from one place to another, typically over a distance of some length 名 **旅行；移動** 名 traveler (旅行家，旅人) ■▶ travel は仕事・娯楽目的での長距離の「旅行」。 journey はかなり長い「旅」。voyage は比較的長い海上の「旅行」。tour は観光・視察などの「周遊旅行」。 excursion は集団で行う短い「旅行」。
0096	**produce** 動[prədjúːs | -djúːs] 名[prɑ́djuːs〈英〉prɔ́djuːs] 《動》プロデュース 《名》プラデュース	動 (を)**生産する**；(を)**製作する** make something or bring something into existence 名 **農産物；製品** 名 producer (生産者；製作者) ⋯▶動 reproduce (を再生する)
0097	**level** [lévəl] レヴェル	名 **水準；水平；**(水平面の)**高さ** the amount or agree of something, compared to another amount or degree 形 **平らな** ＝形 flat (平らな) ☞No.1165 形 even (平らな) ☞No.0001
0098	**report** [ripɔ́ːrt] リポート	名 **報告；報道** a description of an event or situation 動 (を)**報告する** 名 reporter (通信員，報告者) ■▶ 学生の「(学期末)レポート」は (term) paper。
0099	**matter** [mǽtər] マタァ	名 **事柄，問題；重要；物質** a situation or subject that is being dealt with or considered 動 **重要である**
0100	**plan** [plǽn] プラン	動 (を)**計画する** intend to do something 名 **計画；平面図** 名 planning (〔経済的・社会的〕計画，立案) ■▶ 【変】plan-planned-planned。plan は最も一般的な「計画」。program は行事や番組などの実施「計画」。 project は野心的または実験的な「計画」。

STAGE 01

0095
You really like to travel abroad, don't you?

▶あなたは**海外旅行をする**ことがとても好きですよね？

- ✔ travel abroad[around the world]
  ：海外 [世界一周] 旅行をする
- travel around *A*
  ：*A*〈場所〉を旅行する

0096
Japan once produced more silk than any other country.

▶日本はかつてどの国よりも多くの絹**を生産した**。

- produce a result[results]
  ：結果 [成果] を出す

0097
You should consider visiting Cuzco, at 3,400 meters above sea level.

▶**海抜 [標高]** 3400 **メートル**にあるクスコを訪れることを考えるべきです。

- ✔ *A* meters above sea level
  ：海抜 [標高]*A* メートル

0098
The weather report says it'll start snowing this afternoon.

▶天気**予報**によれば，今日の午後には雪が降り出すそうだ。

- write a report
  ：報告書を書く
- a report about[on] *A*
  ：*A* についての報告書
- report that節
  ：～と報道する

0099
As a matter of fact, she is my sister.

▶**実は**，彼女は私の妹です。

- ✔ as a matter of fact ：実は
- What's the matter (with you)? ：どうしたの？

0100
We are planning to go fishing next Sunday.

▶我々は今度の日曜日に釣りに**行く計画を立てている**。

- ✔ plan to *do*：～する計画を立てている，～するつもりである
- change a plan
  ：計画を変える

Lesson 1 発音とつづりの法則①

英語は発音とつづり表記が少なからず異なる悪名高き言語です。以下の「法則」には例外もありますが、類型化して覚えておくと便利なものを挙げておきます。[r] は英国標準発音などでは発音されません。

1 【母音字＋子音字＋e】では アルファベット読み

a	[ei]	make	take	cake
e	[i:]	these	scene	
i	[ai]	nice	fine	rice
o	[ou]	globe	home	role
u	[ju:]	cute	use	tube

2 【母音字＋r】の原則的な読み方

ar	[ɑːr]	arm	guitar
	[ɔːr]	warm	
er	[əːr]	certain	person
ir	[əːr]	first	girl
or	[ɔːr]	short	for
	[əːr]	work	
ur	[əːr]	hurt	purpose

※アクセントのない音節では全て [ər]

3 母音字 a, e, i, o, u の代表的な発音

a	[æ]	apple	angry
	[ei]	paper	famous
	[ɑ/ɔ]	swan	wander
	[ɔː]	(l の前) salt	alter
	[ɑː]	father	Chicago
例外	[i]	village	
例外	[e]	many	any
e	[e]	egg	red
	[i:]	previous	evil
	[i]	pretty	return
	[ə]	moment	
i	[ai]	horizon	advise
	[i:]	police	machine
	[i]	finger	give
o	[ou]	only	home
	[ɑ/ɔ]	stop	hot
	[ʌ]	son	glove
	[u:]	lose	prove
例外	[u]	bosom	woman
	[ə]	handsome	
		purpose	
	[i]	women	
	[ɔ:]	often	
u	[ʌ]	study	culture
	[ju:]	music	use
	[u:]	truth	rule
	[u]	full	push
	[ə]	album	chorus
例外	[i]	busy	business
例外	[e]	bury	

4 ai ／ ay

	[ei]	raise	play
例外	[e]	said	says

5 ear

	[əːr]	earth	pearl
	[eər]	wear	pear
	[iər]	clear	hear
例外	[ɑːr]	heart	hearth

bags

STAGE
01
0001
0100
0200
0300
0400
0500
0600
0700
0800
0900
1000
1100
1200
1300
1400
1500
1600
1700
1800

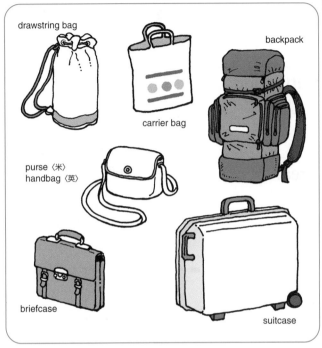

drawstring bag

carrier bag

backpack

purse 〈米〉
handbag 〈英〉

briefcase

suitcase

bay

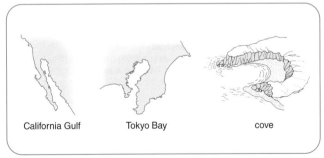

California Gulf

Tokyo Bay

cove

41

0101 **remain**
[riméin]
リメイン

動 残る，留まる；〜のままでいる
stay in the same place or in the same condition
名〖-s〗残り；遺跡
形 remaining (残った)
名 remainder (残り〔もの〕，余り)

0102 **attention**
[əténʃən]
アテンション

名 注意，注目；世話
notice, thought, or interest
動 attend (〔に〕出席する；注意する)
形 attentive (注意深い)

0103 **real**
[ríːəl | ríəl]
リーアル

形 本当の；現実の
existing in fact and not imaginary
名 reality (現実)　副 really (実際；実は)
動 realize (を実現する) ☞No.0133
形 realistic (現実的な，実際的な)
名 realization (理解；実現)
＝形 actual (現実の)　形 true (本当の，真実の)
⇔形 imaginary (架空の)
■ true は「現実・実際」と一致している。actual は「実際に」存在する。

0104 **offer**
[ɔ́ːfər | 〈英〉ɔ́fə]
オーファ

名 申し出；提案；提供
the act of asking if someone would like to have
something or if they would like you to do something
動 を提供する；(を)申し出る
＝動 propose (を提案する)

0105 **benefit**
[bénəfit]
ベネフィット

名 利益；恩恵
a helpful or good effect, or something intended to help
形 beneficial (有益な)
■ benefit は幸福や福祉につながる「利益」。profit は金銭的「利益」。advantage は有利な立場・地位にあることから生ずる「利益」。

0106 **main**
[méin]
メイン

形 主要な
larger or more important than all other things, ideas,
etc. of the same kind
副 mainly (主に)
＝形 chief (主な) ☞No.1682

0101 I remained at home yesterday. ▶昨日は家に残っていました。	☐ remain calm ：冷静でいる ☐ remain seated ：着席したままでいる
0102 Pay attention to what your doctor says. ▶主治医の話に注意を払いなさい。	✔ pay attention to *A* ：*A* に注意を払う ☐ Attention, please. ：皆様にお知らせします。 ☐ turn *one's* attention ：注意を向ける
0103 I am planning to buy real estate in Tokyo. ▶私は東京に不動産を買うつもりだ。	✔ real estate ：不動産 ☐ real people ：実在の人物 ☐ in real life ：現実には
0104 They decided not to make an offer to a person on the shortlist. ▶彼らは，最終候補者リストの人に申し出をしないことにしました。	✔ make an offer to a person ：人に申し出をする ☐ offer to *do* ：～しようと申し出る
0105 The library was built for the public benefit. ▶その図書館は公共の利益のために建てられた。	✔ for the public benefit ：公共の利益のために ☐ a benefit concert ：慈善コンサート ☐ bring benefits ：利益をもたらす
0106 A school trip is the main event for most students. ▶修学旅行はほとんどの生徒にとって主要行事です。	✔ a main event[street] ：主要行事 [大通り] ☐ the main point ：要点 ☐ in the main ：概して

0300

0400

0500

0600

0700

0800

0900

1000

1100

1200

1300

1400

1500

1600

1700

1800

TO BE CONTINUED [1/ 14] ➡ 43

0107 **moment**
[móumənt]
モウメント

名 瞬間;(特定の)時;目下
a particular point in time
形 momentary (瞬間の)

0108 **state**
[stéit]
ステイト

名 国家, 州;状態
a nation or territory considered as an organized political
community under one government
動 を(はっきり)述べる
名 statement (言明, 声明)　名 statesman (政治家)
…名 county (《英》州, 《米》郡)　名 province (州)

0109 **receive**
[risí:v]
レスィーヴ

動 (を)受け取る;(を)受ける
get or be given something
名 receiver (受信機 [人])　名 receipt (受領書)
名 reception (受領;受信;応接)
■► get よりも堅い語。accept と違って「承諾」の意味
はない。

0110 **interest**
[íntərəst, -tərèst]
インタレスト

名 興味, 関心;利益;利子
the feeling of wanting to know or learn about
something or someone
動 に関心を持たせる
形 interested (興味を持った)
形 interesting (おもしろい, 関心を引く)

0111 **guess**
[gés]
ゲス

動 (を)推測する;を考えつく
give an answer to a particular question when you do not
have all the facts and so cannot be certain if you are
correct
名 憶測
＝動 suppose (と想像する) ☞No.0230
　動 think (と思う)

0112 **influence**
[ínfluəns]
インフルエンス

名 影響
the power to affect the way someone or something
develops, behaves, or thinks, without using direct force
or orders
動 に影響を及ぼす
形 influential (影響力のある)

0113 **knowledge**
[nálidʒ | 〈英〉nɔ́l-]
ナリッヂ

名 知識, 知っていること
understanding of or information about a subject that
you get by experience or study, either known by one
person or by people generally
…動 acknowledge (を認める) ☞No.1284

---

¹⁰⁷ We will wait here for the moment. ▶差し当たって，私たちはここで待つつもりです。	✔ **for the moment** ：差し当たって ☐ a moment ：ちょっと，しばらく ☐ Just a moment. ：ちょっと待って。
¹⁰⁸ Yellowstone National Park, located in the northern United States. ▶**アメリカ合衆国**北部にあるイエローストーン国立公園。	✔ **the (United) States** ：アメリカ合衆国 ☐ state *one's* opinion ：意見を言う
¹⁰⁹ I received your letter of April 7. ▶4月7日付の**お手紙を拝受いたしました**。	✔ **receive a letter[call]** ：手紙 [電話] をもらう ☐ receive an award ：賞を受け取る ☐ receive *A* from *B* ：*A* を *B* から受け取る
¹¹⁰ I have no interest in dancing. ▶私はダンス**には興味が**ない。	✔ **have an interest in *A*** ：*A* に興味がある ☐ the monthly rate of interest ：(利息の) 月利
¹¹¹ I guess he was in his early thirties. ▶あの人は 30 代前半だった**と思う**。	✔ **guess (that)節** ：〜だと思う ☐ Guess what? ：何だと思う？
¹¹² That movie may have a bad influence on children. ▶その映画は子供に悪**影響を及ぼす**かもしれない。	✔ **have (an) influence on *A*** ：*A* に影響を及ぼす
¹¹³ Knowledge is power. ▶**知識**は力なり。	☐ to *A's* knowledge ：*A* の知る限りでは

TO BE CONTINUED [2/ 14] ➡

0114
business
[bíznis]
ビズニス

图 商売，仕事，ビジネス
the buying and selling of good or services
⊗ businessman（実業家；実務家）
⋯▸⊗ enterprise（企業）

0115
process
[práses | 〈英〉próu-]
プラセス

图 過程，工程；経過
a method of producing goods in a factory by treating natural substances

動 を処理する；を調査分析する
動 proceed（進行する，前進する）
⊗ proceeding（進行；手続き）
⊗ procedure（手続，手順）
⊗ processor（処理装置）
⋯▸⊗ procession（行進）

0116
environment
[inváiərənmənt]
インヴァイロンメント

图 (自然)環境；周囲の状況
the air, water, and land in or on which people, animals, and plants live
⊛ environmental（環境の）
⊕ environmentally（環境的に）

0117
encourage
[inkə́:ridʒ | 〈英〉-kár-]
インカーリッヂ

動 を励ます，を勇気づける
give somebody support, courage or hope
⊗ courage（勇気）☞No.1221
⊗ encouragement（激励）
≒動 stimulate（を刺激する）☞No.1397
⇔動 discourage（をがっかりさせる）

0118
average
[ǽvəridʒ]
アヴェリッヂ

形 平均の；並みの
constituting the result obtained by adding together several amounts and then dividing this total by the number of amounts
图 平均
＝⊗ mean（平均〔値〕）　⊛ median（中間の）

0119
passage
[pǽsidʒ]
パスィッヂ

图 (文などの)一節；通路；通行
a short part of a book, poem, speech, piece of music, etc.
動 pass（を通る）　⊗ passenger（乗客，旅客）
⋯▸⊗ corridor（廊下）

0120
expect
[ikspékt]
イクスペクト

動 を期待する，を予期する
think or believe something will happen, or someone will arrive
⊗ expectation（期待）
⊛ unexpected（思いがけない）
＝動 hope（ということを望む）
　動 suppose（と想定する）☞No.0230
　動 anticipate（を予期する）☞No.1076

46

⁰¹¹⁴ My boss is often away on business. ▶上司は**仕事で**出かけることが多い。	✔ **on business** ：仕事で ☐ **That's none of your business.** ：君の知ったことか。
⁰¹¹⁵ He showed me the cheese-making pro-cess. ▶彼は私にチーズ製造**工程**を見せた。	☐ **the process of** A ：A の過程 ☐ **in the process** ：その過程で ☐ **in process** ：進行中で
⁰¹¹⁶ Students discussed how to protect the environment from pollution. ▶生徒たちは**環境を**汚染から**守る**方法について話し合った。	✔ **protect the environment** ：環境を守る ☐ **damage[harm / destroy] the environment**：環境を破壊する
⁰¹¹⁷ She encouraged her children to study. ▶彼女は子供**を勉強するように励ま**しました。	✔ **encourage** A **to** do ：A を～するように励ます ☐ **encourage** doing ：～することを勧める
⁰¹¹⁸ Sound travels at an average speed of 340 meters a second. ▶音は毎秒**平均**340m で伝わる。	☐ **on (an[the]) average** ：平均して ☐ **the national average** ：全国平均
⁰¹¹⁹ What is the main point in this passage? ▶ この**段落**の要点は何だろう？	☐ **safe passage** ：安全な通行 ☐ **No passage.** ：通行禁止。（掲示）
⁰¹²⁰ I expect that he will come. ▶彼は来る**と思う**。	✔ **expect that**節 ：～だと予想する（※節の中は未来形） ☐ **expect to** do ：～するつもりである

0300

0400

0500

0600

0700

0800

0900

1000

1100

1200

1300

1400

1500

1600

1700

1800

0121	**wonder** [wʌ́ndər] ワンダァ	動 ～かしらと思う；(に)驚く think about something that you are not sure about and try to guess what is true, what will happen, etc. 名 驚き；不思議 形 wonderful (素晴らしい；驚くべき 〔＝形 marvelous〕) ■▶ 動 wander「歩き回る」と混同しないように注意。
0122	**depend** [dipénd] ディペンド	動 〔depend on〕～に頼る；～次第だ be able to trust; rely on 形 dependent (頼って) 名 dependence (依存) ⇔形 independent (独立している) ☞No.0752
0123	**recent** [ríːsnt] リースント	形 最近の happening or starting from a short time ago 副 recently (近ごろ) ＝副 nowadays (このごろ) 副 lately (最近)
0124	**probably** [prábəbli｜〈英〉prɔ́b-] プラバブリィ	副 たぶん，まず確実に likely to be true or likely to happen 形 probable (ありそうな) 名 probability (見込み) ＝副 presumably (恐らく，たぶん) ■▶ probable は「たぶんある」。possible は「ありうる」。
0125	**appear** [əpíər] アピァ	動 見たところ～らしい；現れる seem; give the impression of being 名 appearance (出現；外見) ⇔動 disappear (見えなくなる) ☞No.0620
0126	**easily** [íːzili] イーズィリィ	副 容易に，気楽に without difficulty or effort 名 動 ease (容易さ，気楽／を楽にさせる) 形 easy (容易な，楽な〔⇔ difficult, hard〕)
0127	**history** [hístəri] ヒストリィ	名 歴史；過去のこと all the things that happened in the past, especially the political, social, or economic development of a nation 形 historic (歴史的に有名な，歴史に残る) 形 historical (史学の；歴史上の) 名 historian (歴史家)
0128	**situation** [sìtʃuéiʃən] スィチュエイション	名 状況，立場 the set of things that are happening and the conditions that exist at a particular time and place 動 situate (～の位置を定める) 形 situated (位置している，ある) ＝名 condition(s) (状態) ☞No.0208 名 circumstance(s) (事情，状況) ☞No.0763

0121	I wonder if he will come. ▶彼は来る**かしら**。	☑ wonder if節[wh節] 　　　：〜かしらと思う ☐ wonder at *A* 　　　：*A* を不思議に思う ☐ I wonder. 　　　：さあ，どうだろう。
0122	Man depends on water for many things. ▶人間は多くのことで水に**頼っている**。	☐ depend on *A* to *do* [*A's doing*] 　　　：*A* が〜するのを当てにする
0123	Air traffic has grown rapidly in recent years. ▶航空輸送が**近年**急速に伸びている。	☑ in recent years ：近年は ☐ recent news 　　　：最近のニュース
0124	The tennis match will probably be held tomorrow. ▶テニスの試合は**たぶん**明日行われるだろう。	
0125	It appears as if they've lost interest in politics. ▶彼らは政治に興味を失った**ようです**。	☑ it appears as if[though] 節 　　　：(どうも) 〜らしい ☐ it appears (that)節 　　　：〜のように思われる
0126	Everyone can travel easily these days. ▶今日では誰もが**容易**に旅行できる。	☐ easily enough 　　　：実に簡単に
0127	Japanese history is my favorite subject. ▶**日本史**は私の得意科目だ。	☑ (×the) Japanese[Chinese] history ：日本 [中国] 史 ☐ the history of Japan 　　　：日本史
0128	We have seen the dramatic changes in the international situation over the past 100 years. ▶私たちは過去 100 年にわたって**国際情勢**の激変を目撃してきた。	☑ the international [economic] situation 　　　：国際 [経済] 情勢

STAGE **02**

0001
0100
0200
0300
0400
0500
0600
0700
0800
0900
1000
1100
1200
1300
1400
1500
1600
1700
1800

TO BE CONTINUED [**4**/ 14] ➡

49

0129 **especially** [ispéʃəli] イスペシャリィ	副 **特に，とりわけ** very much; more than usual or more than other people or things = 副 specially (特〔別〕に) 副 particularly (特に，とりわけ) ■■▶【略】esp.

0130 **surprise** [sərpráiz] サプライズ	動 **を驚かす** (of something unexpected) cause someone to feel mild astonishment or shock 名 **驚き** 形 surprising (驚くべき，意外な) 形 surprised (驚いた，びっくりした)

0131 **argue** [áːrgjuː] アーギュー	動 **(を)論争する；と主張する** disagree with someone in words, often in an angry way 名 argument (議論；主張；言い争い)

0132 **clear** [klíər] クリア	動 **をきれいにする；晴れる** make somewhere emptier or tidier by removing things from it 形 **明るい；はっきりした** 副 clearly (明らかに) 動 clarify (を明らかにする) ┈┈▶ 名 clear soup (コンソメスープ) 名 Clearance Sale (在庫一掃セール《掲示》)

0133 **realize** [ríːəlàiz	〈英〉ríəl-] リーアライズ	動 **を(十分に)理解する；を実現する** understand a situation, sometimes suddenly 名 realization (実感；実現) 形 real (本当の；現実の) ☞No.0103

0134 **perhaps** [pərhǽps] パハプス	副 **ことによると，もしかして** used to say that something may be true, but you are not sure ■■▶ 話し手の確信度は probably > maybe > perhaps > possibly の順に低くなる。perhaps は文頭・文中・文尾のいずれにも用いられる。

0135 **culture** [kʌ́ltʃər] カルチャァ	名 **文化，教養；栽培** the way of life, especially the general customs and beliefs, of a particular group of people at a particular time 動 **を栽培する** 形 cultural (文化的な) ┈┈▶ 名 agriculture (農業) ☞No.1471

0129 Giant pandas please all of us, especially children.

▶ジャイアントパンダは私たち皆，**特に**子供たちを喜ばせる。

☐ especially **for** A
: 特に A のために
☐ **not** especially
: 大して〜ない，特に〜というわけではない

0130 My mother was greatly surprised at the news.

▶その知らせで，母はひどく**驚きました**。

☐ a wonderful surprise
: 素晴らしい驚き
☐ to my surprise
: 私が驚いたことに

0300

0400

0500

0131 They argued with each other about the best place for a holiday.

▶彼らは休日を過ごすのに一番よい所について**論じ合った**。

✔ argue **with** A
: A と議論する
☐ argue **that**節
: 〜と主張する

0600

0700

0800

0132 The mist cleared away.

▶霧が**晴れ**上がった。

☐ be clear : 確信している
☐ clear **and precise directions**
: はっきりした的確な指示

0900

1000

1100

0133 He realized that he might be wrong.

▶彼は自分が誤っているかもしれない**と悟った**。

✔ realize **(that)**節**[wh**節**]**
: 〜だと [〜かに] 気づく
☐ realize one's **dream**
: 夢を実現させる

1200

1300

0134 Perhaps you'll be surprised to hear that.

▶それを聞いたらあなたは驚く**かもしれません**。

☐ Perhaps **so.**
: ひょっとしたらそうかも。
☐ Perhaps **not.**
: ひょっとしたらそうではないかも。

1400

1500

1600

0135 Each culture has its own way of thinking.

▶それぞれの**文化**にはそれ特有の考え方がある。

☐ foreign cultures
: 外国の文化
☐ Japanese culture
: 日本文化

1700

1800

0136 front

[fránt]
フラント

图 前部；正面；最前線
the part or side of something that faces forward; the side of something that you look at first
⊛图 frontier（国境，辺境）
⇔图 rear（後ろ）☞No.1771
■▶ ホテルの「フロント」は front[reception] desk。

0137 society

[səsáiəti]
ソサイエティ

图 社会；協会，団体
a large group of people who live together in an organized way, making decisions about how to do things and sharing the work that needs to be done.
⊛图 sociology（社会学）　⊛图 social（社会的な）☞No.0085

0138 serious

[síəriəs]
スィァリアス

形 重大な；真剣な
important and needing a lot of thought or attention
⊛圖 seriously（本気で）
＝圈 earnest（真剣な）
　圈 grave（厳粛な）☞No.1588
　圈 profound（甚大な）

0139 behavior

[bihéivjər]
ビヘイヴィァ

图 ふるまい；態度
the things that a person or animal does
⊛動 behave（行儀よくする）
＝图 act（行い，行動）
　图 conduct（行為）☞No.0322

0140 full

[fúl]
フル

形 満ちた；豊かな；完全な
containing or holding as much or as many as possible; having no empty space
⊛圖 fully（十分に；完全に）
⇔圈 empty（空の）☞No.0735

0141 worry

[wə́:ri|〈英〉wʌ́ri]
ワーリィ

動 心配する；を心配させる
be anxious or unhappy about someone or something, so that you think about them a lot
图 心配；苦労の種
圈 worried（悩まされている）
圈 worrying（厄介な；気がもめる）

0142 public

[pʌ́blik]
パブリック

形 公共の，公的な；公立の
open to or shared by all people of an area or country
⊛圖 publicly（公に，公然と）
⊛图 publicity（周知；広報；広告）
⇔圈 private（私的な）☞No.0732
⋯▸图 pub（居酒屋）

1136 He sat at the front of the class.

▶彼はクラス**の最前列に**席を取った。

- ✔ at the front of *A*
  ：*A* の最前列に
- ☐ in front of the gate
  ：門のすぐ前に [で]

1137 Environmental issues pose a real threat to civilized society.

▶環境問題は**文明社会**に真の脅威をもたらしている。

- ✔ civilized society
  ：文明社会
- ☐ modern society
  ：現代社会

1138 He was in serious trouble.

▶彼は**深刻な**問題を抱えていた。

- ☐ a serious problem
  ：深刻 [重大] な問題
- ☐ a serious illness[injury]
  ：重病 [重傷]

1139 He learns polite behavior in Japan.

▶彼は日本における**丁寧なふるまい**について学んでいる。

- ✔ polite[friendly] behavior
  ：丁寧な [友好的な] ふるまい
- ☐ behavior patterns
  ：行動様式

1140 Don't speak with your mouth full.

▶口に**ものを入れたまま**話すな。

- ☐ be already full
  ：すでにいっぱいである
- ☐ be full of *A*
  ：*A* でいっぱいだ
- ☐ full moon ：満月

1141 Don't worry over things you can't change.

▶自分でどうしようもないことで**くよくよするな**。

- ✔ Don't worry.
  ：心配しないで。気にしないで。
- ☐ worry about *A*
  ：*A* のことを [について] 心配する

1142 There is a classical concert in the public hall today.

▶今日**公会堂**でクラシックコンサートがある。

- ✔ a public hall[library]
  ：公会堂 [公立図書館]
- ☐ in public
  ：公然と，人前で
- ☐ public transport(ation)
  ：公共輸送機関

TO BE CONTINUED [6 / 14] ➡

0143 **technology**
[teknάlədʒi | 〈英〉-nɔ́l-]
テクナロヂィ

图 **科学技術；工学**
scientific knowledge used in practical ways in industry, for example in designing new machines
⊗ technique (技術；方法)
彫 technological (科学技術の)
彫 technical (専門[技術]的な)

0144 **contain**
[kəntéin]
コンテイン

動 **を含む**
have something inside or include something as a part
⊗ container (入れ物；コンテナ)
■▶ contain は通例「含まれている」もの全体を指す。include はあるものが全体の一部として「含まれている」。contain に進行形はない。

0145 **being**
[bíːiŋ]
ビーィング

图 **存在；もの**
a living thing, especially a person
■▶ be の現在分詞・動名詞。

0146 **design**
[dizáin]
ディザイン

動 **(を)設計する，を立案する**
make or draw plans for something, for example clothes or buildings
图 **設計；デザイン**
⊗ designer (設計者)

0147 **involve**
[inválv | 〈英〉-vɔ́lv, -vóulv]
インヴァルヴ

動 **を巻き込む；を含む**
include or affect someone or something
彫 involved (入り組んだ；関係して)
⊗ involvement (巻き添え)

0148 **side**
[sáid]
サイド

图 **側，面**
a position or an area to the left or right of something
形 **横の**
⊗ sidewalk (《米》〔舗装した〕歩道)

0149 **science**
[sáiəns]
サイエンス

图 **科学，自然科学**
knowledge about the structure and behavior of the natural and physical world, based on facts that you can prove, for example by experiments
彫 scientific (科学の) ⊗ scientist (科学者)

143 The company makes use of the most modern technologies.

▶その会社は**最新の科学技術**を活用している。

- ✔ **the most modern technology**
  ：最新の科学技術
- ☐ **information technology**
  ：情報技術《略》IT

---

144 The package contained a few magazines.

▶包みには数冊の雑誌**が入っていた**。

- ☐ **contain a mistake**
  ：間違いを含む
- ☐ **contain** *oneself*
  ：自分 (の感情) を抑える

---

145 Watching TV or videos is sometimes said to be harmful to human beings.

▶テレビやビデオを見ることは**人間**にとって有害だと言われることがある。

- ✔ **a human being** ：人間
- ☐ **come into being / be brought into being**
  ：誕生する，出現する

---

146 How would you design a city if you could start from scratch?

▶ゼロから始められるとしたら，あなたはどのような**都市計画を立てます**か？

- ✔ **design a city[dress]**
  ：都市計画を立てる [衣服をデザインする]
- ☐ **design to** *do*
  ：〜することを意図する

---

147 Suddenly the train was involved in a dreadful accident.

▶突然，電車は恐ろしい**事故に巻き込まれた**。

- ✔ **be involved in an accident**
  ：事故に巻き込まれる
- ☐ **involve the risk of** *A*
  ：*A* の危険を伴う

---

148 He sat by my side.

▶彼は私の**脇**に座った。

- ☐ **side by side**
  ：(横に) 並んで
- ☐ **side effect** ：(薬の) 副作用

---

149 The governments promote developments in science and technology.

▶政府は**科学技術**の進歩を促進している。

- ✔ **science and technology**
  ：科学技術
- ☐ **a science fiction** ：SF

0150 **particular**
[pərtíkjulər]
パティキュラァ

形 特定の，特別の
special, or this and not any other
副 particularly（特に，著しく）
＝形 special（特別な）☞ No.0207
⇔形 general（一般の）☞ No.0209

0151 **line**
[láin]
ライン

名 列；線
a group of people standing one behind the other who
are waiting for something
動 に線を引く；に沿って並ぶ
形 linear（線の）　名 liner（定期船）
名 lineup（陣容）
⋯名 headline（見出し）　名 lineage（家系）

0152 **reach**
[ríːtʃ]
リーチ

名 (届く)範囲
the distance that you can stretch out your arm to touch
something
動 (に)届く，(に)到達する；広がる
▶ arrive at[in], get to の方が口語的。

0153 **cost**
[kɔ́ːst | 〈英〉kɔ́st]
コースト

動 (費用)がかかる
have a particular price
名 代価；犠牲
形 costly（高価な）
▶【変】cost-cost-cost

0154 **wear**
[wéər]
ウェア

動 を身につけている；すり減る
have clothing, jewelry, etc. on your body
名 着用，使用
＝熟 put on（を着る）　動 dress（服を着る）☞ No.0491
▶【変】wear-wore-worn。「身につける」「着る」「はく」
「かぶる」などの動作には put on を用い，wear はそ
の結果を表す。

0155 **opportunity**
[àpərtjúːnəti |
〈英〉ɔ̀pətjúː-]
アパテューニティ

名 好機，機会
a time when a particular situation makes it possible to
do or achieve something
名 opportunism（日和見主義，ご都合主義）
＝名 chance（機会，好機）☞ No.0083

---

150 My friend hugged me for no particular reason.

▶特に**これといった理由**もなく友人は私を抱きしめた。

✔ **for no particular reason**
: 特にこれといった理由もなく

☐ **in particular** ：とりわけ

---

151 I waited in line a long time to get a ticket.

▶私はチケットを買うために**一列になって長い間待っ**た。

✔ **wait in line**
: 一列になって待つ

☐ **draw a line with a pencil**
: 鉛筆で線を引く

☐ **a straight line** ：直線

---

152 The bag was within my reach.

▶バッグは**私の手の届くところ**にありました。

✔ **within[beyond] my reach**
: 私の手の届く[届かない]ところに

☐ **reach the age of** *A*
：*A* 歳になる

---

153 My new mobile phone cost me a lot.

▶私の新しい携帯電話には随分と**お金がかかった**。

☐ **at the cost of her life**
: 彼女の命を犠牲にして

☐ **labor costs** ：人件費

---

154 She wears contact lenses.

▶彼女はコンタクト**をしている**。

☐ **wear casual clothes**
: ラフな服装をする

☐ **wear** *A* **out[out** *A*]
：*A* をすり減らす

---

155 They had a great opportunity to know each other.

▶彼らはお互いに**知り合う素晴らしい機会**に恵まれた。

✔ **a good[great] opportunity to** *do*
：～する素晴らしい機会

0156	**opinion** [əpínjən] アピニャン	名 **意見** your feelings or thoughts about somebody or something, rather than a fact

| 0157 | **event**
[ivént]
イヴェント | 名 (注目すべき)**出来事，事件**
a thing that happens, especially something important
副 eventually (結局，ついには)
···名 happening (〔思いがけない〕出来事)
　名 incident (〔付随的な〕出来事)
　名 accident (〔不慮の〕出来事) |

| 0158 | **reduce**
[ridʒúːs]
リデュース | 動 **を減らす；を縮小する；減少する**
make something less or smaller in size, quantity, price, etc.
名 reduction (減少) |

| 0159 | **maybe**
[méibi]
メイビィ | 副 **たぶん，ことによると**
used when you are not certain that something will happen or that something is true or is a correct number
■▶ 確信度は probably > maybe > perhaps > possibly。 |

| 0160 | **practice**
[prǽktis]
プラクティス | 名 **実行；練習；習慣**
action rather than ideas
動 (を)**実行する，**(を)**練習する**
形 practical (実際的な)
副 practically (実際には；ほとんど)
⇔名 theory (理論) ☞No.0539 |

| 0161 | **forget**
[fərgét]
ファゲット | 動 (を)**忘れる**
be unable to remember a fact, something that happened, or how to do something
···形 unforgettable (忘れられない)
■▶【変】forget-forgot-forgotten/forgot；forgetting |

| 0162 | **nature**
[néitʃər]
ネイチャ | 名 **本性；自然**
a person's character
形 natural (自然の)
副 naturally (自然に；当然；もちろん) |

| 0163 | **issue**
[íʃuː]
イシュー | 名 **問題；発行物**
a subject or problem that people are thinking and talking about
動 **を出す，を発行する** |

---

156 The news affected public opinion in other countries.

▶そのニュースは他の国の**世論**に影響を与えた。

☑ **public opinion** ：世論

☐ an opinion on[about / of] this issue
：この件についての意見

---

157 One of the most important events in history is the Industrial Revolution.

▶歴史上**最も重要な出来事**の一つは, 産業革命である。

☑ **the most important event**
：最も重要な出来事

☐ **an annual event**
：年中行事

---

158 I tried to reduce my weight.

▶私は**減量**しようとした。

☑ **reduce** *one's* **weight[the speed]** ：減量 [減速] する

☐ reduce *A* by *B*%
：*A* を *B*〈数字〉％減らす

---

159 Maybe he won't come here.

▶**ひょっとすると**彼はここに来ないだろう。

---

160 In practice, it wasn't a big deal.

▶**実際には**, たいしたことではありませんでした。

☑ **in practice** ：実際には

☐ **Practice makes perfect.**
：習うより慣れよ。《諺》

---

161 He forgot about the speed limit.

▶彼はスピード制限のこと**を忘れていた**。

☐ forget *doing*
：～したことを忘れる

☐ forget to *do*
：～することを忘れる

---

162 The writer has a deep insight into human nature. ▶その作家は**人間性**に対する深い洞察力を持っている。

☑ **human nature** ：人間性

☐ **in nature** ：本質的に

☐ **Habit is second nature.**
：習い性となる。《諺》

---

163 They exchanged opinions about the issue of global warming.

▶彼らは**地球温暖化の問題**について意見を交わした。

☑ **the issue of global warming**
：地球温暖化の問題

☐ issue a permit[visa / passport] ：許可証 [ビザ・パスポート] を発行する

TO BE CONTINUED [**9** / 14] ➡   59

0164
term
[tə́:rm]
ターム

图 **専門用語；期間；条件**
a word or expression used in relation to a particular subject, often to describe something official or technical
動 图 terminal (終末の / 終点, ターミナル)
動 terminate (を終わらせる)

0165
certain
[sə́:rtn]
サートゥン

形 **確かな；いくらかの；ある**
impossible to avoid or extremely likely
動 certainly (確かに)   图 certainty (確実さ)
動 ascertain (を確かめる)
＝形 sure (確かな)
⇔形 uncertain (不確かな)

0166
whole
[hóul]
ホウル

图 **全体，全部**
a thing that is complete in itself
形 **全体の；完全な**
動 wholly (完全に)
＝图 形 entire (全体〔の〕)
　形 total (完全な) ☞ No.0222

0167
period
[píəriəd]
ピァリオド

图 **期間；時代；終止符**
a particular length of time
图 形 periodical (定期刊行物〔の〕)
■▶ era, epoch は重要な変化や事件などで特徴づけられる「時代」。age はある大きな特色またはある権力者に代表される「時代」。

0168
minute
[mínit]
ミニット

图 **分；瞬間**
a period of time equal to 60 seconds
■▶ 形 minute「微小な」は同じ綴りだが発音が違うので注意。発音は [mainjú:t] マイニュート。

0169
amount
[əmáunt]
アマウント

图 **量，額；総計**
how much there is of something
動 〖amount to A〗A に達する
■▶ 数を表す時は number を使う。

0170
value
[vǽlju:]
ヴァリュー

图 **価値**
the quality of being useful or important
動 を**評価する；を尊重する**
形 valuable (価値のある)   動 evaluate (を評価する)
形 invaluable (評価できないほどの, 非常に貴重な)
■▶ worth は知的・精神的・道徳的「価値」。value は実用的「価値」。

64 He learned medical terms to be a doctor.

▶彼は医者になるために**医学用語**を学んだ。

- ✔ a medical[legal] term
  ：医学[法律]用語
- ☐ the end-of-term examination ：期末試験
- ☐ in terms of *A* ：*A* の点から

---

65 It is certain that giant pandas need our help.

▶ジャイアントパンダが我々の援助を必要としているのは**確かである**。

- ✔ it is certain (that)節[wh節]：〜だということ[〜か]は確かである
- ☐ a certain type[kind / sort] of *A* ：ある種の *A*
- ☐ make certain ：確かめる

---

66 Movies, television, and music have influenced society as a whole.

▶映画，テレビ，音楽は社会**全体**に影響を及ぼしてきた。

- ✔ as a whole
  ：全体として（の）
- ☐ on the whole ：概して
- ☐ *one's* whole life ：一生

---

67 I have stayed in Italy for a short period.

▶私は**短い期間**イタリアに滞在したことがある。

- ✔ for a short[long] period (of time) ：短[長]い期間

---

68 It's 6 minutes to six.

▶6時6**分前**です。

- ✔ *A* minutes to[《米》before /of] *B* ：*B* 時 *A* 分前
- ☐ Just[Wait] a minute.
  ：ちょっと待って。

---

69 He spends great amounts of money on his hobby.

▶彼は趣味に**たくさんのお金を使う**。

- ✔ spend a great[large] amount of money
  ：たくさんのお金を使う
- ☐ in amount ：合計で

---

70 It's of no value to us.

▶それは私たちには何の**価値**もない。

- ✔ of [no] value
  ：価値のある[ない]
- ☐ value for money
  ：金額に見合う価値，値段相応のもの
- ☐ items of value ：貴重品

TO BE CONTINUED [**10** / 14] ➡   61

0171 **concern**
[kənsə́:rn]
コンサーン

動 に**関係する**；を**心配させる**
affect somebody or something; to involve somebody or something
名 **心配**；**関心事**
働 concerning（～に関して）
形 concerned（心配そうな；関係している）

0172 **discover**
[diskʌ́vər]
ディス**カ**ヴァ

動 を**発見する**；が**わかる**
find information, a place, or an object, especially for the first time
名 discovery（発見）
⋯⋯動 invent（を発明する）☞No.0762

0173 **cough**
[kɔ́:f |〈英〉kɔ́f]
コーフ

動 **咳をする**
suddenly push air out of your throat with a short sound, often repeatedly
名 **咳，咳の音**

0174 **pick**
[pík]
ピック

動 (を)**選ぶ，**を**取る**
choose somebody or something from a group of people or things
名 〖the ～〗**精選（物）**
⋯⋯名 pickpocket（すり）

0175 **piece**
[pí:s]
ピース

名 (切断された)**一部分，一つ**
a part of something
=名 part（部分）☞No.0006 名 fragment（一部）
名 fraction（ほんの一部，断片）

0176 **thus**
[ðʌ́s]
ザス

副 **このように，こうして**；**従って**
in this way; like this
=熟 in this way（このようにして）

0177 **bit**
[bít]
ビット

名 **小片，少量**
a small amount of a substance
=名 piece（一つ）☞No.0175

0178 **gain**
[géin]
ゲイン

動 (を)**得る，**(を)**増す**
obtain or achieve something you want or need
名 **儲け**
=動 get（を得る）
⇔動 lose（を失う） 名 loss（損失）☞No.0474

0001	
171 As far as I am concerned, there is nothing to say. ▶私に関する限り，言うことは何もありません。	✔ as far as I am concerned ：私に関する限り ☐ be concerned about[over] A ：A について心配している
172 The police discovered who the girl in the picture was. ▶警察はその写真の少女が**誰なのか**探り出した。	✔ discover (that)節[wh節・句] ：～ということを [かを] 知る ☐ discover a new planet ：新しい惑星を発見する
173 Cover your mouth when you cough. ▶**咳をする**時は口を覆いなさい。	☐ develop a slight cough ：咳が少し出る ☐ a cough drop ：のどあめ
174 I'll pick you up about seven o'clock. ▶7時頃**車で迎え**にあがります。	✔ pick A up [up A] ：A を車に乗せる [車で迎えに行く／拾い上げる／手に取る] ☐ pick A as B ：A を B として選ぶ
175 I picked up a piece of paper. ▶私は **1 枚の紙**を拾った。	✔ a piece of paper ：1 枚の紙 ☐ a few pieces of furniture ：家具数点
176 Hold the bottle thus in both hands. ▶**こうして**両手でビンを持ちなさい。	☐ thus far ：これまでのところ
177 It's a bit expensive, isn't it? ▶**少し**高いですね。	✔ a (little) bit ：少し，ちょっと ☐ a bit[bits] of A ：A の破片 [小片]
178 In the end, she gained weight instead of losing it. ▶結局のところ，彼女は**体重**を減らすのではなくて増やした。	✔ gain weight ：体重を増やす，太る ☐ gain support[popularity] ：支持 [人気] を得る

TO BE CONTINUED [11/ 14] ➡

0179 further
[fə́:rðər]
ファーザァ

形 さらに進んだ；それ以上の
more or additional

副 さらに
副 furthermore（さらに）
■ far の比較級。空間的な隔たりを示す比較級は farther。

0180 risk
[rísk]
リスク

名 危険，リスク
the possibility of something bad happening at some time in the future; a situation that could be dangerous or have a bad result

形 risky（危険な）
■「危害・損害」などにあう高い可能性，あるいは自ら覚悟して冒す「危険」を指す。

0181 simple
[símpl]
スィンプル

形 簡単な，平易な；簡素な
not difficult or complicated to do or understand

副 simply（簡単に）　動 simplify（を簡単にする）
名 simplicity（簡単；質素）
■ simple は扱いやすくて「易しい」。easy は努力をあまり必要とせず「易しい」。

0182 health
[hélθ]
ヘルス

名 健康；保健
the condition of a person's body or mind

形 healthy（健康的な）　動 heal（を癒す）
⇔ 名 illness（病気）　名 sickness（病気）

0183 power
[páuər]
パウァ

名 力；権力；強国
a particular ability of the body or mind

形 powerful（強力な）
= 名 force（実際に用いられる力）☞ No.0246
　名 energy（潜在的な力）☞ No.0314
　名 might（力，権力）☞ No.0027

0184 party
[pá:rti]
パーティ

名 パーティ；党；一行，仲間
a social event at which a group of people meet to talk, eat, drink, dance, etc. often in order to celebrate a special occasion

= 名 meeting（集会）☞ No.0260

0185 step
[stép]
ステップ

名 歩み；段階；[-s] 階段
the movement you make when you put one foot in front of or behind the other when walking

動 歩む；踏む
■ 建物の階（floor）から階までのひと続きの踏み段は stairs。玄関などの短い石段は doorstep。

0001
0100

STAGE 02

0200

0179 They left no room for further argument. ▶彼らは**さらなる**議論の余地を残さなかった。	✔ **leave no room for further argument** ：さらなる議論の余地を 残さない ☐ **further education** ：社会人教育

0300

0180 He ran the risk of being shot. ▶彼は撃たれる**危険**を冒した。	✔ **a risk of** *A* **[(that)節]** ：*A* という[の]危険性 ☐ **at any risk** ：どんな危険を冒しても

0400

0500

0181 It is written in simple English. ▶それは**平易な英語で**書かれている。	✔ **write in simple English** ：平易な英語で書く ☐ **a simple rule** ：簡単なルール ☐ **a simple life** ：質素な生活

0600
0700
0800

0182 Food and health are closely connected. ▶食物と**健康**とは密接な関係がある。	☐ **health food** ：健康食品 ☐ **health check** ：健康診断

0900
1000

0183 My grandmother lost the power of speech. ▶祖母は**話す能力を失った**。	✔ **lose the power of speech** ：話す能力を失う ☐ **wind power** ：風力 ☐ **power down[up]** *A* ：*A* の電源を切る[入れる]

1100
1200
1300

0184 She gave a Christmas party. ▶彼女はクリスマス**パーティ**を開いた。	✔ **give[have] a party** ：パーティを開く ☐ **the Democratic[Republican] Party** ：《米》民主〔共和〕党 ☐ **the Labour[Conservative] Party** ：《英》労働〔保守〕党

1400
1500
1600

0185 We climbed the mountain step by step. ▶我々は，**一歩一歩**その山を登った。	✔ **step by step** ：一歩一歩 ☐ **Please step this way.** ：どうぞこちらへ。

1700
1800

TO BE CONTINUED [**12** / 14] ➡ 65

0186 **avoid**
[əvɔ́id]
アヴォイド

動 を避ける；を防止する
prevent something bad from happening
形 avoidable (避けられる〔⇔ inevitable〕)
= 動 escape (〔を〕逃れる) ☞ No.0511

0187 **ability**
[əbíləti]
アビリティ

名 能力；才能
the physical or mental power or skill needed to do something
形 able (～することができる) ☞ No.0021
= 名 talent (才能，素質) ☞ No.0688
　 名 capacity (〔潜在的な受容〕能力) ☞ No.0602
⇔ 名 inability (無〔能〕力)

0188 **support**
[səpɔ́:rt]
サポート

動 を支える；を援助する
help someone, often when they are having problems
名 支え；維持
名 supporter (支持者)

0189 **material**
[mətíəriəl]
マテァリアル

名 材料，原料；物質
a physical substance that things can be made from
形 物質の；重要な
⇔ 形 spiritual (霊的な)

0190 **major**
[méidʒər]
メイヂァア

形 主な
very large or important
動 専攻する
名 主専攻科目
名 majority (大多数〔⇔ minority〕)
⇔ 形 minor (小さい方の) ☞ No.1098

0191 **occur**
[əkə́:r]
オカー

動 起こる，生ずる；思い浮かぶ
happen, often without being planned
名 occurrence (発生)
= 動 happen (起こる) ☞ No.0022

0192 **join**
[dʒɔ́in]
ヂョイン

動 (に) 参加する；結びつく
get involved in an activity or journey with another person or group
名 joint (継ぎ目)
■▶ スポーツに「参加する」は participate[take part] in。

0193 **adult**
[ədʌ́lt]
アダルト

形 大人の，成人 (用) の
a fully grown person who is legally responsible for their actions
名 大人，成人
…名 teenager (13 歳～ 19 歳) ☞ No.0832
■▶ 法律上 18 歳ないし 21 歳以上とする所が多い。

86 I stood under a tree to avoid getting wet. ▶私は濡れるのを避けようと木の下に立った。	✔ avoid *doing* ：～することを避ける ☐ avoid heavy traffic ：交通渋滞を避ける
87 You have a great ability to understand. ▶あなたには優れた理解力がある。	✔ ability to understand ：理解力 ✔ have an[the] ability to *do* ：～する能力がある ☐ lose an[the] ability to *do* ：～する能力を失う
88 He supports a large family. ▶彼は大家族を扶養している。	✔ support a[*one's*] family ：家族を養う ☐ in support of *A* ：*A*を支持[支援]して ☐ support *A* in *B* ：*A*を*B*の点で支持する
89 The company transports raw materials. ▶その会社は原材料を輸送している。	✔ raw material(s) ：原材料 ☐ material civilization ：物質文明
90 He played a major role in the civil rights movement. ▶彼は公民権運動で主要な役割を果たした。	☐ major in *A* ：*A*(学問)を専攻する
91 The accident occurred at about 3 p.m. ▶事故は午後3時頃起こった。	✔ an accident occurs ：事故が起こる ☐ occur to *A*：(考えなどが) *A*〈人〉に浮かぶ
92 Why don't you join us? ▶一緒になりませんか？	✔ join *A* (for *B*) ：(*B*のために)*A*に加わる ☐ join in *A* ：*A*に参加する
93 She learns finance through adult education. ▶彼女は成人教育で金融を学んでいる。	✔ adult education ：成人教育 ☐ a young adult ：青少年 ☐ Adult Only ：未成年者お断り

TO BE CONTINUED [13/14] ➡ 67

0194 **local**
[lóukəl]
ロウカル

形 地元の；(電車などが)近距離の
relating to the particular area you live in, or the area you are talking about
⇔形 national (全国的な)
■▶ 首都に対する「地方」は provincial。local に「田舎」の意味はなく「特定地域の」の意。

0195 **familiar**
[fəmíljər]
ファミリャ

形 よく知られている，よく見かける
well known to you; often seen or heard and therefore easy to recognize
名 family (家族)　名 familiarity (親しみ)
⇔形 unfamiliar (よく知らない)

0196 **available**
[əvéiləbl]
アヴェイラブル

形 利用できる，求めに応じられる
able to be bought or used
名 availability (利用できること)

0197 **accept**
[æksépt]
アクセプト

動 を受け入れる；(を)受け取る
agree to or approve of something
名 acceptance (受け入れること)
形 acceptable (受諾 [容認] できる)
＝動 receive (を受け取る) ☞No.0109
⇔動 refuse (〔を〕断る) ☞No.0911

0198 **tend**
[ténd]
テンド

動 〖tend to do〗〜する傾向がある
be likely to behave in a particular way or have a particular characteristic
名 tendency (傾向)
＝熟 be apt to do (〜しがちである)
　熟 be likely to do (〜しそうである) ☞No.0025
　熟 be inclined to do (〜する傾向があって)
■▶ tend (の世話をする) と同綴り・同音。

0199 **rest**
[rést]
レスト

動 休む；を置く
relax, sleep or do nothing after a period of activity or illness; not use a part of your body for some time
名 休息；残り
形 restless (落ち着かない)

0200 **skill**
[skíl]
スキル

名 技，技術；熟練
an ability to do something well, especially because you have learned and practiced it
形 skilled (熟練した)　形 skillful (巧みな)

94 My father reads a local newspaper every morning.

▶父は毎朝**地元紙**を読む。

- ✔ a local **newspaper**
  :地元[方]紙
- ☐ local **people** :地元の人々
- ☐ a local **call** :市内通話

0300

95 It was a familiar sight to me.

▶それは私には**なじみのある景色**でした。

- ✔ a familiar **sight[sound/ smell]**
  :なじみのある景色[音／ におい]
- ☐ be familiar **with** A
  :A をよく知っている

0400

0500

96 No Rooms Available.

▶**空室なし**。

- ✔ No Rooms Available.：空 室なし。《ホテルなどの掲示》
- ☐ available **to** A
  :A に利用可能な

0600

0700

97 I accept what you say to some extent.

▶君の言うことをある程度までは**受け入れる**。

- ☐ accept A **from** B
  :B から A を受け入れる [受け取る]
- ☐ accept A**'s invitation[offer]**
  :A の招待[申し出]に応 じる

0800

0900

1000

98 He tends to be late for school.

▶彼は授業に遅刻**しがちだ**。

- ☐ tend **toward** A
  :A(性質・傾向など)に傾 きがちである

1100

1200

1300

1400

99 You should lie down and rest.

▶**横になって休んだ**方がいい。

- ✔ lie down and rest
  :横になって休む
- ☐ a rest **room** :お手洗い
- ☐ take[have] a rest
  :休息を取る

1500

1600

1700

100 He is a painter of great skill.

▶彼は**素晴らしい技量の画家**だ。

- ✔ a painter of great **skill**
  :素晴らしい技量の画家
- ☐ communication **skills**
  :コミュニケーション能力

1800

6 ei ／ ey

[ei]	eight	convey
[i:]	([s]の後) receive	
	ceiling	
[ai]	height	eye
[i]	foreign	weird

7 oa

[ou]	road	boast
例外 [ɔ:]	broad	abroad

8 oo

[u:]	loose	food
	school	
[u]	foot	wool
例外 [ou]	brooch	
例外 [ʌ]	blood	flood

9 air

[eər]	hair	chair

10 au

[ɔ:]	audience	
	author	
例外 [ɑ:]	aunt	laugh

11 aw

[ɔ:]	law	awful
	saw	raw

12 ow

[ou]	blow	arrow
[au]	brow	allow

13 ea

[i:]	peace	increase
[e]	breakfast	
	measure	
例外 [ei]	break	great

14 ou

[au]	trousers	
	mountain	
[ʌ]	trouble	young
[u:]	group	youth
[ou]	soul	shoulder

※ [au][ʌ] が多い

15 our

[auər]	flour	hour
[ɔ:r]	course	pour
例外 [ə:r]	courage	
[ə:r]	journal	
例外 [uər]	tour	your

16 ch

[tʃ]	change	cheese
[k]	school	stomach
[ʃ]	chef	machine

※ [tʃ] が原則

17 x

x の次に母音なし

[ks]	box	expect

x の次に母音あり

[gz]	example	exist

i, u の前

[kʃ]	anxious	luxury

boats and ships

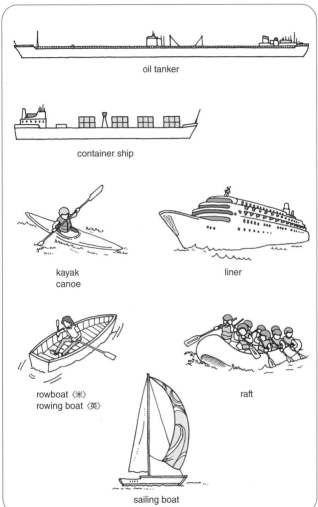

oil tanker

container ship

kayak
canoe

liner

rowboat 〈米〉
rowing boat 〈英〉

raft

sailing boat

0201 affect

[əfékt]
アフェクト

動 に影響を及ぼす；を感動させる
produce a change in somebody or something
名 affection (愛情)
= 動 influence (に影響を及ぼす) ☞No.0112
▶ affect の結果が effect。

0202 conversation

[kùnvərséiʃən | 〈英〉kɔ̀n-]
カンヴァセイション

名 会話
an informal talk in which people exchange news,
feelings, and thoughts
動 converse (談話を交わす，会話する)
形 conversational (会話〔風〕の)

0203 daily

[déili]
デイリィ

形 毎日の，日々の
happening on or relating to every day
副 毎日
名 day (日)
…形 weekly (毎週の)
　　形 monthly (毎月の)

0204 prefer

[prifə́ːr]
プリファー

動 〜の方を好む
like, choose, or want one thing rather than another
名 preference (好み)
形 preferable (より好ましい)

0205 necessary

[nésəsèri | 〈英〉-səri]
ネササリィ

形 必要な，欠かせない
needed for a purpose or a reason
名 necessity (必要)　　副 necessarily (必然的に)
▶ essential は本質的に「必要な」。indispensable は
「必要不可欠な」。

0206 modern

[mádərn | 〈英〉mɔ́d-]
マダァン

形 現代の；最新の
of the present time or recent times
名 modernization (近 [現] 代化)
= 形 recent (最近の) ☞No.0123
　　形 current (現在の) ☞No.0344
⇔ 形 ancient (古代の) ☞No.0538

0207 special

[spéʃəl]
スペシャル

形 特別な；専門の
not ordinary or usual, but different in some way and
often better or more important
副 specially (特別に)　　名 specialist (専門家)
動 specialize (を特化する)
⇔ 形 general (一般の) ☞No.0209
　　形 ordinary (普通の) ☞No.0459

201 We are deeply affected by TV.

▶私たちはテレビに深く影響されている。

☑ be deeply[greatly] affected by A
：A に深く［大きく］影響される

---

202 I had a telephone conversation with a friend abroad.

▶私は海外の友達と電話で話をした。

☑ have a conversation with A ：A と会話する
☐ be deep in conversation ：話し込んでいる

---

203 He decided to start publishing a daily newspaper.

▶彼は日刊新聞の発行を始めることを決めた。

☑ a daily newspaper[paper] ：日刊新聞
☐ daily life ：日常生活
☐ daily news ：毎日のニュース

---

204 I prefer San Francisco to New York.

▶私はニューヨークよりもサンフランシスコが好きだ。

☑ prefer A to B ：B よりも A の方を好む

---

205 It is necessary for us to prepare for the worst.

▶私たちは最悪の事態に備えておく必要がある。

☑ it is necessary (for A) to do ：(A は)～する必要がある
☐ necessary for[to] A ：A に必要な

---

206 Modern communications greatly depend on satellites.

▶現代の通信手段は人工衛星に大きく依存している。

☐ modern life[society] ：現代の生活［社会］
☐ modern times ：現代，近代

---

207 The shop launches a special sale.

▶その店は特別セールを開始している。

☑ a special sale ：特別セール
☐ a special bus ：臨時バス
☐ Nothing special. ：たいしたことない。いつも通り。

TO BE CONTINUED [1/ 14] ➡

73

0208 condition
[kəndíʃən]
コンディション

名 **状態，体調；条件**
the particular state that something or someone is in
動 **を調整する**
形 conditional (条件つきの)

0209 general
[dʒénərəl]
ヂェネラル

形 **一般の；全体的な**
relating to or involving all or most people, things, or places
名 **一般，全体；大将**
副 generally (一般に)
動 generalize (〔を〕一般化する)
⇔形 special (特別な) ☞No.0207
　形 particular (特定の) ☞No.0150

0210 manage
[mǽnidʒ]
マニッヂ

動 **をどうにか成し遂げる；(を)管理する，(を)経営する**
succeed in doing something, especially something difficult
名 management (経営，管理)
名 manager (経営〔管理〕者)

0211 therefore
[ðέərfɔ̀ːr]
ゼァフォー

副 **それ故に**
as a result of something that has just been mentioned
⋯副 thereby (それによって)
　副 thereafter (その後は)
■▶ so よりも形式ばった語。

0212 air
[έər]
エア

名 **空気；〔the ～〕空中；雰囲気**
the mixture of gases that surrounds the earth and that we breathe
名 aircraft (航空機)　名 airplane (航空機)
名 airport (空港)　名 airline (定期航空路 [航空会社])
名 airway (航空路)　名 air-conditioning (エアコン)

0213 top
[táp | 〈英〉tɔ́p]
タップ

名 **最上部，頂上，トップ**
the highest part or point of something
＝名 peak (頂上) ☞No.0973
　名 summit (頂上) ☞No.1375

0214 member
[mémbər]
メンバァ

名 **会員，構成員**
a person or country that belongs to a group or organization
名 membership (会員資格)

0001

208 He improved his living conditions.

▶彼は**生活状態**を改善した。

✔ **living** conditions
: 生活状態

☐ in (a) bad[good] condition
: 体の調子が悪い [良い],
悪い [良い] 状態の

209 In general, don't you think most people
are honest and kind?

▶**一般に**, ほとんどの人は正直で親切だと思いません
か？

✔ in general   : 一般に
☐ a general **manager**
: 総支配人

210 I managed to catch the last train.

▶私は**なんとか**終電**に**間に合った。

✔ managed to *do*
: (苦労の末に) なんとか
〜する

211 He's only 17. Therefore he cannot vote.

▶彼はまだ 17 だ。**したがって**投票資格はない。

212 Air pollution causes damage to your
health.

▶**大気汚染**は健康に害を及ぼす。

✔ air pollution   : 大気汚染
☐ by air   : 飛行機で
☐ rise up into the air
: 空中へ上昇する

213 I read the page from top to bottom.

▶私は**上から下まで**そのページを読んだ。

✔ from top to bottom
: 上から下まで, すっかり
☐ on (the) top of *A* : *A* の上に

214 I met older members of my club at the
party. ▶そのパーティで私は我がクラブの**年配会員**
に会った。

✔ a member of *A*
: *A* のメンバー [一員]
☐ a club member
: クラブのメンバー

0215 lack
[lǽk]
ラック

图 **欠乏**
the state of not having something or not having enough of something
動 を欠く

0216 exist
[igzíst]
イグズィスト

動 **存在する；生存する**
be real; be present in a place or situation
图 existence（存在）

0217 personal
[pə́:rsənl]
パースナル

形 **個人の，一身上の**
relating or belonging to a single or particular person rather than to a group or an organization
图 person（人）　图 personality（個性）
图 personnel（人員；人事部）
副 personally（個人的には）

0218 prepare
[pripéər]
プリペァ

動 **(を)準備する，(を)用意する**
make or get something or someone ready for something that will happen in the future
图 preparation（準備，備え）
形 prepared（用意[覚悟]ができた；調理済みの）

0219 quality
[kwáləti | 〈英〉kwɔ́l-]
クワリティ

图 **質，品質**
the standard of something when it is compared to other things like it; how good or bad something is
動 qualify（に資格を与える）　形 qualified（資格のある）
图 qualification（資格[証明書]）
…➤图 quantity（量）☞No.0750

0220 check
[tʃék]
チェック

動 **を照合する；を阻止する**
look at something to make sure that it is right or safe
图 **小切手；勘定書**
■➤《英》では「小切手」は cheque，「勘定書」は bill。

0221 field
[fí:ld]
フィールド

图 **畑，野原；分野**
an area of land in the country used for growing crops or keeping animals in, usually surrounded by a fence, etc.
…➤图 fieldwork（実地調査）

0222 total
[tóutl]
トウトゥル

形 **全くの；全体の**
very great or of the largest degree possible
图 **合計；全体**
副 totally（全く）
⇔形 partial（一部の）

1215 Due to the lack of rain, the plants started to die. ▶雨**不足**で，それらの植物は枯れ始めた。	✔ the lack of *A* ：*A* 不足 ☐ lack imagination [experience]：想像力 [経験] が欠けている
1216 Democracy cannot exist without education. ▶教育なくして，民主主義は**存在し**えない。	☐ really exist ：実在する
1217 She seems to have a serious personal problem. ▶彼女は深刻な**個人的問題**を抱えているようだ。	✔ a personal problem ：個人的問題 ☐ for personal reasons ：個人的な理由で ☐ *one's* personal details ：個人情報
1218 Why don't we help each other prepare for the exam? ▶助け合って試験**の準備をしません**か？	✔ prepare for *A* ：*A* の準備をする ☐ prepare lunch ：昼食の準備をする
1219 My company is facing a quality control problem. ▶我が社は**品質管理**の問題に直面している。	✔ quality control ：品質管理（QC） ☐ goods of high[poor] quality ：高い [貧弱な] 品質の商品
1220 The store worker makes a list of goods and checks it. ▶その店員は商品の**一覧表を作ってチェックする**。	✔ make a list and check it ：一覧表を作ってチェックする ☐ pay[buy] by check ：小切手で支払う [買う]
1221 My grandfather is working in a field of corn. ▶祖父は**トウモロコシ畑**で畑仕事をしている。	✔ a field of corn ：トウモロコシ畑 ☐ a new field of research ：新しい研究分野
1222 This room is in total darkness. ▶この部屋は**全くの暗闇**だ。	✔ in total darkness ：全くの暗闇で ☐ two billion dollars in total ：合計で 20 億ドル

TO BE CONTINUED [**3** / 14] ➡ 77

0223 variety
[vəráiəti]
ヴァライアティ

图 **多様性，変化；種類**
several different sorts of the same thing
動 vary (を変える)
形 various (色々な) ☞No.0088
副 variously (色々に，様々に)
图 variation (変化，変動)

0224 thought
[θɔ́ːt]
ソート

图 **考え，思考**
something that you think of, remember, or realize
形 thoughtful (思いやりのある)
動 think (考える)

0225 physical
[fízikəl]
フィズィカル

形 **肉体の；物質的な**
relating to the body
图 physics (物理学)　　图 physicist (物理学者)
图 physician (内科医)　　副 physically (肉体的に)
⇔形 spiritual (精神上の)
　形 mental (精神的な) ☞No.0486

0226 style
[stáil]
スタイル

图 **様式，流儀；やり方**
a way of doing something, especially one that is typical
of a person, group of people, place, or period
图 stylist (意匠デザイナー)
形 stylish (しゃれた)
➡ 「スタイルがよい」は have a good figure。

0227 advantage
[ædvǽntidʒ|
〈英〉ədvάːn-]
アドゥ**ヴァ**ンティッヂ

图 **有利 (なこと)，利点**
a thing that helps you to be better or more successful
than other people
形 advantageous (有利な)
⇔图 disadvantage (不利な立場)

0228 recognize
[rékəgnàiz]
レコグナイズ

動 **を認める；を (見て) 思い出す**
know someone or something because you have seen or
heard him or her or experienced it before
图 recognition (認識)
＝動 acknowledge (を認める) ☞No.1284
　動 admit (〔を〕認める) ☞No.0850

0229 deal
[díːl]
ディール

图 〖a ~〗**量；取引**
a usually large or indefinite quantity or degree
動 **を分配する；扱う**
图 dealer (〔取引〕業者)　　图 dealing (交際；取引)
➡ 【変】deal-dealt-dealt

23 A variety of experiences will help you grow as a person.
▶様々な経験があなたの人としての成長を助けてくれることでしょう。

☑ a variety of A
：様々な（種類の）A

24 I'd like to hear your thoughts on the subject.
▶その問題に関するあなたの考えを伺いたい。

☑ A's thoughts on[about] B
：B に関する A の考え
☐ the thought that節
：～という考え

25 He teaches physical education in this junior high school.
▶彼はこの中学校で体育を教えている。

☑ physical education
：体育 (PE)
☐ a physical phenomenon
：物理的現象
☐ physical contact
：スキンシップ

26 Japanese life styles are changing.
▶日本人の生活様式が変わり始めた。

☑ life styles ：生活様式
☐ the Japanese style ：和風

27 This newly developed technology will offer great advantages to the whole world.
▶この新たに開発された技術は全世界に大きな利益をもたらすだろう。

☑ a great[big] advantage
：大きな利益
☐ take full advantage of A
：A を十分に活用する

28 I recognized her at once.
▶彼女がすぐにわかった。

☐ recognize A from[by] B
：B から A だとわかる
☐ recognize A to be B[as B]
：A を B とみなす

29 She stores a good deal of food for emergency.
▶彼女は非常用にかなりたくさんの食料を備蓄している。

☑ a good[great] deal of A
：かなりたくさんの A
☐ deal with a problem
：問題を処理する

0230 **suppose** [səpóuz] サポウズ	動〖suppose (that) 節〗と**想像する**；と思う； と**仮定する** think that something is probable 接 supposing (もし〜ならば) ＝動 imagine (〔を〕想像する) ☞No.0257 　動 presume (を推定する)

0231 **miss** [mís] ミス	動を**逃す**；〜がいなくて寂しい be or arrive too late for something 名〖Miss〗〜**嬢，〜さん** 形 missing (いない，見つからない) …▶名 Mr. (〔男性の場合〕〜さん) 　名 Mrs. (〔既婚女性の姓の場合〕〜さん) ■▶動と名は同一綴りの同音異義語。日本語の「ミス」は mistake。

0232 **meaning** [mí:niŋ] ミーニング	名**意味，意義** the thing or idea that a word, expression, or sign represents 動 mean (を意味する) 形 meaningful (意味のある) ＝名 sense (意味) ☞No.0058

0233 **cover** [kávər] カヴァ	動を**覆う**；を**含む** place something over or in front of something in order to hide, protect or decorate it 名**覆い，カバー** 名 coverage (適用範囲；報道〔の規模〕) …▶動 discover (を発見する) ☞No.0172

0234 **complete** [kəmplí:t] コンプリート	動を**完成させる，**を**仕上げる** finish making or doing something 形**完全な**；**全部の** 副 completely (完全に；徹底的に)

0235 **trip** [tríp] トゥリップ	名**旅行；移動** a journey in which you go somewhere, usually for a short time, and come back again 動**つまずく**；を**つまずかせる** ＝名 journey (旅) ☞No.0681 　名 travel (旅行) ☞No.0095 ■▶《米》では長・短いずれの「旅行」にも用いるが，《英》では短い「旅行」にのみ用いる。

---

330 The train was supposed to arrive fifteen minutes ago.

▶電車は 15 分前に**到着するはず**だった。

✔ **be supposed to** *do*
: ～するはずである

☐ **suppose** *A* **(to be)** *B*
: *A* を *B* であると思う

---

231 He missed the last train.

▶彼は終**電に乗り遅れた**。

✔ **miss a train[bus]**
: 電車 [バス] に乗り遅れる

☐ **I miss you.**
: (君がいなくて) 寂しい。

---

332 What is the meaning of this word?

▶この単語はどういう**意味**ですか？

✔ **the meaning of** *A*
: *A* の意味

---

333 The floor was covered with dust.

▶床はほこり**で覆われていた**。

✔ **cover** *A* **with** *B*
: *A* を *B* で覆う

☐ **put a cover**
: カバー [覆い] をかける

☐ **the front cover** : 表紙

---

334 He completed an assignment by the deadline.

▶彼は締め切りまでに**宿題を完成させた**。

✔ **complete an assignment**
: 宿題を完成する

☐ **complete with** *A*
: *A* が備わっている

---

335 The family will make a trip to Africa.

▶その家族はアフリカへ**旅行する**つもりだ。

✔ **make[go on/have/take] a trip** : 旅行に出かける

☐ **a school trip** : 修学旅行

TO BE CONTINUED [**5**/ 14] ➡

0236
company
[kʌ́mpəni]
カンパニィ

图 会社；仲間；交際
a business organization that makes money by producing or selling goods or services
图 companion（仲間）☞ No.1710
＝图 firm（商会）☞ No.1307

0237
purpose
[pə́ːrpəs]
パーパス

图 目的，意図
the intention, aim or function of something; the thing that something is supposed to achieve
＝图 aim（〔行動の指針となる〕目的）☞ No.0628
　图 goal（〔長期的な〕目的）☞ No.0468 　图 object
（〔個人的な〕目的）☞ No.0412

0238
flavor
[fléivər]
フレイヴァ

图 風味，味
the particular taste of a food or drink
動 に風味を添える
＝图 taste（味）☞ No.0507
■▶《英》では flavour。

0239
basic
[béisik]
ベイスィック

形 基礎の，根本的な
of the simplest or least developed level
图 動 base（土台，基礎 ／ ～の基礎を置く）
图 basis（基礎，根拠）

0240
fabric
[fǽbrik]
ファブリック

图 布，織物
cloth used for making clothes, curtains, etc.
＝图 cloth（布） 　图 material（材料）☞ No.0189
■▶ 数えるときは，a piece of ～とする。

0241
separate
形[sépərət]
動[sépərèit]
《形》セパラト
《動》セパレイト

形 別々の
existing or happening independently or in a different physical space
動 を分ける；(を)分離する
图 separation（分離）
動 separately（別れて；別々に）
■▶ separate は「切り離す」。divide は部分に「分ける」。
part は「分け離す」。

0242
return
[ritə́ːrn]
リターン

動 を返す；帰る；戻る
bring, give, put or send something back to somebody or something
图 返すこと；帰ること
■▶ come[go / get] back の方が口語的。

STAGE **03**

---

236 She works for a computer company.

▶彼女はコンピュータ会社に勤めている。

- ✓ work for a company
  ：会社に勤める
- ☐ leave[join] a company
  ：会社を辞める[入社する]
- ☐ in company (with A)
  ：(A と)一緒に

---

237 We visited London for business purposes.

▶私たちは仕事目的でロンドンを訪れた。

- ✓ for business purposes
  ：仕事目的で
- ☐ on purpose ：わざと

---

238 Ice creams come in 5 different flavors.

▶アイスクリームの味は5種類あります。

- ☐ artificial flavors
  ：人工調味料
- ☐ meat flavored with herbs
  ：ハーブの風味がきいた肉

---

239 This course teaches basic skills in First Aid.

▶このコースは応急手当の基本技術を教えてくれる。

- ✓ basic skills[knowledge]
  ：基本[礎]技術[知識]
- ☐ basic human rights
  ：基本的人権

---

240 The store had a huge selection of fabrics.

▶その店には豊富な布の品ぞろえがあった。

- ☐ a quality fabric ：高級織物

---

241 I keep cash and credit cards separate.

▶私は現金とクレジットカードを別々に保管している。

- ☐ separate A into B
  ：A を B に分ける
- ☐ separate A from B
  ：A を B から分離する

---

242 Can you please return my book?

▶私の本を返してくれませんか？

- ☐ in return for her kindness
  ：彼女の親切へのお返しに
- ☐ return to[from] A
  ：A に[から]帰る

TO BE CONTINUED [6 / 14] ➡

0243 alone
[əlóun]
アロウン

副 独りで；〜のみ，〜だけで
without the help of other people or things
形 独りの
＝副 solely（単独で）

0244 free
[frí:]
フリー

形 自由な；無料の
not under the control or in the power of somebody else; able to do what you want
動 を自由にする
副 無料で
副 freely（自由に）　名 freedom（自由）
■▶ 名 flea「蚤」と混同しないように注意。

0245 fill
[fil]
フィル

動 を満たす；いっぱいになる
make something full of something; become full of something
⋯形 full（満ちた）☞ No.0140

0246 force
[fɔ́:rs]
フォース

動 〖force A to do〗A に〜することを強いる
make somebody do something that they do not want to do
名 力；軍隊
形 forceful（力強い）　副 forcefully（力強く）
動 enforce（を強いる）

0247 product
[prádʌkt | -dəkt |
〈英〉prɔ́d-]
プラダクト

名 製品，産物；結果
something that is grown or made in a factory in large quantities, usually in order to be sold
動 produce（〔を〕生産する）☞ No.0096
形 productive（生産的な；利益を生ずる）
名 productivity（生産力，生産性）
名 production（生産〔高〕〔⇔名 consumption〕）

0248 ready
[rédi]
レディ

形 準備 [用意] のできた；いつでも [喜んで] 〜する；即座の
fully prepared for what you are going to do and able to start it immediately
副 readily（快く；たやすく）
名 readiness（準備ができていること）

0249 government
[gʌ́vərnmənt, -vərmənt]
ガヴァンメント

名 政治；政府
the activity or the manner of controlling a country
動 govern（〔を〕統治する〔＝動 reign〕；〔を〕管理する）
名 governor（知事）

1243 He did it all <u>alone</u>.

▶彼はそれを**全く独力で**やった。

| ✔ all alone | ：独りだけで |
| live alone | ：独りで住む |

1244 He set the bees <u>free</u> in a meadow.

▶彼は牧草地でミツバチ**を放して**やった。

✔ set *A* free	
	：*A* を自由にする
free of charge	
	：料金不要で

1245 I <u>filled</u> up a bottle <u>with</u> hot water.

▶私はビンにお湯を**いっぱいためた**。

✔ fill (up) *A* with *B*	
	：*A* を *B* で満たす
《米》fill *A* out[out *A*]	
《英》fill *A* in[in *A*]	
	：*A* に記入する

1246 I was <u>forced</u> to sing.

▶私は**無理やり歌わされた**。

force *A* into *doing*	
	：*A* に〜することを強いる
the air force	：空軍

1247 The <u>factory products</u> will be exported to over 20 countries.

▶その**工場製品**は 20 か国以上に輸出される。

✔ factory products	
	：工場製品
waste products	：廃棄物

1248 Are you <u>ready to go</u>?

▶**出かける用意はできました**か？

✔ be ready to *do*	
	：〜する準備ができて
get ready	：準備をする
Ready, steady, go!	
	：位置について，用意，ドン！

1249 <u>Government</u> of the people, by the people, for the people ▶人民の，人民による，人民のための**政治**《リンカーンの演説》

the American government	
	：アメリカ政府
a government department	
	：政府機関

0250 **figure**
[fígjər | 〈英〉fígə]
フィギュア

图 姿；数字；図
the shape of the human body, especially a woman's body that is attractive

動 を心に描く；現れる
＝图 shape (形) ☞No.0334
■▶ outline は線や輪郭によって表された「外形」。form は中身や色と区別したものの「外形・形」。

0251 **challenge**
[tʃǽlindʒ]
チャリンヂ

動 挑戦する
used when someone tries to win something or invites someone to try to beat them in a fight, competition, etc.

图 挑戦；課題，難問
彫 challenging (張り合いのある)

0252 **per**
[pər, 〈強〉páːr]
パァ

前 ～につき，～ごとに
used when expressing rates, prices, or measurements to mean "for each"
■▶ 图 percent「パーセント」は，per ＋ cent 100 につき。

0253 **solve**
[sálv | 〈英〉sɔ́lv]
サルヴ

動 を解決する，を解く
find a way of dealing with a problem or difficult situation
■▶ problem には solve, question には answer で「(問題)を解く」。

0254 **frustrate**
[frʌstreit | 〈英〉frʌstréit]
フラストレイト

動 に欲求不満 [挫折感] を起こさせる
make someone feel annoyed or less confident because they cannot achieve what they want
图 frustration (挫折；欲求不満)

0255 **topic**
[tápik | 〈英〉tɔ́p-]
タピック

图 話題，トピック
a subject that you talk, write or learn about

0256 **instance**
[ínstəns]
インスタンス

图 (実)例；事実
a particular example or case of something
■▶ instance は代表的な「例」。example は具体的な「例」。

0257 **imagine**
[imǽdʒin]
イマヂン

動 (を)想像する
form a picture or idea in your mind about what something could be like
图 imagination (想像 〔力〕)
彫 imaginary (架空の)
彫 imaginative (想像力に富む)

---

²⁵⁰ She has a nice figure.

▶彼女は**姿かたち**がいい。

- ☐ a well-known[public] figure ：有名人
- ☐ figure out the exact number ：正確な数を割り出す

²⁵¹ The athlete challenges for gold in the Olympics.

▶その選手はオリンピックで金メダル**に挑戦する**。

- ☐ make another challenge ：再度挑戦する

²⁵² I am driving my car at 80 kilometers per hour.

▶私は**時速80キロ**で車を運転している。

- ☑ 80 kilometers per hour ：時速80キロ
- ☐ six inches per minute ：1分あたり6インチ

²⁵³ He solved complex mathematical problems.

▶彼は複雑な数学の**問題を解いた**。

- ☑ solve a problem ：問題を解く

²⁵⁴ When your computer is running slowly, it frustrates you.

▶コンピュータの動きが遅いと，**いらいらする**。

- ☐ get frustrated at work ：仕事で挫折感を味わう

²⁵⁵ What is the topic of your speech?

▶あなたのスピーチ**の題目**は何ですか？

- ☑ the topic of A ：Aの題目[話題]
- ☐ current topics ：時事問題

²⁵⁶ Reduction of fish in this river is a serious instance of pollution.

▶ この川における魚の減少は深刻な汚染**例**である。

- ☐ for instance ：例えば
- ☐ in the first instance ：第一に

²⁵⁷ Imagine how much this baby weighs.

▶この赤ちゃんの体重**を想像してごらん**。

- ☑ imagine wh節 ：～かを想像[推測]する
- ☐ imagine (that)節 ：～と思う

TO BE CONTINUED [8 / 14] ➡ 87

0258 **afraid**
[əfréid]
アフレイド

形 〖be afraid of〗~を恐れる；心配して
frightened because you think that you may get hurt or
that something bad may happen

0259 **express**
[iksprés]
イクスプレス

動 を表現する，を述べる
tell or show what you are feeling or thinking by using
words, looks, or actions

名 急行 (列車)

形 急行の；速達の；はっきりした
ⓢ expression (表現，言い回し)

0260 **meeting**
[míːtiŋ]
ミーティング

名 集会，会合，会議
an occasion when people come together to discuss or
decide something
動 meet (に会う；を出迎える)
=ⓢ assembly (集会) ☞ No.1627

0261 **notice**
[nóutis]
ノウティス

動 (に) 気づく
see or become conscious of something or someone

名 注意；知らせ
ⓟ noticeable (目立った)
ⓟ notable (注目すべき)

0262 **limit**
[límit]
リミット

名 制限；限界
the greatest or smallest amount of something that is
allowed

動 を制限する
ⓟ limited (限られた) ⓢ limitation (制限)

0263 **represent**
[rèprizént]
レプリゼント

動 を代表する；を表現する
act or speak officially for somebody and defend their
interests
ⓟⓢ representative (代表の / 代表者)
ⓢ representation (表現；代表)

0264 **couple**
[kʌ́pl]
カプル

名 夫婦；一組
two people who are seen together, especially if they are
married or in a romantic or sexual relationship
=ⓢ pair (一組) ☞ No.0445

STAGE 03

258 She's afraid of dogs.

▶彼女は犬を怖がる。

☐ I'm afraid (to say) ....
：申し訳ないが…。；残念
ながら…。

259 They did not express their opinions.

▶彼らは自分の考えを表明しなかった。

☐ an express train
：急行列車

260 The meeting finished thirty minutes ago.

▶集会は 30 分前に終わった。

☐ have[hold] a meeting
：ミーティングがある [を
開く]

☐ attend[go to] a meeting
：会議に出席する

261 I noticed that she was looking tired.

▶彼女が疲れた様子をしているのに気がついた。

☑ notice that節
：～ということに気づく

☐ on the notice ：掲示に

☐ take notice ：気をつける

262 The time limit of the soccer match was extended.

▶そのサッカーの試合は制限時間を延長しました。

☑ a time limit ：制限時間

☐ limit A to B
：A を B に制限する

☐ Off limit
：立入禁止区域《掲示》

263 You will need a lawyer to represent you in court.

▶法廷ではあなたを代弁する弁護士が必要でしょう。

☐ represent the interests of
A ：A の利益を代表する

264 They will make a nice couple.

▶二人は似合いの夫婦になるでしょう。

☑ a nice couple
：似合いの夫婦

☐ a couple of hours
：2，3時間

☐ the last couple of days
：ここ数日

TO BE CONTINUED [9 / 14] ➡

0265 beginning
[bigíniŋ]
ビギニング

名 **始め；初期**
the start or first part of an event, story, period of time, etc.
動 begin (を始める)　名 beginner (初学者)
⇔名 end (終わり) ☞No.0015

0266 win
[wín]
ウィン

動 **(に) 勝つ；を得る**
be the most successful in a competition, race, battle, etc.
名 **勝利**
名 winner (勝利者)
形 名 winning (勝利を得た / 獲得；勝利)
＝動 beat (を打ち負かす) ☞No.1160
⇔動 lose (〔に〕負ける)
■■▶ 【変】win-won-won

0267 international
[ìntərnǽʃənl]
インタナショナル

形 **国際的な**
connected with or involving two or more countries
⇔形 national (国内の)

0268 accident
[ǽksədənt]
アクサデント

名 **事故；偶然**
something bad that happens that is not expected or intended and that often damages something or injures someone
形 accidental (偶然の)
＝名 incident (〔付随的な〕出来事) ☞No.1253
■■▶ event は重要な「出来事」。accident は不慮の「出来事」。happening は思いがけない「出来事」。

0269 fun
[fʌ́n]
ファン

名 **おもしろみ，楽しみ**
the feeling of enjoying yourself; activities that you enjoy
形 funny (おかしな)

0270 measure
[méʒər]
メジャァ

動 **(を) 測る；を評価する**
find the size, quantity, etc. of something in standard units
名 **物差し；対策**
名 measurement (測量，測定)
＝名 ruler (定規)

0271 pattern
[pǽtərn | 〈英〉pǽtən]
パタァン

名 **様式，型；模様**
a particular way in which something is done, is organized, or happens

265 I read the book from beginning to end.

▶私はその本を**始めから終わりまで**読んだ。

✔ **from beginning to end**
：始めから終わりまで

☐ **in the beginning**
：まず初めに

266 I knew that both Kate and I had won the race.

▶私とケイトのどちらもが**レースに勝った**のだと知った。

✔ **win a race[fight]**
：レース [戦い] に勝つ

☐ **win fame and fortune**
：富と名声を勝ち取る

267 I want to study international relations in university.

▶私は大学で**国際関係学**を学びたい。

✔ **international relations**
：国際関係 (学)

☐ **an international call**
：国際電話

268 He took measures to prevent an accident.

▶彼は**事故を防ぐ**ための手段を講じた。

✔ **prevent[cause] an accident**
：事故を防ぐ[引き起こす]

☐ **by accident**
：たまたま, 偶然に (⇔on purpose〔故意に〕)

269 That sounds like a lot of fun.

▶それは大変**おもしろそう**だ。

✔ **sound like fun**
：おもしろそう

☐ **for[in] fun**
：おもしろ半分に, 戯れに

270 She measures the temperature of her body every morning.

▶彼女は毎朝**体温を計る**。

✔ **measure temperature**
：温度を計る

☐ **take safety measures in advance**
：前もって安全対策を取る

271 This animal began to show new patterns of behavior.

▶この動物は**新しい行動様式**を示し始めた。

✔ **new patterns of behavior**
：新しい行動様式

☐ **set a pattern**：手本を示す

TO BE CONTINUED [10 / 14] ➡ 91

0001
0100
0200
0300
0400
0500
0600
0700
0800
0900
1000
1100
1200
1300
1400
1500
1600
1700
1800

0272	**weather**	图 **天気，天候**
	[wéðər]	the condition of the atmosphere at a particular place and time, such as the temperature, and if there is wind, rain, sun, etc.
	ウェザァ	=图 climate（気候）☞No.0626

■▶ climate がかなり長期にわたる「気候」を表すのに対し，weather は一時的な「気象状態」をいう。

0273	**experiment**	图 **実験；試み**
	图[ikspérəmənt]	a scientific test that is done in order to study what happens and to gain new knowledge
	動[ekspérəmènt | 〈英〉iks-]	動 **実験する**
	《名》イクスペラメント	图 experimental（実験の）
	《動》エクスペラメント	■▶ trial は「試行」。機械などを実際に試す「実験」は test。

0274	**approach**	動 **(に)近づく；に取り組む**
	[əpróutʃ]	move towards or nearer to someone or something
	アプロウチ	图 **接近；入り口**

0275	**focus**	图 **焦点**
	[fóukəs]	the main or central point of something
	フォウカス	動 **の焦点を合わせる；を集中させる**

■▶【複】focuses。《主に英》動 focusses。

0276	**feature**	图 **特徴；特集記事**
	[fíːtʃər]	(in the media) a special article or programmed about somebody/something
	フィーチャ	動 **を特集する；を主演させる**

0277	**appropriate**	形 **適切な**
	[əpróupriət]	suitable, acceptable or correct for the particular circumstances
	アプロウプリアット	=图 proper（適切な）☞No.1024 图 suitable（適した）

0278	**content**	形 **満足して**
	形[kəntént]	pleased with your situation and not hoping for change or improvement
	图[kántent | 〈英〉kón-]	图 〖-s〗**中身，内容**
	《形》カンテント	图 contentment（満足）
	《名》カンテント	■▶ 形 と 图 は同一綴りの別単語。

0279	**due**	形 **支払われるべき；正当な；到着予定で(ある)；～のはずで**
	[djúː | 〈英〉djúː]	owed to someone either as a debt or because they have a right to it
	デュー	图 duly（正当に）

STAGE 03

72 The weather is getting colder.

▶天候が寒くなり始めた。

☐ a weather **forecast[report]**
：天気予報

73 The researchers prepared several experiments on mice.

▶その研究者たちは**マウスを使った実験**をいくつか用意した。

✔ experiments **on mice**
：マウスを使った実験

☐ **do[perform/carry out]** an experiment ：実験する

74 You must approach this matter with great care.

▶この**問題**には十分注意して**取りかかる**べきだ。

✔ approach **the matter**
：問題に取りかかる

☐ the approach **to a bridge**
：橋の入り口［たもと］

75 We discussed the focus of the trouble.

▶私たちは紛争**の焦点**について話し合った。

✔ the focus of *A*　：*A* の焦点

☐ focus **on** *A*
：*A* に焦点を合わせる

76 My brother was watching a Halloween feature program.

▶弟はハロウィン**特集番組**を見ていた。

✔ a feature **program**
：特集番組

☐ a **key[main]** feature
：重要な特徴

77 These clothes are not appropriate for winter.

▶これらの服は冬**向き**ではない。

✔ appropriate **for[to]** *A*
：*A* に適切な

78 He is never content with anything.

▶ 彼は何ごと**にも満足し**ない。

✔ be content **with** *A*
：*A* に満足する

☐ **form and** content
：形式と内容

79 Prices had risen 200% due to inflation.

▶インフレ**のため**，物価が 200%に上がった。

✔ due to *A*
：*A* のため，*A* の原因で

☐ be due to *do*
：～する予定だ

TO BE CONTINUED [**11**/ 14] ➡ 93

0280 **office**

[ɔ́:fis | áf- | 〈英〉ɔ́f-]
オーフィス

图 **仕事場，事務所**
a room, set of rooms or building where people work, usually sitting at desks
⊛ officer（将校；公務員；警官）
⊛ official（職務上の；公式の）
⊛ officially（公務上；公式に）

0281 **center**

[séntər]
センタァ

图 **中心，中心地**
the middle of a space, area, or object, especially the exact middle
動 **集中する**
⊛ central（中心の）
■▶ 《英》では centre。

0282 **exactly**

[igzǽktli]
イグ**ザ**クトゥリィ

副 **正確に，厳密に；ぴったり**
used to emphasize that something is no more and no less than a number or amount, or is completely correct in every way or in every detail
⊛ exact（正確な）

0283 **compare**

[kəmpéər]
コンペア

動 **を比較する**
examine people or things to see how they are similar and how they are different
⊛ comparison（比較） ⊛ comparative（比較の）

0284 **mistake**

[mistéik]
ミステイク

图 **誤り**
an action or an opinion that is not correct, or that produces a result that you did not want
動 **を誤る，を誤解する**
＝⊛ error（誤り）☞No.1148

0285 **discuss**

[diskás]
ディスカス

動 **を話し合う；を論ずる**
talk about something with another person or a group in order to exchange ideas or decide something
⊛ discussion（話し合い）
■▶ debate は「を討論する」。argue は理由・証拠を挙げて「を議論する」。他動詞なので discuss about A は誤り。

0286 **action**

[ǽkʃən]
アクション

图 **行動，活動**
something that you do
動 act（行動する；〔を〕演ずる）
⊛ actress（女優） ⊛ actor（男優，役者）
⇔图 inaction（不活動，静止）

---

280 My father walks to the office.

▶父は**職場へ歩いて通勤する**。

- ✔ walk[drive] to the office
  ： 職場へ歩いて [車で] 通
  勤する
- ☐ a post office   ： 郵便局

---

281 Here is a highly crowded urban center.

▶ここは，とても混雑している**都心**だ。

- ✔ an urban center   ： 都心
- ☐ a sports center
  ： スポーツセンター

---

282 It's exactly eleven o'clock.

▶**きっかり** 11 時です。

- ☐ exactly the same (as A)
  ：(A と) 全く同じで
- ☐ not exactly
  ： 正確に言えば〜ではない

---

283 The researcher compares Japan with Britain to study cultural differences among them.

▶両者の間の文化的差異を研究するために，その研究者は**日本と**英国**を比較する**。

- ✔ compare A with B
  ： A を B と比べる
- ☐ compare A to B
  ： A を B にたとえる

---

284 Sorry, I made a mistake.

▶すみません，**間違えました**。

- ✔ make a mistake
  ： 間違いをする
- ☐ correct a mistake
  ： 誤りを正す
- ☐ by mistake   ： 間違えて

---

285 I discussed the matter with my wife.

▶その問題**を**妻**と話し合った**。

- ✔ discuss A with B
  ： B と A について議論する

---

286 People take action in their local community to reduce the price of chocolate.

▶チョコレートの価格を下げるために人々は地域社会で**対応している**。

- ✔ take action
  ： 対応 [行動] する
- ☐ Actions speak louder than words.
  ： 実行は百言に勝る。《諺》

TO BE CONTINUED [12/ 14] ➡

0287 **drop**
[dráp | 〈英〉drɔ́p]
ドゥラップ

图 一滴；落下
a very small amount of liquid that forms a round shape
動 落ちる；を落とす
＝图動 drip (しずく／したたり落ちる)

0288 **individual**
[ìndəvídʒuəl]
インダヴィヂュアル

形 個々の；独特の
given to or relating to a single, separate person or thing
图 個人
图 individuality (個性)

0289 **dangerous**
[déindʒərəs]
デインヂャラス

形 危険な
able or likely to harm or kill you
图 danger (危険〔＝图 peril〕)
動 endanger (を危険にさらす)
⇔形 safe (安全な)

0290 **price**
[práis]
プライス

图 値段；代償
the amount of money that you have to pay for something
動 に値段をつける
形 priceless (金では買えない)
＝图 charge (〔手間に対する〕料金) ☞No.0616
　图 fare (運賃)　图 cost (代価) ☞No.0153
　图 fee (〔専門的作業に対する〕謝礼) ☞No.0711

0291 **subject**
形图[sʌ́bdʒikt]
動[səbdʒékt]
《形》《名》サブヂクト
《動》サブヂェクト

形 〖be subject to *A*〗*A* になりやすい，
A の影響を受けやすい
likely to be affected by something, especially something bad
图 主題；科目
動 を服従 [従属] させる
形 subjective (主観的な)
■▶ subject は討論・著作などの「題目」や「主題」。topic は作品や議論の一部で扱われた「話題」で，通例 subject よりは小規模。theme は「概念・考え方」。

0292 **effort**
[éfərt]
エファット

图 努力，骨折り
physical or mental activity needed to achieve something
形 effortless (楽な)

87 It's a drop in the ocean.

▶取るに足らないことだよ。

- ✔ a drop **in the ocean**
  ： 大海の一滴，焼け石に水《諺》(=取るに足らないこと)
- □ drop **out of college**
  ： 大学を中退する

88 Everyone has his own individual opinion.

▶各人が**個人としての**見解を持っている。

89 This river is dangerous to swim in.

▶この川で泳ぐのは**危険**だ。

- □ it is dangerous (for A) to *do*[× that節]
  ：(A が)〜することは危険だ

90 What is the price of this?

▶これは**いくら**ですか？

- ✔ the price **of** A   ： A の値段
- □ full[half] price
  ： 正規価格 [半額]
- □ reduce[raise] prices
  ： 値引き [値上げ] する

91 These prices are subject to change without notice.

▶これらの価格は予告なしに**変更することがあります**。

- ✔ be subject **to change**
  ：(仕様・価格などが)変更することがある
- □ change **the subject**
  ： 話題を変える

92 He made efforts to stay alive.

▶彼は死ぬまいと**努力した**。

- ✔ make an effort
  ： 努力をする
- □ it takes effort to *do*
  ：〜するには努力が必要だ
- □ with (an[some]) effort
  ： 苦労して

0293

kid

[kíd]
キッド

名 **子供，チビさん；子ヤギ**
a child or young person
····▸ 名 goat（ヤギ）

0294

role

[róul]
ロウル

名 **役割，任務**
the function or position that somebody has or is
expected to have in an organization, in society or in a
relationship
■■▸ 動 roll「転がる」と混同しないように注意。

0295

method

[méθəd]
メソッド

名 **方法，手段**
a particular way of doing something
＝名 way（〔一般的な〕方法）
　名 manner（〔独特な〕方法）☞No.0611

0296

attempt

[ətémpt]
アテンプト

動 **を試みる，を企てる**
try to do something, especially something difficult
名 **試み，企て**
形 attempted（未遂の）
■■▸ 通例，未遂の場合に用いる。

0297

community

[kəmjúːnəti]
コミューナティ

名 **共同体，地域社会；共通性**
the people living in one particular area or people who
are considered as a unit because of their common
interests, social group, or nationality
＝名 形 common（共通〔の〕）☞No.0064
····▸ 名 communist（共産主義者）

0298

factor

[fǽktər]
ファクタァ

名 **要因**
one of several things that cause or influence something
■■▸ factor はあることの「要因」となるもの。element
は全体を形づくる「成分」や「要素」。

0299

apply

[əplái]
アプライ

動 **申し込む；を適用する**
make a formal request, usually in writing, for
something such as a job, a loan, permission for
something, a place at a university, etc.
名 application（申し込み；適用）
名 appliance（器具；備品）
名 applicant（志願者）

0300

connect

[kənékt]
コネクト

動 **をつなぐ；を関係づける**
join together two or more things; be joined together
名 connection（関係）
＝動 combine（結合する）☞No.0348
····▸ 動 reconnect（を再びつなぐ）

---

293 I want to see my kids grow up.

▶私は**子供たち**が大きくなるのを見たい。

294 He played a significant role in the trade talks.

▶彼は貿易交渉で**重要な役目を果たした**。

- ✔ play a significant role
  : 重要な役目を果たす
- play the role of A
  : A の役を演じる

295 The shop offers various methods of payment.

▶その店は様々な**支払い方法**を提供している。

- ✔ methods of payment
  : 支払い方法
- adopt the method
  : その方法を採用する

296 I attempted to solve a crossword puzzle.

▶私はクロスワードパズルを**解こうと試みた**。

- ✔ attempt to do
  : ～しようと試みる
- on second[first] attempt
  : 2回目 [最初] の試みで

297 The country is under pressure from the international community.

▶その国には**国際社会**から圧力がかけられている。

- ✔ the international community : 国際社会
- a community center
  : 地域 (社会) センター,
  コミュニティセンター

298 A well-planned strategy is the major factor in his success.

▶よく練られた戦略が彼の成功の**主な要因**だ。

- ✔ the major factor in A
  : A の主な要因
- emotional factors
  : 感情的要因

299 I will apply for a job with a computer company.

▶私はコンピュータ会社の求人**に応募する**つもりだ。

- ✔ apply for A
  : A に応募する [申し込む]
- apply to A
  : A (大学など) に出願する

300 Please connect me to Mr. Thomas.

▶トーマスさん**に** (電話を) **つない**で下さい。

- ✔ connect A to[with] B
  : A を B につなげる, A から B を連想する, A と B を関連づける

Lesson 3　発音とつづりの法則③

18 ng

-ng で終わる語とその派生語

[ŋ]　kingdom　spring

派生語ではない語と比較級・最上級

[ŋg]　English　younger

19 th

[θ]　think　theory

[ð]　smooth　weather

例外 [t]　Thames　Thomas

注意！ [θ] ⇒ [ð]

bath ⇒ bathe

breath ⇒ breathe

mouth ⇒ mouths

north ⇒ northern

south ⇒ southern

20 c ／ sc

c　[k]　cap　cut

cool

[s]　(e, i, y の前) city

civil　cycle

例外 [ʃ]　ocean　delicious

sc　[sk]　escape　screen

[s]　(e, i の前) scenery

science

例外 [ʃ]　conscious

conscience

21 g

[g]　dog　gold

garage

[dʒ]　(e, i, y の前) giant

engine　gym

22 gh

[f]　rough　enough

[g]　ghost　aghast

黙字 ⇒ 24 gh の欄参照

23 ss

[s]　miss　passive

[z]　scissors　dessert

例外 [ʃ]　pressure　mission

24 黙字

gh　straight　sight

gn　design　reign

ho　honest　honor

kn　know　knife

mb　climb　bomb

mn　autumn　column

wr　wrong　write

その他

cupboard　doubt

exhibit　folk

island　listen

muscle　receipt

salmon　sword

25 -ed の発音

[d]　played　lived

※ [d] が原則

[t]　stopped　talked

※語尾が [k][p][f][s][θ][ʃ][tʃ]

のとき

[id]　wanted　attended

pointed　ended

※語尾が [d][t] のとき

ESSENTIAL ENGLISH WORDS FOR
The Common Test for University Admissions

ROUND 2

STAGE 04-05-06

No.0301–0600
（300 words）

【頻出度】
★★★★★

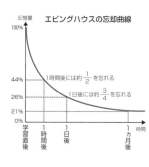

エビングハウスの忘却曲線

記憶量
100%

44%
26%
21%

1時間後には約 $\frac{1}{2}$ を忘れる

1日後には約 $\frac{3}{4}$ を忘れる

学習直後　1時間後　1日後　1カ月後　時間

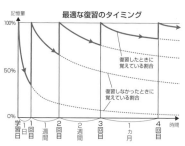

最適な復習のタイミング

記憶量
100%

50%

0%

復習したときに覚えている割合

復習しなかったときに覚えている割合

学習日　1日目　1週間　2回目　2週間　3回目　1カ月　4回目　時間

脳科学の研究によると，最も効果的な復習のタイミングは，❶1回目…学習した翌日 ❷2回目…その1週間後 ❸3回目…そのまた2週間後 ❹4回目…そのまた1カ月後であると言われています。右の表に学習した日付（または○や✓など）を記入して，忘れがちな英単語を効率的に復習していきましょう。	STAGE	1回目	2回目	3回目	4回目
	04				
	05				
	06				

0301 contrast

图[kántræst |
⟨英⟩kɔ́ntrɑːst]
動[kəntrǽst | ⟨英⟩-trɑ́ːst]
《名》カントゥラスト
《動》コントゥ**ラ**スト

图 **対照，対比；差異**
an obvious difference between two or more things
動 **を対照 [対比] させる**
⑱ contrastive (対照的な，対比する)

0302 impact

图[ímpækt]
動[ímpækt]
《名》**イ**ンパクト
《動》**イ**ンパクト

图 **衝撃；影響 (力)**
the powerful effect that something has on somebody/
something
動 **(に) 強い衝撃 [影響] を与える**
=图 influence (影響) ☞No.0112
　图 effect (効果) ☞No.0077

0303 means

[míːnz]
ミーンズ

图 **手段；資力**
an action, an object or a system by which a result is
achieved; a way of achieving or doing something
⋯動 mean (を意味する)

0304 writer

[ráitər]
ライタァ

图 **作家，筆者**
a person whose job is writing books, stories, articles,
etc.
動 write (〔を〕書く)　图 writing (書くこと；文書)
⑱ written (書いた；書き言葉の)
=图 author (著者) ☞No.0339

0305 success

[səksés]
サク**セ**ス

图 **成功，出世**
the fact that you have achieved something that you
want and have been trying to do or get
動 succeed (成功する) ☞No.0588
⑱ successful (成功した)
動 successfully (首尾よく，うまく)
=图 prosperity (成功)
⇔图 failure (失敗)

0306 add

[æd]
アッド

動 **を加える，を足す**
put something together with something else so as to
increase the size, number, amount, etc.
图 addition (追加)　⑱ additional (追加の)

0307 education

[èdʒukéiʃən | ⟨英⟩èdju-]
エヂュ**ケ**イション

图 **教育；知識，教養**
the process of teaching and learning, usually at school,
college, or university
動 educate (を教育する)
⑱ educational (教育上の)

01 You are very polite by contrast with her.

▶あなたは彼女**と対照的に**とても礼儀正しい。

✔ **by[in] contrast with** *A*
：*A* と対照的に

☐ **make a marked contrast**
：きわだった対照をなす

---

02 Her mother's death had a great impact on her life.

▶母親の死は彼女の人生に**多大な影響を与えた**。

✔ **have a great impact on** *A*
：*A* に多大な影響を与える

---

03 Have you[Do you have] any means of identification?

▶ 何か身元証明**の手段**がありますか？

✔ **a means of** *A* ：*A* の手段

☐ **a means of** *doing*[**to** *do*]
：～する手段

---

04 This book is written by a famous writer.

▶この本は**著名な作家**によって書かれている。

✔ **a famous writer**
：著名な作家

☐ **a sports writer**
：スポーツライター

---

05 The news of the boy's success made his parents happy.

▶少年が**合格**した知らせを聞き，両親は喜んだ。

☐ **with[without] success**
：うまくいって [いかなくて]

---

06 A new wing was added to the building.

▶その建物に新しい棟が**増築された**。

✔ **add** *A* **to** *B*
：*A* を *B* に加える

✔ **add up to** *A*
：(数字が) 合計 *A* になる

---

07 I took an adult education course last weekend.

▶先週末に**成人教育**の講座を受講しました。

✔ **adult[early] education**
：成人 [早期] 教育

☐ **get[receive] an education**
：教育を受ける

TO BE CONTINUED [1/14] ➡ 103

0308 **control**
[kəntróul]
コントゥロウル

图 支配，統制
the ability or power to make someone or something do what you want or make something happen in the way you want

動 を支配する，を統制する

■▶ 過去形・過去分詞は controlled。

0309 **exercise**
[éksərsàiz]
エクサァサイズ

图 練習，運動；行使
physical activity that you do to make your body strong and healthy

動 練習する，運動する

■▶ exercise は習得した技能などの組織的な「練習」。 practice は習得するための繰り返し「練習」。drill は指導者の下で行われる集団的な「訓練」。

0310 **mention**
[ménʃən]
メンション

動 に言及する
write or speak about something/somebody, especially without giving much information

图 言及；記載

0311 **enter**
[éntər]
エンタァ

動 (に)入る；(に)入学 [加入] する
come or go into a particular place

图 entrance (入り口⇔图 exit)　图 entry (加入)

0312 **single**
[síŋgl]
スィングル

形 個々の；独身の
only one

···形 double (2倍の) ☞No.0748
　形 triple (三重の)

0313 **prove**
[prú:v]
プルーヴ

動 を証明する；〜であるとわかる
use facts, evidence, etc. to show that something is true

图 proof (証明) ☞No.1283

■▶ [変] prove-proved-proved/proven

0314 **energy**
[énərdʒi]
エナァヂィ

图 エネルギー，精力，気力
the power and ability to be physically and mentally active

形 energetic (精力的な)

···图形 energy-saving (省エネ〔の〕)

0315 **memory**
[méməri]
メモリィ

图 記憶 (力)；思い出
the ability to remember information, experiences, and people

形 memorial (記念の)

動 memorize (を記憶する)

08	He is under my control. ▶彼は私の**管理下にある**。	✔ under[out of] *A*'s control ：*A* の管理下にある [ない] ☐ control *oneself*：自制する
09	Exercise improves your heart and lung power. ▶**運動**は心肺機能を増進させる。	☐ do[get / take] some exercise ：運動をする
310	Don't mention it. ▶**そのことには触れないで**下さい。	✔ Don't mention it. ：そのことには触れない で下さい [どういたしま して]。
1311	His son entered a famous university. ▶彼の息子は有名**大学に入学した**。	✔ enter a university ：大学に入学する ☐ enter (×into) the room ：部屋に入る
1312	I reserved a single room at the hotel. ▶私はホテルに**一人部屋**を予約した。	✔ a single room ：一人部屋
1313	It is impossible to prove that God exists. ▶神が存在する**と証明する**ことは不可能だ。	✔ prove (that)節 ：〜ということを証明する ☐ prove (to be) *A* ：*A* であるとわかる
1314	It'd be a waste of time and energy. ▶それは**時間とエネルギーの浪費**だろう。	✔ a waste of time and energy ：時間とエネルギーの浪費 ☐ clean energy ：クリーンエネルギー
1315	My grandmother is losing her memory. ▶祖母は**記憶をなくし**始めた。	✔ lose *one's* memory ：記憶をなくす ☐ have a good memory ：記憶力が良い ☐ make good memories ：良い思い出を作る

STAGE 04

0316 tired
[táiərd]
タイアド

形 **疲れた；飽きた**
feeling that you need to rest or sleep
動 tire (を疲れさせる) 形 tiresome (退屈な)
= 形 exhausted (疲れ果てた)
形 fatigued (疲れ果てた)

0317 character
[kǽriktər]
キャラクタァ

名 **特徴；性格；人格；文字**
the particular combination of qualities in a person or place that makes them different from others
動 characterize (を特徴づける)
名 形 characteristic (特質 / 独特の)
= 名 personality (人柄, 個性)

0318 perform
[pərfɔ́:rm]
パァフォーム

動 **を実行する；(を)演じる**
do something, such as a piece of work, task or duty
名 performance (実行；演技)
名 performer (実行者；演者)
▶ do や carry out より形式ばった語。

0319 fashion
[fǽʃən]
ファッション

名 **流行，ファッション；やり方**
a style that is popular at a particular time, especially in clothes, hair, make-up, etc.
形 fashionable (流行の⇔形 unfashionable)

0320 refer
[rifə́:r]
リファー

動 〖refer to〗**〜に言及する；〜を参照する**
mention or speak about somebody or something
名 reference (参照；身分証明書)
▶ refer は直接にはっきりと「名をあげる」、またはそれに「言及する」。allude は「ほのめかす」。

0321 detail
[ditéil | díːteil]
ディテイル / ディーテイル

名 **詳細，細部**
all the separate features and information about something
形 detailed (詳細な；精密な)

0322 conduct
動 [kəndʌ́kt]
名 [kándʌkt | 〈英〉kɔ́n-]
《動》コンダクト
《名》カンダクト

動 **を行う；(を)指揮する**
organize and perform a particular activity
名 **行為**
名 conductor (指揮者；車掌)
▶ act は短い一回だけの「行動」。deed は特に立派な「行い」という含みがある。

16 He was too tired to study any longer.

▶彼は**疲れ**きって，それ以上勉強できなかった。

- ✔ **be tired** ：疲れている
- ☐ **You look tired.**
  ：お疲れのようですね。
- ☐ **be tired of** *A* ：*A* に飽きた

---

17 The girl has a face without any character.

▶その少女は**特徴のない顔**をしている。

- ✔ **a face without any character**
  ：特徴のない顔
- ☐ **Chinese characters** ：漢字

---

18 My friends told me where the opening ceremony will be performed.

▶友人は開会**式が挙行される**場所を私に教えてくれた。

- ✔ **perform a ceremony**
  ：儀式を挙行する

---

19 Miniskirts are in fashion again this year.

▶今年はまたミニスカートが**はやっている**。

- ✔ **be in[out of] fashion**
  ：はやっている [いない]
- ☐ **the latest[newest] fashion**
  ：最新の流行

---

20 Read the passage I referred to in my letter.

▶手紙で**触れた**くだりをお読み下さい。

- ☐ **refer** *A* **to** *B*
  ：*A* を *B* に差し向ける，*A* を *B* に任せる

---

321 Early scientists were unable to describe the surface of the Moon in detail.

▶初期の科学者は月面を**詳細に**説明することはできなかった。

- ✔ **in detail** ：詳細に
- ☐ **For further details, call us.**
  ：詳しくは電話で。

---

322 The carefully conducted scientific study showed surprising facts.

▶注意深く**行われた**科学的な研究は驚くべき事実を示した。

- ☐ **bad conduct**
  ：悪いふるまい
- ☐ **good conduct**
  ：良いふるまい，品行方正

0323 **aspect**
[æspekt]
アスペクト

名 局面；外観
one part of a situation, problem, subject, etc.
＝名 phase (相；段階)

0324 **Internet**
[íntərnèt]
インタァネット

名 〖the ～〗インターネット
the large system of connected computers around the world that allows people to share information and communicate with each other
⋯→名 the Web ＝ www. (インターネット網)☞No.1102

0325 **fail**
[féil]
フェイル

動 失敗する；(に)落第する
not be successful in achieving something
名 落第
名 failure (失敗)
⇔動 succeed (成功する)☞No.0588

0326 **trouble**
[trΛbl]
トゥラブル

名 困難；心配；迷惑
problems or difficulties
動 を苦しめる；骨を折る
形 troublesome (厄介な)

0327 **kill**
[kíl]
キル

動 (を)殺す；をダメにする
cause someone or something to die
名 killer (殺し屋)
■▶ murder は不法・計画的に人を「殺す」。massacre は大量に「虐殺する」。assassinate は「暗殺する」。

0328 **plant**
[plǽnt]
プラント

動 を植える
put a plant into the ground or into a container of soil so that it will grow
名 植物；機械装置
名 plantation (大農園)

0329 **size**
[sáiz]
サイズ

名 大きさ；寸法
how large or small something or someone is
⋯→名 volume (容量)☞No.0747
名 mass (大きさ)☞No.1025
名 bulk (大きさ)

23 The researchers need some information on a different aspect of diet.

▶研究者たちはダイエットの**別の側面**についての情報を必要としている。

- ✔ **a different** aspect
  ：別の側面［外観］
- ☐ **consider** a question in all its aspects
  ：問題をあらゆる側面から考察する

24 All the rooms have access to the Internet.

▶どの部屋でも**インターネット**が利用できる。

- ☐ **shop on the** Internet
  ：インターネットショッピングをする

25 He failed in his business.

▶彼は事業に**失敗した**。

- ✔ **fail in[at]** *A* ：*A* に失敗する
- ☐ **fail to** *do* ：〜しそこなう
- ☐ **without fail**
  ：間違いなく，きっと

26 I had trouble finding somewhere to park.

▶駐車場所を**探すのに苦労した**。

- ✔ **have trouble** *doing*
  ：〜するのに苦労する
- ☐ **Troubles never come singly.**
  ：不幸は重なるもの。《諺》

27 Her father was killed in a car crash.

▶彼女の父親は車の衝突事故で**亡くなった**。

- ✔ **be killed in** *A* ：*A* で死ぬ
- ☐ **kill a few hours** *doing*
  ：〜して数時間をつぶす

28 She is planning to plant fruit trees and vegetables in her garden.

▶彼女は庭に**果樹と野菜を植える**つもりだ。

- ✔ **plant fruit trees and vegetables**
  ：果樹と野菜を植える
- ☐ **plant a field**
  ：畑に種をまく

29 Dogs come in all shapes and sizes.

▶様々な形と**大きさ**の犬がいる。

- ☐ **an area the size of Hokkaido**
  ：北海道と同じ大きさの地域

TO BE CONTINUED [4/14] ➡ 109

| 0330 **heart**
[há:rt]
ハート | 图 **心臓；心；中心**
the organ in your chest which pumps blood through your body
圏 hearty（心からの）　圏 heartless（薄情な）
■▶ heart は感情・情緒を意味する「心」。知性・理性の宿る「心」は mind。魂が宿る「心」は soul。 |

| 0331 **fresh**
[fréʃ]
フレッシュ | 圏 **新鮮な，生の；新しい；塩気のない**
recently produced or picked and not frozen, dried or preserved in tins or cans
圖 freshly（新たに）
图 freshman（新人＝图 newcomer, 图 recruit） |

| 0332 **introduce**
[ìntrədjú:s｜〈英〉-djú:s]
イントゥラデュース | 動 **を紹介する；を持ち込む**
tell someone another person's name the first time that they meet
图 introduction（紹介；入門〔書〕）
■▶ 紹介の順序は，年下を年上に，男性を女性に，となる。 |

| 0333 **foreign**
[fɔ́:rən｜fár-｜〈英〉fɔ́r-]
フォーラン | 圏 **外国（人）の；外来の**
belonging or connected to a country that is not your own
图 foreigner（外国人＝图 alien）
⇔圏 domestic（国内の）☞No.0710
■▶ 発音されない綴り字に注意。 |

| 0334 **shape**
[ʃéip]
シェイプ | 图 **形；状態**
the form that something has, for example round, square, triangular, etc.
動 **を形づくる**
＝图 figure（姿）☞No.0250 |

| 0335 **save**
[séiv]
セイヴ | 動 **（を）救う；（を）節約する；を蓄える**
keep someone or something from death, harm, loss, etc.
圏 图 saving（救いの／節約；貯金）
＝動 rescue（を救出する）☞No.1193 |

| 0336 **hurt**
[há:rt]
ハート | 動 **を傷つける；痛む**
cause physical pain to somebody/yourself; to injure somebody/yourself
图 **ケガ；痛み**
＝動 injure（を傷つける）☞No.0802
　動 wound（を傷つける）☞No.1249 |

30 I suffered a serious heart attack.

▶私は重度の**心臓発作**を起こした。

✔ a heart **attack** ：心臓発作

☐ **young** at heart
：気持ちが若い

331 My grandmother gave me fresh apples.

▶祖母は私に**採りたてのリンゴ**をくれた。

✔ fresh **apples[fruit]**
：採りたてのリンゴ[果物]

☐ fresh **water** ：淡水，真水

32 He introduced her to his parents.

▶彼は彼女を両親に**紹介した**。

✔ introduce *A* **to** *B*
：*A*〈人〉を *B*〈人〉に紹介
する

☐ introduce *oneself*
：自己紹介をする

33 I usually avoid foreign language movies as I'm tired of reading subtitles.

▶字幕を読むのにうんざりするので，**外国語**の映画は
いつも避けている。

✔ a foreign **language**
：外国語

☐ a foreign **country** ：外国

☐ the Foreign **Office**
：《英》外務省

34 The table has a round shape.

▶このテーブルは**円形**だ。

✔ a round[square] **shape**
：円[四角]形

☐ in good[bad, poor] **shape**
：(体調などが)良い[悪い]
状態で

35 He saved the child from drowning.

▶彼は子供が溺れかけている**のを救った**。

✔ save *A* **from** *B*
：*B* から *A* を救う

☐ save (up) **for** *A*
：*A* のために貯蓄する

36 He hurt his arms badly.

▶彼は**両腕**をひどく**痛めた**。

✔ hurt *one's* **arm[foot]**
：腕[足]にケガをする

☐ get **hurt** ：ケガをする

0337 weight
[wéit]
ウェイト

图 **体重；重さ**
the amount that something or someone weighs
働 weigh (の重さを量る，重さが〜である)

0338 comfortable
[kámfərtəbl]
カンフォタブル

形 **快い；気楽な**
making you feel physically relaxed; pleasant to wear, sit on, etc.
图 comfort (慰め) 働 comfortably (気持ちよく)

0339 author
[ɔ́:θər]
オーサァ

图 **著者，作家**
a person who writes books or the person who wrote a particular book
＝图 writer (作家) ☞ No.0304
■▶ 語尾が -er でなく -or。例) 图 actor「俳優」
图 conductor「指揮者」 图 sailor「船員」

0340 standard
[stǽndərd]
スタンダァド

图 **基準，標準**
a level of quality, especially one that people think is acceptable
形 **基準の，標準の**

0341 range
[réindʒ]
レインヂ

图 **範囲；山脈**
the scope of person's knowledge or abilities
働 **範囲にわたる**
＝图 dimension (寸法；範囲；次元)

0342 complex
形[kəmpléks, kámpleks | 〈英〉kómpleks]
图[kámpleks | 〈英〉kóm-]
《形》コンプレクス
《名》カンプレクス

形 **複雑な**
consisting of many different parts and often difficult to understand
图 **複合体**
图 complexity (複雑さ)
⇔形 simple (簡単な) ☞ No.0181

0343 paragraph
[pǽrəgræf]
パラグラフ

图 **段落，節；小記事**
a short part of a text, consisting of at least one sentence and beginning on a new line. It usually deals with a single event, description, idea, etc.
■▶ 【略】par(a). 【複】par(a)s.

0344 current
[kə́:rənt | 〈英〉kʌ́r-]
カーレント

形 **現在の**
happening now; of the present time
图 **流れ**
働 currently (今のところ)
图 currency (流通；通貨)

STAGE **04**

---

37 These days many people are trying to lose weight.

▶今日では多くの人が**体重を減ら**そうとしている。

- ✔ lose (×*one's*) weight
  : やせる
- ☐ gain[put on] weight : 太る

---

38 This bed is very comfortable.

▶このベッドはとても**快適**だ。

- ☐ be comfortable with [about] *A*
  : *A* に満足している

---

39 Hemingway is my favorite author.

▶ヘミングウェイは**私の一番好きな作家**です。

- ✔ my favorite author
  : 私の一番好きな作家
- ☐ a children's author
  : 児童文学作家

---

40 There was a general rise in living standards.

▶**生活水準**の一般的な向上があった。

- ✔ living standards : 生活水準
- ☐ set the standard for water quality
  : 水質基準を設定する

---

341 This research needs a wide range of knowledge.

▶この研究は**広範囲の知識**を必要とする。

- ✔ a wide range of knowledge : 広範囲の知識
- ☐ range in price from $25 to $100
  : 値段が 25 ドルから 100 ドルにわたる

---

342 A complex system of highways has been developed in this area.

▶この地域では**複雑な幹線道路網**が発達してきた。

- ✔ a complex system of highways
  : 複雑な幹線道路網
- ☐ an inferiority complex
  : 劣等感，コンプレックス

---

343 I would like to learn paragraph writing skills.

▶私は**パラグラフ・ライティング**を学びたいと思っている。

- ✔ paragraph writing
  : パラグラフ・ライティング
- ☐ an editorial paragraph
  : (新聞の) 小社説

---

344 We look for solutions to current problems.

▶私たちは**現在の問題**の解決策を模索する。

- ✔ current problems
  : 現在の問題
- ☐ an electric current : 電流

TO BE CONTINUED [**6** / 14] ➡ 113

0345 **advance**
[ædvǽns | 〈英〉ədvá:ns]
アドゥヴァンス

图 進歩，前進
progress or a development in a particular activity or area of understanding
動 進歩 [前進] する；を発展 [進歩] させる
形 advanced (進歩した)
＝图 progress (進歩) ☞No.0843

0346 **claim**
[kléim]
クレイム

動 を主張する；を要求する
say that something is true or is a fact, although you cannot prove it and other people might not believe it
图 主張；要求
＝動 图 demand (を要求する／要求) ☞No.0360
■▶ 日本語の「クレームをつける」は make a complaint。

0347 **contribute**
[kəntríbju:t]
コントゥリビュート

動 貢献する；(を) 寄付する
give money, help, ideas, etc. to something that a lot of other people are also involved in
图 contribution (寄付＝图 donation；貢献)
…動 attribute (を〜のせいにする)

0348 **combine**
動[kəmbáin]
图[kámbain, kəmbáin | 〈英〉kɔ́mbain]
《動》コンバイン
《名》カンバイン

動 結 [連] 合する；を結合させる
come together to form a single thing or group; join two or more things or groups together to form a single one
图 企業合同体，政治連合
图 combination (結合，組み合わせ)

0349 **despite**
[dispáit]
ディスパイト

前 〜にもかかわらず
without taking any notice of or being influenced by; not prevented by
■▶ in spite of「〜にもかかわらず」より堅い表現。

0350 **psychology**
[saikálədʒi | 〈英〉-kɔ́l-]
サイカラヂィ

图 心理学
the scientific study of the mind and how it influences behavior
形 psychological (心理 [学] 的な)
图 psychologist (心理学者)
…图 psychoanalysis (精神分析 [学])

0351 **heavy**
[hévi]
ヘヴィ

形 重い；激しい；骨の折れる
(especially of something unpleasant) of very or especially great force, amount, or degree
副 heavily (重く；激しく)
⇔形 light (軽い)

345 Rapid technological advances since the 1950s have resulted in modern recording techniques.

▶ 1950 年代以降の**急速な技術的進歩**は，現代的な録音技術をもたらした。

✔ **rapid technological advances**
　　　　　：急速な技術的進歩

☐ **in advance**
　　　　　：あらかじめ，事前に

346 He claimed to have witnessed the accident.

▶ 彼は事故を**目撃したと主張した**。

✔ **claim to** *do*
　　　　　：～すると主張する

☐ **claim (that)**節
　　　　　：～だと主張する

347 We can contribute to the future of the world.

▶ 我々は将来の世界に**貢献する**ことができる。

✔ **contribute to** *A*
　　　　　：*A* に貢献する

348 Oxygen combines with hydrogen to form water.

▶ 酸素は水素と**結合して**水になる。

✔ **combine with** *A*
　　　　　：*A* と結合する

☐ **combine** *A* **with** *B*
　　　　　：*A* を *B* と結合させる

349 Despite the price, I bought it.

▶ 値段 (が高かった) **にもかかわらず**，私はそれを買った。

350 He is a professor of social psychology.

▶ 彼は**社会心理学**の教授である。

✔ **social psychology**
　　　　　：社会心理学

☐ **group psychology**
　　　　　：集団心理 (学)

351 At that time, people had to pay heavy taxes for importing vegetables.

▶ 当時，人々は野菜を輸入するために**重税**を払わなければならなかった。

✔ **heavy taxes**   ：重税

☐ **heavy rain[snow]**
　　　　　：豪雨 [雪]

☐ **get heavy**   ：深刻になる

0352 wide
[wáid]
ワイド

副 **広く**
fully open
形 **広い**
⬤ widely (広範に)　⬤ widen (を広くする)
⊛ width (広さ，幅)
⇔形 narrow (狭い) ☞No.1010
■▶ 部屋などが「広い」という時は large や big を使う。

0353 attitude
[ǽtitʃùːd | 〈英〉-tjùːd]
アチテュード

名 **態度；姿勢；考え方**
a feeling or opinion about something or someone, or a way of behaving that is caused by this

0354 distance
[dístəns]
ディスタンス

名 **距離；遠方**
the amount of space between two places or things
形 distant (遠い；よそよそしい)

0355 deep
[díːp]
ディープ

形 **深い；濃い**
having a large distance from the top or surface to the bottom
⊛ depth (深さ)　⬤ deeply (深く；強く，深刻に)
⬤ deepen (を深める)

0356 respect
[rispékt]
リスペクト

名 **尊敬；箇所**
the feeling that you have when you admire on high opinion of somebody
動 を**尊敬する**
形 respectable (立派な)
■▶ respect は価値あるものに対しそれにふさわしい「敬意を払う」。esteem は好意の気持ちを込めた「敬意を払う」。admire は強い心からの「愛情を抱いている」ことを暗示する。

0357 voice
[vɔ́is]
ヴォイス

名 **声**
the sounds that are made when people speak or sing
形 vocal (声の)

0358 image
[ímidʒ]
イミッヂ

名 **像；心像；印象**
the impression that a person, an organization, a product, etc. gives to the public
動 を**想像する**
■▶ 「イメージアップ」「イメージダウン」は和製英語。

STAGE 04

---

352 Her eyes opened wide in surprise.
▶驚いて彼女は目を丸くした。

☐ **open** *one's* **eyes wide**
：目を丸くする，目を見開く

☐ **a wide river[road]**
：広い川 [道路]

---

353 He always has a positive attitude toward his work. ▶彼は自分の仕事にいつも積極的な態度を取っている。

✔ **an attitude toward** *A*
：*A* に対する態度

✔ **have a positive attitude**
：積極的な態度を取る

---

354 His house is just a short distance from the station.
▶彼の家は駅からほんの少し離れているだけだ。

✔ **a short[long] distance**
：短い [長い] 距離

☐ **from a distance**：遠くから

---

355 The village is located in a deep valley.
▶その村は深い谷にある。

✔ **a deep valley**　：深い谷

☐ **(a) deep sleep**　：熟睡

☐ **be deep in** *A*
：*A* に没頭して

---

356 The organization tries to promote respect for human rights.
▶その団体は人権の尊重を促進しようとしている。

✔ **respect for human rights**
：人権の尊重

☐ **in all respects**
：全ての点で

---

357 She spoke in a low voice.
▶彼女は低い声でしゃべった。

✔ **in a low[small] voice**
：低い [小さな] 声で

☐ **in a loud[an angry] voice**
：大きな [怒った] 声で

---

358 The advertisement improved the company's image.
▶その広告は会社の印象を良くした。

✔ **improve** *A*'s **image**
：*A* の印象を良くする

☐ **an image of** *A*
：*A* というイメージ

0359
record
图[rékərd |〈英〉-kɔːd]
動[rikɔ́ːrd]
《名》レカァド
《動》リコード

图 **記録；成績；履歴**
a written account of what has happened, been done, etc.
動 **を記録する；(を)録音 [画] する**
⊛ recording (録音 [画])
⋯⊛ concord (一致，調和)

0360
demand
[dimǽnd]
ディマンド

图 **要求；需要**
the need or desire that people have for particular goods and services
動 **(を)要求する**
⇔動 supply (を供給する) ☞No.0534
⋯⊛ command (〔を〕命令する) ☞No.1228

0361
advice
[ædváis |〈英〉əd-]
アドヴァイス

图 **忠告，アドバイス**
an opinion you give someone about what they should do
動 advise (〔人〕に忠告する；を勧める)
⊛ adviser, advisor (忠告者；相談相手)
=⊛ counsel (助言，忠告)
■▶ 不可算語。⊛動 の綴りと発音に注意。動詞の発音は [ədváiz] アドヴァイズ。

0362
message
[mésidʒ]
メスィッヂ

图 **伝言；通信 (文)**
a short piece of information that you give to a person when you cannot speak to them directly
⊛ messenger (使者)

0363
customer
[kʌ́stəmər]
カスタマァ

图 **客，得意先**
a person who buys goods or a service
⊛ custom (習慣) ☞No.0998
■▶ customer は買い物をする「客」。client は医師・銀行・弁護士などから「専門的サービスを受ける人」。guest は「招待客」。「訪問客」は visitor, caller。日本語の「お客様」と違い，呼びかけには使わない。

0364
immediately
[imíːdiətli]
イミーディアトゥリィ

副 **直ちに；直接に**
at once; without delay
⊛ immediate (即座の；直接の)
=動 directly (直接に；直ちに)

0365
indeed
[indíːd]
インディード

副 **本当に，実に；実は**
really or certainly, often used to emphasize something
=動 really (実は)   動 truly (本当に)
   動 certainly (確かに，間違いなく)

³⁵⁹ The man set a new record in the competition.

▶その男性はその競技会で**新記録を出した**。

- ✅ **set a new record**
  ：新記録を出す
- ☐ **break the record**
  ：記録を破る
- ☐ **off the record** ：非公式に

³⁶⁰ A conference was held in response to the world's growing demand for water.

▶世界の**水の需要**の高まりに応じて，会議が開催された。

- ✅ **demand for water**
  ：水の需要
- ☐ **demand to** *do*[that節]
  ：〜するように [であること を] 要求する

³⁶¹ I'll give you a piece of advice.

▶あなたに**ひと言忠告する**。

- ✅ **give** *A* **advice**
  ：*A* に忠告をする
- ✅ **give a piece[word] of advice** ：ひと言忠告する

³⁶² Shall I take a message?

▶**伝言を伺いましょうか?**

- ✅ **Shall[Can] I take a message?**
  ：伝言 [ご用件] を伺いま しょうか?《電話》
- ☐ **leave a message**
  ：伝言を残す

³⁶³ The restaurant is full of regular customers.

▶レストランは**常連客**でいっぱいだ。

- ✅ **a regular customer**
  ：常連客
- ☐ **satisfy a customer**
  ：顧客を満足させる

³⁶⁴ She left the town immediately before the flood.

▶彼女は洪水の**直前に**町を去った。

- ✅ **immediately before[after]** *A* ：*A* の直前 [直後] に

³⁶⁵ A friend in need is a friend indeed.

▶困った時の友人が**本当の**友人。《諺》

0366 **degree**
[digríː]
ディグリー

图 程度；度
(an) amount or level of something

0367 **protect**
[prətékt]
プラテクト

動 (を)保護する，(を)守る
keep someone or something safe from injury, damage, or loss

图 protection (保護)　形 protective (保護的な)

■▶ protect は防御に役立つものを用いて「守る」。
defend は積極的に抵抗して「安全を保つ」。guard は危険から「安全を保つ」。

0368 **spread**
[spréd]
スプレッド

動 を広げる；広がる，及ぶ
open something that has been folded so that it covers a larger area than before

图 広がり，幅；普及
⋯形 widespread (普及した)
■▶【変】spread-spread-spread

0369 **crowd**
[kráud]
クラウド

图 群衆；多数
a large number of people gathered together in a public place, for example in the streets or at a sports game

動 (に)群がる
形 crowded (混雑した)

0370 **hide**
[háid]
ハイド

動 を隠す；隠れる
cover somebody/something so that they/it cannot be seen

■▶【変】hide-hid-hidden

0371 **source**
[sɔ́ːrs]
ソース

图 源；出所
the place something comes from or starts at, or the cause of something

＝图 resource (資源) ☞No.0592

0372 **original**
[ərídʒənl]
アリヂナル

形 元の；独創的な
existing at the beginning of a particular period, process or activity

图 原作
副 originally (元は)　图 originality (独創性)
图 origin (起源)
動 originate (を始める；発明する；起こる，始まる)

---

366 That is only a matter of degree.

▶それは単に**程度の問題**だ。

✔ a matter of degree
: 程度の問題

☐ at an angle of 45 degrees
: 45 度の角度で

☐ *A* degrees **Celsius**
: 摂氏*A*〈数字〉℃

---

367 It's important to protect yourself from illness.

▶病気**から身を守る**ことは大切だ。

✔ protect *A* from *B*
: *B* から *A* を守る

---

368 He spread the map on the desk.

▶彼は机**の上に地図を広げた**。

✔ spread *A* on *B*
: *B* に *A* を広げる

☐ spread to[throughout] *A*
: *A* に広まる

☐ a spread of *A* : *A* の広がり

---

369 A crowd of children got onto the train.

▶**大勢の子供たち**が電車に乗り込んだ。

✔ a crowd of children[people]
: 大勢の子供たち [人々]

☐ a huge[large / vast] crowd
: 大群衆

---

370 The trees hid his house from view.

▶木立で彼の家**は見えなかった**。

☐ hide-and-seek : 隠れんぼ

---

371 Carbohydrates are the preferred source of energy for mental function. ▶炭水化物は精神機能のための望ましい**エネルギー源**だ。

✔ a source of energy
: エネルギー源

☐ a news source
: ニュースの出所

---

372 The project will be continued with the original plan.

▶プロジェクトは**原案**に沿って進められる予定だ。

✔ the original plan : 原案

☐ the original meaning of *A*
: *A* の元の意味

0373 **huge**
[hjú:dʒ|〈英〉hjú:dʒ]
ヒューヂ

形 巨大な
extremely large in size or amount
= 形 enormous (巨大な) ☞No.1053
　形 vast (広大な) ☞No.0593
　形 giant (巨大な) ☞No.1172
⇔形 tiny (ちっぽけな) ☞No.0852

0374 **expensive**
[ikspénsiv]
イクスペンスィヴ

形 高価な，費用のかかる
costing a lot of money
動 expend (を費やす)　名 expense (支出)
名 expenditure (支出；経費)
⇔形 inexpensive (安上がりの)
■▶ expensive は品質の割に「高い」。costly は品質が良いから「高い」。

0375 **maintain**
[meintéin, men-, mən-]
メインテイン

動 を維持する
make something continue at the same level, standard, etc.
名 maintenance (維持〔された状態〕)

0376 **account**
[əkáunt]
アカウント

動 〖account for〗〜を説明する；
　　〜を占める
give an explanation of something
名 説明；口座；勘定
名 accountability (説明責任)
形 accountable (説明義務がある；責任があって
※ responsible の強意語)

0377 **survey**
名[sə́:rvei]
動[sərvéi]
《名》サーヴェイ
《動》サァヴェイ

名 調査
an examination of opinions, behavior, etc. made by asking people questions
動 を調査する
名 surveyor (測量士；検査官)

0378 **indicate**
[índikèit]
インディケイト

動 を指し示す，を指摘する
show, point, or make clear in another way
名 indicator (指示器)
名 indication (指示〔すること〕)

0379 **principle**
[prínsəpl]
プリンサプル

名 原理，原則；信念
a moral rule or a strong belief that influences your actions
■▶ 形 principal「主な」と同音。

---

⁷³ We saw a huge black cloud not far off.
▶遠く離れていないところに**巨大な**黒い雲が見えた。

---

⁷⁴ The shop sells expensive goods.
▶その店は**高価な品物**を売っている。

✔ expensive **goods**
　　　　　　: 高価な品物

☐ be expensive to *do*
　　: 〜するのはとてもお金
　　がかかる

---

⁷⁵ The government adopted a strict policy to maintain law and order. ▶政府は**法と秩序を維持する**ために厳しい政策を採用した。

✔ maintain **law and order**
　　　　: 法と秩序を維持する

---

⁷⁶ How do you account for that?
▶それ**について**どう**釈明**しますか?

☐ account for *A*%
　　　　: *A*〈数字〉% を占める

☐ a bank account : 銀行口座

---

³⁷⁷ According to this survey, the country's population is continuing to age.
▶**この調査によると**, その国は高齢化が進んでいます。

✔ **according to this** survey
　　　　　: この調査によると

☐ **under** survey
　　　　　: 調査中の [で]

---

³⁷⁸ The arrow indicates where we are.
▶矢印は現在地**を示している**。

✔ indicate wh節[(that)節]
　　: 〜か [ということ] を示
　　す

---

³⁷⁹ It's against my principles.
▶それは私の**主義に反する**。

✔ be against *A*'s principles
　　　　: *A* の主義に反する

☐ a man of principle
　　　　: 主義を貫く人

0380 **assume**
[əsú:m | 〈英〉əsjú:m]
アシューム

動 ～だと思う；を引き受ける
think or accept that something is true but without
having proof of it
名 assumption (仮定＝名 presumption)

0381 **decade**
[dékeid | díkéid]
デケイド

名 10年間
a period of 10 years

0382 **die**
[dái]
ダイ

動 死ぬ；消える
stop living and become dead
名 death (死〔亡〕)   形 dead (死んだ) ☞No.0910

0383 **touch**
[tÁtʃ]
タッチ

名 接触，さわること
an act of putting your hand or another part of your body
onto somebody/something
動 (に)接触する

0384 **lie**
[lái]
ライ

動 (1)横たわる，ある；(2)嘘をつく
(1) be in or move into a horizontal position on a surface
名 (2) 嘘
名 liar (嘘つき)
■▶ (1) と (2) は同音異義語。
【変】(1)lie-lay-lain：lying (2)lie-lied-lied：lying。
他 動 lay「を横たえる」と (1) の過去形 lay とを混同
しないように注意。

0385 **strange**
[stréindʒ]
ストゥレインヂ

形 変わった；未知の
unusual and unexpected, or difficult to understand
名 stranger (未知の人)
副 strangely (奇妙なことに)
⇔形 ordinary (普通の) ☞No.0459
■▶ strange は「異様で奇妙」を表す。odd は普通のも
のと違っているので「奇妙」に感じること。

0386 **rate**
[réit]
レイト

名 割合；相場
the number of times something happens, or the number
of examples of something within a certain period
動 を評価する
名 rating (格付け，ランキング)
＝名 proportion (割合) ☞No.0908

It is generally <u>assumed that</u> stress is caused by too much work. ▶ストレスは過労によって引き起こされる**と**一般的には**考えられている**。	✔ assume (that)節 ：～と考える[仮定する] ☐ assume A to be ～ ：A を～だと思う

This town has changed significantly <u>in a few decades</u>. ▶この町は**数十年のうちに**大きく変化した。	✔ in a few decades ：数十年のうちに
My grandmother <u>died of</u> cancer last year. ▶祖母は昨年ガン**で亡くなった**。	✔ die of[from] A ：A で死ぬ ☐ die out ：絶滅する
Father <u>keeps in touch</u> with us by mail and telephone. ▶父は手紙や電話で私たち**との連絡を絶やさない**。	✔ keep in touch (with A) ：(A と) 連絡を保つ
The cat was <u>lying on the floor</u>. ▶猫が**床に寝そべっ**ていた。	✔ lie on the floor ：床に寝そべる ☐ "I'm twenty-one," she lied. ：「21 よ」と彼女は嘘をついた。
<u>It is strange that</u> he is so late. ▶彼がこんなに遅い**とはおかしい**。	✔ it is strange (that [how])節 ：～ということはおかしい ☐ a strange dream ：奇妙な夢
The birth <u>rate</u> is falling. ▶**出生率**が下がり始めている。	✔ the birth rate ：出生率 ☐ at any rate ：とにかく ☐ the exchange rate ：為替相場

0387 program

[próugræm, -grəm | 〈英〉prɔ́ugræm]
プロウグラム

图 番組；予定
a broadcast or series of broadcasts on television or radio

動 (の) プログラムを作る，を計画する
图 programmer（〔コンピュータの〕プログラムを作る人）
■▶《英》では programme。

0388 throughout

[θru:áut]
スルーアウト

前 ～の隅から隅まで；～の間中
in every part, or during the whole period of time

副 初めから終わりまで；隅から隅まで

0389 straight

[stréit]
ストゥレイト

副 まっすぐに
in a line or direction that is not curved or bent

形 まっすぐな
形 副 straightforward（まっすぐな / まっすぐに）
…▶動 curve（を曲げる；曲がる）☞No.1361

0390 careful

[kéərfəl]
ケアフル

形 注意 [用心] 深い
giving a lot of attention to what you are doing so that you do not have an accident, make a mistake, or damage something
图 動 care（心配 / 心配する）　副 carefully（用心して）
＝形 cautious（用心深い）
⇔形 careless（不注意な）

0391 rule

[rú:l]
ルール

图 規則；支配
an official instruction that says how things must be done or what is allowed, especially in a game, organization, or job

動 (を) 支配する
图 ruler（支配者；定規）
形 图 ruling（主たる / 支配；裁定）

0392 raise

[réiz]
レイズ

動 を上げる；を育てる
lift something to a higher position

图 上げること；《米》賃上げ
動 rise（上がる）
⇔動 lower（を下げる）
■▶ lift より堅い語。

0393 middle

[mídl]
ミドゥル

形 中間の，真ん中の
neither high nor low in importance, amount, or size

图 中間，真ん中；(行為の) 最中
＝形 halfway（中間の）　图 center（中心）☞No.0281
■▶「初級の」に対する「中級の」は intermediate。

---

87 Parents can teach their children the sounds of English by watching TV programs.
▶親は**テレビ番組**によって子供に英語の響きを教えることができる。

☑ **a TV program**：テレビ番組
☐ **a radio program**
　　　　　　：ラジオ番組

88 This phenomenon can be seen throughout the world.
▶**世界中**でこの現象が見られる。

☑ **throughout the world**
　：世界中（の隅から隅ま）で

89 Keep straight on!
▶**まっすぐ進め**！

☐ **go[walk] straight**
　　　：まっすぐ行く［歩く］

90 Be careful not to make a silly mistake.
▶ばかげたミスをしない**ように気をつけなさい**。

☑ **Be careful.**
　　　　　：気をつけなさい。
☑ **be careful to do**
　：〜するように気をつける

91 The teacher tells his students to obey school rules.
▶先生は生徒に**校則を守る**ように言う。

☑ **school rules**　　：校則
☑ **obey[follow] a rule**
　　　　　　：規則を守る
☐ **break a rule**：規則を破る

92 Raise your hands slowly.
▶ゆっくり**両手を上げ**なさい。

☑ **raise one's hand**
　　　　　　：手を上げる
☐ **raise children**
　　　　　：子供を育てる
☐ **raise salaries[taxes]**
　：給料［税金］を上げる

93 The man in his middle age established his own business.
▶男は**中年**で自身の会社を興した。

☑ **middle age**　　：中年
☐ **in the middle of** A
　　　　　：A の真ん中に
☐ **the Middle East**：中東

TO BE CONTINUED [**13**/14] ➡ 127

0394
medical
[médikəl]
メディカル

形 **医学の；内科の**
connected with illness and injury and their treatment
名 medicine (医学；〔医〕薬)

0395
contact
[kántækt | 〈英〉kɔ́n-]
カンタクト

名 **接触；連絡**
the state of touching something
動 **に接触する；と連絡を取る**

0396
respond
[rispánd | 〈英〉-spɔ́nd]
リスパンド

動 **(に)応答する；に反応する**
say or do something as a reaction to something that has been said or done
名 response (応答)
形 responsive (反応する，共鳴しやすい，敏感な)

0397
unique
[ju:ní:k]
ユーニーク

形 **独特の，唯一の**
being the only existing one of its type or, more generally, unusual, or special in some way
= 形 only (唯一の)

0398
satisfy
[sǽtisfài]
サティスファイ

動 **(を)満足させる；を満たす**
make somebody pleased by doing or giving them what they want
名 satisfaction (満足)　形 satisfactory (満足な)
形 satisfied (満足した)
形 satisfying (満足な；納得のいく)
⇔ 動 dissatisfy (に不満を抱かせる)

0399
determine
[ditə́:rmin]
ディターミン

動 **(を)決定する；(を)決意する**
officially decide and/or arrange something
名 determination (決心；決定)
形 determined (決然 [断固] とした)
= 動 decide (〔を〕決める) ☞ No.0033

0400
convenient
[kənví:njənt]
コンヴィーニャント

形 **便利な；都合のよい**
useful to you because it saves you time, or does not spoil your plans or cause you problems
名 convenience (便利さ；好都合)

---

94 The doctor checked a patient's medical history.

▶医者は**患者の病歴**をチェックした。

☑ a patient's medical history
：患者の病歴（カルテ）

☐ (a) medical school
：医学部，医科大学

---

95 I lost my contact lenses!

▶**コンタクトレンズ**をなくしてしまいました！

☑ contact lenses
：コンタクトレンズ

☐ Contact us at[on] 3324-2311.
：3324-2311 へご連絡下さい。

---

96 She quickly responded to a request for help.

▶彼女は迅速に助けの**求めに応じた**。

☑ respond to a request
：求めに応ずる

---

97 He comes up with a unique idea.

▶彼は**独特の考え**を思いつく。

☑ a unique idea：独特の考え

☐ Our fingerprints are unique.
：私たちの指紋は2つとないものである。

---

98 I'm not satisfied with the result.

▶私は結果に**不満足**だ。

☑ be satisfied with A
：A に満足する

---

99 He determined the time and place of the meeting.

▶彼は会合の時と場所**を決めた**。

☐ determine (that)節[wh節]
：～ということ [～か] を決める

---

400 Will that be convenient for you?

▶それで**都合はよろしい**でしょうか？

☑ be convenient for A
：A〈人〉にとって都合が良い

☐ be convenient to do
：～するのに都合が良い

Lesson 4　アクセントの公式①

アクセントの位置は類型化できるものがたくさんあります。まずは原則を覚えましょう。

1 直前の音節にアクセントがあるもの

-tion, -sion
superstítion	conversátion
decísion	occásion

-ity, -ety
electrícity	curiósity
varíety	socíety

-ious, -eous
relígious	óbvious
mystérious	advantágeous
courágeous	

-tial, -cial
artifícial	offícial
influéntial	esséntial

-ic, -ics, -ical
dramátic	scientífic
económics	mathemátics
lógical	eléctrical

例外：pólitics　Cátholic

-ian, -cian
pedéstrian	histórian
musícian	politícian

-ient, -ience
sufficíent	efficíent
expérience	convénience
pátience	

-cracy, -graphy, -logy
demócracy	aristócracy
biógraphy	photógraphy
technólogy	geólogy

-meter, -pathy
thermómeter	barómeter
sýmpathy	antípathy

2 2つ前の音節にアクセントがあるもの

-ate
éducate	séparate
commúnicate	délicate
cóncentrate	

※2音節語にはこの公式は当てはまらない

creáte	reláte
prívate	

-ise, -ize
cómpromise	énterprise
récognize	órganize

-sis
émphasis	análysis

-graph
phótograph	páragraph

3 語尾にアクセントがあるもの

-ee, -eer
degrée	guarantée
voluntéer	caréer

例外：cóffee　síghtseer

-oo, -oon
bambóo	shampóo
typhóon	ballóon

例外：cúckoo

-ade
paráde	persuáde
lemonáde	

-esque, -ique
grotésque	picturésque
antíque	uníque

body

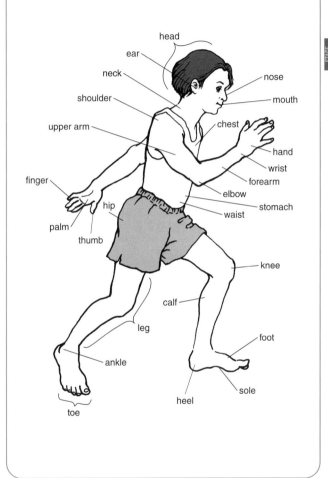

head

ear

neck

shoulder

upper arm

finger

palm

thumb

hip

nose

mouth

chest

hand

wrist

forearm

elbow

stomach

waist

knee

calf

leg

foot

ankle

sole

heel

toe

0401	**essential**	形 **不可欠な，本質的な**
	[isénʃəl] イセンシャル	extremely important and necessary 名 essence (本質，真髄) 副 essentially (本質的に) ＝形 necessary (必要な) ☞No.0205

0402	**negative**	形 **消極的な；否定の**
	[négətiv] ネガティヴ	considering only the bad side of something/somebody; having no enthusiasm or hope 名 **否定** ⇔形 affirmative (肯定的な) 形 positive (積極的な) ☞No.0464

0403	**replace**	動 **に取って代わる**
	[ripléis] リプレイス	remove somebody/something and put another person or thing in their place 名 replacement (取り替え)

0404	**promote**	動 **を促進する；を昇進させる**
	[prəmóut] プラモウト	help something to happen or develop 名 promotion (促進；昇進) 名 promoter (増進者；後援者)

0405	**associate**	動 **を連想する；交際する**
	動[əsóuʃièit | -si-] 名[əsóuʃiət | -si-] 《動》アソウシエイト 《名》アソウシエット	make a connection between people or things in your mind 名 (仕事などの) **パートナー** 形 associated (連合した，合同の) 名 association (交際；協会)

0406	**define**	動 **を定義する；を限定する**
	[difáin] ディファイン	explain and describe the meaning and exact limits of something 名 definition (定義) 形 definite (明確な⇔形 vague) 副 definitely (明確に)

0407	**appreciate**	動 **を感謝する；を(正しく)評価する**
	[əprí:ʃièit] アプリーシエイト	be grateful for something that somebody has done; to welcome something 名 appreciation (感謝；鑑賞)

01 Moderate exercise is essential for good health. ▶ 適度な運動は健康のために**必要不可欠である**。	✔ **(be) essential for[to]** *A* ：*A* に欠くことができない
02 Kate had a negative attitude toward Angela before the trial races. ▶ 予選前ケイトはアンジェラに**消極的な態度**を取っていた。	✔ **a negative attitude** ：消極的な態度 ☐ **have a negative effect on trade** ：貿易に悪い影響を及ぼす
03 We replaced the broken window with a new one. ▶ 壊れた窓ガラス**を**新しいもの**に取り替えた**。	✔ **replace** *A* **with[by]** *B* ：*A* を *B* に取り替える ☐ **replace** *A* **as** *B* ：*B* として *A* に取って代わる
04 Origami plays a major role in promoting world peace and cooperation. ▶ 折り紙は**世界の平和**と協調の**促進**において重要な役割を果たしている。	✔ **promote world peace** ：世界平和を促進する
05 We associate giving the presents with Christmas. ▶ プレゼント**と言えば**クリスマス**を思い出す**。	✔ **associate** *A* **with** *B* ：*A* から *B* を連想する ☐ **associate with** *A* ：*A*（人）と付き合う
06 The boundaries between these countries are clearly defined. ▶ それらの国々の**境界ははっきりと定義されて**いる。	☐ **clearly defined boundaries** ：はっきりと規定された国境 ☐ **define** *A* **as** *B* ：*A* を *B* と定義する
07 I really appreciate your kindness. ▶ ご親切**本当にありがとう**。	☐ **I really[sincerely] appreciate it.** ：誠にありがとうございます。

TO BE CONTINUED [1/14] ➡

0408
potential
[pəténʃəl]
パテンシャル

形 **可能性のある**
possible when the necessary conditions exist
名 **可能性，潜在能力**
名 potentiality（潜在能力）　副 potentially（潜在的に）

0409
art
[ά:rt]
アート

名 **芸術；技術**
the use of painting, drawing, sculpture, etc. to represent things or express ideas
名 artist（芸術家）　形 artistic（芸術〔家〕の）

0410
note
[nóut]
ノウト

名 **メモ，覚書；短い手紙**
something that you write down to remind you of something
動 **を書き留める；に注意を払う**
形 notable（注目に値する）　副 notably（著しく）
■▶ 日本語の「ノート」は notebook。

0411
inside
形副[insáid,ìnsáid]
名[insàid]
《前》《副》インサイド
《名》インサイド

前 **～の中に [へ / で]**
on or to the inner part of something/somebody; within something/somebody
名 **内側，内部**
副 **内側に，内部に**
⇔前 名 副 outside（～の外側〔へ〕）

0412
object
名[άbdʒikt | 〈英〉ɔ́b-]
動[əbdʒékt]
《名》アブヂィクト
《動》アブヂェクト

名 **対象；もの；目的**
a person or thing that somebody desires, studies, pays attention to, etc.
動 **に反対する**
名 objection（異論，反論）
形 objective（客観的な⇔形 subjective）

0413
economic
[ì:kənámik, èkə- |
〈英〉-nɔ́m-]
イーコナミック

形 **経済（上）の；実利的な**
relating to trade, industry, and the management of money
形 economical（経済的な；〔人が〕倹約な）
名 economy（節約；経済）　名 economics（経済学）
名 economist（経済学者）

0414
south
[sáuθ]
サウス

名 **南，南部，南部地方 [地域]**
the direction that goes towards the part of the earth below the equator, opposite to the north, or the part of an area or country that is in this direction
副 **南に [へ]**
形 southern（南の）
⇔名 north（北，北部，北部地方 [地域]）
■▶ 「東西南北」は英語では north, south, east and west となり語順が異なる。

08 Potential ability comes out all at once. ▶潜在的な能力は突然現れる。	✔ potential ability ：潜在的な能力 ☐ have the potential to *do* ：〜する可能性がある
09 My brother studies at an art school. ▶私の兄は美術学校で学んでいる。	✔ an art school ：美術学校
410 You'll have to talk to your teacher about how to take notes in class. ▶あなたは授業でのノートの取り方について先生と話さなければなりません。	✔ take notes：ノート[メモ]を取る ☐ note that節 ：〜ということに注意する
411 A stranger was looking inside my car in the parking area. ▶見知らぬ人が駐車場で私の車の中をのぞき込んでいた。	✔ look inside a car ：車の中をのぞき込む ☐ hear a noise from the inside ：内側から物音が聞こえる
412 The object of its study is disease caused by pollution. ▶それの研究の対象は公害病である。	✔ an object of study[pity] ：研究[哀れみ]の対象 ☐ object to *A*[*doing*] ：*A*[〜すること]に反対する
413 Economic growth refers broadly to an increase in wealth over a certain period of time. ▶経済成長とは一定期間内の富の増加をおおまかに指す。	✔ economic growth[ties] ：経済成長[的結びつき]
414 In summer we don't get much rain here in the south of Italy. ▶夏はここイタリアの南部では雨が少ない。	✔ in the south of Italy ：イタリアの南部に ☐ face south ：南向き

0415
search
[sə́ːrtʃ]
サーチ

動 (を)捜索する
look somewhere carefully in order to find something
名 捜索；調査
■▶捜し求める直接の対象は目的語にならない。

0416
suffer
[sʌ́fər]
サファ

動 苦しむ；(を)被る；病む
be badly affected by a disease, pain, sad feelings, a lack
of something, etc.
图 suffering (苦痛；被害)

0417
ahead
[əhéd]
アヘッド

副 前方に；前途に
further forward in space or time; in front

0418
project
名[prɑ́dʒekt | 〈英〉prɔ́dʒ-]
動[prədʒékt]
《名》プラヂェクト
《動》プラヂェクト

名 計画；事業
a piece of planned work or an activity that is finished
over a period of time and intended to achieve a
particular purpose
動 を計画する；突き出る
＝图 plan (計画) ☞No.0100
■▶project は特に野心的で広範なもの。

0419
neither
[níːðər | 〈英〉nái-]
ニーザァ

副 [neither A nor B]A も B も (〜し)ない
not either of two things or people
形 どちらの〜も…でない
代 どちらも〜ない
⇔熟 both A and B (A も B も〔〜である〕)

0420
invite
[inváit]
インヴァイト

動 (を)招待する；(人)に勧める
ask somebody to come to a social event
图 invitation (誘い；招待〔状〕)

0421
angry
[ǽŋgri]
アングリィ

形 怒った
having a strong feeling against someone who has
behaved badly, making you want to shout at them or
hurt them
图 anger (怒り)　副 angrily (怒って)

0422
attend
[əténd]
アテンド

動 (に)出席する；(を)世話する
be present at an event
图 attendance (出席)
图 attendant (出席者；係員)
图 attention (注意；世話) ☞No.0102

415 They searched the house for the missing key. ▶彼らは行方不明の鍵を見つけようと家の中をくまなく捜した。	✔ search A (for B) ：(B を求めて)A〈場所〉をくまなく捜す
416 He suffers from terrible headaches. ▶彼はひどい頭痛に苦しんでいる。	✔ suffer from A ：A に [で] 苦しむ，A を患う ☐ suffer great losses ：大損害を被る
417 Go straight ahead and turn left at the crossing. ▶まっすぐ行って，交差点で左に曲がりなさい。	✔ go straight ahead ：まっすぐ行く ☐ go ahead ：進める，《話》どうぞ
418 The project to build a new bridge is under way. ▶新しい橋を架けようという計画は進行中である。	✔ the project to build a bridge ：橋を架けようという計画 ☐ stop a project ：計画を中止する
419 I neither knew nor saw his parents. ▶彼の両親を知らないし会ったこともなかった。	
420 How nice of you to invite me to your wedding! ▶結婚式にお招きいただきありがとうございます！	✔ invite A to B ：B に A を招待する
421 He is very angry with me. ▶彼は私にひどく腹を立てている。	✔ be[get] angry with[at] A ：A〈人〉に怒った ☐ make A angry ：A〈人〉を怒らせる
422 The prime minister attended an international conference. ▶首相は国際会議に出席した。	✔ attend an international conference ：国際会議に出席する ☐ Attend to your work. ：仕事に専念しなさい。

STAGE 05

0423 citizen
[sítəzən]
スィタズン

名 **市民, 国民**
someone who lives in a particular town, country, or state

0424 species
[spíːʃiːz]
スピーシーズ

名 **種(しゅ);種類**
a set of animals or plants in which the members have similar characteristics to each other and can breed with each other
=名 kind (種類) 名 sort (種類) ☞ No.0514
⋯▸名 specimen (標本)
■▶ 単複同形。

0425 attract
[ətrǽkt]
アトゥラクト

動 **を引きつける;を魅惑する**
make someone like or admire something or feel romantically interested in someone
名 attraction (魅力) 形 attractive (魅力的な)

0426 excuse
動[ikskjúːz]
名[ikskjúːs]
《動》イクスキューズ
《名》イクスキュース

動 **の言い訳をする;を許す**
forgive someone for doing something that is not seriously wrong, such as being rude or careless

名 **言い訳, 弁解**
=動 forgive (を許す)
■▶ 動詞と名詞とで -cuse の発音が異なる。

0427 ignore
[ignɔ́ːr]
イグノーァ

動 **を無視する;を見のがす**
intentionally not listen or give attention to
名 ignorance (無知) 形 ignorant (知らない)

0428 function
[fʌ́ŋkʃən]
ファンクション

名 **機能**
the purpose that something has, or the job that someone or something does

動 **機能する, 働く**
形 functional (機能の)

0429 access
[ǽkses]
アクセス

名 **出入り [利用 / 接近] する方法 [手段;権利];通路**
the fact of being able to use or see something
形 accessible (接近できる;利用しやすい)

0430 participate
[pɑːrtísəpèit]
パーティサペイト

動 **〖participate in〗に参加する**
take part in or become involved in an activity
名 participation (参加) 名 participant (参加者)
=熟 take part in (に参加する)
動 partake (参加する)

23 The citizens of Vancouver are proud of their city. ▶バンクーバー市民は自分たちの街を誇りに思っている。

- ✔ the citizens of Vancouver
  ： バンクーバー市民
- ☐ senior citizens ： 高齢者

24 There are several hundred species of trees here.

▶当地には**数百種の**樹木がある。

- ✔ several hundred species of A ： 数百種の A
- ☐ a new species ： 新種
- ☐ an endangered species
  ： 絶滅危惧種

25 I was attracted by your beauty.

▶あなた**の美しさに惹かれた**。

- ✔ be attracted by A's beauty
  ： A の美しさに惹かれる
- ☐ attract attention
  ： 注意を引きつける

26 Excuse me, but I think I must say good-by now.

▶**すみませんが**，もうおいとましないと。

- ✔ Excuse me. ： 失礼。
- ☐ excuse A for B
  ： A が B したのを許す

27 We should not ignore the dangers of passive smoking.

▶受動喫煙の危険性**を無視す**べきでない。

- ☐ ignore the fact (that)節
  ： (〜という) 事実を知らないふりを [無視] する

28 Sound sleep can improve the function of the brain.

▶健やかな眠りは脳**の働きを**向上させうる。

- ✔ the function of A
  ： A の働き
- ☐ function as A
  ： A として機能する

29 Every student has access to the library.

▶学生なら誰でも図書館**を利用できる**。

- ✔ have access to A
  ： A を利用 [入手] できる
- ☐ gain[get] access to A
  ： A に接近する

30 We participated in a karaoke competition together as both of us love singing.

▶私たちはどちらも歌うことが大好きなので，カラオケ大会**に参加した**。

- ✔ (fully) participate in A
  ： A に (本格的に) 参加する

0431 trend
[trénd]
トゥレンド

图 **傾向；時代の風潮**
a general development or change in a situation or in the way that people are behaving
㊑ trendy (はやりの)
= 图 fashion (流行) ☞ No.0319

0432 recommend
[rèkəménd]
レコメンド

動 **を推薦する；を勧める**
tell somebody that something is good or useful, or that somebody would be suitable for a particular job, etc.
图 recommendation (推薦〔状〕)

0433 wish
[wíʃ]
ウィッシュ

動 **(を)望む，(を)願う**
want something to happen or to be true even though it is unlikely or impossible
图 **望み，願い**
➡ wish は実現可能性の極めて少ないことを「望む」という基本的な意味を持つ点で hope や want とニュアンスが異なる。

0434 fear
[fíər]
フィア

動 **(を)恐れる；(を)危ぶむ**
feel afraid or worried that something bad may happen
图 **恐怖；不安**
㊑ fearful (恐れて；ひどい)
㊑ fearless (恐れを知らない)
➡ 图 dread「不安，恐れ」, 图 fright「恐怖」, 图 horror「恐怖」より一般的な語。

0435 date
[déit]
デイト

图 **日付；デート**
a particular day of the month, sometimes in a particular year, given in numbers and words
動 **(手紙など)に日付を入れる；(異性)と会う (約束をする)**
⋯▶ 動 update (を最新のものにする)

0436 pull
[púl]
プル

動 **(を)引っ張る；(を)引く**
take something out of or away from a place, especially using physical effort
图 **ひと引き**
= 動 draw (〔軽い物を滑らかに〕引く) ☞ No.0471
　 動 drag (〔重い物を〕引く) ☞ No.1426
　 動 tug (〔急に力を入れて〕引く)

---

³¹ It's been a continuous <u>trend</u> towards part-time <u>employment</u> in recent years.

▶近年パートタイム**雇用への**継続的な**流れ**がある。

✔ a trend **towards employment**
　　　：雇用への流れ

☐ a fashion trend
　　　：ファッションの傾向

☐ a trend in *A*　：*A* の流行

---

³² The doctor <u>recommended</u> that she have an X-ray taken.

▶医者は彼女にレントゲンを撮った**方がよいと勧め**た。

✔ recommend (to *A*) (that)節
　　：～ということを(*A* に)
　　　勧める

☐ recommend *doing*[× to *do*]　：～することを勧める

---

³³ <u>I wish</u> I were taller.

▶もっと身長が**あったらなあ**。

✔ I wish I were[was] *A*.
　　：*A* であったらなあと思う。

☐ wish (that)節
　　：～であれば [すれば] い
　　　いのだがと思う

---

³⁴ He is sick, I <u>fear</u>.

▶彼は**どうも**病気だ。

✔ I fear (that)節
　　　：(恐らく)…だろう。

☐ fear of *A*
　　：*A* に対する不安 [恐れ]

☐ without fear
　　　：恐れることなく

---

³⁵ Skills which adults have learned may become <u>out of date</u>.

▶大人が学んだ技能は**時代遅れ**となるかもしれない。

✔ out of date
　　　：時代遅れで [の]

☐ have a date with *A*
　　：*A* とデートをする

---

³⁶ I had a painful <u>tooth pulled out</u>.

▶私は痛む**歯を抜いて**もらった。

✔ have a tooth pulled out
　　　：歯を抜いてもらう

☐ pull *A* down[up]
　　：*A* を引っ張り降ろす [上
　　　げる]

TO BE CONTINUED [**5**/14] ➡ 141

0437 **aware**
[əwéər]
アウェア

形 **気づいて**
knowing or realizing something
名 awareness (気づいていること)
＝形 conscious (意識して) ☞No.0890
⇔形 unaware (知らないで)

0438 **mark**
[má:rk]
マーク

名 《主に英》**点数；目標；印**
a judgment, expressed as a number or letter, about the quality of a piece of work done at school, college, or university

動 (に) **印をつける；(を)採点する**
形 marked (印のある；目立つ)

0439 **achieve**
[ətʃí:v]
アチーヴ

動 **を達成する**
succeed in reaching a particular goal, status or standard, especially by making an effort for a long time
名 achievement (達成)
＝動 accomplish (を達成する)
　動 attain (を成し遂げる)

0440 **disease**
[dizí:z]
ディズィーズ

名 **病気，疾患**
an illness affecting humans, animals or plants, often caused by infection
＝名 illness (病気〔の状態・期間〕)
　名 sickness (病気〔の状態〕)

0441 **sale**
[séil]
セイル

名 **販売；安売り**
an act of exchanging something for money
動 sell (を売る)　名 salesman (販売員)

0442 **strength**
[stréŋkθ]
ストゥレンクス

名 **力，強さ**
the quality of being strong
動 strengthen (を強くする)　形 strong (強い)
副 strongly (強力に)
⇔名 weakness (弱さ)

0443 **wild**
[wáild]
ワイルド

形 **野生の；乱暴な**
living or growing in natural conditions; not kept in a house or on a farm
名 **荒地**
副 wildly (野生的に；激しく)　名 wildlife (野生生物)
＝形 rude (野蛮な；無礼な)

---

37 I was aware of his anger.

▶私は彼が怒っているの**に気づいていた。**

☑ **be aware of** *A*
　　　：*A* に気づいている
☐ **be aware (that)節**
　　　：〜だと気づいている
☐ **as[so] far as I am aware**
　　　：私の知る限りでは

38 She always gets full marks in English.

▶彼女はいつも英語で**満点を取る。**

☑ **get full marks**
　　　：満点を取る
☐ **leave a mark**　：跡を残す
☐ **mark a test**　：採点する

39 He has already achieved a desired result.

▶彼はすでに望んでいた**成果を達成しました。**

☑ **achieve a result[an aim]**
　　　：成果[目標]を達成する
☐ **achieve in** *A*
　　　：*A* で成功を収める

40 He seeks the remedy for the serious disease.

▶彼はその**重い病気**の治療法を探し求めている。

☑ **a serious disease**
　　　：重い病気
☐ **a patient with heart disease**
　　　：心臓疾患を抱えた患者

41 Not for Sale.

▶非**売品。**《掲示》

☑ **for sale**　：売り物の
☐ **on sale**　：販売されて
☐ **a clearance[closing-down] sale**：在庫一掃[閉店]セール

42 She recovered the strength of mind.

▶彼女は**しっかりした精神力**を取り戻した。

☑ **the strength of mind**
　　　：しっかりした精神力
☐ **inner strength**　：精神力

43 You can see a lot of wild animals while hiking through the forest.

▶森を歩き回っている間に多くの**野生動物**を目にすることができます。

☑ **wild animals[flowers]**
　　　：野生動物[野生の花]
☐ **go wild**
　　　：発狂する，夢中になる

0444
weekend
[wíːkènd]
ウィーケンド

名 **週末**
Saturday and Sunday, especially considered as time when you do not work
⇔ 名 weekday（平日）
■▶ 通例，土曜日と日曜日。金曜日の夜から月曜日の朝までをいう場合もある。

0445
pair
[péər]
ペア

名 **一組；夫婦**
two things of the same type, especially when they are used or worn together
動 **を組み合わせる；組になる**
■▶ a pair of ～は単数扱い。

0446
gift
[gíft]
ギフト

名 **才能；贈り物**
a natural ability
動 **を贈る**
＝ 名 present（プレゼント）☞ No.0092

0447
brain
[bréin]
ブレイン

名 **脳；頭脳**
the organ inside your head that controls how you think, feel, and move

---

0448
highly
[háili]
ハイリィ

副 **大いに；高く**
very, to a large degree, or at a high level

0449
task
[tǽsk |〈英〉táːsk]
タスク

名 **任務，仕事**
a piece of work to be done, especially one done regularly, unwillingly, or with difficulty

---

0450
series
[síəriːz]
スィアリーズ

名 **連続，ひと続き**
a number of similar or related events or things, one following another
形 serial（ひと続きの）
■▶ 単複同形。

0451
prevent
[privént]
プリヴェント

動 **を妨げる，を防ぐ**
stop something from happening, or stop someone from doing something
名 prevention（防止）
＝ 動 stop（を阻止する）
　動 hinder（を〔邪魔をして〕妨げる）

---

44 Have a nice weekend!
▶よい**週末**を！

- ☐ **this** weekend ：今週末
- ☐ **last[next]** weekend
　　　　　　　　：先 [来] 週末
- ☐ **on the** weekend ：週末に

45 The girl cut paper with a pair of scissors.
▶その少女は**はさみ**で紙を切った。

- ☑ **a pair of** scissors[glasses]
　　　　　：はさみ一丁 [眼鏡]
- ☐ **a pair of** gloves[shoes]
　　　　　：手袋１組 [靴１足]

46 You have a gift for art.
▶君には芸術**の才能**がある。

- ☑ **a gift for[of]** A ：Aの才能
- ☐ **a Christmas** gift
　　　　　：クリスマスの贈り物

47 The doctor declared brain death of the boy.
▶医者はその少年の**脳死**を宣告した。

- ☑ **brain** death ：脳死
- ☐ **She has both** brains **and beauty.**
　　　　　：彼女は才色兼備だ。

48 What are some of the reasons for your highly successful career?
▶あなたが仕事で**非常にうまくいっている**理由は何ですか？

- ☑ **highly** successful **[effective]**：非常にうまくいっている [効果的な]
- ☐ **speak** highly **of** A
　　　　　：Aを大いにほめたたえる

49 He performed a difficult task.
▶彼は困難な**任務を遂行した**。

- ☑ **perform[carry out] a** task
　　　　　：任務を遂行する
- ☐ **the** task **of** *doing*
　　　　　：～する任務

50 The university delivers a series of lectures on Greek culture. ▶その大学はギリシアの文化について**一連の**講義を行っている。

- ☑ **a series of** A ：一連のA
- ☐ **in** series
　　　　　：連続して，シリーズもので

451 The heavy rain prevented me from going out.
▶大雨で外**出できなかった**。

- ☑ **prevent** A **from** *doing*
　　　　　：Aが～することを妨げる

TO BE CONTINUED [**7**/14] ➡ 145

0452 **professor**
[prəfésər]
プラフェサァ

图 **教授**
a teacher of the highest rank in a university department
■▶【略】prof., Prof.

0453 **magazine**
[mǽgəzíːn | ⌐—⌐]
マガズィーン

图 **雑誌**
a type of thin book with large pages and a paper cover that contains articles and photographs and is published every week or month
＝图 journal（〔主として専門〕雑誌；日刊紙）
■▶「雑誌」は book に含まれない。

0454 **regard**
[rigáːrd]
リガード

图 **心づかい**
attention to or thought and care for somebody/ something
動 **を考える**
働 regarding（に関しては）
圈 regardless（不注意な）

0455 **handle**
[hǽndl]
ハンドゥル

動 **を扱う**
deal with a situation, a person, an area of work or a strong emotion
图 **柄, 取っ手**
■▶ 自動車の「ハンドル」は (steering) wheel。自転車の「ハンドル」は handlebar。

0456 **safety**
[séifti]
セイフティ

图 **安全**
the state of being safe and protected from danger or harm
圈 safe（安全な）　働 safely（無事に）
⇔图 danger（危険）

0457 **atmosphere**
[ǽtməsfìər]
アトゥマスフィア

图 **大気；雰囲気**
the mixture of gases that surrounds a planet
⋯▶图 sphere（球）

0458 **correct**
[kərékt]
コレクト

圈 **正しい**
accurate or true, without any mistakes
動 **を正す**
图 correction（訂正）　图 correctness（正確さ）
働 correctly（正確に）
■▶ correct は「正しい」。accurate は「正確である」。exact は事実に「合致している」。precise は細かい点にまで「正確」。

52 My wife is a professor of English literature.

▶私の妻は英文学の**教授**だ。

☑ a professor of A
：A〈科目〉の教授
☐ a visiting professor
：客員教授

53 I went to the bookshop and bought an economic magazine.

▶私は本屋に行って**経済誌**を買った。

☑ an economic magazine
：経済誌
☐ a weekly[monthly] magazine ：週[月]刊誌

54 Give my best regards to him.

▶彼に**よろしく**。

☑ Give my best regards to A.
：A によろしく。
☐ With best regards.
：敬具《手紙》
☐ regard A as B
：A を B とみなす

55 He handles a child correctly.

▶彼は子供**を正しく扱う**。

☑ handle A correctly [carefully]
：A を正しく[慎重に]扱う
☐ a teacup with a handle
：取っ手のついたティーカップ

56 Please wear a safety belt.

▶**安全ベルト**をつけて下さい。

☑ a safety belt ：安全ベルト
☐ SAFETY FIRST
：安全第一《危険防止の標語》

57 A space shuttle entered the earth's atmosphere from space.

▶スペースシャトルは宇宙空間から**地球の大気圏**に入った。

☑ the earth's atmosphere
：地球の大気(圏)
☐ a relaxed atmosphere
：くつろいだ雰囲気

58 It is not a correct statement.

▶それは**正しい記述**ではない。

☑ a correct statement
：正しい記述
☐ the correct answer ：正解
☐ the correct time
：正確な時間

0459
ordinary

[ɔ́:rdənèri | 〈英〉ɔ́:rdənəri]
オーディネリィ

形 **普通の，通常の**
not different or special or unexpected in any way; usual
名 『the ~』**普通の状態；普通の人 [もの]**
=形 usual (いつもの) ☞No.0572
⇔形 extraordinary (異常な) ☞No.1714
　　形 special (特別な) ☞No.0207

0460
select

[silékt]
スィレクト

動 **(を) 選ぶ**
choose something or someone by thinking carefully
about which is the best, most suitable, etc.
形 **精選した**
名 **精選品**
名 selection (選択；精選 〔品〕)
形 selective (選択的な)
⋯⋯動 collect (を集める) ☞No.0478

0461
career

[kəríər]
カリァ

名 **職業；経歴**
a job or profession that you have been trained for, and
which you do for a long period of your life
■► 名 carrier 「運送業者」と混同しないように注意。

0462
rely

[rilái]
リライ

動 『rely on』**を頼みにする**
depend on or trust someone or something
形 reliable (頼りになる；確かな)
名 reliance (依存；信頼)
=熟 depend on (〜に頼る) ☞No.0122

0463
item

[áitəm]
アイテム

名 **項目，条項；種目**
one thing on a list of things to buy, do, talk about, etc.
動 itemize (を項目別にする)

0464
positive

[pázətiv | 〈英〉póz-]
パザティヴ

形 **積極的な；肯定的な；明確な**
full of hope and confidence, or giving cause for hope
and confidence
副 positively (確かに)
⇔形 negative (消極的な；否定の) ☞No.0402

0465
estimate

動[éstəmèit]
名[éstəmət]
《動》エスティメイト
《名》エスティメット

動 **(と) 見積もる；を評価する**
guess or calculate the cost, size, value, etc. of
something
名 **見積もり**
名 estimation (〔価値などの〕判断)

59 I spent an ordinary weekend.

▶私は**普通の週末**を過ごした。

- ✔ an ordinary **weekend**
  ：普通の週末
- ☐ ordinary **people**
  ：普通の人々，一般人
- ☐ **out of the** ordinary
  ：並外れた

60 Select another person from this list.

▶このリストの中から**もう一人**選びなさい。

- ✔ select *A* **from** *B*
  ：*B* から *A* を選ぶ

61 Choose between a career or home life.

▶**職業か家庭生活か**の選択をしなさい。

- ✔ a career **or home life**
  ：職業か家庭生活か
- ☐ a career **in** *A* ：*A* での経歴

62 We can't rely on him for help.

▶彼**の援助を当てに**はできない。

- ✔ rely **on** *A* **for help**
  ：*A* の援助を当てにする
- ☐ rely **on[upon]** *A* **to**
  do[doing]：*A* が〜してく
  れるのを当てにする [頼り
  にする]

63 Could you explain these work items to me?

▶これらの**作業項目**を私に説明して下さいますか？

- ✔ work **items** ：作業項目
- ☐ item **by item**
  ：一項目ごとに

64 A positive attitude can overcome the most difficult problem.

▶**積極的な姿勢**は最大の困難をも克服できる。

- ✔ a positive **attitude**
  ：積極的な姿勢
- ☐ a positive **response**
  ：肯定的な反応
- ☐ **on the** positive **side**
  ：良い点はと言えば

65 I estimated the cost at 2000 dollars.

▶私は費用**を** 2000 ドル**と見積**もった。

- ✔ estimate *A* **at** *B*
  ：*A* を *B* と見積もる
- ☐ estimate **(that)節**
  ：〜だと見積もる

TO BE CONTINUED [**9**/14] ➡ 149

0466	**option** [ápʃən | 〈英〉ɔ́p-] アプション	图 **選択(権)，選択肢** one thing that can be chosen from a set of possibilities, or the freedom to make a choice 働 opt（選ぶ）　㉘ optional（自由選択の）
0467	**land** [lǽnd] ランド	图 **土地；国土** the surface of the earth that is not sea 働 **上陸する；を着陸させる** ㉘ landing（着陸，着水） ■▶ 通例，earth, soil は植物の生える「土地」を, ground は特に「地表」を意味する。
0468	**goal** [góul] ゴウル	图 **目標，目的(地)** something that you hope to achieve ■▶「ゴールインする」は reach the goal または finish。
0469	**speech** [spíːtʃ] スピーチ	图 **演説；話すこと** a talk, especially a formal one about a particular subject, given to a group of people 働 speak（〔を〕話す）　㉘ speaking（話すこと；談話） ＝㉘ talk（話；講演）　㉘ address（演説）☞No.0773 ■▶「テーブルスピーチ」は an after-dinner speech。
0470	**sign** [sáin] サイン	图 **掲示，記号** a piece of paper, metal, or wood with words or a picture that gives people information, warnings, or instructions 働 **(に)署名する；(に)合図する** ㉘ signal（合図；信号〔機〕） ■▶「署名」の意のサインは signature または autograph。
0471	**draw** [drɔ́ː] ドゥロー	働 **を描く；を引く；絵を描く** make pictures, or a picture of something, with a pencil, pen or chalk (but not paint) 图 **抽選** ㉘ drawer（ひきだし） ㉘ drawing（素描，デッサン） ⋯▶㉘ painting（油絵） ■▶【変】draw-drew-drawn
0472	**doubt** [dáut] ダウト	图 **疑い** a feeling of being uncertain about something or not believing something 働 **を疑う** ㉘ doubtful（疑わしい） ⋯▶働 undoubtedly（疑問の余地なく）

66 There were only a few options open to
me then.

▶その時私に可能な**選択肢はほんのわずかしかなかった。**

☑ only a few options
: ほんのわずかしかない
選択肢

67 After three weeks at sea we sighted
land.

▶海に出て３週間経って，**陸地**が目に入ってきた。

☐ land in[at] *A*
: *A* に着陸する
☐ agricultural land : 農地
☐ on land : 陸地に [で]

68 Never give up. Set a goal for yourself.

▶決して諦めるな。自分で**目標を設定しろ。**

☑ set a goal
: 目標を設定する
☐ achieve[reach] a goal
: 目標を達成する

69 He made a short speech at the party.

▶彼はパーティで短い**演説をした。**

☑ make[give] a speech
: 講演 [演説] を行う
☐ Speech is silver, silence is
golden.
: 雄弁は銀，沈黙は金。
《諺》

70 There is a sign saying 'No Smoking.'

▶**「禁煙」と記してある看板**がある。

☑ a sign saying 'No
Smoking'
: 「禁煙」と記してある看板
☐ sign to[for] *A* to *do*
: *A* に～するようにと合
図する

71 I drew a rough map of this town for
him.

▶私は彼のためにこの町のおおまかな**地図を描いた。**

☑ draw a map : 地図を描く
☐ draw a picture of *A*
: *A* の絵を描く
☐ draw *A* with a pencil
: 鉛筆で *A* を描く

472 There is no doubt that he will pass the
exam.

▶彼は**きっと**試験に合格する。

☑ There is no doubt that節.
: きっと～である。
☐ doubt whether[if]節
: ～かどうかを疑う

0473 **hit**
[hít]
ヒット

動 (を)打つ；衝突する，当たる
touch someone or something quickly and hard with your hand, a stick, etc.
名 打撃；的中
■■▶【変】hit-hit-hit

0474 **loss**
[lɔ́:s | 〈英〉lɔ́s]
ロース

名 失うこと；敗北；損失
the fact of no longer having something, or of having less of it than you used to have, or the process by which this happens
形 lost(失った)　動 lose(を失う)　名 loser(敗者)
⇔名 win (勝利) ☞No.0266

0475 **traffic**
[trǽfik]
トゥラフィック

名 交通，人通り；運送
the vehicles moving along a road or street

0476 **survive**
[sərváiv]
サヴァイヴ

動 生き残る；を生き延びる
continue to live or exist
名 survival (生き残り)
名 survivor (生存者；遺族)
⋯▶動 revive (生き返る)

0477 **surface**
[sɔ́:rfis]
サーフィス

名 表面；水面
the outside or top layer of something
形 表面の；水上の；陸上の
＝形 superficial (表面的な)

0478 **collect**
[kəlékt]
コレクト

動 を集める；集まる
get things of the same type from different places and bring them together
名 collection (収集〔品〕)　名 collector (収集家)
形 collective (集合的な)
■■▶ collect は選定し「集める」。gather は散らばっているものを1か所に「集める」。

0479 **communicate**
[kəmjú:nəkèit]
コミューナケイト

動 を伝える；連絡する
exchange information or conversation with other people, using words, signs, writing, etc.
名 communication (伝達，通信)

0001

#73 He <u>hit</u> his brother <u>in the stomach.</u>

▶彼は兄**のおなかを段った**。

☑ hit *A* **in the stomach**
　　：*A* のおなかを打つ
☐ hit *A* **with** *B*
　　：*B* で *A* を叩く

0100

0200

0300

#74 I was completely <u>at a loss.</u>

▶私は完全に**途方に暮れて**しまった。

☑ **at a loss** ：途方に暮れて

0400

0500

#75 My father was seriously injured in <u>a traffic accident.</u>

▶私の父は**交通事故**で重傷を負った。

☑ **a traffic accident**
　　：交通事故
☐ **a traffic jam** ：交通渋滞
☐ **be caught in heavy traffic**
　：交通渋滞に巻き込まれる

0600

0700

0800

#76 I was lucky to <u>survive a heart attack.</u>

▶**心臓マヒを生き延びた**のは幸運だった。

☑ **survive a heart attack**
　　：心臓マヒを生き延びる
☐ **survive on**
　　：どうにかやっていく

0900

1000

1100

#77 The company developed a robot which can walk on <u>an uneven road surface.</u>

▶その会社は，**でこぼこの路面**を歩くことのできるロボットを開発した。

☑ **an uneven road** surface
　　：でこぼこの路面
☐ **surface mail**
　：(航空便＝ airmail に対して) 普通郵便

1200

1300

1400

#78 He began <u>collecting old coins.</u>

▶彼は**古い硬貨を集め**始めた。

☑ **collect old coins**
　　：古い硬貨を収集する

1500

1600

1700

#79 They <u>communicate with each other</u> over a network.

▶彼らはネットワーク上で**互いに連絡を取り合う**。

☑ **communicate with each other**
　　：互いに連絡を取り合う

1800

TO BE CONTINUED [11/14] ➡ 153

0480	**stress** [strés] ストゥレス	图 **重圧；緊張；強調** great worry caused by a difficult situation, or something that causes this condition 動 **を強調する** ⑮ stressful（緊張の多い）
0481	**abroad** [əbrɔ́:d] アブロード	副 **海外へ [で / に]** in or to a foreign country or countries
0482	**reflect** [riflékt] リフレクト	動 **(を) 反射する；を反映する；(を) 熟考する** throw back light, heat, sound, etc. from a surface ② reflection（反射；反映） ⑮ reflective（反射する）
0483	**audience** [ɔ́:diəns] オーディアンス	图 **聴衆，観客** a group of people who come to watch and listen to someone speaking or performing in public ＝② spectator（観客） ■▶ many audiences とはいわない。
0484	**gradually** [grǽdʒuəli] グラヂュアリィ	副 **徐々に，次第に** slowly over a period of time or a distance ② grade（学年；成績） ⑮ gradual（漸進的な）
0485	**remind** [rimáind] リマインド	動 **に思い出させる** make someone think of something they have forgotten or might have forgotten ② reminder（思い出させる人〔もの〕；催促状〔票〕） ⋯▶動 remember（〔を〕思い出す）☞ No.0052
0486	**mental** [méntl] メンタル	形 **精神的な** relating to the mind, or involving the process of thinking ⑩ mentally（精神的に） ② mentality（精神状態） ⇔⑮ physical（肉体的な） ⑮ bodily（肉体の）

80 The continuous stress caused him to become ill.

▶**絶えざるストレス**で彼は病気になった。

- ✔ the continuous stress
  ：絶えざるストレス
- ☐ stress the point that ...
  ：～という点を力説する

81 She has lived abroad for many years.

▶彼女は長年**外国で生活**している。

- ✔ live[travel] abroad
  ：外国で生活する [を旅行する]
- ☐ go (×to)abroad
  ：外国へ行く
- ☐ study abroad　：留学する

82 The moon reflects the sun's rays.

▶月は太陽の光線**を反射する**。

- ☐ be reflected in the window
  ：窓に映る
- ☐ reflect that節[wh節]
  ：～ということ [～か] を熟考する

83 His speech attracted an audience.

▶彼の演説は**聴衆を惹きつけた**。

- ✔ attract[draw] an audience
  ：聴衆を惹きつける
- ☐ a large[small] [×many/few] audience
  ：大勢 [少数] の観客

84 He gradually became aware of an awful smell.

▶彼は**だんだんと**ひどい臭いに気がついた。

- ☐ gradually decrease[increase]
  ：徐々に減る [増える]

85 This picture always reminds me of my school days.

▶この写真はいつも私に**学校時代を思い起こさせる**。

- ✔ remind A of B
  ：A に B を想起させる
- ☐ remind A to do[that節]
  ：A に～する [～という] ことを気づかせる

86 I am struggling with mental disorders.

▶私は**精神障害に苦しんでいる**。

- ✔ mental disorders
  ：精神障害
- ☐ mental health ：心の健康

TO BE CONTINUED [12/14] ➡ 155

0487	
concept [kánsept | 〈英〉kɔ́n-] カンセプト	名 **概念；構想** an idea or a principle that is connected with something abstract 動 conceive（を心に抱く） 名 conceit（うぬぼれ）　名 conception（考え） ＝名 idea（考え，案）

0488	
adapt [ədǽpt] アダプト	動 **を適合させる** gradually change your behavior and attitudes in order to be successful in a new situation 名 adaptation（適応；改作） ━▶ 動 adopt「を採用する」と混同しないように注意。

0489	
overall [óuvərɔ̀:l] オウヴァロール	形 **全部の，全般的な** including all the things or people that are involved in a particular situation; general ⋯形 overnight（夜通しの） 　形 副 overseas（海外〔から〕の／海外へ〔に〕） ☞No.0937

0490	
war [wɔ́:r] ウォー	名 **戦争** a situation in which two or more countries or groups of people fight against each other over a period of time 名 warfare（戦争）　名 warrior（戦士） ＝名 combat（戦闘）　名 battle（戦い）☞No.1003

0491	
dress [drés] ドゥレス	動 **に着せる；服を着る** wear a particular type or style of clothes 名 **衣服，ドレス** ⇔動 undress（〔人〕の服を脱がせる）

0492	
serve [sɔ́:rv] サーヴ	動 **（飲食物）を出す；に仕える；(に)役立つ** provide food or drinks 名 service（供給；奉仕） 名 servant（使用人；奉仕者）

0493	
waste [wéist] ウェイスト	名 **浪費；くず** an unnecessary or wrong use of money, substances, time, energy, abilities, etc. 動 **を浪費する；むだづかいする** 形 wasteful（浪費的な） ━▶ 名 waist「腰」と同音。

I found it difficult to understand a new concept.

▶ 新しい概念を理解するのは難しいとわかった。

☑ a new[an old-fashioned] concept
: 新しい [旧式の] 概念

☐ have no concept of A
: A ということがわからない

We adapt to various climates.

▶ 我々は様々な気候に順応する。

☑ adapt (oneself) to A
: A に順応 [適応] する

☐ adapt A for B
: A を B に適合させる

STAGE **05**

We cannot yet be sure that this is the only explanation for the overall rise in unemployment.

▶ これが失業の全体的増加の唯一の原因かまだ確信が持てない。

☑ the overall rise in A
: A の全体的増加

☐ the overall population of A
: A の全体の人口

They've been at war for the last forty years.

▶ 両者はこの 40 年間戦争をしてきた。

☑ be at war (with A)
: (A と) 交戦中である

☐ the Second World War = World War II
: 第二次世界大戦

She was dressed in jeans and a thick sweater.

▶ 彼女はジーパンと厚手のセーターを着ていた。

☑ be dressed in A
: A を着ている

☐ dress up for the wedding
: 結婚式のために着飾る

Breakfast is served from 7:30 to 9:00 a.m.

▶ 朝食は午前 7 時半から 9 時まで出されます。

☑ serve breakfast[coffee]
: 朝食 [コーヒー] を出す

☐ First come, first served.
: 早い者勝ち。

Waste has become a normal part of our daily life.

▶ 浪費が我々の日常生活で当たり前のこととなった。

☐ waste A on B
: A を B にむだに使う

☐ waste time[money]
: 時間 [お金] を浪費する

TO BE CONTINUED [**13**/14] ➡ 157

0494
corner
[kɔ́:rnər]
コーナァ

图角，隅
the point, area, or line that is formed by the meeting of two lines, surfaces, roads, etc.
■▶スポーツ・コーナーの「コーナー」は department。競技場などの「コーナー」は turn。

0495
climb
[kláim]
クライム

動 (を) (よじ) 登る
go up something towards the top
图登ること
■▶発音されない綴り字に注意。

0496
heat
[hí:t]
ヒート

图熱，熱さ
warmth or the quality of being hot
動を熱する；熱くなる
图 heater (発熱器)
㊙图 heating (熱する，暖める / 加熱 〔作用〕)
＝图 fever (熱)
⇔图 cold (寒さ)

0497
unite
[juːnáit]
ユーナイト

動を結合させる；合体する
bring different groups or things together to become one, or to join together to become one
图 unit (単位) ☞ No.1188　图 unity (単一)
動 unify (を統一する)

0498
exchange
[ikstʃéindʒ]
イクスチェインヂ

動 (を) 交換する
give someone something and receive the same kind of thing from them at the same time
图交換；為替

0499
seat
[síːt]
スィート

图座席
a place where you can sit, for example a chair
動を座らせる
動 sit (座る)

0500
hang
[hǽŋ]
ハング

動を吊るす；を絞首刑に処する
fasten or support something at the top leaving the other parts free to move, or to be held in this way
图 hanger (洋服掛け，ハンガー)
■▶【変】hang-hung-hung。「を絞首刑に処する」の意では hang-hanged-hanged。

4 Turn left at the third corner.

▶3つ目の角で左に曲がって下さい。

☑ turn left[right] at the corner
：角を左 [右] に曲がる

☐ on the corner ：角に

5 He climbed the slope slowly.

▶彼は斜面をゆっくりと登った。

☐ climb a mountain
：山に登る

☐ climb down *A*
：*A* を (手と足を使って) 降りる

STAGE 05

6 Water is changed into steam by heat and into ice by cold.

▶水は熱で水蒸気に，冷気で氷に変わる。

☐ the heat of the sun
：太陽の熱

7 Oil will not unite with water.

▶油は水とは混合しない。

☑ unite with *A*
：*A* と混合する

☐ unite *A* with *B*
：*A* を *B* と結合させる

8 I exchanged seats with him.

▶私は彼と席を替わった。

☑ exchange *A* with[for] *B*
：*A* を *B* と交換する

☐ an exchange program
：交換留学制度

9 Fasten your seat belt.

▶シートベルトを締めなさい。

☑ seat belt ：シートベルト

☐ Please be seated.
：ご着席下さい。

0 They hung out the washing.

▶彼らは洗濯物を外に出して吊るした。

☑ hang out *A*
：*A* を外で吊るす

☐ hang up ：電話を切る

Lesson 5　アクセントの公式②

4 その他

-tive

A: 直前に子音あり
⇒直前にアクセント

distínctive　objéctive

B: 直前に子音なし
⇒2つ前または3つ前にアクセント

exécutive　altérnative

rélative　imáginative

例外：creátive　ádjective

-ance, -ant, -ence, -ent

A: 直前に子音が2つ以上あり
⇒直前にアクセント

ínstance　impórtant

occúrrence　ábsent

B: 直前に子音が1つまたはなし
⇒2つ前にアクセント

significance　ínfluence

ígnorant　cónsequent

-al

A: 直前に子音が2つ以上あり
⇒直前にアクセント

sentiméntal　immórtal

B: 直前に子音が1つまたはなし
⇒2つ前にアクセント

indivídual　críminal

5 品詞によって変わるもの

présent 名/形　presént 動

súspect 名/形　suspéct 動

cóntent 名　contént 形/動

óbject 名　objéct 動

prógress 名　progréss 動

récord 名　recórd 動

íncrease 名　incréase 動

ímport 名　impórt 動

éxport 名　expórt 動

cónduct 名　condúct 動

など多数。图で第1音節, 图で第2音節に
アクセントがあるのがほとんど。

※アクセントの位置が変わらないもの

contról　repórt

respéct　prócess

ínfluence　など

参考

発音とつづりとアクセントの関係

①アクセントは原則的には語幹にある。
ただし、強い意味を持つ接頭辞にある場合もある。

pérfect　cónquer　dífficult

②アクセントがない母音は [ə] に、さらに無音になる傾向がある。

例：absent

動 [ǽbsént]

形 [ǽbsənt] ⇒ [ǽbsnt]

③接頭辞の con-, in-, syn- は後に続く音によって変化する。

b, m, p の前⇒ com-, im-, sym-
company　import　sympathy
l の前⇒ col-, il-, syl-
collect　illegal　syllable
r の前⇒ cor-, ir-
correspond　irregular
母音, h, gn, w の前⇒ co-
cooperate　coeducation
coincide　cowriter

bread

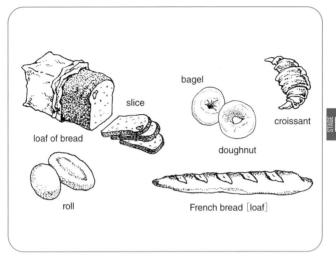

loaf of bread

slice

bagel

croissant

doughnut

roll

French bread [loaf]

chairs

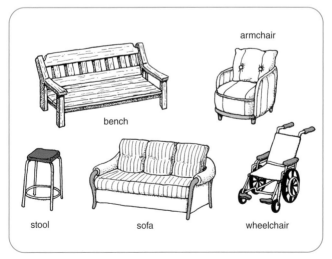

armchair

bench

stool

sofa

wheelchair

0501 copy
[kápi | 〈英〉kɔ́pi]
カピィ

图 **複写；冊**
something that is made to be exactly like another thing
動 **(を)複写する；(を)まねする**
㉚ copyright (著作権〔略号は ©〕)
㉚ copywriter (広告文案家)
⇔㉚ original (原作) ☞No.0372

0502 position
[pəzíʃən]
パズィション

图 **位置；姿勢；勤め口**
a person or organization's level of importance when compared with others
㉝ positional (位置〔上〕の；地位の)

0503 match
[mǽtʃ]
マッチ

動 **(1)(に)似合う；に匹敵する**
two colors, designs, or objects match, they are similar or look attractive together
图 **(1)試合；(2)マッチ**
■▶ (1)と(2)は同一綴りの別語源語。

0504 fight
[fáit]
ファイト

動 **(と)戦う**
take part in a war or battle
图 **戦い；争い**
㉚ fighter (戦士；戦闘機)　㉚ fighting (戦い)
■▶【変】fight-fought-fought

0505 model
[mádl | 〈英〉mɔ́dl]
マドゥル

图 **型；手本**
a particular type of machine, especially a car, that is slightly different from machines of the same type
=㉚ pattern (型) ☞No.0271
　㉚ example (手本) ☞No.0010
■▶ マンションなどの「モデルルーム」は a show room。

0506 hate
[héit]
ヘイト

動 **を憎む，をひどく嫌う**
dislike someone or something very much
图 **憎悪**
㉝ hateful (憎むべき)　㉚ hatred (憎しみ)
■▶ 通例，進行形をとらない。嫌悪感は，do not like < dislike < hate < detest の順に強くなる。

0507 taste
[téist]
テイスト

動 **の味がする；を味わう**
have a particular kind of taste
图 **味；趣味**
㉝ tasty (味のよい)
■▶ taste は一般的な「味」。flavor は独特の「味」。

That painting is not an original but a copy.

▶その絵は**本物ではなく複写**です。

✔ **not an original but a copy**
: 原本ではなく複写

☐ **a copy machine**：コピー機

The lady made efforts to advance social position of women. ▶その女性は女性の**社会的地位**を向上させるために努力した。

✔ **social position**：社会的地位

☐ **if you were in my position**
: もしあなたが私の立場だったら

That blouse matches my skirt.

▶そのブラウスは私のスカート**に合う**。

☐ **win[lose] a match**
: 試合に勝つ[負ける]

☐ **a tennis match**
: テニスの試合

06

They fight for peace and freedom.

▶彼らは平和と自由**を求めて戦う**。

✔ **fight for** *A*[**to** *do*]
: *A* のために [〜するために] 戦う

These are the earlier models of the computer.

▶これらは**初期型のコンピュータ**だ。

✔ **the earlier models of the computer**
: 初期型のコンピュータ

I hate to be formal.

▶私は堅苦しい**のは大嫌い**だ。

✔ **hate** *doing*[**to** *do*]
: 〜することを嫌う

☐ **love and hate**：愛と憎しみ

This soup tastes good.

▶このスープは**おいしい**。

✔ **taste good**   ：おいしい

☐ **have[×be] a sweet taste**
: 甘い味がする

TO BE CONTINUED [1/14] ➡ 163

0508	**shock**
☐ ☐	[ʃák | 〈英〉ʃɔ́k]
	シャック

图 **衝撃**
(the emotional or physical reaction to) a sudden, unexpected, and usually unpleasant event or experience

動 **に衝撃を与える；ショックを受ける**

⑱ shocking（驚くほどの，ショッキングな）

0509	**bright**
☐ ☐	[bráit]
	ブライト

形 **明るく輝く；利口な**
full of light, shining

⑩ brightly（輝いて，明るく）
＝⑱ brilliant（光り輝く）☞No.1593

0510	**interview**
☐ ☐	[íntərvjùː]
	インタヴュー

图 **会見；面接**
a meeting (often a public one) at which a journalist asks somebody questions in order to find out their opinions

動 **（と）面接する**

0511	**escape**
☐ ☐	[iskéip, es-]
	イスケイプ

图 **逃亡，脱出**
the act of getting away from a place, or a dangerous or bad situation

動 **（を）逃れる；逃げる**
■▶ 不定詞を目的語にとらない。

0512	**balance**
☐ ☐	[bǽləns]
	バランス

图 **釣り合い**（の取れた状態）**；はかり**
a situation in which different things exist in equal, correct or good amounts

動 **を釣り合わせる；釣り合っている**
⑱ balanced（釣り合いの取れた）
⇔图 imbalance（アンバランス，不均衡）
■▶ 反意語に注意。unbalance は動詞として使われる。似た発音の ambulance は「救急車」。

0513	**twice**
☐ ☐	[twáis]
	トゥワイス

副 **2倍；2度**
double in quantity, rate, etc.
⋯⋯⑩ once（1度）　⑱ three times（3度）

0514	**sort**
☐ ☐	[sɔ́ːrt]
	ソート

图 **種類**
a group or class of people, things, etc. that have similar qualities or features

動 **を分類する**
＝图 kind（種類）

---

508 It was a shock to me that I didn't win the race.

▶その競走に勝てなかった**のはショックだった**。

- ✔ It is a shock to A that節.
  ：～であることはAにとってショックだ。
- ☐ culture shock
  ：カルチャーショック

509 My daughter graduated from high school on a bright spring day.

▶私の娘は**春のうららかな日**に高校を卒業した。

- ✔ a bright spring day
  ：春のうららかな日
- ☐ a bright student
  ：頭のいい学生

510 The reporter had an interview with the manager.

▶その報道記者は監督に**インタビュー**した。

- ✔ have an interview with A
  ：A にインタビュー［と会見］する
- ☐ a job interview
  ：就職の面接

STAGE **06**

511 I had a narrow escape from death in the fire.

▶私は火事での死**からきわどく逃れ**た。

- ✔ have a narrow escape
  ：きわどく逃れる
- ✔ escape from A
  ：A から逃げる
- ☐ escape being scolded
  ：叱られずに済む

512 He has a good sense of balance.

▶彼は**バランス感覚**がいい。

- ✔ a sense of balance
  ：バランス感覚
- ☐ achieve a good balance between work and play
  ：仕事と遊びの均衡をうまく取る

513 The United States produces twice as much grain as it needs.

▶合衆国の穀物生産高は必要量**の倍**である。

- ✔ twice as much[many] ～ as A ：A の～倍
- ☐ twice a day[week]
  ：1 日［週］に2度

514 What sort of sport(s) do you play?

▶あなたは**どんな**スポーツをしますか？

- ☐ (a) sort of A〈複数形も可〉：一種の A, A のようなもの
- ☐ sort of ：多少

TO BE CONTINUED [2/14] ➡ 165

0515 neighbor

[néibər]
ネイバァ

名 隣人；隣国（の人）
someone who lives next to you or near you
名 neighbo(u)rhood（地区）
形 neighbo(u)ring（近所の）
■▶《英》では neighbour。

0516 seek

[síːk]
スィーク

動 (を)捜し求める
try to achieve or get something
■▶【変】seek-sought-sought。look for の方が口語的。

0517 regular

[régjulər]
レギュラァ

形 規則正しい；正式の；標準の
usual or ordinary
副 regularly（定期的に）
⇔形 irregular（不規則な）

0518 growth

[gróuθ]
グロウス

名 成長；発展
the process in people, animals or plants of growing
physically, mentally or emotionally
動 grow（育つ；増える） 形 grown（成長した）
＝名 development（発達）
　　名 increase（増加）☞No.0034

0519 museum

[mjuːzíːəm, -zíəm]
ミューズィーアム

名 博物館，美術館
a building where important cultural, historical, or
scientific objects are kept and shown to the public
⋯▶名 music（音楽）

0520 struggle

[strʌ́gl]
ストゥラグル

名 苦闘，努力
a hard fight in which people try to obtain or achieve
something, especially something that somebody else
does not want them to have
動 苦闘する
＝名 fight（戦い；争い）☞No.0504

0521 habit

[hǽbit]
ハビット

名 習慣，癖
a thing that you do often and almost without thinking,
especially something that is hard to stop doing
形 habitual（習慣的な） 名 habitat（生息地）
■▶ habit は個人の無意識的な「習慣」を指し，社会的・
文化的「慣習」には custom，意識的な「習慣」には
practice を用いる。

0522 childhood

[tʃáildhùd]
チャイルドフッド

名 子供時代
the part of your life when you are a child
形 childish（子供じみた） 名 child（子供）

---

515 They are on good terms with their neighbors.

▶彼らは**隣人たちと折り合いがいい**。

- ✓ be on good[bad] terms with the neighbors
  ：隣人たちと折り合いが良い [悪い]
- ☐ a next-door neighbor
  ：隣家の人

516 He seeks fame as a painter.

▶彼は画家としての**名声を求めている**。

- ✓ seek fame[employment]
  ：名声 [仕事] を求める
- ☐ seek to *do*
  ：〜しようとする

517 I'm looking for a shirt of regular size.

▶私は**標準サイズ**のシャツを探している。

- ✓ a regular size
  ：標準サイズ
- ☐ regular duties ：通常業務

518 Parents pray for the healthy growth of a child.

▶両親は**子供の健やかな成長**を祈る。

- ✓ the healthy growth of a child：子供の健やかな成長
- ☐ growth in[of] *A*
  ：*A* における [の] 増加

519 Millions of people visit the British Museum in a year.

▶**大英博物館**には年間何百万もの人が訪れる。

- ✓ the British Museum
  ：大英博物館
- ☐ visit an art museum
  ：美術館を訪れる

520 I faced a desperate struggle for life.

▶私は生きる**ための**懸命な**闘い**に直面した。

- ✓ a struggle for *A*
  ：*A* のための闘い
- ☐ a struggle against *A*
  ：*A* に対する闘い

521 My father fell into a habit of drinking.

▶父は**飲酒が癖**になった。

- ✓ a habit of drinking
  ：飲酒癖
- ☐ a good[bad] habit
  ：良い [悪い] 習慣
- ☐ be in the habit of *doing*
  ：〜する習慣がある

522 They have known each other from childhood.

▶彼らは**子供の頃から**互いを知っている。

- ✓ from[since] childhood
  ：子供の頃から
- ☐ a childhood friend
  ：幼なじみ

STAGE **06**

0523	
fix [fíks] フィックス	動 **を修理 [固定] する；固定される** repair or correct something ㊚ fixed（据えつけの；安定した）

0524	
divide [diváid] ディ**ヴァ**イド	動 **を分ける；を分配する；を割る** separate into parts; make something separate into parts ㊂ division（分割；割り算⇔㊂ multiplication） ⇔動 multiply（〔を〕掛け〔算をす〕る）

0525	
bother [báðər | 〈英〉bɔ́ð-] バザァ	動 **を悩ませる，を困らせる** annoy, worry or upset somebody; cause somebody trouble or pain 名 **厄介；悩みの種** ■▶ annoy は不愉快なことで相手を「苛立たせる」。worry は気苦労などをかけて相手を「悩ます」。tease は「からかう」。

0526	
observe [əbzə́ːrv] アブ**ザー**ヴ	動 **(を) 観察する；を遵守する** watch something or someone carefully ㊂ observation（観察）　㊂ observatory（観測所） ㊂ observer（立会人）

0527	
specific [spisífik] スピ**スィ**フィック	形 **具体的な；特定の；特有の** exact or containing details 動 specify（を特定する）　動 specifically（特に） ㊂ specification（仕様；明細）

0528	
moreover [mɔːróuvər] モーロウ**ヴァ**	副 **その上，さらに** also and more importantly ＝動 besides（その上）☞No.0542

0529	
worth [wə́ːrθ] ワース	形 **の価値がある；に値する** used to recommend the action mentioned because you think it may be useful, pleasant, etc. 名 **価値** ㊚ worthy（値する） ㊚ worthwhile（やりがいのある） ⇔㊚ worthless（価値がない） ■▶ 目的語をとる。

0530	
machine [məʃíːn] マシーン	名 **機械** a piece of equipment with moving parts that uses power to do a particular job ㊂ machinery（機械類） …㊚ mechanical（機械の）☞No.1274 ■▶ television や radio は machine とは呼ばず，equipment などという。

²³ I need to fix a broken clock.

▶ 私は壊れた時計**を修理する**必要がある。

- [ ] fix A to B
  : A を B に固定する
- [ ] a fixed price   : 定価

²⁴ 6 divided by 2 is 3.

▶ 6 **割る** 2 は 3。

- [✔] A divided by B is[gives / equals] C : A〈数字〉割る B〈数字〉は C〈数字〉

²⁵ Don't bother me with such a silly question.

▶ そんなばかげた質問**でわずらわさ**ないでくれ。

- [✔] bother A with B
  : B で A〈人〉を困らせる
- [ ] Sorry to bother you.
  : 邪魔をして申し訳ありません。

²⁶ We observed the stars in the desert.

▶ 私たちは砂漠で**星を観測し**た。

- [✔] observe the stars
  : 星を観測する
- [ ] observe the rules
  : 規則を守る

²⁷ I gave you specific instructions.

▶ あなたには**具体的に指示**を与えました。

- [✔] specific instructions
  : 具体的な指示
- [ ] for a specific purpose
  : ある特定の目的で

²⁸ Bicycles do not need fuel, and, moreover, they are easy to use.

▶ 自転車は燃料がいらないし，**その上**使いやすい。

²⁹ This problem is hardly worth discussing.

▶ この問題はほとんど**論じる価値が**ない。

- [✔] be worth doing
  : 〜する価値がある
- [ ] be worth A
  : A の価値がある

³⁰ What's the matter with your sewing machine?

▶ **ミシン**がどうかしましたか？

- [✔] a sewing machine
  : ミシン
- [ ] a washing machine : 洗濯機
- [ ] a vending machine
  : 自動販売機

TO BE CONTINUED [4/14] ➡ 169

0531 **treat**
[trí:t]
トゥリート

動 を扱う；を治療する；(に) おごる
behave towards someone or something in a particular way
名 ごちそう，もてなし
名 treatment (取り扱い)　名 treaty (協定，条約)

0532 **hardly**
[há:rdli]
ハードゥリィ

副 ほとんど～ない
almost not, or only a very small amount
= 副 scarcely (ほとんど～ない) ☞No.1760
■▶文中に位置するのが普通だが，文頭にくると語順倒置を引き起こす。

0533 **law**
[lɔ́:]
ロー

名 法，法則，法律
a rule that people in a particular country or area must obey
…名 lawyer (弁護士 = 名 attorney《米》)
■▶rule は秩序・機能などのため守るべき「決まり」。regulation は地方公共団体などの「条例」。

0534 **supply**
[səplái]
サプライ

名 供給；蓄え
an amount of something that is available to be used
動 を供給する
= 動 provide (を供給する) ☞No.0086
⇔ 名 demand (需要) ☞No.0360
…名 supplement (補足)

0535 **visitor**
[vízitər]
ヴィズィタァ

名 (訪問) 客
a person who visits a person or place
動 visit (を訪れる)
= 名 guest (招待客)
　名 caller (〔短時間の〕訪問者)

0536 **root**
[rú:t]
ルート

名 根；根源
the main cause of something, such as a problem or difficult situation
動 根付く；を定着させる
■▶名 route「道筋」と同音。

0537 **block**
[blák | 〈英〉blɔ́k]
ブラック

名 街区；かたまり
a group of buildings bounded by four streets
動 をふさぐ；を妨害する
名 blockage (封鎖)
= 動 obstruct (をふさぐ)

31 <u>Treat</u> electrical equipment carefully.

▶電気具は慎重に**扱い**なさい。

- [ ] treat A as[like] B
  ：A を B として[のように]扱う

32 I <u>can hardly believe</u> your story.

▶君の話は**どうも信じられない**。

- [✔] can hardly do
  ：ほとんど〜できない
- [ ] hardly ever do
  ：めったに〜しない

33 Theft is <u>prohibited by law</u>.

▶**法律によって**盗みは禁止されている。

- [✔] by law
  ：法律によって

34 The price is determined by <u>supply and demand</u>.

▶価格は**需要と供給**によって決まる。

- [✔] supply and demand
  ：需要と供給
- [ ] supply A with B
  ：A に B を供給する
- [ ] supply A to B
  ：A を B に供給する

35 The number of <u>visitors from abroad</u> has dropped this month.

▶**海外からの旅行者**の数が今月は落ち込んでいる。

- [✔] visitors from abroad
  ：海外からの旅行者
- [ ] a foreign visitor
  ：外国人観光客
- [ ] a visitors' book　：宿帳

36 It is necessary to fix <u>the root of the problem</u>.

▶**問題の根源**を直すことが必要だ。

- [✔] the root of the problem
  ：問題の根源
- [ ] deeply rooted in the everyday life
  ：日常生活に深く根を下ろした

537 I went for a <u>walk around the block</u>.

▶私は**街区を一回り散歩**に出かけた。

- [✔] walk around the block
  ：街区を一回り散歩する
- [ ] Road blocked
  ：通行止め《掲示》

STAGE **06**

0001
0100
0200
0300
0400
0500
0600
0700
0800
0900
1000
1100
1200
1300
1400
1500
1600
1700
1800

0538 ancient
[éinʃənt]
エインシャント

形 **古代の**
from a very long time ago
⇔形 modern (現代の) ☞No.0206
⋯形 medieval (中世の)

0539 theory
[θíːəri | 〈英〉θíəri]
シィーアリィ

名 **理論**
a formal set of ideas that is intended to explain why something happens or exists
形 theoretical (理論的な)

0540 repeat
[ripíːt]
リピート

動 **を繰り返す**
say or do something more than once
名 **反復**
名 repetition (繰り返し)
形 repeated (繰り返された，度々の)
副 repeatedly (繰り返して)

0541 cheap
[tʃíːp]
チープ

形 **安い**
costing little money or less money than you expected
副 cheaply (安く)
⇔形 expensive (高価な) ☞No.0374
　形 dear (高価な)
　形 costly (高価な)

0542 besides
[bisáidz]
ビサイヅ

前 **〜の他に，〜に加えて**
apart from somebody/something; in addition to somebody/something
副 **その上**
⋯副 beside (〜の側に)

0543 region
[ríːdʒən]
リーヂャン

名 **地域，地方**
a large area of a country or of the world, usually without exact limits
形 regional (地域の)

0544 desire
[dizáiər]
ディザイア

動 **を (強く) 望む**
want something very much
名 **願望**
形 desirable (望ましい)

0545 tour
[túər | 〈英〉túər, tɔ́ː]
トゥァ

名 **旅行，周遊**
a journey for pleasure, during which you visit several different towns, areas, etc.
動 **(を) 旅行する；を見て回る**
名 tourist (旅行者)　名 tourism ((観光) 旅行，観光事業)

³⁸ He carries out a study of ancient history. ▶彼は**古代史**の研究をしている。	✔ **ancient history** ：古代史（476年まで） ☐ **in ancient times**：古代に
³⁹ There is a gap between theory and practice. ▶**理論と実践**の間には隔たりがある。	✔ **theory and practice** ：理論と実践 ☐ **in theory**：理屈の上では （⇔ in practice）
⁴⁰ History repeats itself. ▶歴史は**繰り返す**。《諺》	✔ **repeat** *oneself*：繰り返す ☐ **repeat that**節 ：〜と繰り返し言う ☐ **repeat a year[grade]** ：留年する
⁴¹ It is cheaper to travel by car in this country. ▶この国では車で旅行する方が**安上がり**だ。	☐ **a cheap hotel**：安いホテル
⁴² My interests, besides my studies, are art, music, and sports. ▶勉強の**他には**美術，音楽，スポーツに興味を持っています。	
⁴³ This is very popular in the rural region. ▶これは**農村地域**でとても人気がある。	✔ **a rural region**：農村地域 ☐ **a mountainous region** ：山岳地方
⁴⁴ Our boss desires the top post. ▶うちの上司はトップの座**を望んでいます**。	☐ **a (strong) desire to** *do* ：〜したいという（強い）願望 ☐ **a desire for** *A*：*A* への願望
⁴⁵ My parents went on a world tour. ▶私の両親は**世界旅行に出かけた**。	✔ **go on a world tour** ：世界旅行をする ☐ **a bus[sightseeing] tour** ：バス[観光]ツアー ☐ **a tour guide**：観光ガイド

STAGE **06**

TO BE CONTINUED [**6** / 14] ➡ 173

0546
article
[á:rtikl]
アーティクル

图 記事；品物
a piece of writing about a particular subject in a newspaper or magazine, on a website, etc.

0547
native
[néitiv]
ネイティヴ

形 出生地の；土着の
connected with the place where you were born and lived for the first years of your life
图 土地の人，原住民
＝形 natural（自然の）

0548
male
[méil]
メイル

形 男性の，オスの
relating to men
图 男性，オス
＝形 masculine（男らしい）
⇔形 female（女性の）☞ No.0631

0549
calm
[ká:m]
カーム

形 穏やかな；平穏な
relaxed and quiet, not angry, nervous, or upset
图 静けさ
動 を静める；静まる
副 calmly（静かに）
＝形 still（しんとした）　形 quiet（静かな）☞ No.0612

0550
tough
[táf]
タフ

形 丈夫な；厳しい；硬い
(of a person) physically strong and likely to be violent
⇔形 soft（柔らかい）　形 tender（優しい）

0551
closely
[klóusli]
クロウスリィ

副 綿密に；ぴったりと
carefully
形 close（近い）
图 closeness（近いこと）

0552
reveal
[riví:l]
リヴィール

動 を暴露する；を示す
tell someone a piece of secret information
图 revelation（暴露）
＝動 disclose（を暴露する）
　動 show（を明らかにする）
⇔動 conceal（を隠す）

0553
complain
[kəmpléin]
カンプレイン

動 (と)不平を言う，(と)ぼやく
say that you are annoyed, unhappy or not satisfied about somebody/something
图 complaint（不平）

---

46 Reading an editorial article is my routine.

▶社説を読むことは私の日課である。

- ☑ an editorial article
  ：（新聞の）社説
- ☐ domestic articles
  ：家庭用品

47 I asked native speakers of English to help me write an essay in English.

▶英語を母語とする人々に英語のレポートを書くのを助けてくれるよう頼んだ。

- ☑ native speakers of A
  ：A〈言語〉を母語とする人々
- ☐ native plants：土着の植物

48 Male visitors are required to wear ties.

▶男性客はネクタイ着用のこと。

- ☑ male visitors　：男性客
- ☐ a male cat　：オスネコ
- ☐ a male student：男子学生

STAGE 06

49 His voice was calm.

▶彼の声は物静かであった。

- ☐ in a calm voice
  ：落ち着いた声で
- ☐ the calm before the storm
  ：嵐の前の静けさ

50 He is a tough guy.

▶彼はごつい男だ。

- ☑ a tough guy
  ：ごつい［屈強な］男
- ☐ a tough question to answer
  ：返答の難しい問題

51 He studied the report closely.

▶彼はその報告を綿密に調べた。

- ☐ closely related to A
  ：A と密接に関連した

52 He revealed the top secret to everyone.

▶彼は極秘事項を皆に暴露した。

- ☑ reveal A to B
  ：A を B〈人〉に暴露する
- ☐ reveal (that)節
  ：～ということを明らかにする

53 She always complains about her food.

▶彼女はいつも食べ物のことで不平を言う。

- ☑ complain (to B) about A
  ：A のことで (B に) 不平を言う

0554
nervous
[nə́:rvəs]
ナーヴァス

形 神経質な；臆病な
anxious about something or afraid of something
名 nerve（神経）
副 nervously（神経質に，いらいらして）
=形 anxious（心配な）☞No.0970
　形 afraid（心配して）☞No.0258

0555
evidence
[évədəns]
エヴァデンス

名 証拠；証言
something that makes you believe that something is
true or exists
形 evident（明らかな）　副 evidently（明らかに）
■▶ evidence は結論や判断の証明となる「証拠」。proof
は意見・主張など人を納得させるような「証拠」。

0556
nevertheless
[nèvərðəlés]
ネヴァザレス

副 それでもなお，やはり
despite that
=副 still（それでも）
■▶ 副 nonetheless は「にもかかわらず」という意味な
ので注意。

0557
obvious
[ábviəs | 〈英〉ɔ́b-]
アブヴィアス

形 明らかな
easy to notice or understand
副 obviously（明らかに）
=形 plain（明白な）☞No.0847　形 evident（明らかな）
　形 manifest（はっきりした）
⇔形 obscure（曖昧な）　形 vague（漠然とした）

0558
significant
[signífikənt]
スィグニフィカント

形 重要な；意味のある
having an important effect or influence, especially on
what will happen in the future
動 signify（を意味する）
名 significance（意義；重要性）

0559
adopt
[ədápt | 〈英〉ədɔ́pt]
アダプト

動 を採用 [採択] する；を養子 [養女]
にする
formally approve a proposal, amendment, etc.
especially by voting
名 adoption（採用；養子縁組）
■▶ 動 adapt「を適応させる」と混同しないこと。

0560
device
[diváis]
ディヴァイス

名 装置；工夫
an object or a piece of equipment that has been
designed to do a particular job
動 devise（を考案する）

54 I'm nervous about the future.
▶私は将来**について不安**だ。
	✔ **be nervous about** A
	    : A について不安だ
	☐ **get nervous** : 緊張する
	☐ a **nervous disorder**
	    : 神経障害

55 A trial will take place based on new evidence.
▶新たな**証拠に基づいて**裁判が行われる。
	✔ **on evidence**
	    : 証拠に基づいて
	☐ **find evidence for[against]** A
	    : A を裏づける[くつがえす]
	    ような証拠を見つける

56 Nevertheless, he won't give up. ▶**それでもなお**，彼は諦めようとしないだろう。	

57 I made an obvious error.
▶私は**明白なミス**を犯した。
	✔ **make an obvious error**
	    : 明白なミスを犯す
	☐ **it is obvious that**節
	    : ～というのは明らかで
	    ある

58 The incident played a significant role in our history.
▶その事件は我が国の歴史上**重要な役割**を果たした。
	✔ **a significant role**
	    : 重要な役割
	☐ **a significant change**
	    : 重大な変化

59 The project was adopted at the committee. ▶**計画**は委員会で**採用**された。	✔ **adopt a project** : 計画を採用する
60 This room has a safety device against fire. ▶この部屋には防火**安全装置**がある。	✔ **a safety[measuring]** **device** : 安全[測定]装置 ☐ **a device for** A : A のための道具

TO BE CONTINUED [8 / 14] ➡ 177

0561
demonstrate
[démənstrèit]
デマンストゥレイト

動 を論証 [証明] する；デモをする
show or describe how to do something or how
something works
名 demonstration (実演，証明；デモ)

0562
decline
[dikláin]
ディクライン

動 (を) 断る；衰える
refuse politely to accept or to do something
名 衰え

0563
imply
[implái]
イムプライ

動 をほのめかす，を暗示する
suggest that something is true or that you feel or think
something, without saying so directly
名 implication (含み)　形 implicit (暗黙の)

0564
wife
[wáif]
ワイフ

名 妻
the woman that someone is married to
⇔名 husband (夫) ☞No.0605
⋯⋯名 housewife (主婦)
■▶ 【複】wives

0565
laugh
[lǽf | 〈英〉lá:f]
ラフ

動 笑う
smile and make sounds with your voice because
something is funny
名 笑い；笑い声
名 laughter (笑い；笑い声)
■▶ laugh は声を立てて「笑う」。smile は声を立てない
で顔の表情で「笑う」。giggle は子供や若い女などの
「くすくす笑い」。grin は口を大きく開け歯を見せて
「笑う」。

0566
rock
[rák | 〈英〉rók]
ラック

名 岩，(大きな)石
the hard solid material that forms part of the surface of
the earth and some other planets
動 を揺り動かす；揺れ動く
形 rocky (岩の多い)

0567
slow
[slóu]
スロウ

形 遅い
moving, happening, or doing something without much
speed
副 遅く，のろく，ゆっくり
動 遅くなる；を遅らせる
副 slowly (遅く，ゆっくり)
⇔形 fast (速い)　形 quick (敏感な) ☞No.0666
　形 rapid (速い) ☞No.0863　形 swift (迅速な)

0061 I'll demonstrate how fast this computer works.

▶このコンピュータがいかに速いか**お見せしましょう**。

☑ demonstrate wh節・句 [that節]
　　：～か [～ということ] を明らかに示す

0062 He declined an invitation to dinner.

▶彼はディナーの**招待を断った**。

☑ decline an invitation
　　：誘いを断る

☐ a decline in population
　　：人口の減少

0063 Silence sometimes implies consent.

▶沈黙はときに合意**を意味する**。

☐ imply (that節)
　　：～であるとほのめかす [暗示する]

STAGE **06**

0064 The number of working wives has been increasing in recent years.

▶**(外に) 仕事を持つ妻**の数は近年増加している。

☑ a working wife
　　：(外に) 仕事を持つ妻

0065 She couldn't help laughing at his jokes.

▶彼女は彼の冗談に思わず**笑い声を立て**た。

☑ laugh at A
　　：A を聞いて [見て] 笑う

0066 The panda is kind of hidden behind the huge mass of rock.

▶パンダは**巨大な岩**の陰にちょっと隠されている。

☑ a huge mass of rock
　　：巨大な岩 (のかたまり)

☐ rock the baby in her arms
　　：赤ん坊を抱いて揺り動かす

0067 I got a slow train to Liverpool.

▶私はリバプールへの**鈍行列車**に乗った。

☑ a slow train
　　：鈍行 [普通] 列車

☐ Slow and[but] sure[steady] wins the race.
　　：急がば回れ。《諺》

TO BE CONTINUED [**9**/14] ➡ 179

0568 push
[púʃ]
プッシュ

動 (を)押す
make someone or something move by pressing them with your hands, arms, etc.

名 (ひと)押し；(ひと)突き
⇔動 pull（〔を〕引く）☞No.0436
■▶ push は意識的に「押す」。thrust は無意識的に強く「押す」。shove は乱暴に「押す」。

0569 impossible
[impásəbl |〈英〉-pɔ́s-]
イムパッスィブル

形 不可能な；我慢のならない
not able to occur, exist, or be done
⇔形 possible（可能な）☞No.0037

0570 nation
[néiʃən]
ネイション

名 国家；国民
a country, considered especially in relation to its people and its social or economic structure
形 national（国家の；国家の）
名 nationalist（国家〔民族〕主義者）
動 nationalize（を国有〔国営〕化する）
■▶「国民」の意味で使う時は、people は文化的・社会的「統一体」を、nation は政治的「統一体」を強調する。

0571 normal
[nɔ́ːrməl]
ノーマル

形 標準の
usual and ordinary

名 標準
名 norm（標準；ノルマ）
動 normally（標準的に；普通は）
⇔形 abnormal（異常な）

0572 usual
[júːʒuəl, -ʒəl | -ʒwəl]
ユージュアル

形 いつもの，通常の
done most of the time or in most cases
動 usually（普通は）
⇔形 unusual（普通ではない）

0573 market
[máːrkit]
マーキット

名 市場，マーケット
a place where people go to buy or sell things, often outside
名 marketing（市場調査）
名 supermarket（スーパーマーケット）
■▶【略】mkt.

0574 temperature
[témpərətʃər]
テンペラチャァ

名 温度；体温
a measure of how hot or cold a place or thing is
■▶「気温」表示は《米》では Fahrenheit「華氏」を、《英》では併せて centigrade, Celsius「摂氏」を用いる。

568 I pushed the door open. ▶私は**ドアを押して開けた**。	✔ push *A* open[shut] ：*A* を押して開ける [閉める] ✔ push the door ：ドアを押す
569 It is impossible for me to pass that exam. ▶私がその試験に**合格するのは不可能**だ。	✔ it is impossible (for *A*) to *do* ：(*A*〔人〕が) 〜するのは不可能だ
570 This country is counted among the advanced nations in IT. ▶この国は情報技術**先進国**の一つに数えられている。	✔ advanced nations [countries] ：先進国 ☐ a developing nation[country] ：発展途上国 ☐ the United Nations ：国連
571 After the war, he came back to a normal life. ▶その戦争の後，彼は**まっとうな生活**に戻った。	✔ a normal life ：普通の生活 ☐ in the normal way ：普段通りに
572 The meeting will start an hour earlier than usual. ▶**いつもより1時間早く**会議が始まる予定だ。	✔ an hour earlier[later] than usual ：いつもより1時間早く [遅く] ☐ as usual ：いつものように
573 I went to market to buy some fruits and vegetables. ▶果物と野菜を買いに私は**市場に行った**。	✔ go to (the) market ：市場に行く ☐ on the market ：売りに出している
574 The temperature went up[climbed up] to 38℃. ▶**気温**が摂氏38度に上昇した。	☐ the temperature in Tokyo ：東京の気温

STAGE 06

0575 **pleasure**

[pléʒər]
プレジャァ

图 **楽しみ，喜び**
a state of feeling or being happy or satisfied
® pleasant（楽しい） 働 please（を喜ばせる）
＝ 图 joy（喜び）☞No.1187
　　 图 enjoyment（楽しみ，喜び）
　　 图 delight（大喜び，楽しみ）☞No.1540

0576 **bill**

[bíl]
ビル

图 **紙幣；請求書；法案**
a piece of paper money
■■▶「紙幣」は《英》では note が普通。

0577 **perfect**

形[pə́ːrfikt]
動[pərfékt]
《形》パーフィクト
《動》パァフェクト

形 **完全な，完璧な**
without fault, or the best possible
動 **を仕上げる**
图 perfection（完全；完成） 働 perfectly（完全に）
＝® complete（完全な）☞No.0234

0578 **weak**

[wíːk]
ウィーク

形 **弱い；不得意の**
not good at something
图 weakness（弱さ） 働 weaken（を弱める）
働 weakly（弱く）
⇔® strong（強い）
■■▶ weak は「弱々しい」の意の最も一般的な語。feeble
は病気・老齢などで「か弱い」。frail はもろい「弱さ」
を形容する語。

0579 **mix**

[míks]
ミックス

動 **を混ぜる；混ざる**
put different things together in order to make something
new
图 **混合（物）**
® mixed（混交〔混合〕した）
图 mixture（混合；混合物）

0580 **fit**

[fít]
フィット

動 (1)(に)**合う**
　(1) be the right shape or size for someone or something
图 (1)**合うこと；**(2)**発作**
形 (1)**適した**
® 图 fitting（適切〔適当〕な／〔服を〕合わせること）
图 fitness（健康〔良好〕）
■■▶ (1)と(2)は同一綴りの別語源語。進行形は不可。

75 It's my pleasure to see you.

▶あなたにお会いできて光栄です。

☑ **It's my pleasure to see you.** ：お会いできて光栄です。
☐ (It's) my pleasure. ：どういたしまして。
☐ with pleasure　：喜んで

76 I'll pay the bill later.

▶後で**勘定を**払います。

☑ **pay a bill (for** *A***)** ：(*A* の) 勘定を払う
☐ a phone bill ：電話料金 (の請求書)
☐ pass a bill ：法案を可決する

77 The army won the perfect victory.

▶その軍は**完全な勝利**を勝ち取った。

☑ **a perfect victory** ：完全な勝利
☐ a perfect score　：満点

78 Math and science are my weak subjects.

▶数学と理科は**苦手科目**です。

☑ **a weak subject**：苦手科目
☐ seem weak ：弱っているように見える
☐ a weak spot[point]　：弱点

79 We cannot mix oil with water. / Oil and water do not mix.

▶**油と水を混ぜ合わせる**ことはできない。

☑ **mix oil with water** ：油と水を混ぜる

80 These shoes don't fit me.

▶この靴は私**に合わ**ない。

☐ fit in[into] *A* ：*A* にはまる [収まる]

0581 **policy**
[púləsi | 〈英〉pól-]
パラスィ

图 政策，方針
a plan of action agreed or chosen by a political party, a business, etc.

0582 **flight**
[fláit]
フライト

图 飛行便；空の旅
a journey made by air, especially in a plane
働 fly（飛ぶ）

0583 **ideal**
[aidí:əl | 〈英〉-díəl]
アイディーアル

形 理想的な；想像上の
perfect, or the best possible
图 理想
剾 ideally（理想的に〔言えば〕）
图 idealism（理想主義；観念論）
⋯▶图 idea（思想；観念）

0584 **beauty**
[bjú:ti]
ビューティ

图 美（しさ）
the quality of being beautiful
形 beautiful（美しい）
剾 beautifully（美しく）

0585 **site**
[sáit]
サイト

图 用地，敷地，現場
a place where a building, town., etc. was, is or will be located
■▶ sight，cite と同音。

0586 **greatly**
[gréitli]
グレイトゥリィ

剾 大いに
very much
形 great（大きい；偉大な；重大な）

0587 **pack**
[pǽk]
パァック

图 (ひと)包み
a small box or paper container with a lot of things of the same kind in it
動 を包む；を詰め込む
■▶ carton は牛乳容器などの「紙パック」。package は「包み」。packet は小さな「包み」。

0588 **succeed**
[səksí:d]
サクスィード

動 成功する；(を)継承する；続く
have the result or effect something was intended to have
图 succession（連続；継承）
形 successive（連続する）　图 successor（後任）
＝動 inherit（を相続する）

81 She is an expert in foreign policy.

▶彼女は**外交政策**の専門家だ。

✔ foreign policy ：外交政策
☐ the best policy ：最善の策

82 I arrived at the airport early to be ready for the overseas flight.

▶**国外便**に備えて早く空港に到着した。

✔ an overseas flight
　　　　：国外（飛行）便
☐ an international flight
　　　　：国際線

83 This park is an ideal place for a picnic.

▶この公園はピクニックに**理想的な**場所だ。

☐ ideal for A ：A に最適な
☐ an ideal world ：理想郷

84 Entering a beauty contest helped to change her life.

▶**美人コンテスト**に応募したことが，彼女の人生を変える助けとなった。

✔ a beauty contest
　　　　：美人コンテスト
☐ Beauty is but[only]
　skin-deep.
　　　　：見目よりも心。《諺》

85 He works on a building site.

▶彼は**建築用地**で働いている。

✔ a building[construction]
　site ：建築用地［現場］
☐ historic sites ：史跡

86 People have greatly different views of life.

▶人生に対する**考え方は**人によって**大いに異なる**。

✔ greatly different views
　　　　：かなり違った考え

87 My husband buys a pack of cigarettes every day.

▶私の夫は毎日**タバコ1箱**を買う。

✔ a pack of cigarettes
　　　　：タバコ1箱
☐ pack and check out of the
　hotel
　　　　：荷物をまとめてホテル
　　　　を出る

88 He succeeded to the Prime Minister soon after.

▶彼がほどなく首相**を引き継いだ**。

✔ succeed to A
　　　　：A を引き継ぐ
☐ succeed in doing
　　　　：～することに成功する

STAGE
06

TO BE CONTINUED [12 / 14] ➡ 185

0589 **flow**
[flóu]
フロウ

图 **流れ**
the steady movement of traffic
動 **流れる**
=图 stream (流れ) ☞No.1029　動 run (流れる)

0590 **planet**
[plǽnit]
プラネット

图 **惑星**
a very large round object in space that moves around the Sun or another star
形 planetary (惑星の)
■▶ 太陽系の惑星は太陽に近いものから順に Mercury「水星」, Venus「金星」, Earth「地球」, Mars「火星」, Jupiter「木星」, Saturn「土星」, Uranus「天王星」, Neptune「海王星」,（Pluto「冥王星」）。

0591 **text**
[tékst]
テクスト

图 **本文；原文**
the written form of a speech, a play, an article, etc.
图 textbook (教科書, テキスト)

0592 **resource**
[rí:sɔːrs, -zɔ̀:rs, risɔ́:r|
-zɔ́:rs|〈英〉rizɔ́:s, -sɔ́:s]
リーソース

图 **資源；資産；力**
a supply of something that a country, an organization or a person has and can use, especially to increase their wealth
■▶ 通例複数形で用いる。

0593 **vast**
[vǽst|〈英〉vá:st]
ヴァスト

形 **広大な**
extremely large in area, size, amount, etc.
副 vastly (広大に)
=形 huge (巨大な) ☞No.0373

0594 **sharp**
[ʃáːrp]
シャープ

形 **鋭い，とがった；利口な**
having a very thin edge or point that can cut things
副 **ちょうど；急に**
副 sharply (鋭く；急に)
動 sharpen (をとぐ；をとがらせる)
⇔形 dull (鈍い) ☞No.1722
■▶「シャープペンシル」は mechanical pencil。

0595 **expert**
[ékspəːrt]
エクスパート

图 **専門家；熟練者**
someone who has a special skill or special knowledge of a subject, gained as a result of training or experience
=图 veteran (ベテラン，経験豊富な人)

---

89 There was a steady flow of cars on the highway. ▶幹線道路は**順調な車の流れ**であった。	✔ a steady flow of cars ：順調な車の流れ
90 The space probe landed on the planet Mars. ▶その宇宙探査機は**火星に着陸**した。	✔ land on the planet Mars ：火星に着陸する ☐ the planet Earth ：地球

STAGE **06**

91 The complete text of the interview was published in the newspaper. ▶インタビューの**全文**が新聞に掲載された。	✔ the complete text of *A* ：*A*の全文
92 These countries cooperate to develop natural resources. ▶これらの国は協力して**天然資源**を開発している。	✔ natural resources ：天然資源 ☐ human resources ：人材
93 The group of researchers searched a vast area of forest. ▶その研究者グループは**広大な森林**を探索した。	✔ a vast area of forest ：広大な森林
94 She marked some dots on a sheet of paper with her sharp pencil. ▶彼女は**芯のとがった鉛筆**で紙にいくつか印をつけた。	✔ a sharp pencil ：芯のとがった鉛筆 （×シャープペンシル）
95 I took advice from a computer expert. ▶私は**コンピュータのプロ**に相談した。	✔ a computer expert ：コンピュータのプロ ☐ a legal[medical] expert ：法律 [医学] の専門家 ☐ an expert in[on, at] *A* ：*A*の専門家

TO BE CONTINUED [**13** / 14] ➡ 187

0596
proud
[práud]
プラウド

形 誇り高い，自慢な
feeling pleased and satisfied about something that you own or have done, or are connected with
⊗ 動 pride (誇り〔に思う〕) ☞ No.0875
動 proudly (誇らしげに；尊大に)

0597
opposite
[ápəzit, -sit | 〈英〉ɔ́p-]
アパズィット

形 反対 (側) の；正反対の，逆の
in a position facing someone or something but on the other side
動 oppose (に反対する) 形 opposed (反対した)
⊗ opposition (反対；敵対，対立)
= ⊗ 形 contrary (反対〔の〕) ☞ No.1281

0598
establish
[istǽbliʃ]
エスタブリッシュ

動 を設立する；を確立する
start or create an organization, a system, etc. that is meant to last for a long time
⊗ establishment (確立；設立〔物〕)

0599
previous
[prí:viəs]
プリーヴィアス

形 以前の；あらかじめの
existing or happening before this one
動 previously (以前には)
= 形 preceding (先行する)
⇔ 形 following (次の) 形 subsequent (次の)

0600
otherwise
[ʌ́ðərwàiz]
アザワイズ

副 さもないと；別の方法で
used to state what the result would be if something did not happen or if the situation were different
···動 likewise (同様に)
▶ -wise (方法，方向，関連，様態)

She is proud of her daughter.

▶彼女は娘を誇りにしている。

- ☑ **be proud of** *A*
    ：*A* に誇りを持っている
- ☐ **be proud to** *do*
    ：〜することを誇りに思う

The cafe is on the opposite side of the street.

▶そのカフェはその通りの**向かい側**にある。

- ☑ **the opposite side of** *A*
    ：*A* の反対 [向こう] 側
- ☐ **opposite to** *A*：*A* とは逆の

This institution was established in 1935.

▶この施設は 1935 年に**設立された**。

- ☐ **establish that**節[wh節]
    ：〜ということを立証する

Foreign tourists visiting Japan are wealthier than tourists who came in the previous year.

▶日本を訪れる外国人観光客は**前年**訪れた観光客よりも裕福だ。

- ☑ **the previous year**   ：前年
- ☐ **previous to** *A*
    ：*A* より前に, *A* に先だって

Otherwise, I would be happy to come.

▶**そうでなければ**, 喜んで参ります。

- ☐ **unless otherwise stated**
    ：そうではないとの断りがないなら

Lesson 6 重要不規則動詞変化表

不規則変化をする動詞はほとんどあらゆる英文に頻繁に出てくる重要単語ばかりです。ここでは従来の類型化よりいっそう覚えやすくするために、A-B-A' 型、A-B-B' 型という新しい分類を取り入れました。

A-B-B 型
過去形＝過去分詞

☐ bind	bound	☐ buy	bought
☐ find	found	☐ bring	brought
☐ wind	wound	☐ fight	fought
☐ lay	laid	☐ seek	sought
☐ pay	paid	☐ think	thought
☐ say	said	☐ teach	taught
☐ hold	held	☐ catch	caught
☐ lead	led	☐ keep	kept
☐ make	made	☐ feel	felt
☐ tell	told	☐ deal	dealt
☐ hear	heard	☐ lose	lost
☐ stand	stood	☐ sit	sat
☐ bend	bent	☐ shoot	shot
☐ lend	lent	☐ meet	met
☐ send	sent	☐ dig	dug
☐ spend	spent	☐ hang	hung
☐ build	built	☐ swing	swung
☐ mean	meant	☐ win	won

A-B-A' 型
原形＋n＝過去分詞

☐ blow	blew	blown
☐ draw	drew	drawn
☐ grow	grew	grown
☐ know	knew	known
☐ throw	threw	thrown
☐ drive	drove	driven
☐ ride	rode	ridden
☐ rise	rose	risen
☐ write	wrote	written
☐ take	took	taken
☐ fall	fell	fallen
☐ give	gave	given
☐ eat	ate	eaten

☐ see	saw	seen
☐ go	went	gone

A-B-B' 型
過去形＋n＝過去分詞

☐ break	broke	broken
☐ choose	chose	chosen
☐ freeze	froze	frozen
☐ speak	spoke	spoken
☐ steal	stole	stolen
☐ get	got	got(ten)
☐ bite	bit	bit(ten)

A-B-C 型
3形とも異なる

☐ drink	drank	drunk
☐ swim	swam	swum
☐ sing	sang	sung
☐ sink	sank	sunk
☐ bear	bore	born(e)
☐ tear	tore	torn
☐ wear	wore	worn
☐ lie	lay	lain
☐ fly	flew	flown

A-B-A 型
原形＝過去分詞

☐ come	came	☐ run	ran

A-A-A 型
3形とも同じ

☐ cost	☐ put
☐ cut	☐ set
☐ hurt	☐ shut
☐ hit	☐ read
☐ let	☐ spread

ROUND 3

STAGE 07-08-09

No.0601–0900
（300 words）

【頻出度】

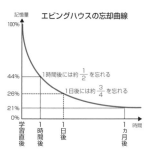

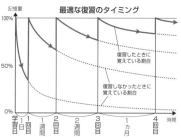

脳科学の研究によると，最も効果的な復習のタイミングは，❶1回目…学習した翌日❷2回目…その1週間後❸3回目…そのまた2週間後❹4回目…そのまた1カ月後であると言われています。右の表に学習した日付（または○や✓など）を記入して，忘れがちな英単語を効率的に復習していきましょう。	STAGE	1回目	2回目	3回目	4回目
	07				
	08				
	09				

0601 graduate

動[grǽdʒuèit]
名[grǽdʒuət]
《動》グラヂュエイト
《名》グラヂュエット

動 **卒業する**
get a degree, especially your first degree, from a university or college

名 **卒業生**
図 graduation（卒業）
図 undergraduate（学部在学生）
■▶《英》では大学の「卒業生」。《米》では大学以外の学校の「卒業生」にも用いる。

0602 capacity

[kəpǽsəti]
カパサティ

名 **(収容)能力；力量**
the ability to understand or to do something
⇔图 incapacity（無能力）

0603 theme

[θíːm]
スィーム

名 **主題，話題，テーマ**
the subject or main idea in a talk, piece of writing or work of art
＝图 subject（主題）☞No.0291

0604 hospital

[háspitl |〈英〉hɔ́s-]
ハスピタル

名 **病院**
a place where sick or injured people go to be treated by doctors and nurses
図 hospitality（親切なもてなし）
■▶「入・退院」に the をつけるのは主に《米》。

0605 husband

[hʌ́zbənd]
ハズバンド

名 **夫**
the man that someone is married to
⇔图 wife（妻）☞No.0564

0606 damage

[dǽmidʒ]
ダミッヂ

動 **に損害を与える**
cause physical harm to something or to part of someone's body

名 **損傷，損害**
■▶ loss は失うことによる「損害・損失」。

0607 race

[réis]
レイス

名 **(1)人種；(2)競走；レース**
(1) one of the main groups that humans can be divided into according to the color of their skin and other physical features

動 **(2)(と)競走する**
図 racial（人種の）
■▶陸上の「短距離競走」は dash。(1)と(2)は異なる同一語形の2語。

601 She has just graduated from Harvard.

▶彼女はハーバード大学**を卒業した**ばかりだ。

- ☑ graduate from A
  ：A を卒業する
- ☐ a graduate student
  ：大学院生

---

602 This task is beyond my capacity.

▶この仕事は**私の能力を超えて**いる。

- ☑ beyond one's capacity
  ：能力を超えて
- ☐ a seating capacity of 1000
  ：1000 人分の収容力

---

603 The conference's theme is education and training.

▶その会議の**主題**は教育と訓練である。

- ☐ the main[central] theme of A ：A のメインテーマ

---

604 He is in the hospital with stomach cancer.

▶彼は胃ガンで**入院**している。

- ☑ be in the hospital with A
  ：A〈病名〉で入院している
- ☐ go into[go to / enter] (the) hospital ：入院する

---

605 She and her husband were both injured in the accident.

▶彼女も**夫**も事故でケガをした。

- ☐ husband and wife ：夫婦

---

606 His car was badly damaged in the accident.

▶彼の車は事故でひどく**損傷**した。

- ☐ cause damage to A
  ：A に損害をもたらす
- ☐ suffer damage from A
  ：A で損害を被る

---

607 This city attracts people of all races, colors and religions.

▶この街は**あらゆる人種，肌の色と信条の人々**を惹きつける。

- ☑ people of all races, colors and religions
  ：あらゆる人種，肌の色と信条の人々
- ☐ win[lose] a race
  ：レースに勝つ[負ける]

0608	**paint** [péint] ペイント	動 **絵を描く；(に)ペンキを塗る** cover a surface or object with paint 名 **塗料，ペンキ** 名 painter (画家；ペンキ屋) 名 painting (絵を描くこと；油絵，水彩画) ┈→名 drawing (絵，デッサン)
0609	**forest** [fɔ́:rist | 〈英〉fɔ́r-] フォーリスト	名 **森林** a large area of land that is thickly covered with trees 名 forestry (林業) ■▶ forest は「自然林」で野生の動物がいるところ。 wood(s) は「小さい森，普通の林」。
0610	**tie** [tái] タイ	名 **結束；ネクタイ** a strong relationship between people, groups, or countries 動 **を結ぶ**
0611	**manner** [mǽnər] マナァ	名 **作法；方法；態度** behavior that is considered to be polite in a particular society or culture
0612	**quiet** [kwáiət] クワィアット	形 **静かな；平穏な** making very little noise 名 **静けさ；平静** 副 quietly (静かに；おとなしく) ＝形 silent (静かな) ☞No.1186
0613	**press** [prés] プレス	名 〖the press〗 **新聞；印刷；アイロンかけ** newspapers and magazines, or the people who write them 動 **(を)押す，(を)圧迫する** 名 pressure (圧力；重圧) ■▶《意味の拡大・変化ルート》押しつける→印刷機 (物)→新聞・雑誌→報道
0614	**reply** [riplái] リプライ	動 **返事する，応答する；と答える** say or write something as an answer to somebody or something 名 **返事，応答** ＝動 answer (に答える) ■▶ answer より堅い語。

608
I helped him paint the walls.

▶私は彼が**壁にペンキを塗る**のを手伝った。

- ✔ paint the walls
  ：壁にペンキを塗る
- ☐ Wet[Fresh] Paint!
  ：ペンキ塗りたて！《掲示文》

609
All countries should begin their own efforts to protect rain forests.

▶全ての国は，**熱帯雨林**を保護するために独自の努力を始めるべきです。

- ✔ (tropical) rain forests
  ：(熱帯)雨林
- ☐ cannot see the forest for the trees：木を見て森を見ない(小事にとらわれて大局を見失う)《諺》

610
This incident strengthened family ties.

▶この出来事は**家族のきずなを深めた**。

- ✔ strengthen family ties
  ：家族のきずなを深める
- ☐ wear[put on] a tie
  ：ネクタイを着用する

STAGE **07**

611
She has beautiful table manners.

▶彼女は**食事の作法**が良い。

- ✔ table manners：食事の作法
- ☐ in a proper[wrong] manner
  ：ふさわしい[間違った]やり方で

612
Keep the kids quiet while I'm on the phone.

▶電話中は子供たち**を静かにさせて**おいてくれ。

- ✔ keep A quiet
  ：A〈人〉を静かにさせておく
- ☐ Be quiet.
  ：静かに(しなさい)。

613
The Netherlands and the UK share a similar view concerning freedom of the press.

▶オランダとイギリスは**出版の自由**に関してよく似た見解を共有している。

- ✔ freedom of the press
  ：出版[報道]の自由
- ☐ press a button
  ：ボタンを押す

614
I didn't reply to her letter.

▶私は彼女の手紙に**返事を出さ**なかった。

- ✔ reply to A
  ：A に返事をする[答える]
- ☐ reply that節：〜と答える

0615 **attack**
[ətǽk]
アタック

名 **攻撃**
an act of using violence to try to hurt or kill somebody
動 (を) **攻撃する**
⇔名 defense (守備)　動 defend (を守る) ☞No.1373

0616 **charge**
[tʃɑ́ːrdʒ]
チャージ

名 **料金；責任；非難**
the price of something, especially a service
動 (を) **請求する；を責める**
形 chargeable (負うべき)

0617 **suit**
[súːt | 〈英〉sjúːt]
スート

動 **に似合う；(に) 適合する**
make someone look more attractive
名 **スーツ**
形 suitable (適切な)　名 suitcase (旅行かばん)

0618 **smell**
[smél]
スメル

動 **(の) においがする；を嗅ぐ**
have a particular quality that people notice by using their nose
名 **におい，香り**
=名 odor (〔独特の〕におい)　名 scent (香り)
　名 fragrance (香り，芳香)　名 perfume (香り)
　名 flavor (風味) ☞No.0238
■▶ smell は「におい」を表す最も一般的な語。しばしば「悪臭」の意味。

0619 **track**
[trǽk]
トゥラック

名 **小道；軌道；通った跡**
a narrow path or road
形 trackless (人跡のない)
=名 orbit (軌道)

0620 **disappear**
[dìsəpíər]
ディサピア

動 **見えなくなる，なくなる**
become impossible to see any longer
=動 vanish (消える) ☞No.1485
　動 fade (消えていく) ☞No.1564

0621 **remove**
[rimúːv]
リムーヴ

動 **を除去する；移動する**
take something away
名 removal (移転；除去)
=熟 take away (を取り除く)

0622 **stick**
[stík]
スティック

名 **棒**
a long, thin piece of wood from a tree
動 **を突く；をくっつける**
形 sticky (ネバネバする)
=名 stake (棒，杭)　動 cling (に粘着する)
■▶ 名 と 動 は同一綴りの別語源語。【変】stick-stuck-stuck

615

Attack is the best defense.

▶**攻撃**は最大の防御なり。

- [ ] attack *A* **with** *B*
  ：*A* を *B*〈武器〉で攻撃する

616

There is no admission charge today.

▶今日は**入場料**無料である。

- [x] an admission charge
  ：入場 [入会] 料
- [ ] be in charge of *A*
  ：*A* を任されている

617

That two-piece suit doesn't suit her.

▶彼女にその**ツーピース**は**似合わ**ない。

- [x] a two-piece suit
  ：ツーピース
- [ ] a gym suit　　：体育着
- [ ] a swimming suit　：水着

618

Spoiled chicken in the refrigerator smells bad.

▶冷蔵庫の腐った鶏肉**から嫌なにおいがする。**

- [x] smell bad[fresh]
  ：嫌なにおい[新鮮な香り] がする
- [ ] smell *A* out[out *A*]
  ：*A* を嗅ぎつける

619

He took part in the track and field competition.

▶彼は**陸上競技**会に参加した。

- [x] track and field　：陸上競技
- [ ] the railroad track
  ：鉄道線路

620

The ball disappeared over the fence.

▶ボールは柵の向こうに**見えなくなった。**

- [ ] disappear from sight[view]
  ：視界から消える

621

I tried to remove stains from clothing.

▶私は**衣服のしみを取り除こ**うとした。

- [x] remove stains from clothing
  ：衣服のしみを取り除く

622

My father is collecting dry sticks to start a fire.

▶父はたき火をするために**乾いた棒を集めて**いる。

- [x] collect dry sticks
  ：乾いた棒を集める
- [ ] stick to *A*
  ：*A* にくっつく，*A* に固執 する

0623 ocean
[óuʃən]
オウシャン

图 大洋，海（洋）；広がり
one of the five main areas of sea
=图 sea（海）

0624 hurry
[hə́ːri | 〈英〉hʌ́ri]
ハーリィ

動 急ぐ
do something or go somewhere more quickly than
usual, especially because there is not much time
图 大急ぎ
副 hurriedly（大急ぎで）
=图 haste（急ぎ）

0625 direct
[dirékt | dai-]
ディレクト

形 直接の
going in the straightest line between two places without
stopping or changing direction
副 直接に
動 (を)指導する；(に)指図する
副 directly（まっすぐに；直接に）
图 direction（指揮；指示；方角）
图 director（指揮者；取締役；監督）

0626 climate
[kláimit]
クライミット

图 気候；風潮
the weather conditions of an area
■▶ climate は一地方の平均的「気候状態」。weather は
特定の時・場所での「気象状態」。

0627 hole
[hóul]
ホウル

图 穴
a hollow space in something, or an opening in
something
動 に穴を開ける
=图 pit（穴）
■▶ whole「全体」と同音。

0628 aim
[éim]
エイム

動 (を)狙う
say or do something that is intended to influence or
affect a particular person or group
图 目的，目標

0629 factory
[fæktəri]
ファクトリィ

图 工場
a building or group of buildings in which goods are
produced in large quantities, using machines
■▶ 小規模のものは workshop。factory は製品が大量
に生産される「工場」。plant は近代設備の整った大
きな「製造工場」。shop は物を作ったり修理する場
所。works は「製作所」。

623

The Atlantic Ocean is the second largest of the world's oceans.

▶**大西洋**は世界の**海**で二番目に大きいです。

| ✔ | the Atlantic[Pacific / Indian] Ocean
：大西 [太平／インド] 洋 |

624

Hurry up, or you'll miss the train.

▶**急が**ないと列車に乗り遅れますよ。

| ✔ | Hurry up. | ：急げ。 |
| ☐ | in a hurry | ：急いで |

625

There are direct flights to Amsterdam, where my cousin lives.

▶アムステルダムへの**直行便**があり，そこには私のいとこが住んでいる。

| ✔ | a direct flight | ：直行便 |
| ☐ | direct A to B
：A〈人〉に B〈場所〉へ行く道を教える |

STAGE
07

626

I don't like a humid climate.

▶**湿気の多い気候**は好きではありません。

| ✔ | a humid[dry] climate
：湿気の多い [乾燥した] 気候 |
| ☐ | climate change：気候変動 |

627

He made a hole with a needle.

▶彼は針**で穴を開けた**。

| ✔ | make a hole with A
：A〈道具〉で穴を開ける |
| ☐ | have a hole in A
：A に穴が開いている |

628

The company spent a lot of money on TV advertising aimed at young people.

▶その会社は若者に**狙いを定めた**テレビ広告に多額の資金を投じた。

| ✔ | (be) aimed at A
：A を対象にしている |
| ☐ | one's only aim in life
：人生の唯一の目的 |

629

If a new steel factory is built here, more people will move to our town.

▶新たな**製鉄工場**がここに建設されれば，より多くの人が私たちの町に引っ越してくるだろう。

| ✔ | a steel factory | ：製鉄工場 |
| ☐ | work in[at] a factory
：工場で働く |

0630
worse
[wə́ːrs]
ワース

形 **もっと悪い；悪化している**
less good or more unpleasant
副 **もっと悪く；いっそうひどく**
⇔形 better（より良い）
■▶ bad, ill, badly の比較級。最上級は worst。

0631
female
[fíːmeil]
フィーメイル

名 **女性；雌**
a woman or a girl
形 **女性の；雌の**
＝形 feminine（女性の）
⇔名 形 male（男性〔の〕）☞No.0548

0632
sentence
[séntəns]
センタンス

名 **文；判決**
a group of words, usually containing a verb,
that expresses a complete idea
動 **に判決を下す**
…▶名 phrase（句）☞No.0684

0633
insect
[ínsekt]
インセクト

名 **昆虫**
a small creature such as a fly or ant, that has six legs,
and sometimes wings
＝名 worm（虫, 幼虫）
　名 beetle（かぶと虫, 甲虫）
　名 bug（〔小さな〕昆虫）

0634
mine
[máin]
マイン

名 **鉱山**
a deep hole or holes under the ground where minerals
such as coal, gold, etc. are dug
名 miner（鉱山労働者）　名 mineral（鉱物, 無機物）
■▶〈所有代名詞〉I-my-me-mine と混同しないよう注
意。

0635
constant
[kánstənt | 〈英〉kɔ́n-]
カンスタント

形 **一定の；絶え間ない**
happening regularly or all the time
副 constantly（絶えず）

0636
impression
[impréʃən]
インプレッション

名 **印象；刷り**
the opinion or feeling you have about someone or
something because of the way they seem
動 impress（に印象づける）
形 impressive（印象的な）

---

³³⁰ I was exhausted, and to make matters worse, the train made an emergency stop.

▶私は疲れきっていたが, **さらに悪いことに**, 電車が緊急停止した。

- ☑ **to make matters worse**
　：さらに悪いことには
- ☐ **get[×go] worse**：悪くなる

---

³³¹ Females are superior to males in some points.

▶**女性**の方が男性に優る点がある。

- ☐ a female **student**
　　　　　　　：女子学生
- ☐ a female **flower**　：雌花

---

³³² I make efforts to write a grammatically correct sentence.

▶私は**文法的に正しい文**を書くために努力する。

- ☑ **a grammatically correct sentence**
　：文法的に正しい文
- ☐ **serve a three-year sentence**
　：3年の刑に服す

---

³³³ It is interesting to observe the animals and insects in rain forests.

▶**熱帯雨林に生息する動物と昆虫**を観察することは興味深い。

- ☑ **the animals and insects in rain forests**
　：熱帯雨林に生息する動物と昆虫

---

³³⁴ This coal mine was closed decades ago.

▶この**炭鉱**は数十年前に閉鎖された。

- ☑ a coal[gold] mine
　：炭鉱 [金鉱]
- ☐ a mine of information
　：情報の宝庫

---

³³⁵ Unemployment rate is rising at a constant pace.

▶失業率は**一定のペースで**上昇している。

- ☑ at a constant pace[speed]
　：一定のペース [速度] で
- ☐ keep A constant
　：A を一定に保つ

---

³³⁶ The story left a deep impression on everyone.

▶その物語はみんな**に深い印象を残した**。

- ☑ leave[make] a deep impression on A
　：A〈人〉に深い印象を残す [与える]
- ☐ one's first impression
　：第一印象

0637 repair
[ripéər]
リペア

图 修理，手入れ
something that you do to fix something that is broken or damaged

動 を修理する；を回復する
＝動 mend（を修理する）　動 amend（を修正する）
動 fix（を修理する）☞No.0523

0638 warn
[wɔ́ːrn]
ウォーン

動 (に)警告する，(に)忠告する
tell someone that something bad or dangerous may happen, so that they can avoid it or prevent it
图 warning（警告＝图 alert）
＝图 caution（警告）

0639 instruction
[instrʌ́kʃən]
インストゥラクション

图 指示；教育
detailed information on how to do or use something
動 instruct（に教える，に指示する）
形 instructive（教育的な）　图 instructor（教師）

0640 structure
[strʌ́ktʃər]
ストゥラクチャ

图 構造（物）
the way that parts of something are arranged or put together

動 を組み立てる
形 structural（構造上の）
…图 infrastructure（経済基盤）

0641 preserve
[prizə́ːrv]
プリザーヴ

動 を保存する；を保護する
prevent something, especially food, from decaying (＝ being destroyed by natural processes) by treating it in a particular way
图 preservation（保存；保護）
…動 reserve（を予約する）☞No.1229

0642 consist
[kənsíst]
カンスィスト

動 〖consist of〗〜からなる
be made from something
動 consistently（一貫して）　形 consistent（首尾一貫した）　图 consistency（一貫性）

0643 income
[ínkʌm]
インカム

图 収入，所得
the money that you earn from your work or that you receive from investments, the government, etc.
⇔图 outgo（支出）
■▶ high，low，small，large で income の多少を表す。

³⁷ The castle damaged by the earthquake is under repair now.

▶地震で損傷を受けた城は現在**修理中**である。

☑ **under repair**　：修理中で
☐ **get[have]** A **repaired**
　　　　：A を修理してもらう

---

³⁸ The radio warned everyone to stay indoors.

▶ラジオは皆に家の中に**いるように**警告した。

☑ **warn** A **(not) to** do
　　：A〈人〉に〜する（しない）
　　ように警告する

---

³⁹ He gave definite instructions to the other members.

▶彼は他の部員に**はっきりとした指図を与えた**。

☑ **give definite** instructions
　　：はっきりとした指図を
　　与える
☐ **follow the** instructions
　for[on / of] A
　　　　：A の指示に従う

---

⁴⁰ He tries to examine internal structure of the molecule.

▶彼はその分子の**内部構造**を調べようとしている。

☑ **internal[social]** structure
　　：内部 [社会] 構造
☐ **the basic** structure **of the earth**　：地球の基本構造

---

⁶⁴¹ Preserved food like ham helped human culture to evolve and are deeply rooted in history.

▶ハムなどの**保存食**は人間の文化の発展を助け，歴史に深く根付いている。

☑ **preserved food**　：保存食

---

⁶⁴² This city consists of many different cultures.

▶この街は様々な文化**からなっている**。

☐ **consist in** A
　　：A に（本質的なものが）
　　ある

---

⁶⁴³ The government implemented a welfare policy for low income families.

▶政府は**低収入**家庭に向けた福祉政策を実施した。

☑ **(a) low[small]** income
　　：低収入
☐ **(a) high[large]** income
　　：高収入
☐ **income tax**　：所得税

TO BE CONTINUED [6/14] ➡ 203

0644
plenty
[plénti]
プレンティ

图 **豊富，多量**
a large quantity that is enough or more than enough
副 **たくさん**
⊕ plentiful (たくさんの＝⊕ abundant)

0645
upset
動[ʌpsét, ʌpset]
图[ʌpsèt]
《動》アプセット
《名》アプセット

動 **をひっくり返す；をろうばいさせる**
make something fall over by hitting it by accident
图 **転覆；混乱**
＝動 overthrow (をひっくり返す)
　图 turnover (転覆)

0646
explore
[iksplɔ́:r]
イクスプローァ

動 **(を) 探検する；(を) 調査する**
go around a place where you have never been
in order to find out what is there
图 explorer (探検者)
图 exploration (探検＝图 expedition)

0647
schedule
[skédʒu:l | 〈英〉ʃédju:l]
スケヂュール

图 **予定表**
a plan that lists all the work that you have to do and
when you must do each thing
動 **を予定する**
＝图 timetable (時刻表；予定表)
　图 agenda (計画表；議題)

0648
element
[éləmənt]
エレメント

图 **要素；元素**
one part or feature of a whole system, plan, piece of
work, etc. especially one that is basic or important
⊕ elementary (初歩の，簡単な)
＝图 factor (要因) ☞ No.0298

0649
confuse
[kənfjú:z]
カンフューズ

動 **を混乱 [混同] させる**
make someone feel that they cannot think clearly or do
not understand
图 confusion (混乱)　⊕ confused (混乱した)
＝⊕ puzzle (を困らせる，当惑させる)

0650
efficient
[ifíʃənt, ə-]
イフィシャント

形 **有能な；能率的な**
doing something in a good, careful and complete way
with no waste of time, money or energy
副 efficiently (有能に)　图 efficiency (能力，能率)
＝⊕ effective (効果が期待できる)
　⊕ capable (有能な) ☞ No.1220

---

44 She seems to have plenty of eggs already.

▶彼女はすでに**たくさんの**卵を持っているようだ。

✔ plenty of *A* : たくさんの *A*

---

45 I upset a cup with surprise.

▶私は驚いて**茶碗をひっくり返した**。

✔ upset a cup
: 茶碗をひっくり返す

☐ be upset about *A*
: *A* で動揺する

---

46 The rocket will be launched to explore space.

▶**宇宙探検**のためにロケットが打ち上げられる予定だ。

✔ explore space
: 宇宙を探検する

☐ explore for *A*
: *A* を探査する

---

47 Everything went according to schedule.

▶全ては**予定表通りに行った**。

✔ go according to schedule
: 予定通りに進む

☐ a busy[full] schedule
: ぎっしりと詰まった日程（表）

---

48 Health is a great element of happiness.

▶健康は幸せ**の**重大な**要素**だ。

✔ an element of[in] *A*
: *A* における [の] 要素

☐ an element of *A*
: いくばくかの *A*

---

49 My little daughter confuses sheep with goats.

▶私の小さな娘は羊とヤギ**を混同する**。

✔ confuse *A* with *B*
: *A* と *B* を混同する

☐ feel quite confused
: 完全にろうばいする

---

50 The company wants to employ efficient workers.

▶その会社は**有能な労働者**を雇いたいと思っている。

✔ an efficient worker
: 有能な労働者

☐ an efficient means
: 有効な手段

TO BE CONTINUED [7/14] ➡ 205

0651	**vegetable** [védʒətəbl] ヴェヂタブル	名 **野菜；植物** a plant that you eat, for example a potato, onion, etc. 形 **野菜の；植物の** 名 vegetarian（菜食主義者）
0652	**surround** [səráund] サラウンド	動 **を囲む，を取り巻く** be all around someone or something on every side 名 **周囲** 名 surroundings（環境）
0653	**commercial** [kəmə́ːrʃəl] カマーシャル	名 **宣伝広告** an advertisement on the radio or television 形 **商業の；営利的な** 名 commerce（商業） 副 commercially（商業上は）
0654	**academic** [ækədémik] アカデミック	形 **学問的な；大学の** connected with education, especially studying in schools and universities 名 **学者** 名 academy（学士院；専門学校）
0655	**perceive** [pərsíːv] パァスィーヴ	動 **に気づく** notice or become aware of something 名 perception（知覚）
0656	**eliminate** [ilímənèit] イリミネイト	動 **を除去[削除]する** remove or get rid of something 名 elimination（除去，削除） 👓
0657	**destination** [dèstənéiʃən] デスティネイション	名 **目的地，行先** a place to which somebody or something is going or being sent 名 destiny（運命）
0658	**bear** [béər] ベア	動 **を我慢する；を運ぶ；を産む** be able to accept and deal with something unpleasant 名 **クマ** ■▶ 動と名は同一綴りの別語源語。「生まれる」は be born。【変】bear-bore-born(e)

⁵¹ You had better eat more fruit and vege-tables. ▶もっと果物と**野菜**を食べなさい。	☐ **grow a vegetable** ：野菜を育てる ☐ **fresh vegetables** ：新鮮な野菜類
⁵² Japan is surrounded by (the) sea. ▶日本は四方を海に**囲まれている**。	✔ **be surrounded by** *A* ：*A* に囲まれている ☐ **surround** *A* **with** *B* ：*A* を *B* で囲む
⁵³ The popular actress appears in the TV commercial. ▶その人気女優は**テレビの広告**に出演している。	✔ **a TV commercial** ：テレビの広告 ☐ **Their work is too commercial.** ：連中の商売は儲け主義過ぎる。
⁵⁴ They fight for academic freedom. ▶彼らは**学問の自由**のために戦う。	✔ **academic freedom[degrees]** ：学問の自由 [学位] ☐ **an academic ability**：学力
⁵⁵ I perceived someone come into the room. ▶私は誰か**が**部屋に入って**来るのに気づいた**。	✔ **perceive** *A* *do* ：*A* が〜するのに気づく ☐ **perceive (that)節** ：〜であると気づく
⁵⁶ This software can eliminate all spelling errors from drafts. ▶このソフトは草稿**から**綴り字の誤りを全て**除去する**ことができる。	✔ **eliminate** *A* **from** *B* ：*A* を *B* から削除する
⁵⁷ My letter never reached its destination. ▶私の出した手紙は**宛先へ届か**なかった。	✔ **reach** *one's* **destination** ：宛先 [目的地] に届く [到着する]
⁵⁸ She bore her misfortunes bravely. ▶彼女は**不幸を**勇敢に**耐えた**。	✔ **bear** *one's* **misfortune** ：不幸に耐える ☐ **be born in 1999** ：1999 年に生まれる

STAGE **07**

TO BE CONTINUED [**8** / 14] ➡ 207

0659 **telephone**
[téləfòun]
テレフォウン

图 電話，電話機，受話器
a system for talking to somebody else over long distances, using wires or radio; a machine used for this

動 (に) 電話をかける
＝動 call (に電話する)　動 ring up (電話をかける)
■▶【略】tel., phone

0660 **meal**
[mí:l]
ミール

图 食事 (時間)；料理，食べ物
an occasion when people sit down and eat, usually at a regular time
■▶ have breakfast[lunch / supper] では冠詞不要。

0661 **movement**
[mú:vmənt]
ムーヴメント

图 運動，活動
a group of people with the some beliefs who work together to do something
動 move (を動かす；を感動させる；引っ越す)
形 movable (動かせる，可動の)
图 motion (運動，動作) ☞No.1308

0662 **aid**
[éid]
エイド

图 援助
help, or something such as food or equipment that gives help

動 (を) 手伝う，(を) 助ける
＝图 help (助け)
⋯➡形 first-aid (応急の)

0663 **patient**
[péiʃənt]
ペイシャント

形 忍耐 [辛抱 / 我慢] 強い；勤勉な
able to wait for a long time or accept annoying behavior or difficulties without becoming angry
图 患者
图 patience (忍耐)　動 patiently (我慢強く)
⇔形 impatient (性急な)

0664 **examine**
[igzǽmin]
イグザミン

動 を調査する；に試験をする
look at or consider a person or thing carefully and in detail in order to discover something about them
图 examination (試験)　图 exam《口》(試験)
■▶「中間試験」は midterm examination。「期末試験」は the end-of-term examination，《米》finals。「小テスト」は test, quiz。

0665 **pain**
[péin]
ペイン

图 痛み；[-s] 骨折り
a feeling of physical suffering caused by injury or illness
形 painful (痛い)
＝图 ache (痛み)　图 agony (激しい痛み)
■▶複数形になると图 pains「苦労，骨折り」の意になるので注意。

³⁵⁹ May I use your telephone?

▶電話を借りてもいいですか？

☐ **answer the** telephone
　　　　　　　　：電話に出る

☐ telephone **number**
　　　　　　　　：電話番号

---

³⁶⁰ He prepared a quick meal without using heat.

▶彼は熱を使わずに軽い**食事の準備をした**。

✔ **prepare[cook / make] a** meal　　：食事を作る

☐ **have[eat] a (big)** meal
　：(たっぷりと) 食事を取る

---

³⁶¹ The women's movement they are involved in is not a new one.

▶彼らが関与している**女権運動**は新しいものではない。

✔ **a women's** movement
　　　　　　　　：女権運動

☐ **social[peace]** movements
　　　：社会 [平和] 運動

---

³⁶² We held a charity sale in aid of hospital funds.

▶私たちはチャリティーセールを行って病院の資金**を援助した**。

✔ in aid of *A*
　　　：*A* を援助するために

☐ **provide** aid **to** *A*
　　　　　：*A* に援助を行う

☐ **food** aid　　：食糧援助

---

³⁶³ You're very patient with her, aren't you?

▶彼女の**ことをよく我慢してる**ね。

✔ **(be)** patient **with** *A*
　　：*A* に対して我慢強い

---

³⁶⁴ Facts of the case must be carefully examined.

▶事件の**事実**は注意深く**調べられ**なければならない。

✔ examine **facts[evidence]**
　　：事実 [証拠] を調べる

☐ examine *A* **for** *B*
　：*B* がないか *A* を調べる

---

³⁶⁵ This medicine will ease your pain.

▶この薬はあなたの**痛みを和らげる**でしょう。

✔ ease pain
　　　　　：痛みを和らげる

☐ **a severe[dull]** pain
　　：ひどい [鈍い] 痛み

☐ **be in** pain　：痛みがある

0666 quick
[kwík]
クウィック

形 すばやい；敏感な，鋭い
done with speed; taking or lasting a short time
副 急いで
副 quickly (速く，急いで；すぐに)
＝形 rapid (速い) ☞No.0863　　形 fast (速い)
⇔形 slow (遅い) ☞No.0567
■▶ swift は動きが「滑らかな，軽い」。speedy は速度が「速い」，行動が「すばやい」。prompt は対応が「すばやい」。

0667 none
[nʌn]
ナン

代 〖none of〗誰も [何ひとつ] ～ない
not one of a group of people or things; not any
副 少しも～ない
■▶ 複数扱いが普通。

0668 belong
[bilɔ́:ŋ|〈英〉-lɔ́ŋ]
ビローング

動 (所) 属する
be a member of a group or organization or be owned by somebody
名 belongings (所有物)
■▶ 命令文，進行形不可。

0669 noise
[nɔ́iz]
ノイズ

名 騒音，物音
a sound or sounds, especially when it is unwanted, unpleasant, or loud
形 noisy (やかましい⇔形 quiet)
⇔名 silence (静けさ，沈黙)
　名 calm (静けさ) ☞No.0549
■▶ 通例「不愉快な音」であるが，小さな楽しい音にも用いる。

0670 board
[bɔ́:rd]
ボード

名 食事；板，掲示板；委員 (会)
the meals that are provided for you when you pay to stay somewhere
動 (に) 乗り込む
前 副 aboard (〔に〕乗って＝熟 on board)

0671 tradition
[trədíʃən]
トゥラディション

名 伝統，慣例
a custom or way of behaving that has continued for a long time in a group of people
形 traditional (伝統的な)
副 traditionally (伝統的に)
＝名 legend (伝説)

366 Thank you for your quick response.

▶早速のお返事ありがとう。

- ✔ a quick **response** ：即答
- ☐ a quick **glance**
  ：すばやい目くばせ
- ☐ **Be quick.** ：急げ。

367 None of the students have [has] come back yet.

▶学生の誰一人まだ戻っていない。

- ✔ none of *A* do
  ：*A*（3人[つ]以上）のうち誰[何]も〜しない
- ☐ none **the better**
  ：少しもよくない

368 The car doesn't belong to him.

▶その車は彼のものではない。

- ✔ belong to *A*
  ：*A* のものである
- ☐ belong in *A*
  ：*A* の一員である

369 I can't stand that noise.

▶あの騒音には我慢ができない。

- ✔ stand a **noise**
  ：騒音を我慢する
- ☐ make a loud **noise**
  ：大きな音を立てる
- ☐ hear a **noise**
  ：物音が聞こえる

370 I paid for room and board.

▶私は部屋代と食事代を払った。

- ✔ pay for room and **board**
  ：部屋代と食事代を払う
- ☐ on **board**
  ：に乗って，に参加して

371 Sharing cultural traditions is important.

▶文化的伝統を共有することは大切だ。

- ✔ cultural **traditions**
  ：文化的伝統
- ☐ follow a **tradition**
  ：伝統に従う

0672
trade
[tréid]
トゥレイド

图 **取引，貿易**
the activity of buying and selling, or exchanging, goods and/or services between people or countries
動 **商う；(を)交換する**
图 trader (投機家) 图 trading (取引；貿易)
图 trademark (商標)

0673
symbol
[símbəl]
スィンボル

图 **象徴，シンボル；記号**
someone or something that represents a particular quality or idea
形 symbolic (象徴的な)
動 symbolize (を象徴する)

0674
announce
[ənáuns]
アナウンス

動 **を発表する；を知らせる**
tell people something officially, especially about a decision, plans, etc.
图 announcement (発表)
图 announcer (アナウンサー)
■▶ 日本語の「アナウンス」とは異なり名詞には用いられない。

0675
background
[bǽkgràund]
バックグラウンド

图 **背景；背後事情**
the details of a person's family, education, experience, etc.
⇔图 foreground (前景)
⋯▶形 underground (地下の)

0676
apart
[əpá:rt]
アパート

副 **離れて；ばらばらに**
separated by a distance or by time
■▶ 日本語の「アパート」は apartments，《英》flat。

0677
western
[wéstərn]
ウェスタン

形 **西の，西部の；西洋の**
in or from the west of a place
图 west (西⇔图 east)
⇔形 eastern (東の) ☞ No.1090
■▶ 【略】w., W., W.

0678
secret
[sí:krit]
スィークレット

图 **秘密**
a piece of information that is only known by one person or a few people and should not be told to others
形 **秘密の；隠れた**
副 secretly (こっそりと，ひそかに)
图 secrecy (秘密にすること)

---

672 Tourism is an important part of international trade today.

▶今日，観光業は**国際貿易**の重要な一部である。

☑ international[foreign] trade ：国際 [外国] 貿易
☐ trade with A
：A と貿易する

---

673 The Emperor is the symbol of Japan.

▶天皇は日本国の**象徴**である。

☑ a symbol of A ：A の象徴

---

674 He announced his retirement from the sport.

▶彼はスポーツ界から引退すること**を明らかにした。**

☐ announce (that)節
：～ということを発表する

---

675 She has a rich cultural background.

▶彼女は豊かな**文化的背景**を持っている。

☑ cultural background
：文化的背景
☐ background music
：背景音楽（※ BGM と略すのは和製英語）

---

676 I live apart from my family.

▶私は家族**と別**居している。

☑ apart from A
：A から離れて，A を除いて
☐ come apart
：ばらばらになる

---

677 Most workers in Western Europe take about four weeks of paid vacation a year.

▶**西欧**の労働者のほとんどは，１年に約４週間の有給休暇をとる。

☑ Western Europe ：西欧
☐ western Japan ：西日本

---

678 She can keep a secret.

▶彼女は**秘密を守る**ことができる。

☑ keep a secret
：秘密を守る
☐ secret information[negotiations]
：秘密情報 [秘密交渉]

TO BE CONTINUED [**11/14**] ➡ 213

0679 **burn**
[bə́:rn]
バーン

動 燃える；を焼く
destroy, damage, injure or kill somebody or something by fire; be destroyed, etc. by fire
名 やけど
名 burner (バーナー)   形 burning (燃えている)
■▶【変】burn-burned, burnt-burned, burnt

0680 **generation**
[dʒènəréiʃən]
ヂェネレイション

名 世代
all the people of about the same age within a society or within a particular family
動 generate (を発生させる；を生む)

0681 **journey**
[dʒə́:rni]
ヂャーニィ

名 旅；旅程
an act of travelling from one place to another, especially when they are far apart
動 旅をする
■▶ journey は陸上の長い「旅行」。tour は周遊「旅行」。travel はめぐり歩き「旅行」。

0682 **sudden**
[sʌ́dn]
サドゥン

形 突然の，いきなりの
happening, coming, or done quickly or when you do not expect it
副 suddenly (突然に，いきなり)

0683 **cell**
[sél]
セル

名 細胞；小室
the smallest basic unit of a plant or animal
形 cellular (細胞の)   名 cellar (穴蔵)
＝名 tissue (組織)
…▶名 cellphone (携帯電話＝ mobile phone)

0684 **phrase**
[fréiz]
フレイズ

名 言い回し，表現；句
a group of words that have a particular meaning when used together, or which someone uses on a particular occasion
…▶名 catchphrase (標語)
名 paraphrase (言い換え)

0685 **chemical**
[kémikəl]
ケミクル

形 化学の
relating to chemistry or chemicals
名 化学製品 [薬品]
名 chemistry (化学)   名 chemist (化学者)
副 chemically (化学的に)
…▶形 scientific (科学的な)

679 The house burned down.
▶その家は**焼け落ちた**。

✔ burn down
：焼け落ちる，全焼する

☐ be treated in hospital for burns **on** *one's* **hands**
：両手にやけどをして病院で手当を受ける

680 This school educates the next generation of leaders.
▶この学校は**次世代**のリーダーを教育している。

✔ the next generation
：次の世代

☐ the younger generation
：若い世代

☐ the generation gap
：世代の格差［断絶］

681 We had a good journey to Africa.
▶私たちはアフリカへ**楽しい旅をした**。

✔ have a good journey
：楽しい旅をする

☐ go on a journey：旅に出る

☐ on a journey ：旅の途中で

682 We abandoned the game due to a sudden change of weather.
▶**天候の急変**によって私たちは試合を中止した。

✔ a sudden change of weather ：天候の急変

☐ sudden death ：急死

683 This new medicine attacks and destroys cancer cells.
▶この新薬は**ガン細胞**を攻撃し，破壊する。

✔ cancer cells ：ガン細胞

☐ cell division ：細胞分裂

684 Could you describe this again in a simple phrase?
▶もう一度これを**簡潔な言い方で**説明してくださいませんか？

✔ in a simple phrase
：簡潔な言い方で

☐ a set phrase
：成句，決まり文句

685 The chemical industry expanded rapidly.
▶**化学工業**は急速に拡大した。

✔ the chemical industry
：化学工業

☐ (a) chemical reaction
：化学反応

TO BE CONTINUED [12/14] ➡ 215

0686 tool
[túːl]
トゥール

图 **道具，工具**
a thing that helps you to do your job or to achieve something
＝图 implement（道具）

0687 borrow
[bárou | 〈英〉bɔ́r-]
ボロウ

動 **(を)借りる**
get or receive something from someone with the intention of giving it back after a period of time
⇔動 lend（を貸す）　動 loan（を貸しつける）☞No.1501
■▶「借りる」はトイレなど移動不可のものでは use，部屋など「賃貸する」ものには rent，不動産などの「有料賃貸」は lease。

0688 talent
[tǽlənt]
タレント

图 **才能；人材**
a natural ability to be good at something, especially without being taught
圏 talented（才能に恵まれた）
＝图 gift（[天賦の]才能）☞No.0446
　图 ability（[身体・精神的な]能力）☞No.0187
■▶「テレビタレント」は TV personality[star]。

0689 boss
[bɔ́ːs, bás | 〈英〉bɔ́s]
ボース

图 **上司，上役，親方**
a person who is in charge of other people at work and tells them what to do
■▶女性にも用い，悪い響きはない。

0690 arrival
[əráivəl]
アライヴァル

图 **到着**
an act of coming or being brought to a place
動 arrive（着く）
⇔图 departure（出発）

0691 civilization
[sìvəlizéiʃən | 〈英〉-laiz-]
スィヴィリゼイション

图 **文明**
a state of human society that is very developed and organized
動 civilize（を文明化する）
圏 civil（国民[公民]の；礼儀正しい）
图 civilian（一般国民；文民）

0692 illustrate
[íləstrèit, ilʌ́s-]
イラストゥレイト

動 **を図解する，を説明する**
explain or make something clear by using examples, pictures, or diagrams
图 illustration（挿し絵）　图 illustrator（イラストレーター）

0693 harm
[háːrm]
ハーム

图 **害**
physical or other injury or damage
動 **を害する**
圏 harmful（有害な）　圏 harmless（無害な）

EXAMPLE SENTENCECOLLOCATION

386 Computers are an essential tool today.

▶今では，コンピュータは**不可欠の道具**だ。

✔ an essential tool
：不可欠の道具

☐ the tools of writing
：筆記用具

387 I make it a rule never to borrow money.

▶私は**お金を借り**ない主義である。

✔ borrow money
：お金を借りる

☐ borrow A from B
：B から A を（無料で）借りる

388 She has a talent for painting.

▶彼女には**絵の才能**がある。

✔ talent for painting[music]
：絵[音楽]の才能

389 He is the boss of the research project.

▶彼が**研究計画の責任者**だ。

✔ the boss of the research project
：研究計画の責任者

☐ a new boss ：新しい上司

390 Trains can stop only at stations, but their arrival times can easily be estimated.

▶電車は駅にしか停まらないが，その**到着時刻**は簡単に推定できる。

✔ arrival times ：到着時刻

☐ A rush hour traffic delayed her arrival.
：ラッシュアワーの交通で彼女の到着が遅れた。

391 The progress of civilization is very rapid.

▶**文明の進歩**はとても速い。

✔ the progress of civilization
：文明の進歩

☐ ancient[modern] civilization
：古代[現代]文明

392 The writer illustrated her novel with her own drawings.

▶筆者は小説に自分で描いた絵を**入れた**。

✔ illustrate A with B
：A〈本〉に B〈図など〉を入れる

393 Smoking does you more harm than good.

▶喫煙は益よりも**害**をもたらす。

☐ harm one's health
：健康を損なう

☐ harm the environment
：環境に悪影響がある

TO BE CONTINUED [13/14] ➡ 217

0694 favor
[féivər]
フェイヴァ

图 **好意，親切心；支持**
a thing that you do to help somebody
動 **に味方する**
图 肦 favorite（〔一番〕お気に入り〔の〕）
肦 favorable（好意的な）
= 图 behalf（支持）☞ No.1691

0695 transport
图[trǽnspɔːrt]
動[trænspɔ́ːrt]
《名》トゥ**ラ**ンスポート
《動》トゥランス**ポ**ート

图 **交通機関 [手段]；輸送**
a system or method for carrying passengers or goods
from one place to another
動 **を輸送 [運送] する**
图 transportation（輸送〔主に《米》〕）
= 图 transit（輸送）

0696 stretch
[strétʃ]
スト**ゥレ**ッチ

動 **伸びる；を伸ばす**
straighten your arms, legs, or body to full length
图 **広がり**
图 stretcher（担架）
⇔動 shrink（縮む） 图 shrinkage（縮み）

0697 cash
[kǽʃ]
キャッシュ

图 **現金**
money in the form of notes and coins, rather than
checks or credit cards
動 **を現金に引き換える**
图 cashier（出納係）

0698 extend
[iksténd]
イクス**テ**ンド

動 **を伸ばす，を広げる；広がる**
make a business, an idea, an influence, etc. cover more
areas or operate in more places
图 extension（延長，拡張）
图 extent（広がり；程度）
肦 extensive（広い，広大な）

0699 engage
[ingéidʒ]
エン**ゲ**イヂ

動 **従事する；約束する**
be doing or become involved in an activity
肦 engaged（婚約している；忙しい）
图 engagement（婚約）

0700 display
[displéi]
ディス**プレ**イ

图 **展示，陳列**
an arrangement of things for people to look at or buy
動 **を展示する**
=動 show（を見せる） 動 exhibit（〔を〕展示する）
☞ No.0712
⋯⋯動 replay（をやり直す）

94
Do you mind if I ask you a favor?
▶お願いしてもかまいませんか？

- ✅ ask A a favor
　　　：A に頼みごとをする
- ☐ in favor of A
　　　：A に賛成して

95
He travels by public transport.
▶彼は公共交通機関で旅をする。

- ✅ public transport
　　　：公共交通機関
- ☐ transport goods by truck[air]
　　　：トラックで物資を運ぶ［空輸する］

96
She performs stretching exercises every morning.
▶彼女は毎朝ストレッチ体操をする。

- ✅ stretching exercises
　　　：ストレッチ体操
- ☐ stretch to the ocean
　　　：大洋にまで広がる

STAGE **07**

97
Will you pay in cash or by credit card?
▶現金で払いますか，クレジットカードにしますか？

- ✅ in cash　　　：現金で
- ☐ a cash dispenser
　　　：現金自動支払機

98
He extended his business abroad.
▶彼は事業を海外に広げた。

- ☐ extend A to B
　　　：A を B まで広げる

99
She is engaged in business.
▶彼女は仕事に没頭している。

- ✅ be engaged in business
　　　：仕事に没頭する
- ☐ be engaged to A
　　　：A〈人〉と婚約中である

00
I put a very old coin in a display case.
▶私は非常に古い硬貨を展示ケースに入れた。

- ✅ a display case
　　　：展示ケース
- ☐ display A at[in / on] B
　　　：A を B〈場所〉に展示する

Lesson 7　名詞の変化（複数形）

可算名詞の複数を表すには原則として -s をつけます。ただ、発音上の問題から間に母音字 e が入ったり、y が i に変わるパターンや様々な例外もあります。

規則的なつくり方

1 語尾に -s をつける
book ⇒ books

2 語尾が -s, -ss, -x, -ch, -sh で終わる語は -es をつける
bus ⇒ buses　　class ⇒ classes　　box ⇒ boxes
match ⇒ matches　　dish ⇒ dishes

※ただし、-ch が [k] と発音される語は -s をつける
stomach ⇒ stomachs

3 語尾が【子音字＋ y】で終わる語は、y を i に変えて -es をつける
fly ⇒ flies　　city ⇒ cities

4 語尾が【子音字＋ o】で終わる語は -es をつける
potato ⇒ potatoes　　tomato ⇒ tomatoes

※例外 piano ⇒ pianos　　photo ⇒ photos

5 語尾が -f, -fe で終わる語は、-f, -fe を -v に変えて -es をつける
leaf ⇒ leaves　　knife ⇒ knives

※例外 roof ⇒ roofs　　safe ⇒ safes

6 語尾が -ck で終わる語は -x に変える
sock ⇒ sox (socks)

不規則なつくり方

1 語尾に -en, -ren をつける
ox ⇒ oxen　　child ⇒ children

2 母音が変化する
man ⇒ men　　mouse ⇒ mice　　foot ⇒ feet

3 単複同形
fish　　sheep　　deer

4 ラテン語・ギリシャ語からの外来語：特別な形をとる
datum ⇒ data　　basis ⇒ bases　　antenna ⇒ antennae

5 複合語：主要語を複数形にする
brothers-in-law　　commanders-in-chief　　passer-by ⇒ passers-by

6 文字・数字・略語：-'s をつける（新聞などでは ' を省くことも多い）
PTA's　　the 1990's　　A's

computer

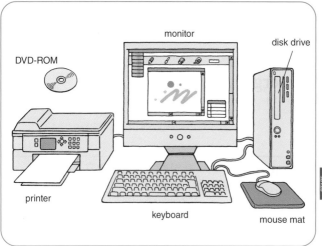

DVD-ROM

monitor

disk drive

printer

keyboard

mouse mat

container

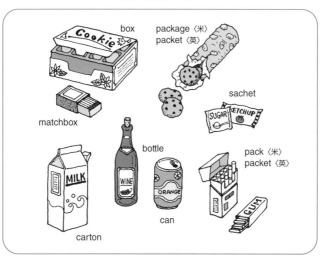

box

package 〈米〉
packet 〈英〉

sachet

matchbox

bottle

pack 〈米〉
packet 〈英〉

carton

can

0701
consumer
[kənsúːmər | 〈英〉-sjúː-]
カンス**ー**マァ

图 消費者
someone who buys and uses products and services
動 consume (を消費する)
图 consumption (消費；飲食)
⇔图 producer (生産者；製作者)

0702
emerge
[imə́ːrdʒ]
イマ**ー**ヂ

動 出てくる；脱する
appear from somewhere or come out of somewhere
形 emergent (現れる；緊急の)
图 emergency (緊急事態)
图 emergence (出現，発生)

0703
construct
[kənstrʌ́kt]
カンストゥ**ラ**クト

動 を建てる，を組み立てる
build or make something such as road, building or machine, etc.
图 construction (建設)
形 constructive (建設的な)
⇔動 destroy (を破壊する) ☞No.0725

0704
encounter
[inkáuntər]
イン**カ**ウンタァ

動 に (偶然) 出会う
meet someone unexpectedly
图 遭遇
=熟 come across (に〔偶然〕出くわす)

0705
organize
[ɔ́ːrgənàiz]
オーガナイズ

動 を組織化する；を準備する
make the necessary arrangements so that an activity can happen effectively
图 organ (器官；機関) 图 organization (組織)
图 organism (有機体) 形 organic (有機の)
=動 arrange ((の) 手はずを整える) ☞No.0787
動 plan (を計画する) ☞No.0100

0706
extreme
[ikstríːm]
イクストゥ**リ**ーム

形 極端な，極度の
very large in amount or degree
图 極端，極度
副 extremely (極端に)

0707
elderly
[éldərli]
エルダァリィ

形 年配の
used as a polite way of saying that someone is old or becoming old
图 elder (年長者，先輩)
…形 old (年老いた)
■▶【変】old-elder-eldest

---

01 Consumer spending rose 0.7 percent in November.

▶消費者の支出は 11 月には 0.7 パーセント上昇した。

☑ consumer **spending**
　　　　：消費者の支出

---

02 The country finally emerged from recession.

▶その国はついに**不況から脱した**。

☑ emerge **from recession**
　　　　：不況から脱する

---

03 The bridge was constructed two years ago.

▶その橋は2年前に**架けられ**た。

☐ construct *A* **from[of]** *B*
　　　　：*B* で *A* を建設する

STAGE 08

---

04 I encountered an old friend of mine yesterday.

▶昨日旧友に**ばったり会った**。

☐ a chance **encounter**
　　　　：偶然の出会い
☐ an encounter **with** *A*
　　　　：*A* との出会い

---

05 He organized a protest march.

▶彼は**抗議デモを組織した**。

☑ organize **a protest march**
　　　　：抗議デモを組織する
☐ organize **an event**
　　　　：イベントの手配をする

---

06 The sports event was held in extreme heat.

▶そのスポーツ大会は**極暑**の中開催された。

☑ extreme **heat**　：極暑
☐ an extreme **example**
　　　　：極端な例
☐ take extreme **measures**
　　　　：過激な手段を取る

---

07 There is an elderly woman with soft white hair sitting on a bench.

▶ベンチに座っている柔らかな白髪の**年配女性**がいる。

☑ elderly **people[man /**
woman]
　　：年配の人々[男性／女性]

TO BE CONTINUED [1/14] ➡ 223

0708 resident
[rézidənt, -zə-]
レズィデント

图 居住者，住民
a person who lives in a particular place or who has their home there
形 居住する；住込みの
名 residence（住居；住所，居住地）
形 residential（住宅向きの，住宅地の）

0709 investigate
[invéstəgèit]
インヴェスティゲイト

動（を）調査する，（を）研究する
carefully examine the facts of a situation, an event, a crime, etc. to find out the truth about it or how it happened
名 investigation（調査，研究）
名 investigator（調査者，研究者）
= 動 examine（を調査する）☞ No.0664
　動 inspect（を調べる）

0710 domestic
[dəméstik]
ドメスティック

形 国内の；家庭の；飼い馴らされた
relating to or happening in one particular country and not involving any other countries
動 domesticate（を飼い馴らす）
⇔ 名 foreign（外国の）☞ No.0333

0711 fee
[fíː]
フィー

图 料金，謝礼；入場料
an amount of money that you pay for professional advice or services
⋯ 名 fare（運賃）

0712 exhibit
[igzíbit]
イグズィビット

图 展示品
an object that is shown to the public in a museum, etc.
動（を）展示する；を（公然と）示す
名 exhibition（展示会，エキシビション）
= 動 show（を見せる）
　動 display（を展示する）☞ No.0700

0713 except
[iksépt]
イクセプト

前 ～を除いて，～以外は
not including; but not
名 exception（例外）
形 exceptional（例外的な，稀な）

0714 island
[áilənd]
アイランド

图 島
a piece of land completely surrounded by water
形 insular（島国の）
⋯ 名 peninsula（半島）　名 cape（岬）
■▶ s は黙字。【略】Is., is.。

708 Some residents live below the poverty line.

▶住民の中には貧困線以下の生活をしている者がいる。

☐ a resident of *A* ：*A* の住民

709 The police investigated the cause of the car crash.

▶警察は自動車衝突事故の原因を調べた。

✔ investigate the cause of *A*
：*A* の原因を調べる
☐ investigate wh節
：～かを調査する

710 You can book both domestic and international flights on this website.

▶このウェブサイトで国内と国際飛行便のどちらも予約することができる。

✔ domestic and international flights：国内と国際飛行便
☐ a domestic animal
：家畜

711 He paid an entrance fee for this museum.

▶彼はこの美術館の入館料を支払った。

✔ an[the] entrance fee
：入場料
☐ the exam fee ：受験料

712 Please do not touch the exhibits.

▶展示物に手を触れないで下さい。

☐ exhibit *A* at[in] *B*
：*A* を *B*〈場所〉で展示する

713 I like everyone except Tom.

▶トム以外はみんな好きだ。

☐ except (that)節
：～ということを除けば
☐ except for *A* ：*A* を除けば

714 Japan is an island nation.

▶日本は島国である。

✔ an island nation
：島国（国家）
☐ on a small island
：小さな島で

TO BE CONTINUED [2/14] ➡ 225

0715
dry
[drái]
ドゥライ

動 を乾かす；乾く
make something dry; become dry

形 乾いた；つまらない
⇔形 wet (湿った) ☞No.0926

0716
throw
[θróu]
スロウ

動 (を)投げる
send something through the air with force, especially by a sudden movement of the arm

名 投げること
■▶ toss は上方に向けて軽く「投げる」。hurl は力を入れて「投げる」。pitch はある目標に向かって「投げる」。【変】throw-threw-thrown

---

0717
map
[mǽp]
マップ

名 地図
a drawing or plan of the earth's surface or part of it, showing countries, towns, rivers, etc.

＝名 atlas (地図帳) 名 chart (海図)

0718
round
[ráund]
ラウンド

前 ～の周りに；～のあちこちに
around

名 一巡
形 丸い
＝前 around (～のあちこちに [で，を])

0719
marry
[mǽri, méri|〈英〉mǽri]
マリィ

動 (と)結婚する
become the husband or wife of somebody; get married to somebody

形 married (既婚の⇔形 single)
名 marriage (結婚)
⇔名 動 divorce ((と)離婚[する]) ☞No.1339
┉▶形 engaged (婚約している)
　名 wedding (結婚式) ☞No.1009

0720
judge
[dʒʌ́dʒ]
ヂャッヂ

名 裁判官；審判
the official in control of a court, who decides how criminals should be punished

動 (を)判断する；判決を下す
名 judg(e)ment (裁判；判決；判断)

0721
nor
[nər, 《強》nɔ́ːr]
ノーァ

接 『否定の後で』～もまた…ない
used before a positive verb to agree with something negative that has just been said

■▶ 否定語と組んで用いる。

---

¹⁵ Please wait for the paint to dry.

▶ペンキが乾くのを待って下さい。

✔ **wait for the paint to dry** :ペンキが乾くのを待つ	
☐ **dry seasons[weather]** : 乾期 [雨のない天気]	

¹⁶ Don't throw garbage on the ground.

▶ゴミを地面に投げ捨ててはいけません。

✔ **throw *A* on the ground** :地面に *A* を投げ捨てる	
☐ **throw *A* away[away *A*]** : *A* を捨てる	

¹⁷ I bought a street map of central Tokyo.

▶私は東京中心部の**街路地図**を買った。

✔ **a street map** ：街路地図

¹⁸ We walked round the store.

▶私たちはお店を**あちこち歩き回った**。

✔ **walk round *A*** ：*A* のあちこちを歩き回る	
☐ **a round table** ：丸いテーブル	
☐ **round and round** ：ぐるぐる回って	

¹⁹ I'm getting married to her.

▶私は彼女と**結婚する**。

✔ **get married to *A*** ：*A*〈人〉と結婚する	
☐ **marry young[late in life]** ：早婚 [晩婚] である	

²⁰ He serves as the chief judge of a court.

▶彼は裁判所の**裁判長**を務めている。

✔ **the chief judge** ：裁判長	
☐ **judge a book by its cover** ：表紙で本 (の内容) を決めつける (＝外見で人や物事を判断する)	

²¹ "I don't like her." "Nor do I."

▶「僕は彼女が嫌いだ。」「**私もよ。**」

✔ **Nor do I.** ：私もよ。(否定文に対する同意を示す)	
☐ **neither *A* nor *B* do** ：*A* も *B* も〜しない	

TO BE CONTINUED [**3**/14] ➡ 227

STAGE **08**

0722 **wood**
[wúd]
ウッド

图 材木；森
the material that trees are made of
⑯ wooden（木製の）
■▶ wood は「用材としての木」。「製材」したものは《主に米・カナダ》lumber,《英》timber。

0723 **count**
[káunt]
カウント

動（人・物を）**数える**
calculate the total number of people, things, etc. in a particular group
图 **数えること，計算**
图 ⑯ counter（計算器；カウンター/逆の）
⑯ countless（数え切れない）
= 動 calculate（〔を〕計算する）☞ No.1040

0724 **annoy**
[ənɔ́i]
アノイ

動 **をいらいらさせる**
make someone a little angry
图 annoyance（いらだち，困惑）
⑯ annoying（いらいらさせる）

0725 **destroy**
[distrɔ́i]
ディストゥロイ

動 **を破壊する；を台無しにする**
damage something so badly that it no longer exists, works, etc.
图 destruction（破壊） ⑯ destructive（破壊的な）
= 動 demolish（を破壊する）
■▶ ruin は修復不能なほどに「破壊する」。wreck は手荒い手段によって「壊す」。

0726 **gather**
[gǽðər]
ギャザァ

動 **を集める；集まる**
collect several things, often from different places or people
图 gathering（集まり）
= 動 collect（を集める）☞ No.0478   動 assemble（を集める）   動 accumulate（〔を〕蓄積する）
■▶「収集」なら collect。

0727 **bottom**
[bátəm |〈英〉bɔ́t-]
バトム

图 **底，最下部**
the lowest part of something
⇔ 图 top（頂上，最上部）☞ No.0213

0728 **beach**
[bíːtʃ]
ビーチ

图 **浜辺，なぎさ**
an area of sand or small stones near the sea or another area of water such as a lake
= 图 coast（〔陸から見た〕沿岸）☞ No.0866
  图 shore（〔海から見た〕岸）☞ No.1448

---

²² Their dishes were made of wood.

▶彼らの皿類は**木製**だった。

✔	**made of** wood	：木製の
☐	**in the** woods	：森で

²³ The sales clerk counted the change carefully.

▶店員は**おつり**を注意深く**数えた**。

✔	**count the change**	：おつりを数える
☐	**count** A **in[in** A**]**	：A を仲間に入れる，A を勘定に入れる

²⁴ She felt a bit annoyed at his attitude.

▶彼女は彼の態度に少し**いらだった**。

✔	**feel[be] annoyed at[with]** A	：A にいらだつ

²⁵ The fire destroyed the forest.

▶火災が森林**を破壊した**。

☐	**completely destroy** A	：A を完全に破壊する

²⁶ The police spent months gathering evidence.

▶警察は何か月**もかけて証拠を集めた**。

✔	**spend** A **gathering evidence**	：A〈期間〉をかけて証拠を集める
☐	**gather together**	：集合する

²⁷ Please click the link located at the top and at the bottom of this web page.

▶このウェブページの**最上部と最下部に**あるリンクをクリックして下さい。

✔	**at the top and at the bottom**	：表面と底の部分で [に]
☐	**at[on] the bottom of** A	：A の底で [に]

²⁸ Let's go to the beach.

▶**浜辺に行こう**。

✔	**go to the beach**	：浜辺へ行く
☐	**on the beach**	：浜辺で

0729 birth
[bə́:rθ]
バース

名 誕生，生まれ
the time when a baby is born; the process of being born
名 birthday (誕生日)　名 birthplace (出生地)

0730 industry
[índəstri]
インダストゥリィ

名 産業；勤勉
the people and activities involved in producing a particular thing, or in providing a particular service
形 industrial (産業の)　形 industrious (勤勉な)
動 industrialize (を産業化する)

0731 surely
[ʃúərli | 〈英〉ʃɔ́:-, ʃúə-]
シュアリィ

副 きっと，確かに
used to express that you are certain or almost certain about something
形 sure (確かな)
=副 certainly (確かに)

0732 private
[práivət]
プライヴェット

形 私的な；非公開の
belonging to or for the use of a particular person or group; not for public use
名 privacy (私生活)
副 privately (内密に；非公式に)
=形 personal (個人の) ☞No.0217
⇔形 public (公的な) ☞No.0142
■▶「親展」は封書の表に Private とする。事務的な書類では Confidential。

0733 link
[líŋk]
リンク

動 をつなぐ；つながる
make a connection between two or more things or people
名 連結；関連
=動 connect (をつなぐ) ☞No.0300

0734 luck
[lʌ́k]
ラック

名 運
good things that happen to you by chance
形 lucky (幸運な)　副 luckily (運良く)
名 fortune (運) ☞No.1441

0735 empty
[émpti]
エンプティ

形 空の；人通りのない
not containing any things or people
動 を空にする；空になる
=形 vacant (空いている)　形 blank (白紙の)
⇔形 full (満ちた) ☞No.0140

230

---

729 She is Italian by birth.

▶彼女は**生まれは**イタリア人である。

✔ **by birth**	：生まれは
☐ birth rate [birthrate]	：出生率

---

730 There is a steady growth of the food industry.

▶**食品産業**は着実に成長している。

✔ **the food[car] industry**	
	：食品 [自動車] 産業
☐ heavy[light] industry	
	：重 [軽] 工業

---

731 Surely, he will come soon.

▶彼は**きっと**すぐに来る。

---

732 There are private rooms, but only for the seniors.

▶**個室**はあるが，最上級生向けのみである。

✔ **a private room**	：個室
☐ a private matter	
	：個人的な問題
☐ a private school	
	：私立学校

---

733 They are linked together by moneyed interests.

▶連中は金銭利害で**互いに結びついている**。

✔ **link A together**	
	：A をつなぎ合わせる
☐ link A and B	
	：A と B をつなげる

---

734 I wish you good luck.

▶**幸運**を祈ります。

✔ **good[bad] luck**：幸 [不] 運

---

735 I'm looking for a large empty box.

▶私は大きな**空き箱**を探している。

✔ **an empty box[glass]**	
	：空の箱 [コップ]

STAGE **08**

TO BE CONTINUED [**5**/14] ➡ 231

0736 **leaf**
[líːf]
リーフ

名 葉
a flat green part of a plant, growing from a stem or branch or from the root
■▶【複】leaves。麦などの「葉」は blade。松などの針葉樹の「葉」は needle。

0737 **nearby**
[nìərbái, níərbài]
ニアバイ

形 近くの
not far away
副 近くで [に]

0738 **dish**
[díʃ]
ディッシュ

名 (皿に盛った) 料理 ; 大皿
food prepared in a particular way as part of a meal
＝名 plate (平皿) ☞No.1080
　名 saucer (受け皿)
■▶ dish から料理を各人用の「小皿」(plate) に取り分ける。

0739 **trust**
[trʌ́st]
トゥラスト

名 信頼, 信用
the belief that somebody or something is good, sincere, honest, etc. and will not try to harm or trick you
動 (を) 信頼 [信用] する
⇔名 distrust (不信 ; 疑惑)
■▶ faith は心情的な「信頼」, confidence は確実な証拠・理由に基づく「信頼」。

0740 **dollar**
[dálər | 〈英〉dɔ́lə]
ダーラァ

名 ドル
the standard unit of money used in the US, Canada, Australia, New Zealand, and other countries
■▶ 通貨単位。1 dollar = 100 cents。記号 $。

0741 **path**
[pǽθ | 〈英〉pάːθ]
パス

名 通路 ; 小道
a long, thin area of ground for people to walk on
動 名 pass (通る / 入場許可証 ; 峠)
■▶ lane は生け垣・家などにはさまれた「小道」。footpath は人が歩くための「小道」。alley は建物の間の「狭い道」。

0742 **thick**
[θík]
スィック

形 濃い ; 深い ; 厚い
difficult to see through; difficult to breathe in
副 thickly (厚く ; 濃く ; びっしりと)
＝形 dense (濃い)
⇔形 thin (薄い) ☞No.0924

³⁶ The maple leaf is one of the national symbols of Canada.

▶ **カエデの葉**はカナダの国を表すシンボルの一つである。

✔ the maple leaf
　　　　　　　：カエデの葉
☐ a dead leaf　　：かれ葉

---

³⁷ They sent their children to nearby schools.

▶ 彼らは**近くの学校**へ子供を通わせた。

✔ a nearby school
　　　　　　　：近くの学校
☐ live nearby　：近くに住む

---

³⁸ Will you help me do the dishes?

▶ **皿洗い**を手伝って頂けますか？

✔ wash[do] the dishes
　　　　　　　：皿を洗う
☐ the main dish　：主菜

---

³⁹ She will not betray your trust.

▶ 彼女はあなたの**信頼を裏切ら**ないでしょう。

✔ betray *A*'s trust
　　　　：*A* の信頼を裏切る
☐ trust *A* to *do*
　：*A*〈人〉が～すると信じている

---

⁴⁰ The book costs one and a half dollars.

▶ その本は**1ドル50セント**です。

✔ one and a half dollars
　　　　　　：1ドル50セント
☐ millions of dollars
　　　　　　：何百万ドル

---

⁴¹ Where does this path lead?

▶ この**通路**はどこへ出るのですか？

☐ follow a path
　　　　　：小道をたどる

---

⁴² A thick fog had lifted by late morning.

▶ **深い霧**は昼前までに晴れていた。

✔ a thick[× deep] fog
　　　　　　　　：深い霧
☐ a thick forest　：茂った森

STAGE 08

TO BE CONTINUED [6/14] ➡ 233

0743
extra
[ékstrə]
エクストゥラ

形 余分な
more than is usual, expected, or than exists already
名 臨時雇い；割増料金

0744
screen
[skríːn]
スクリーン

名 画面；ついたて
the part of a television or computer where the picture or information appears
⋯ 名 curtain (カーテン，間仕切り)

0745
honest
[ánist | 〈英〉ɔ́n-]
アニスト

形 正直な
always telling the truth, and never stealing or cheating
副 honestly (正直に) 名 honesty (正直)
＝形 sincere (正直な)
⇔形 dishonest (不正直な)
■▶ h は黙字。

0746
operate
[ápərèit | 〈英〉ɔ́p-]
アペレイト

動 を操作する；作動する
use and control a machine or equipment
名 operation (運転，操作) 名 operator (運転者)
形 operative (作用する，影響を及ぼす)
⋯ 動 cooperate (協力する)

0747
volume
[váljuːm, -ljəm | 〈英〉vɔ́l-]
ヴァリューム

名 (容)量；冊
the number or amount of something in general

0748
double
[dʌ́bl]
ダブル

形 2倍の；曖昧な
twice the size, amount, price, etc., or consisting of two similar things together
動 を2倍にする
名 2倍
⋯ 形 single (個々の) ☞No.0312 形 triple (3倍の)
形 quadruple (4倍の)

0749
decrease
名[díːkriːs, dikríːs]
動[dikríːs]
《名》ディークリース
《動》ディクリース

名 減少，低下
the process of reducing something; the amount that something is reduced by
動 減少する；を減少 [低下] させる
⇔名 increase (増加) ☞No.0034

743 There is an extra charge for mailing packages by express.

▶速達で小包を送ると**割増料金**がかかります。

☑ an extra **charge for** *A*
：*A* による割増料金

☐ at no extra **cost**
：追加料金なしで

744 Going through all the steps to adjust the brightness of my computer screen is a real nuisance.

▶**コンピュータの画面**の明るさを調節するためにこの全ての段階を実行するのは本当に厄介だ。

☑ a computer **screen**
：コンピュータの画面

☐ a screen **actor** ：映画俳優

745 He is a hard-working, honest man.

▶彼はよく働く**正直者**だ。

☑ an honest **man[person]**
：正直者

☐ to be honest (**with you**)
：正直に言って

746 This is a manual for operating a mobile phone.

▶これは携帯電話**操作のためのマニュアル**だ。

☑ a manual **for** operating *A*
：*A* の操作のためのマニュアル

747 A new road was built to cope with the increased volume of traffic. ▶増大した**交通量**に対応するために新たな道路が建設された。

☑ the volume **of traffic**
：交通量

748 He bought a double bed for his twin daughters.

▶彼は双子の娘たちのために**二人用ベッド**を買った。

☑ a double **bed**
：二人用ベッド

☐ double the **size**
：2倍の大きさ

749 The graph shows a decrease in smokers.

▶グラフは**喫煙者の減少**を示している。

☑ a decrease **in smokers [birth]**
：喫煙者 [出生件数] の減少

☐ decrease in **number[size]**
：数 [大きさ] が減る

0750 **quantity**
[kwÁntəti | 〈英〉kwɔ́n-]
クワンティティ

名 量
an amount or a number of something
…形 quality (質) ☞No.0219
■▶ sum, total は数学的統計。amount は結果として
の集合体をいう。

0751 **appointment**
[əpɔ́intmənt]
アポイントゥメント

名 約束；予約；任命
a formal arrangement to meet or visit somebody at a
particular time, especially for a reason connected with
their work
動 appoint (を指名する；を指定する)
=名 date (デート) ☞No.0435
名 engagement (婚約；取り決め)

0752 **independent**
[ìndipéndənt]
インディペンダント

形 独立している
not taking help or money from other people
名 independence (独立，自立)
副 independently (独立して，自主的に)

0753 **equipment**
[ikwípmənt]
イクィップメント

名 設備；支度
the things that are used for an activity or purpose
動 equip (に備えさせる)
■▶集合名詞で不可算。

0754 **comment**
[kÁment | 〈英〉kɔ́m-]
カメント

動 (と) 論評する，(と) あれこれ言う
express an opinion about something
名 解説，論評
名 commentary (解説)
名 commentator (注釈者；解説者)
=名 remark (所見) ☞No.1334   名 criticism (批評)
名 review (批評) ☞No.1379

0755 **relax**
[riláeks]
リラックス

動 くつろぐ；をくつろがせる；を緩め
る
become happy and comfortable because nothing is
worrying you, or make someone do this
形 relaxed (くつろいだ；緩い)
名 relaxation (くつろぎ)

0756 **excellent**
[éksələnt]
エクセレント

形 優秀な，すてきな
extremely good
名 excellence (卓越)   動 excel (に勝る)
動 exceed (を超える)
=形 superb (とびきり上等の)
形 outstanding (傑出している)

50 A large quantity of snow fell on the city.

▶街に**大量の**雪が降りました。

☑ a large[small] quantity of
A   :大量[少量]のA

☐ quality over quantity
                :量より質

51 I had an appointment with your boss this morning.

▶あなたの上司と今朝**会う約束**があった。

☑ have[make / keep / break]
an appointment
  :約束・予約がある[する
  /を守る/を破る]

☑ an appointment with A
                :A と会う約束

52 She is independent of her parents.

▶彼女は両親**から自立している**。

☑ be independent of[from] A
  :A から独立している

☐ an independent nation
                :独立国

53 This hospital installed high-tech medical equipment.

▶この病院は**ハイテク**医療**設備**を取り付けた。

☑ high-tech equipment
        :ハイテク設備

☐ office equipment
        :事務用品

54 I can't comment on that matter.

▶その件**については発言**できません。

☑ comment on A
  :A についてコメントする

55 I was relaxed, but he was nervous.

▶私は**リラックスして**いたが，彼は緊張していた。

☐ relax the muscles
        :筋肉をほぐす

56 Her results are excellent.

▶彼女の成果は**素晴らしい**ものである。

☐ an excellent cook
        :優れた料理人

☐ excellent at[in] A
        :A に優れた

TO BE CONTINUED [**8**/14] ➡ 237

0757 **enable**

[inéibl]
イネイブル

動 を可能にする
make someone able to do something, or make
something possible

熟 be able to *do*（〜することができる）☞No.0021

0758 **afford**

[əfɔ́:rd]
アフォード

動 〖can afford to *do*〗〜する余裕がある
have enough money to be able to buy or do something

■▶ can，could などと共に使い，通例，否定文・疑問
文で用いる。

0759 **smooth**

[smú:ð]
スムーズ

形 滑らかな，平らな；順調な
completely flat and even, without any rough areas or
holes

副 smoothly（滑らかに）
⇔形 rough（粗い）☞No.1214
■▶発音「スムース」は誤りなので注意。

0760 **threat**

[θrét]
スレット

名 脅迫；恐れ
a statement in which you tell someone that you will
cause them harm or trouble if they do not do what you
want

動 threaten（を脅す，を脅迫する）
形 threatening（脅すような；不吉な）

0761 **mostly**

[móustli]
モウストゥリィ

副 大部分；たいてい
mainly

＝副 chiefly（とりわけ）

0762 **invent**

[invént]
インヴェント

動 を発明する
design and/or create something that has never been
made before

名 invention（発明）　名 inventor（発明者）
■▶ invent は初めて「作りだす」。discover はそれまで
知られていないものを「発見する」。

0763 **circumstance**

[sə́:rkəmstæns|〈英〉-stəns]
サーカムスタンス

名 事情，状況
the conditions and facts that are connected with and
affect a situation, an event or an action

＝名 situation（状況）☞No.0128

0764 **distinguish**

[distíŋgwiʃ]
ディスティングウィッシュ

動 を区別する；(を)見分ける
recognize and understand the difference between two or
more things or people

名 distinction（区別）☞No.0992
形 distinct（はっきりした；別の）
形 distinguished（顕著な＝形 outstanding）

---

⁵⁷ This is a chance to enable you to realize your dreams. ▶これは君の夢を**実現することを可能にする**機会だ。	☑ **enable** *A* **to** *do* ：*A*〈人〉が～することを 可能にする
⁵⁸ We cannot afford (to buy) a car. ▶とても車は**買えない**。	☑ **cannot afford (to** *do***)** ：（～する）余裕がない ☐ **cannot afford the time to** *do* ：～する暇がない
⁵⁹ A baby has smooth skin. ▶赤ん坊は**肌がすべすべ**だ。	☑ **smooth skin** ：すべすべの肌 ☐ **make things smooth** ：事を順調にする
⁶⁰ The country receives the threat of military invasion. ▶その国は軍事侵入**の脅し**を受けている。	☑ **the threat of** *A* ：*A*の脅し ☐ **a death threat** ：殺人の脅迫
⁶¹ I am mostly at home on weekends. ▶私は週末は**たいてい**家にいる。	
⁶² The television was invented in the 1940's. ▶テレビは1940年代に**発明された**。	
⁶³ We have to act according to circumstances. ▶私たちは**事情に応じて**行動する必要がある。	☑ **according to circumstances** ：事情に応じて ☐ **in[under] no circumstances** ：決して～ない
⁶⁴ Can't you distinguish right from wrong? ▶君は善悪の**区別**がつかないのか？	☑ **distinguish** *A* **from** *B* ：*A*を*B*と区別する ☐ **distinguish between** *A* **and** *B* ：*A*と*B*を区別する

0001
0100
0200
0300
0400
0500
0600
0700
0800
0900
1000
1100
1200
1300
1400
1500
1600
1700
1800

TO BE CONTINUED [**9**/14] ➡ 239

0765 **shame**
[ʃéim]
シェイム

图 恥；恥ずかしい思い
an uncomfortable feeling of guilt or of being ashamed because of your own or someone else's bad behavior
⑱ shameless (恥知らずの；破廉恥な)
⑱ shameful (恥ずべき；不面目な)
■▶ 戸惑いなどによる「恥ずかしさ」は embarrassment。

0766 **classical**
[klǽsikəl]
クラスィカル

图 古典の
traditional in style or form, or based on methods developed over a long period of time, and considered to be of lasting value
图⑱ classic (古典 / 伝統的な)

0767 **confident**
[kánfədənt | 〈英〉kɔ́n-]
カンフィデント

⑱ 確信して，自信を持って
sure that something will happen in the way that you want or expect
⑱ confidential (秘密の；信頼の厚い)
图 confidence (自信)
＝⑱ sure (確信している)
　⑱ positive (明確な) ☞ No.0464

0768 **phenomenon**
[finámənàn, -nən | 〈英〉-nɔ́minən]
フィナミナン

图 現象
a fact or an event in nature or society, especially one that is not fully understood
■▶ 【複】 phenomena

0769 **loose**
[lú:s]
ルース

⑱ 緩んだ，締まりのない
not firmly fastened in place
動 loosen (を緩める)　副 loosely (緩やかに)
＝⑱ lazy (怠惰な) ☞ No.1396
⇔⑱ tight (きつい) ☞ No.1444
　⑱ tense (緊張した)

0770 **employ**
[implɔ́i]
インプロイ

動 を雇用する
have someone work or do a job for you and pay them for it
图 employment (雇用⇔ unemployment)
图 employee (雇われ人)　图 employer (雇い主)
■▶ employ は専任職員として継続的に人を「雇う」。hire は一時的にかつ個人的に「雇う」。

0771 **ship**
[ʃíp]
シップ

图 船
a large boat that carries people or things by sea
動 (列車などで)を送る，を輸送する
图 shipment (発送〔物〕)
■▶ 通例航海・輸送用の「大型船」をいう。boat よりも大きく vessel より小さい。

To my shame, I was late for an appointment again.
▶恥ずかしいことに，また約束に遅れてしまった。

✔ to my shame
：恥ずかしいことに

I enjoy listening to classical music.
▶クラシック(音楽)を聴くのは楽しい。

✔ classical music ：クラシック音楽
☐ classical ballet ：クラシックバレエ

He is confident of success in business.
▶彼は仕事での成功を確信している。

✔ (be) confident of A ：A を確信している
☐ be confident that節 ：〜ということを確信している

Globalization is a phenomenon of the 21st century.
▶グローバリゼーション(グローバル化)は21世紀の現象である。

✔ a phenomenon of A ：A の現象
☐ a natural phenomenon ：自然現象

A long, loose rope hung from the window.
▶長いたるんだロープが窓からぶら下がっていた。

✔ a loose rope ：たるんだロープ

He employed a person as a driver.
▶彼は運転手として人を雇った。

✔ employ A as B ：A を B として雇う
☐ employ A to do ：A を〜させるために雇う

He once went to America by ship.
▶彼は昔船で渡米した。

✔ by ship ：船で
☐ ship A to B：A を B に送る

STAGE 08

TO BE CONTINUED [10/14] ➡ 241

0772 **guide**
[gáid]
ガイド

名 **案内者；道案内**
someone whose job is to take tourists to a place and show them around

動 **を案内する；を導く**
⊛ guidance (案内；指導)　⊛ guideline (指針)

0773 **address**
名 [ədrés, ǽdres |〈英〉ədrés]
動 [ədrés]
アドゥレス

名 **住所；演説**
the details of the place where someone lives or works, which you use to send them letters, etc.

動 **に演説する；に宛名を書く**
■▶ 小さな番地から大きな地名へと日本と逆の順に書く。

0774 **bank**
[bǽŋk]
バンク

名 **銀行；堤防**
a place where you can keep or borrow money
⊛ banker (銀行家)　⊛ banking (銀行業 [務])
⋯⊛ bankrupt (破産者)
■▶「川岸」の the left [right] bank (左岸：右岸)は川下に向かっていう。

0775 **cross**
[krɔ́ːs |〈英〉krɔ́s]
クロース

動 **(を) 横切る；(を) 交差する**
go across from one side of something to the other

名 **交差点；十字 (架)**
⋯⊛ the Red Cross (赤十字社)

0776 **feed**
[fíːd]
フィード

動 **に餌を与える；を供給する**
give food to a person or animal

名 **飼料；食事**
⊛ food (食物)
⊛ feedback (反応，フィードバック)
■▶【変】feed-fed-fed

0777 **lay**
[léi]
レイ

動 **を横たえる；を置く**
put someone or something down carefully into a flat position
⊛ layer (層；置く人)　⊛ layout (配置)
■▶【変】lay-laid-laid. 自動詞 lie「横たわる」(【変】lie-lay-lain)の過去形 lay と混同しやすいので注意。

0778 **publish**
[pʌ́bliʃ]
パブリッシュ

動 **(を) 出版する；(を) 発表する**
produce a book, magazine, CD-ROM, etc. and sell it to the public
⊛ publisher (発表者；出版社)
⊛ publishing (出版 〔業〕)
⊛ publication (発行；出版物)

---

⁷⁷² The guide was asked to guide an
American couple around Kyoto.

▶ ガイドはアメリカ人夫婦に京都**を案内する**よう求められた。

✔ guide *A* **around[through]** *B*
　：*A* に *B* を案内する

---

⁷⁷³ Give your name and address, will you?

▶ **名前と住所**をおっしゃって下さい。

✔ *A*'s name and address
　：*A* の名前と住所

☐ e-mail address
　：E メールアドレス

☐ address the meeting
　：集会で演説する

---

⁷⁷⁴ The blood bank stores blood for thousands of people.

▶ その**血液銀行**は何千人分の血液を保管している。

✔ a blood bank　：血液銀行

☐ a central bank　：中央銀行

---

⁷⁷⁵ You have to pay attention to cars when
you cross the road.

▶ **道路を横断する**時は車に注意しなければなりません。

✔ cross the road
　：道路を横断する

☐ on the cross
　：ななめに，対角線に

---

⁷⁷⁶ Do Not Feed the Animals.

▶ **動物に餌をやらないで下さい。**《動物園などの掲示》

✔ feed an animal
　：動物に食べ物を与える

☐ feed for pandas
　：パンダの飼料

---

⁷⁷⁷ She laid a baby on a bed.

▶ 彼女は赤ん坊**を**ベッド**に寝かせた。**

✔ lay *A* on *B*
　：*A* を *B* の上に置く

---

⁷⁷⁸ The company publishes many magazines.

▶ その会社は雑誌**を**たくさん**発行している。**

☐ publish *A* in *B*
　：*A* を *B*〈新聞・雑誌など〉
　　に掲載する

0779
political
[pəlítikəl]
パリティカル

形 政治的な，政治の
relating to the government, politics, and public affairs of a country
名 politics（政治）　名 politician（政治家）
副 politically（政治的に；政略上）

0780
sweet
[swíːt]
スウィート

形 甘い（香りの）；快い；うまい
having a pleasant smell
副 sweetly（甘く；愛想よく）
名 sweetness（甘美）
⇔形 bitter（苦い）☞No.1712　形 sour（酸っぱい）

0781
title
[táitl]
タイトゥル

名 表題；肩書き
the name of a film, book, painting, piece of music, etc.
動 に題 [表題] をつける

0782
settle
[sétl]
セトゥル

動 を解決する；落ち着く；定住する
reach a decision or an agreement about something, or end a disagreement
名 settlement（解決；定住 [地]）

0783
rare
[réər]
レア

形 稀な；まばらな
not common or frequent; very unusual
副 rarely（稀に，めったに～しない）
■➤ステーキのレア（rare）は「生焼けの」。

0784
rush
[ráʃ]
ラッシュ

動 突進する；殺到する
move very quickly, especially because you need to be somewhere very soon
名 突進；急ぐこと

0785
broad
[brɔ́ːd]
ブロード

形 （幅）広い
wide
名 breadth（幅）
＝形 wide（広い）☞No.0352
⇔形 narrow（狭い）☞No.1010

---

779 He joined the political party.

▶彼はその**政党**に加わった。

✔ a political party	：政党
□ be political	：政治に関心のある
□ a political issue	：政治問題

---

780 This rose smells sweet.

▶このバラは**いい香りがする**。

| ✔ smell sweet | ：いい香りがする |
| □ a sweet face[smile] | ：かわいい顔[笑顔] |

---

781 Give a title to the following passage.

▶次の引用文に**表題をつけなさい**。

| ✔ give a title to A | ：A に表題をつける |
| □ Lord, Doctor, Reverend, Mrs. and General are all titles. | ：卿, 先生, 師, 夫人, 将軍は全て肩書きである。 |

---

782 That settles the matter.

▶その**件**はそれで**解決**だ。

| ✔ settle a matter[problem] | ：問題を解決する |
| □ settle down in a chair | ：イスに腰を下ろしてくつろぐ |

---

783 Your good friendship with Emi is a rare case.

▶君のエミとの素晴らしい友情は**めったにない事**だ。

| ✔ a rare case | ：めったにない事（例） |
| □ a rare metal | ：希少金属 |

---

784 I rushed off to the doctor.

▶私は医者**へ駆け込んだ**。

| ✔ rush (off) to[into] A | ：A へ急いで行く[駆け込む] |
| □ the rush hour | ：混雑時間（ラッシュアワー） |

---

785 At its broadest point, the river was 1km wide.

▶**最も広いところ**では，川は1キロの幅があった。

| ✔ at the broadest point | ：最も広いところでは |
| □ a broad river | ：幅広い川 |

TO BE CONTINUED [12/14] ➡ 245

0786 bite
[báit]
バイト

動 (を)噛む
use your teeth to cut into something or someone
名 ひとかじり；少量
■▶【変】bite-bit-bitten。⑧bit「小片」と混同しないように注意。

0787 arrange
[əréindʒ]
アレインヂ

動 (の)手はずを整える，(を)準備する
plan or organize something in advance
⑧arrangement (整頓；準備)
=働plan (〔を〕計画する) ☞No.0100
　働organize (を準備する) ☞No.0705

0788 edge
[édʒ]
エッヂ

名 縁，へり；刃
the part of an object that is furthest from its center
動 を鋭くする
■▶blade は「刃」の全部を指す。edge は「刃」先のみ。

0789 equal
[íːkwəl]
イークォル

動 に等しい，に匹敵する
have the same value, size, etc. as something else, often shown using a symbol "="
形 等しい；平等な
⑧equality (平等)　働equally (等しく)
⋯⑧equator (赤道)　⑧equation (等式)

0790 route
[rúːt, ráut]
ルート

名 道(筋)；航(空)路
a particular way or direction between places

0791 helpful
[hélpfəl]
ヘルプフル

形 役に立つ
able to improve a particular situation
働help (を助ける)
働helpfully (役に立つように)
=形useful (役に立つ)
⇔形helpless (どうすることもできない)

0792 asleep
[əslíːp]
アスリープ

形 眠って
sleeping
⇔形awake (目覚めて) ☞No.1239
⋯働sleep (眠る)
■▶叙述用法のみで名詞の前には用いない。

786 The dog <u>bit</u> him <u>in</u> the leg.

▶その犬は彼**の脚を噛んだ**。

- ✔ bite A in[on] B
  : A〈人〉の B〈身体の部位〉
  を噛む
- ☐ bite off[away] A
  : A をかみ切る, A を食い
  ちぎる

---

787 He <u>arranged</u> a <u>meeting</u> to discuss a new project.

▶彼は新たなプロジェクトについて話し合うために**会議を準備した**。

- ✔ arrange a meeting
  : 会合を準備する
- ☐ arrange for A
  : A を手配する

---

788 This is an animal on the <u>edge</u> of extinction.

▶これは絶滅**に瀕している**動物だ。

- ✔ on the edge of A
  : A の瀬戸際にある, A の
  端の
- ☐ the edge of a knife
  : ナイフの刃

---

789 Two <u>plus</u> three <u>equals</u> five.

▶2**足す**3**は**5（と等しい）。

- ✔ A plus B equals C
  : A〈数字〉足す B〈数字〉
  は C〈数字〉
- ☐ equal under the law
  : 法の下で平等な

---

790 Could I have a bus <u>route</u> map?

▶バスの**路線図**をいただけますか？

- ✔ a route map   : 路線図
- ☐ a trade route : 通商（航）路
- ☐ a route to A : A へのルート

---

791 Your advice was very <u>helpful</u>.

▶君の助言でとても**助かった**。

- ☐ be helpful for A
  : A の役に立つ
- ☐ helpful advice
  : 役に立つアドバイス

---

792 The little boy <u>fell</u> fast <u>asleep</u>.

▶少年はぐっすり**眠りこんだ**。

- ✔ fall asleep   : 眠りこむ

TO BE CONTINUED [13/14] ➡ 247

0793
scale
[skéil]
スケイル

图 **規模；目盛り；体重計**
the size or level of something, or the amount that
something is happening

0794
length
[léŋkθ, léŋθ | 〈英〉léŋkθ]
レングス

图 **長さ**
the measurement of something from end to end or
along its longest side
動 lengthen (を長くする)
…▶图 width (広さ)　图 height (高さ) ☞No.1028
　图 breadth (幅)
■▶ 形 long「長い」の名詞形。

0795
hungry
[hʌ́ŋgri]
ハングリィ

形 **飢えた，腹の減った**
having or showing a strong desire for something
图 hunger (飢え；熱望＝图 starvation)

0796
locate
[lóukeit, -´- | 〈英〉loukéit]
ロウケイト

動 〖be located〗**位置する；の位置を突き
止める**
be in a particular place
图 location (位置)

0797
smart
[smɑ́ːrt]
スマート

形 **利口な；しゃれた**
intelligent, or able to think quickly or intelligently in
difficult situations
■▶「細身の」は slender や slim などで表現する。

0798
section
[sékʃən]
セクション

图 **部分；(書物の) 節**
one of the parts that something such as an object or
place is divided into
動 **を区分 [区画] する**

0799
appeal
[əpíːl]
アピール

動 **訴える；求める**
make a deeply felt request, especially for something
that is needed immediately
图 **魅力；訴え**
＝動 plead (懇願する)

0800
earn
[ə́ːrn]
アーン

動 **(を) 稼ぐ；を獲得する**
get money for work that you do
■▶ income は「収入」。salary は「給料」。wage は「賃
金」。

248

793 It was such a strong hurricane that destruction on a large scale seemed certain.

▶それは非常に強力なハリケーンだったため，**大規模な**破壊は確かなようだった。

☑ on a large[small] scale
：大規模［小規模］に

794 He measured the length of the room.

▶彼は部屋**の長さ**を測った。

☑ a length of A ：A の長さ
☐ in length ：長さで
☐ at great length
：長々と，詳細に

795 He was hungry for love.

▶彼は**愛に飢えて**いた。

☑ hungry for love
：愛に飢えて
☐ cold and hungry
：寒くて飢えて

796 Where is the nuclear power plant located?

▶原子力発電所はどこに**ある**のですか？

☑ be located (in[on] A)
：(A に) 位置している

797 He gave me a smart reply.

▶彼は私に**気の利いた返答**をした。

☑ a smart reply
：気の利いた返答
☐ a smart blue skirt
：しゃれたブルーのスカート

798 Our teacher divided the class into five sections.

▶私たちの先生はクラス**を5つのグループに分けた**。

☑ divide A into B sections
：A を B〈数字〉個のグループに分ける
☐ an accounting section
：経理課

799 He knows how to appeal to young audiences.

▶彼は若い観客**に訴える**方法を知っている。

☑ appeal to A
：A〈人〉の心に訴える
☐ an appeal for help to the poor
：貧者への支援の呼びかけ

800 He earns very little.

▶彼には**ほとんど収入がない**。

☑ earn very little
：ほとんど収入がない
☐ earn the title
：タイトルを獲得する

Lesson 8　動詞の変化（-ing と -ed）

主語が三人称単数現在の時に動詞の語尾に -s をつけるつけ方は、名詞の複数形から類推できるので、ここでは -ing と -ed のつけ方を整理します。（母音字とは a,i,u,e,o の文字を指し、母音の発音には短母音と長母音があります。）

-ing のつけ方

1 ほとんどの動詞にはそのまま -ing をつける
　　watch ⇒ watching

2 語尾が【子音字＋ e】で終わる語は、e をとって -ing をつける
　　take ⇒ taking
　　※【母音字＋ e】で終わる語は、そのまま -ing をつける
　　　agree ⇒ agreeing

3 語尾が -ie で終わる語は、-ie を -y に変えて -ing をつける
　　lie ⇒ lying　　　die ⇒ dying

4 語尾が【短母音＋ 1 子音字】で終わる語で、その短母音にアクセントがある場合は、最後の子音字を重ねて -ing をつける
　　stop ⇒ stopping　　　admit ⇒ admitting
　　※アクセントがない時は重ねない
　　　limit ⇒ limiting

5 語尾が -c [k] で終わる語は、k を加えて -ing をつける
　　picnic ⇒ picnicking

-ed のつけ方

1 ほとんどの規則動詞にはそのまま -ed をつける
　　listen ⇒ listened

2 語尾が -e で終わる語は、-d だけをつける
　　close ⇒ closed

3 語尾が【子音字＋ y】で終わる語は、y を i に変えて -ed をつける
　　study ⇒ studied
　　※【母音字＋ y】の場合は、そのまま -ed をつける
　　　play ⇒ played

4 語尾が【短母音＋ 1 子音字】で終わる語で、その短母音にアクセントがある場合は、最後の子音字を重ねて -ed をつける
　　prefer ⇒ preferred
　　※アクセントがない時は重ねない
　　　offer ⇒ offered　　differ ⇒ differed

5 語尾が -c [k] で終わる語は、k を加えて -ed をつける
　　picnic ⇒ picnicked

cups

- cup
- saucer
- espresso cup
- mug
- plastic cup
- egg cup
- (championship) cup
- stein 〈米〉
  tankard 〈英〉

face

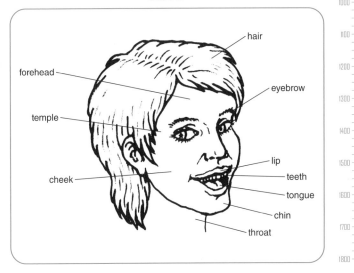

- hair
- forehead
- eyebrow
- temple
- lip
- teeth
- cheek
- tongue
- chin
- throat

0801 shift
[ʃíft]
シフト

图 交替；変化
a change in opinion, mood, policy, etc.
動 を変える；を移す

0802 injure
[índʒər]
インヂァ

動 を傷つける，を痛める
hurt or cause physical harm to a person or animal
图 injury (傷害；損害)
■▶ hurt もほぼ同義。wound は刃物や鉄砲などで「傷つける」ことで，無生物を「損なう」のは damage。

0803 chat
[tʃǽt]
チャット

動 おしゃべりする
talk in a friendly informal way, especially about things that are not important
图 おしゃべり
動 chatter (ぺちゃくちゃしゃべる)

0804 pollution
[pəlú:ʃən]
ポルーション

图 汚染；公害
damage caused to water, air, etc. by harmful substances or waste
動 pollute (を汚す)

0805 obtain
[əbtéin]
アブテイン

動 を手に入れる
get something, especially by making an effort
＝動 get (を得る⇔動 lose)

0806 volunteer
[vàləntíər | 〈英〉vɔ̀l-]
ヴォランティア

图 志願者，ボランティア
a person who does something, especially helping other people, willingly and without being forced or paid to do it
動 志願する；(を)進んでする
形 voluntary (自発的な⇔形 compulsory)

0807 fairly
[féərli]
フェアリィ

副 公平に；かなり
in a fair and reasonable way; honestly
形 图 fair (公平な；かなりの / フェア)
＝副 justly (公平に)
⇔副 unfairly (不公平に)
■▶ 图 fairy (妖精) とは発音が違うので注意。

01 These shifts in public opinion occurred over a few decades. ▶これらの**世論の移り変わり**は数十年にわたって起こった。	✔ shifts **in public opinion** ：世論の移り変わり ☐ **night** shift **at the factory** ：工場での夜勤
02 She was seriously injured. ▶彼女はひどい**ケガをした**。	✔ **be** injured ：ケガをした（状態） ☐ injure *oneself*：ケガをする ☐ injure *one's* **leg[knee]** ：脚［ひざ］をケガする
03 She spends hours on the phone chatting to her friends. ▶彼女は何時間も電話して友達**とおしゃべりする**。	✔ chat **to[with]** *A* ：*A*〈人〉とおしゃべりする ☐ chat **about** *A* ：*A* についておしゃべりする
04 Air pollution causes damage to the health of gorillas in Africa. ▶**大気汚染**はアフリカのゴリラに健康被害をもたらす。	✔ **air[water / soil]** pollution ：大気［水質／土壌］汚染 ☐ pollution **of** *A* ：*A* の汚染
05 Did you obtain that permission? ▶あなたはその**許可を得ました**か？	✔ obtain **permission** ：許可を得る ☐ obtain *A's* **address** ：*A* の住所を手に入れる
06 Are there any volunteers to help clear up? ▶誰か**志願して**片付けを**手伝う人**はいませんか？	✔ volunteers **to** *do* ：志願して〜する人 ☐ volunteer **for** *A* ：*A* を進んで申し出る
07 You're not treating us fairly. ▶あなたは私たち**を公平に扱って**いない。	✔ treat *A* fairly ：*A* を公平に扱う

STAGE **09**

0808 **authority**
[əθɔ́:rəti]
オソーリティ

图 権威；当局
the power you have because of your official position
動 authorize（に権威づける）

0809 **stuff**
[stʌ́f]
スタフ

图 もの；材料
a substance, especially when you do not know or say exactly what it is
動 に詰め込む
＝图 thing（もの）　图 matter（物質）☞No.0099
■▶ 图 staff「職員」と混同しないように。

0810 **household**
[háushòuld, -hòuld]
ハウスホウルド

图 家庭；世帯
all the people living together in a house or flat
形 家庭の
⋯图 housekeeping（家事）　图 housework（家事）

0811 **declare**
[dikléər]
ディクレア

動 （を）宣言する；（を）言明［断言］する；
を申告する
announce something clearly, firmly, publicly, or officially
图 declaration（宣言）
＝動 assert（を断言する）

0812 **celebrate**
[séləbrèit]
セレブレイト

動 （を）祝う
show that an event or occasion is important by doing something special or enjoyable
图 celebration（祝賀）　图 celebrity（有名人）
＝動 congratulate（を祝う）

0813 **identity**
[aidéntəti]
アイデンティティ

图 身元；同一であること
who a person is, or the qualities of a person or group that make them different from others
图 identification（身元確認，同一証明）
形 identical（全く同じ，同一の）
動 identify（を〔～と同一であると〕確認する）

0814 **arise**
[əráiz]
アライズ

動 発生する，起こる
(especially of a problem or a difficult situation) happen; start to exist
■▶【変】arise-arose-arisen

0815 **purchase**
[pə́:rtʃəs]
パーチャス

图 購入
something you buy, or the act of buying it
動 を購入する
＝動 buy（を買う）

308
They act under the authority of the state.

▶彼らは国家**の権威のもとに**行動する。

- ✔ **under the authority of** *A*
  ：*A* の権威のもとに
- ☐ **have authority to** *do*
  ：～する権限がある

309
A lot of the stuff we throw away could be recycled.

▶我々が捨てている**多くのもの**は再利用できるでしょう。

- ✔ **a lot of stuff**：多くのもの
- ☐ *one's* **stuff**　　　：持ち物
- ☐ **sticky stuff**
  ：ネバネバするもの

310
He grew up in a large household.

▶彼は**大家族**で育ちました。

- ✔ **a large[an average] household**
  ：大家族 [平均的な世帯]

311
Britain declared war on Germany.

▶英国はドイツに**宣戦布告**した。

- ✔ **declare war on** *A*
  ：*A*〈国〉に宣戦布告する
- ☐ **Do you have anything to declare?**
  ：(課税品) 申告すべき物をお持ちですか？

312
They celebrated her birthday last night.

▶彼らは昨夜彼女の**誕生日を祝った**。

- ✔ **celebrate** *A*'**s birthday**
  ：*A* の誕生日を祝う
- ☐ **celebrate the New Year**
  ：新年を祝う

313
Their identities were kept secret.

▶彼らの**身元**は秘密とされていた。

- ☐ **confirm the identity of** *A*
  ：*A* の身元を確認する

314
If any problems arise, let me know.

▶**問題が生じたら**知らせて下さい。

- ✔ **a problem arises**
  ：問題が生じる
- ☐ **arise from[out of]** *A*
  ：*A* から起こる

315
We made a good purchase.

▶**良い買い物**をしました。

- ✔ **make a good purchase**
  ：良い [安い] 買い物をする
- ☐ **a proof of purchase**
  ：購入証明

TO BE CONTINUED [2/14] ➡ 255

0816
regret
[rigrét]
リグレット

動 (を)後悔する
feel sorry about something you have done and wish you had not done it
名 後悔；悲嘆
⑲ regrettable (残念な)

0817
curious
[kjúəriəs]
キュァリアス

形 好奇心の強い；奇妙な
having a strong desire to know about something
名 curiosity (好奇心)

0818
delay
[diléi]
ディレイ

動 を遅らせる；手間取る
make somebody or something late or force them to do something more slowly
名 遅れ；延期

0819
fiction
[fíkʃən]
フィクション

名 作り話；小説
the type of book or story that is written about imaginary characters and events and not based on real people and facts
■▶ fiction は長編・短編両方の「小説」。novel は主として「長編小説」。

0820
aside
[əsáid]
アサイド

副 別に，かたわらに
to or toward the side

0821
alternative
[ɔːltə́ːrnətiv, æl-|
〈英〉ɔːl-]
オールターナティヴ

形 代わりの；新しい
different from the one you have and can be used instead
名 代案，他の手段
動 ⑲ alternate (〔を〕交替にする／交互の)
名 alternation (交互，交替＝名 rotation)

0822
document
[dákjumənt|〈英〉dɔ́k-]
ダキュメント

名 文書
a paper or set of papers with written or printed information, especially of an official type
⋯⋯⑲ 名 documentary (文書の)

0823
consequence
[kánsəkwèns|
〈英〉kɔ́nsikwəns]
カンセクェンス

名 結果，成り行き；重要さ
something that happens as a result of a particular action or set of conditions
⑲ consequent (結果の，結果として生じる)
副 consequently (結果的に)
⋯⋯⑲ subsequent (次に起こる)

816 She immediately regretted her words. ▶彼女は**まずいことを言った**とすぐに**悔いた**。	☑ regret one's[the] words 　：言ったことを後悔する ☐ I regret to say[inform] that... 　：遺憾ながら（残念ながら） 　～
817 He is curious about outer space. ▶彼は宇宙**について知りたいと思っている**。	☑ be curious about[as to / at] A　：A に好奇心の強い ☐ be curious to do 　：しきりに～したがる
818 The train was delayed by heavy snow. ▶その電車は**大雪で遅れた**。	☑ delayed by snow 　：雪で遅れた ☐ without delay 　：遅れないで
819 Fact is often stranger than fiction. ▶事実はしばしば**小説**より奇怪である。	☐ science fiction 　：SF，サイエンスフィクション
820 I like everyone, aside from her. ▶彼女は**別にして**，みんな好きよ。	☑ aside from A 　：A は別として ☐ pull A aside 　：A をわきに引く
821 We have to find alternative means of transportation. ▶私たちは**代替交通手段を見つけ**なければならない。	☑ find alternative means of transportation 　：代替交通手段を見つける ☐ alternative energy 　：代替エネルギー
822 Here are many top secret documents. ▶ここには**極秘文書**が多数あります。	☑ a top secret document 　：極秘文書
823 This has resulted in serious consequences to him. ▶これは彼に**深刻な結果**をもたらした。	☑ serious consequence 　：深刻な成り行き [結果]

STAGE **09**

TO BE CONTINUED [3/14] ➡ 257

0824
conclude
[kənklú:d]
コンクルード

動 と結論を下す；を締めくくる
decide that something is true after considering all the information you have
名 conclusion (終結；終局)
形 conclusive (決定的な，断固たる)

0825
debate
[dibéit]
ディベイト

名 討論；議論
(a) serious discussion of a subject in which many people take part
動 (を)討論する
■▶ debate は公開の席上で「討論する」。discuss は様々な角度から「討論する」。argue は論駁するために理由・証拠を挙げて「議論する」。

0826
attach
[ətǽtʃ]
アタッチ

動 をくっつける，を添える
fasten or join one thing to another
名 attachment (取り付け〔物〕；愛情)
⇔動 detach (を分離する)

0827
vision
[víʒən]
ヴィジョン

名 視力；視野；見通す力
the ability to see; the area that you can see from a particular position
形 visible (目に見える)
···▶形 invisible (目に見えない)
形 visual (視覚の) ☞No.1019

0828
colleague
[káli:g|〈英〉kɔ́l-]
カリーグ

名 同僚
one of a group of people who work together

0829
accurate
[ǽkjurət]
アキュレット

形 正確な；精密な
correct, exact, and without any mistakes
名 accuracy (正確)　副 accurately (正確に)
=形 exact (正確な)
⇔形 inaccurate (不正確な)

0830
notion
[nóuʃən]
ノウション

名 考え，概念
an idea, belief, or opinion
形 notional (観念的な)
=名 idea (考え)

0831
quit
[kwít]
クウィット

動 (を)やめる
stop doing something or leave a job or a place
=動 stop (を止める)　動 retire (引退する) ☞No.1326

824

What do you conclude from all this?

▶この全てからどのような**結論を出し**ますか？

- ✔ conclude *A* from *B*
  ：*B* から *A* と結論づける
- ☐ To be concluded.
  ：次号完結。

825

There was a hot debate over the air pollution.

▶大気汚染について**激論**が交わされた。

- ✔ a hot debate
  ：激論，熱い討論

826

The clerk attached a price tag to each article.

▶店員はそれぞれの品物に値段表**をつけた**。

- ✔ attach *A* to[on] *B*
  ：*A* を *B* につける

827

As she grew older, her vision began to fail.

▶年とともに彼女の**視力**は衰え始めた。

- ☐ have good[poor] vision
  ：視力が良い[弱い]

828

He criticized his former colleague.

▶彼は**前の同僚**を非難した。

- ✔ a former colleague
  ：前の同僚

829

She lacks accurate knowledge about this problem.

▶彼女はこの問題に関する**正確な知識**を欠いている。

- ✔ accurate knowledge
  ：正確な知識

830

He has no notion of economy.

▶彼には**経済観念**が全くない。

- ✔ a notion of economy
  ：経済観念

831

I'm going to quit smoking.

▶**禁煙する**つもりだ。

- ✔ quit *doing*
  ：～することをやめる
- ☐ quit *A* to *do*
  ：～するために *A* をやめる

0832	**teenager**	图 10代（の若者）
	[tíːnèidʒər]	a young person between 13 and 19 years old
	ティーネイヂァァ	＝图 adolescent（青年）
		■▶ 13 ～ 19 歳の少年少女をいう。

0833	**perspective**	图 見通し；釣り合いの取れた見方
	[pərspéktiv]	a particular way of viewing things that depends on
	パァスペクティヴ	one's experience and personality

0834	**adjust**	動 を調節する；を合わせる；順応する
	[ədʒʌ́st]	change something slightly, especially to make it more
	アヂャスト	correct, effective, or suitable
		图 adjustment（調整）
		＝動 arrange（〔の〕手はずを整える）☞No.0787
		動 fit（〔に〕合う）☞No.0580

0835	**discount**	图 値引き；割引
	图[dískaunt]	a reduction in the usual price of something
	動[dískaunt ｜ -́]	動 を割引する
	ディスカウント	

0836	**architecture**	图 建築（様式）；構造
	[ɑ́ːrkətèktʃər]	the art and practice of planning and designing buildings
	アーキテクチャ	图 architect（建築家）

0837	**transform**	動 を変形させる
	[trænsfɔ́ːrm]	change the form of something
	トゥランスフォーム	图 transformation（変形）
		■▶ change より堅い表現。

0838	**outcome**	图 成果，結果
	[áutkʌ̀m]	a result or effect of an action, situation, etc.
	アウトゥカム	＝图 result（結果）☞No.0044
		图 effect（効果）☞No.0077
		⋯▶形 outstanding（目立つ，顕著な）

---

332 She reads a magazine aimed at teenagers.

▶ 彼女は**10代の若者向け雑誌**を読む。

☑ a magazine aimed at teenagers
: 10代の若者向け雑誌

---

333 You have to see things from a broad perspective.

▶ 物事は**広い視野**で見なければならない。

☑ a broad perspective
: 広い視野

---

334 He was adjusting the rearview mirror.

▶ 彼は**バックミラーを調整**していた。

☑ adjust the rearview mirror
: バックミラーを調整する

☐ adjust to a new situation
: 新しい状況に順応する

🌳🌳🌳🚙

---

335 Seafood pizzas are available at a discount.

▶ シーフードピザは**割引価格**で入手できる。

☑ at a discount　: 割引で

☐ get a discount
: 割引を受ける

STAGE **09**

---

336 I studied architecture at college.

▶ 私は**大学で建築**を学んだ。

☑ study architecture at college
: 大学で建築を学ぶ

☐ modern architecture
: 現代 [近代] 建築

---

337 They have developed technology which efficiently transforms heat into power.

▶ 彼らは効率的に**熱**を動力**に変える**技術を開発してきた。

☑ transform A into B
: A を B に変化させる

---

338 What was the outcome of your trip to Rome?

▶ ローマ**旅行の成果**はどうでしたか？

☑ the outcome of one's trip
: 旅行の成果

☐ the outcome of an election
: 選挙の結果

TO BE CONTINUED [**5**/14] ➡ 261

0839	**pose** [póuz] ポウズ	動 を引き起こす；ポーズをとる cause something, especially a problem or difficulty 名 ポーズ，姿勢 ＝名 posture（姿勢）

0840	**interaction** [ìntərǽkʃən] インタラクション	名 相互作用 a process by which two or more things affect each other 動 interact（相互に作用する，情報交換する） 形 interactive（互いに影響し合う；対話方式の）

0841	**disappoint** [dìsəpóint] ディサポイント	動 を失望 [がっかり] させる make someone feel unhappy because something they hoped for did not happen or was not as good as they expected 名 disappointment（期待外れ；失望〔のもと〕）

0842	**fire** [fáiər] ファイア	名 火事；火 uncontrolled flames, light, and heat that destroy and damage things 動 に火をつける；（を）発射する …→名 firefighter（消防士）　名 fireworks（花火）

0843	**progress** 名[prágres | 〈英〉próu-] 動[prəgrés] 《名》プラグレス 《動》プラグレス	名 進歩；前進 the process of improving or developing, or of getting nearer to achieving or completing something 動 進歩する；前進する 形 progressive（進歩的な⇔形 conservative） ■▶ progress は目標・方向に向かって進んでいく「進 歩」。advance はレベルが上がる「進歩」。

0844	**badly** [bǽdli] バッドゥリィ	副 ひどく，大いに；悪く in a severe and harmful way ■▶【変】worse-worst。類語 bad「悪い」と混同しない こと。

0845	**spot** [spát | 〈英〉spót] スパット	名 地点；しみ a particular place or area, especially a pleasant place where you spend time 動 を見つける；にしみをつける 形 即座の 名 spotlight（〖the ～〗注目）

262

839 His ill health poses serious problems for the future.

▶彼の病弱さが将来に深刻な**問題を引き起こし**ている。

- ✔ pose the problem
  ：問題を引き起こす

---

840 He discovered the interaction between the moon and the earth.

▶彼は月と地球の**相互作用**を発見した。

- ✔ interaction between A (and B)
  ：A (とB の) 間の相互作用
- ☐ interaction with A
  ：A との相互作用

---

841 I was disappointed at your absence.

▶あなたがいない**ので**がっかりしました。

- ✔ be disappointed by[at / in / with] A
  ：A にがっかりする
- ☐ be disappointed that節
  ：～であることにがっかりする

---

842 The houses were on fire in the strong wind.

▶強風を受けて家々は**燃えていた**。

- ✔ be on fire ：燃えている
- ☐ make a fire ：火を起こす

---

843 He did not make much progress in German.

▶彼のドイツ語はあまり**進歩し**なかった。

- ✔ make progress ：進歩する
- ☐ make good progress
  ：順調に進む
- ☐ in progress
  ：進行中で [の]

---

844 He had his foot badly injured.

▶彼は足に**ひどいケガをした**。

- ✔ have A badly injured
  ：A にひどいケガをする
- ☐ badly need your help
  ：君の助力がどうしても必要だ

---

845 This lake is known as a popular tourist spot.

▶この湖は人気のある**観光地**として知られている。

- ✔ a tourist spot ：観光地
- ☐ on the spot ：その場で
- ☐ spot a rainbow over the hill
  ：丘に架かる虹を見つける

TO BE CONTINUED [6/14] ➡ 263

0846 **blood**
[blʌd]
ブラッド

名 **血**
the red liquid that your heart pumps around your body
動 bleed (出血する)
形 bloody (血まみれの)

0847 **plain**
[pléin]
プレイン

形 **質素な；明白な**
without anything added or without decoration
副 plainly (はっきりと，簡素に)
＝形 frank (明らかな)
　 形 obvious (明らかな) ☞No.0557

0848 **capital**
[kǽpətl]
キャピタル

名 **首都；資本；大文字**
the most important town or city of a country or region, where the government operates from
形 **最も重要な；大文字の**
名 capitalism (資本主義)
名 capitalist (資本家；資産家)

0849 **print**
[prínt]
プリント

動 **(を)印刷する**
produce many printed copies of a book, newspaper, etc.
名 **印刷**
名 printing (印刷〔術〕；印刷物)
名 printer (印刷業者；印刷機)
⋯▶名 fingerprint (指紋)　名 footprint (足跡)
■▶ 教室などで配る「プリント」は handout.

0850 **admit**
[ædmít]
アドゥミット

動 **(を)認める；を入れる**
allow someone to enter a place
名 admission (認めること)
名 admittance (入場〔許可〕)
■▶ acknowledge は隠していたことを「認める」。admit は否定してきたことを「認める (受け入れる)」。

0851 **fan**
[fǽn]
ファン

名 **(1)ファン；(2)扇**
(1) a person who admires somebody or something or enjoys watching or listening to somebody or something very much
動 **をあおぐ；をあおる**
形 fanatic (狂信的な)
■▶ (1)と(2)は同一綴りの別語源語。過去形・過去分詞は fanned。

⁰⁴⁶ My blood type is O. ▶私の**血液型**は O 型です。	☑ blood **type** ：血液型 ☐ **Blood** is thicker than water. ：血は水より濃い（家族の繋がりは何より強い）。《諺》
⁰⁴⁷ Please speak in plain German. ▶**平易な**ドイツ語で**話して**下さい。	☑ speak in plain *A* ：平易な *A*〈言語〉を話す ☐ it is plain **that節** ：～は明白である ☐ to be plain **with you** ：率直に言うと
⁰⁴⁸ Tokyo is the capital of Japan. ▶東京は日本の**首都**だ。	☑ the capital of *A* ：*A*〈国名〉の首都 ☐ a capital **letter** ：大文字 ☐ in capitals ：大文字で
⁰⁴⁹ The newspaper is printed here. ▶その新聞はここで**印刷されている**。	
⁰⁵⁰ Children are only admitted if accompanied by an adult. ▶大人同伴の場合のみ子供は入場**許可されます**。	☐ admit **(that)節** ：～ということを認める ☐ admit *doing* ：～する（した）ことを認める
⁸⁵¹ They made a fan club for a local baseball team. ▶彼らは地元の野球チームの**ファンクラブ**を作った。	☑ a fan club ：ファンクラブ ☐ a fan of *A* ：*A* のファン ☐ an electric fan ：扇風機

TO BE CONTINUED [7/14] ➡ 265

0852 **tiny**
[táini]
タイニィ

形 ちっぽけな，ごくわずかの
extremely small
⇔形 huge（巨大な）☞No.0373

0853 **photograph**
[fóutəgræf | 〈英〉-grà:f]
フォウトグラフ

名 写真
a picture produced by using a camera
名 photographer（写真家）
■▶【略】photo

0854 **theater**
[θí:ətər | 〈英〉θíə-]
スィーアタァ

名 劇場；映画館
a building with a stage where people go to watch plays
形 theatrical（芝居じみた）
■▶〈英〉では theatre。

0855 **row**
[róu]
ロウ

名 (横)列，横の行；家並み
a line of things or people next to each other
動 (舟・ボート)を漕ぐ
…名 column（縦列）　名 line（列）☞No.0151
■▶名 と 動 は同一綴りの別語源語。

0856 **insist**
[insíst]
インスィスト

動 (と)(強く)主張する；(を)要求する
say firmly and often that something is true, especially
when other people think it may not be true
形 insistent（しつこい）
＝動 persist（〔繰り返し執拗に〕主張する）
　動 assert（〔確信を持って〕を主張する）
…動 exaggerate（〔を〕誇張する）

0857 **latter**
[lǽtər]
ラタァ

形 後者の；後半の
used to refer to the second of two things or people mentioned
⇔形 former（前者の）☞No.0997
■▶the latter の形で，代名詞的に用いられる。

0858 **happiness**
[hǽpinis]
ハピネス

名 幸せ，満足
the feeling of being happy
形 happy（幸せな）　副 happily（幸運に）
⇔名 unhappiness（不幸）

0859 **kingdom**
[kíŋdəm]
キンダム

名 王国
a country ruled by a king or queen
名 king（王）

---

52 I live on a tiny little island.

▶私は**とてもちっぽけな島**に住んでいる。

✔ **a tiny little island**
　　：とてもちっぽけな島

---

53 You aren't allowed to take photographs here.

▶ここは**写真撮影**禁止です。

✔ **take a photograph**
　　　　　　：写真を撮る

---

54 I will meet my friends in front of a movie theater at 5 p.m.

▶私は午後5時に友人と**映画館**の前で待ち合わせの予定だ。

✔ **a movie theater**　：映画館

☐ **the National Theater**
　　　　　　：国立劇場

---

55 Throwing three or more times in a row from the same location was against the rules.

▶同じ場所から**立て続け**に3回以上投げることはルール違反だった。

✔ **in a row**
　　：立て続けに，1列に

☐ **row down the river**
　　　　　：川を漕ぎ下る

---

56 She insisted on her innocence.

▶彼女は自分は無実だ**と言い張った**。

✔ **insist on[upon]** *A*
　：*A* を主張する [強調する]

---

57 You may save a lot of time in this latter case. ▶**この後者の場合には**あなたは多くの時間を節約できるだろう。

✔ **in this latter case**
　　　：この後者の場合には

☐ **the latter of** *A*　：*A* の後者

---

58 I wish you every happiness.

▶ご多**幸**をお祈りします。

☐ **full of happiness**
　　　　　：幸せいっぱい

---

59 In the United Kingdom, there are some traditional gifts given to celebrate wedding anniversaries.

▶**英国**では，結婚記念日を祝うために贈られる伝統的な贈り物がいくつかある。

✔ **the United Kingdom**
　　　：連合王国 (英国)

☐ **the Kingdom of Heaven**
　　　　　　：天国

STAGE **09**

0860 **worldwide**
[wə́:rldwáid]
ワールドゥワイド

形 世界的な
happening in the whole world
副 世界中に [で]
名 world (世界)
= 形 global (世界的な)　副 globally (世界的に)

0861 **frame**
[fréim]
フレイム

名 枠；骨組み
a border that surrounds and supports a picture, door, etc.
動 を組み立てる
= 名 framework (枠組み, 骨組み)

0862 **countryside**
[kántrisàid]
カントゥリサイド

名 田舎, 田園 (地帯)
land outside towns and cities, with fields, woods, etc.
名 country (田舎；国)
…▶ 名 county (郡)
■▶ 通常, the をつけて用いる。

0863 **rapid**
[rǽpid]
ラピッド

形 速い, すばやい
happening quickly or in a short period of time
名 急流, 早瀬
副 rapidly (すばやく)
= 形 quick (すばやい) ☞ No.0666
■▶ quick より rapid の方が堅い表現。

0864 **staff**
[stǽf | 〈英〉stáːf]
スターフ

名 職員, スタッフ
the people who work for an organization
= 名 personnel (職員)
■▶ staff は職員全員を指し, 単数・複数扱い。

0865 **novel**
[návəl | 〈英〉nóv-]
ナヴル

名 小説
a long printed story about imaginary characters and events
形 目新しい
名 novelty (斬新さ)
= 名 fiction (小説) ☞ No.0819
■▶ 名 と 形 は同一綴りの別語源語。短編「小説」は short story。romance は非現実的な恋・冒険などの「物語」。形 noble「気高い」と混同しないように注意。

0866 **coast**
[kóust]
コウスト

名 海岸, 沿岸
the area where the land meets the sea
形 coastal (沿岸の)
= 名 shore (岸) ☞ No.1448　名 beach (浜辺) ☞ No.0728
名 seaside (海岸)
…▶ 名 coastline (海岸線)

60 The writer has a worldwide reputation. ▶その作家は**世界的な名声**を得ている。	✔ **a worldwide reputation** ：世界的な名声
61 I replaced it with a new window frame. ▶新しい**窓枠**に取り替えました。	✔ **a window frame** ：窓枠 ☐ **the frames of glasses** ：眼鏡のフレーム ☐ **a photo frame** ：写真立て
62 Several measures are taken for preservation of the countryside. ▶**田園地帯の保存**のためにいくつかの措置が講じられている。	✔ **preservation of the countryside** ：田園地帯の保存 ☐ **move to the countryside** ：田舎に引っ越す ☐ **in the countryside**：田舎で
63 We have seen the rapid decline in the birth rate over recent years. ▶近年，**急速に**出生率が**減少**している。	✔ **a rapid decline** ：急激な減少
64 At a staff meeting, I asked everyone to pay attention to him. ▶**職員会議**で，私は皆に彼に注意を払うよう頼んだ。	✔ **a staff meeting**：職員会議 ☐ **have a staff of ten** ：10名のスタッフがいる
65 I bought a best-selling novel. ▶私は**最も売れている小説**を買った。	✔ **a best-selling novel** ：最も売れている小説 ☐ **read a novel**：小説を読む
66 We moved to a town on the south coast of England. ▶私たちはイングランド**南岸**の町に引っ越した。	✔ **on the coast** ：沿岸の ☐ **off the coast** ：沖に[で]

STAGE **09**

0867
soil
[sɔ́il]
ソイル

图 **土，土地**
the top layer of the earth in which plants, trees, etc. grow
＝图 mud (泥) ☞No.1559

0868
urban
[ɔ́ːrbən]
アーバン

形 **都会の**
connected with a town or city
⇔形 rural (田舎の) ☞No.1527
…形 suburban (郊外の)

0869
occasion
[əkéiʒən]
オケイジョン

图 **場合，時；機会**
a particular time, especially when something happens or has happened
形 occasional (たまの)　　副 occasionally (たまに)
＝图 opportunity (好機) ☞No.0155
　图 chance (機会) ☞No.0083

0870
loud
[láud]
ラウド

形 **大声の；うるさい**
making a lot of noise
副 **大きな声 [音] で；うるさく**
副 loudly (大声で)　　副 aloud (声を出して)
…形 low (低い声の [で])

0871
profit
[práfit | 〈英〉prɔ́f-]
プラフィット

图 **利益**
money that you gain by selling things or doing business, after your costs have been paid
動 **利益を得る；得をする**
形 profitable (有利な；収益の多い)
⇔图 loss (損失) ☞No.0474
■▶ profit は金銭上の「利益」。advantage は有利な立場から生ずる「利益」。

0872
diet
[dáiət]
ダイエット

图 **(1) 食事；治療食**
　(2) 〔the Diet〕国会
(1) the kind of food that a person or animal eats each day
■▶ (1) と (2) は同一綴りの別語源語。「国会」は，Diet《日》 Parliament《英》 Congress《米》。

0873
crop
[kráp | 〈英〉krɔ́p]
クラップ

图 **収穫高；作物**
the amount of grain, fruit, etc. that is grown in one season
＝图 harvest (収穫，取り入れ)

---

⁶⁷ We planted seeds in rich soil.

▶私たちは**肥えた土地**に種をまきました。

☑ rich[good] soil
: 肥えた土壌

☐ poor soil ：やせた土壌

☐ prepare the soil for seeding
: 種まきのために土地を
整える

---

⁶⁸ He enjoys urban life in New York.

▶彼はニューヨークで**都会の生活**を楽しんでいる。

☑ urban life ：都会の生活

☐ urban growth：都市の成長

---

⁶⁹ I've talked with Anna one-on-one on several occasions.

▶私は**何度か**アンナと一対一で話したことがある。

☑ on several occasions
: 何回か

☐ on every occasion [all occasions]
: あらゆる場合に

---

⁷⁰ Excuse me, but the TV is too loud.

▶すまんがテレビの音が**大き**すぎる。

☐ speak in a loud voice
: 大声で話す

---

⁷¹ There has been a drop in net profit.

▶**純益が減少**している。

☑ net profit ：純益

☑ a rise[drop / fall] in profits
: 利益の増加 [減少]

---

⁷² She likes a meat diet.

▶彼女は**肉食**が好きです。

☑ a meat[vegetable] diet
: 肉 [菜] 食

☐ be[go] on a diet
: ダイエットをしている
[始める]

---

⁷³ We harvested an average crop this year.

▶今年は**平年並の収穫高**だ。

☑ an average crop
: 平年並の収穫高

☐ result in a poor crop
: 不作になる

0874
muscle
[mʌsl]
マスル

图 **筋肉；腕力**
one of the pieces of flesh inside your body that you use in order to move, and that connect your bones together
® muscular (筋肉の※発音注意 [mʌskjələr])
■▶ c は黙字。

0875
pride
[práid]
プライド

图 **誇り；うぬぼれ**
a feeling that you are proud of something that you or someone connected with you has achieved
® proud (誇り高い) ☞No.0596

0876
sensitive
[sénsətiv]
センスィティヴ

形 **敏感な，傷つきやすい**
able to react very quickly and easily
® sensitivity (感受性)
⋯➤® sensible (分別ある)

0877
merely
[míərli]
ミアリィ

副 **ただ，単に～**
used to emphasize that nothing more than what you say is involved
® mere (ただの)
＝副 only (～だけ)

0878
compete
[kəmpíːt]
カンピート

動 **競争する**
try to win a competition
® competition (競争) ® competence (能力)
® competitor (競争者 [相手])
® competitive (競争の)
® competent (能力 [力量] のある)

0879
praise
[préiz]
プレイズ

图 **賞賛**
words that show that you approve of and admire somebody or something
動 **を賞賛する**
＝動 bless (を祝福する)
⇔動 blame (をとがめる) ☞No.1333

0880
credit
[krédit]
クレディット

图 **信用；信用販売**
the belief that something is true or correct
動 **を信用する**
® creditor (債権者，貸し主)
⋯➤® incredible (信じられない)

---

74 The heart is made of muscle. ▶心臓は**筋肉**でできている。	☐ **stomach muscles** ：腹筋 ☐ **pull a muscle** ：筋肉[筋]を痛める
75 She takes pride in her only son. ▶彼女は一人息子**を誇りにしている。**	☑ **take pride in** *A* ：*A* に誇りを持っている ☐ **Pride goes before a fall.** ：おごる平家は久しからず。《諺》
76 Laura is sensitive about her weight. ▶ローラは自分の体重**をすごく気にしている。**	☑ **be sensitive about** *A* ：*A* をすごく気にしている ☐ **be sensitive to** *A* ：*A* に敏感である
77 I meant it merely as a joke. ▶**ほんの冗談のつもりで**言ったんです。	☑ **merely as a joke** ：ほんの冗談のつもりで
78 She will compete in a tournament tomorrow. ▶彼女は明日**トーナメントで競う**でしょう。	☑ **compete in a tournament** ：トーナメントで競う ☐ **compete with natural forces** ：自然の力と対抗する
79 Praise makes good men better and bad men worse. ▶**ほめれば**善人はいっそう良くなり悪人はさらに悪くなる。《諺》	☐ **win[earn] praise** ：賞賛を受ける ☐ **praise for** *A* ：*A* に対する賞賛
80 Credit is everything to merchants. ▶商人にとっては**信用**が全てだ。	☐ **on credit** ：掛け売りで ☐ **pay by credit card** ：クレジットカードで支払う

TO BE CONTINUED [11/14] ➡ 273

0881 revolution

[rèvəljúːʃən]
レヴォルーション

名 革命
a complete change in ways of thinking, methods of working, etc.
形 revolutionary (革命的な)　動 revolve (回転する)
名 revolver (回転式銃)
= 名 動 revolt (反乱 [を起こす])

0882 raw

[rɔ́ː]
ロー

形 生の；未加工の
not cooked
⇔ 形 cooked (加熱 [調理] された)

0883 deliver

[dilívər]
デリヴァ

動 (を) 配達する；を述べる
take goods, letters, etc. to the person or people they have been sent to
名 delivery (配達)

0884 expand

[ikspǽnd]
イクスパンド

動 を広げる；広がる；膨張する
increase in size, number, or importance, or make something increase in this way
名 expansion (拡張)
⇔ 動 contract (を縮小する)
■▶ expand は内部の力で「大きくなる」。extend は長さが「大きくなる」。swell は量が「大きくなる」。

0885 whereas

[hwèərǽz | 〈英〉wèərǽz]
ウェアラズ

接 ところが (事実は)，～だが
compared with the fact that; but
■▶ while より堅い表現。

0886 crash

[krǽʃ]
クラッシュ

名 衝突；墜落；暴落
an accident involving a vehicle, usually a serious one in which the vehicle is damaged or someone is hurt
動 衝突する；墜落する
= 動 clash (衝突する)　動 bang (をぶつける)
名 collision (衝突)

0887 lecture

[léktʃər]
レクチャァ

名 講義，説論
a talk that is given to a group of people to teach them about a particular subject, often as part of a university or college course
動 (に) 講義 [説論] をする
名 lecturer (講演者，講師)

0888 delicious

[dilíʃəs]
ディリシャス

形 おいしい
having a very pleasant taste or smell
= 形 good (おいしい)　形 tasty (風味のある)
■▶ 味覚と香りについていう。

274

---

381 Mass production started with the Industrial Revolution.

▶大量生産は**産業革命**とともに始まった。

✓ the Industrial Revolution
　　　　：産業革命
☐ the French Revolution
　　　　：フランス革命

---

382 She doesn't like eating raw meat.

▶彼女は**生肉**を食べるのが好きではない。

✓ raw meat[fish / eggs]
　　　　：生肉[魚 / 卵]
☐ raw data：生[手を加えて
　　いない] データ

---

383 Our products will be delivered on time.

▶当方の製品は時間通りに**お届け**いたします。

☐ deliver A to B
　　　　：A を B に配達する

---

384 His tiny shop quickly expanded into a big one.

▶彼のちっぽけな店はまもなく**大きな**店に**なった**。

✓ expand into[to] A
　　　　：A へと拡大する

---

385 He's smart, whereas I'm dull.

▶彼は頭がいい**が**，私は鈍い。

---

386 His wife was injured in a car crash.

▶彼の妻は**車の衝突事故**でケガをした。

✓ a car crash
　　　　：車の衝突事故
☐ a crash barrier
　　　　：《英》ガードレール

---

387 Many students gathered in the lecture room.

▶多くの生徒が**講義室**に集まりました。

✓ a lecture room ：講義室
☐ give a lecture
　　　　：講義をする
☐ listen to a lecture
　　　　：講義を聞く

---

388 Cold chicken is delicious when eaten with salad.

▶冷たいチキンはサラダと一緒に食べると**おいしい**。

☐ a delicious cookie
　　　　：とてもおいしいクッキー
☐ look delicious
　　　　：おいしそう

STAGE 09

TO BE CONTINUED [12/14] ➡ 275

0889
meanwhile
[míːnhwàil, miːnwáil]
ミーンワイル

副 その間に；一方では
while something else is happening
名 〖the ～〗合間

0890
conscious
[kánʃəs | 〈英〉kón-]
カンシャス

形 意識している；意識のある
noticing or realizing something
副 consciously（意識して）
⇔形 unconscious（気づいていない）
■▶ 名 conscience「良心」と混同しないように注意。

0891
devote
[divóut]
ディヴォウト

動 を捧げる
use all or most of your time, effort, etc. in order to do
something or help someone
形 devoted（献身的な）　名 devotion（献身）
＝動 dedicate（を捧げる）

0892
overcome
[òuvərkám]
オウヴァカム

動 (に)打ち勝つ；を征服する
defeat or succeed in controlling or dealing with
something
＝動 defeat（を負かす）☞ No.1259
　動 conquer（〔を〕征服する）☞ No.1652
⋯▶動 overwhelm（を圧倒する）

0893
annual
[ǽnjuəl]
アニュアル

形 年1回の，例年の
happening once a year
＝形 yearly（一年の）

0894
resist
[rizíst]
リズィスト

動 (に)抵抗する；(に)屈しない
try to prevent a change from happening, or prevent
yourself from being forced to do something
名 resistance（抵抗）
形 resistant（抵抗する，抵抗力を示す）
＝動 oppose（に反対する）

0895
apparent
[əpǽrənt, əpéər-]
アパレント

形 明らかな，明白な
easy to see or understand
副 apparently（明らかに）
＝形 obvious（明らかな）☞ No.0557
⋯▶動 appear（現れる）☞ No.0125

489

The husband was doing the dishes. Meanwhile, his wife cleaned the room.

▶夫が洗い物をしていた。**その間に**妻は部屋の掃除をした。

- [ ] **in the meanwhile**
  ：その間に [は]

490

I made a conscious effort to remain calm.

▶私は平静を保とうと**意識して努力**した。

- ✔ **make a conscious effort**
  ：意識して努力する
- [ ] **be conscious that節**
  ：～ということに気づいている

491

He is devoted to his work.

▶彼は仕事に**没頭**している。

- ✔ **be devoted to** *A*
  ：*A* に没頭 [専念] する
- [ ] **devote** *A* **to** *B*
  ：*A* を *B* に捧げる

492

We have to overcome the current difficulties together.

▶共に現在の**困難に打ち勝た**なければならない。

- ✔ **overcome difficulties[poverty]**
  ：困難 [貧困] に打ち勝つ
- [ ] **overcome** *one's* **fear**
  ：恐怖に打ち勝つ

493

The annual festival was held last week.

▶**年に1度の祭り**が先週行われた。

- ✔ **the annual festival**
  ：年に1度の祭り
- [ ] **an annual report**
  ：年次報告

494

My brother resisted going to the hospital.

▶弟は病院に**行くのに抵抗**した。

- ✔ **resist** *doing*
  ：～するのに抵抗する
- [ ] **cannot resist** *doing*
  ：～せずにはいられない

495

The earthquake occurred without apparent warning.

▶その地震は**明白な兆候なしに起こ**った。

- ✔ **occur without apparent warning**
  ：明白な兆候なしに起こる
- [ ] **become apparent**
  ：明らかになる

STAGE **09**

TO BE CONTINUED [**13**/14] ➡ 277

0896	**facility** [fəsíləti] ファスィリティ	图 **設備，施設** buildings, services, equipment, etc. that are provided for a particular purpose

| 0897 | **initial**
[iníʃəl]
イニシャル | 图 **頭文字**
the first letters of all the names of a person or thing
形 **最初の**
劚 initially（初めに；最初〔のうち〕は）
名 initiative（〖the ～〗主導〔権〕；独創力）☞No.1766
＝形 first（最初の） |

| 0898 | **numerous**
[njú:mərəs｜〈英〉njú:-]
ニューメラス | 形 **多数の，非常に多くの**
existing in large numbers |

| 0899 | **outdoor**
[áutdɔ̀:r]
アウトゥドー | 形 **戸外の，野外の**
existing, happening, or used outside, not inside a building
⇔形 indoor（屋内の） |

| 0900 | **possess**
[pəzés]
パゼス | 動 **を所有する；を手に入れる**
have a particular quality or ability
名 possession（所有〔物〕）
形 possessive（所有の）
■▶ have は一般的な語で「所有している」，own は法的な権利を伴って「所有する」。 |

⁹⁶ Check out our website for details of our <u>cooking facilities</u> and other cooking courses.

▶**調理設備**やほかの料理講座の詳細は，私たちのウェブサイトを調べてください。

☑ **cooking** facilities
　　　　　：調理設備

☐ **sports** facilities
　　　　　：スポーツ施設

⁹⁷ The <u>initials</u> VAT stand for value-added tax.

▶**頭文字**の VAT は消費税［付加価値税］value-added tax の略字表記である。

⁹⁸ The minister has visited the country <u>on numerous occasions</u>.

▶大臣は**何度も**その国を訪問している。

☑ **on numerous occasions**
　　　　　：何度［回］も

⁹⁹ You can enjoy various <u>outdoor activities</u> on this island.

▶この島では様々な**野外活動**を楽しむことができる。

☑ **an outdoor activity**
　　　　　：野外活動

STAGE **09**

¹⁰⁰ He <u>possessed</u> a remarkable <u>talent</u> for music.

▶彼には素晴らしい音楽の**才能があった**。

☑ **possess a talent**
　　　　　：才能がある

Lesson 9 形容詞・副詞の変化
（比較級と最上級）

音節の少ない短い形容詞・副詞の語尾では -er, -est をつける変化形が普通です。
音節の多い長い単語の比較・最上級では、前に more, most を置きます。

規則変化

1 1音節語と2音節語の一部は、原級に -er, -est をつける

fast	faster	fastest
tender	tenderer	tenderest
narrow	narrower	narrowest

2 発音しない e で終わる語は、原級の語尾に -r, -st をつける

wide	wider	widest
noble	nobler	noblest
handsome	handsomer	handsomest

3 【子音字＋ y】で終わる語は、y を i に変えて -er, -est をつける

easy	easier	easiest
happy	happier	happiest

4 【短母音＋1子音字】で終わる語は最後の子音字を重ねて -er, -est をつける

big	bigger	biggest
hot	hotter	hottest

5 2音節語の大部分と3音節以上の語は、原級の前に more, most を置く

important	more important	most important

不規則変化

good well	>	better	— best	よい、うまく
bad(ly) ill	>	worse	— worst	悪い[く]、病気で
many much	>	more	— most	たくさんの、大いに
old	<	older elder	— oldest — eldest	年老いた、年上の 年長の
late	<	later latter	— latest — last	（時間的に）遅い （順序が）後の
far	<	farther further	— farthest — furthest	（距離が）遠く（に） （程度が）はるかに
little	—	less	— least	小さい、少ない

ROUND 4

STAGE 10-11-12

No.0901–1200
（300 words）

【頻出度】
★★★

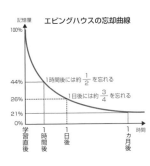

エビングハウスの忘却曲線

1時間後には約 $\frac{1}{2}$ を忘れる

1日後には約 $\frac{3}{4}$ を忘れる

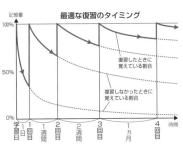

最適な復習のタイミング

復習したときに覚えている割合

復習しなかったときに覚えている割合

脳科学の研究によると，最も効果的な復習のタイミングは，❶1回目…学習した翌日 ❷2回目…その1週間後 ❸3回目…そのまた2週間後 ❹4回目…そのまた1カ月後であると言われています。右の表に学習した日付（または〇や✓など）を記入して，忘れがちな英単語を効率的に復習していきましょう。	STAGE	1回目	2回目	3回目	4回目
	07				
	08				
	09				

0901 disturb

[distə́:rb]
ディスターブ

動 を乱す，(の)邪魔をする
interrupt somebody when they are trying to work, sleep, etc.
⊗ disturbance (妨害；動乱)
＝動 prevent (を妨げる) ☞ No.0451

0902 absorb

[æbsɔ́:rb, -zɔ́:rb]
アブソーブ

動 を吸収する
take in a liquid, gas or heat and hold it
⊗ absorption (吸収；専心)
＝動 suck (up) (〔を〕吸う)

0903 flexible

[fléksəbl]
フレクサブル

形 柔軟な；しなやかな
able to change or be changed easily according to the situation
⊗ flexibility (柔軟性；適応性)
■▶ flexible は折り曲げても折れず，伸び縮みがある。
elastic はしなやかで元の形に戻る。

0904 landscape

[lǽndskèip]
ランドゥスケイプ

名 (陸の)景色，景観
everything you can see when you look across a large area of land, especially in the country
⋯⊗ landmark (目印)   ⊗ seascape (海の風景)

0905 primary

[práimeri | 〈英〉-məri]
プライメリィ

形 初等の；第一の
concerning the education of children between five and eleven years old
® prime (主要な，最も重要な)
動 primarily (主として；第一に)
⋯® secondary (第2位の；中等の) ☞ No.1517

0906 artificial

[ɑ̀:rtəfíʃəl]
アーティフィシャル

形 人工の，作りものの
made by people, often as a copy of something natural
＝® man-made (人工の)
⇔® natural (自然の)

0907 biology

[baiálədʒi | 〈英〉-ɔ́l-]
バイアロヂィ

名 生物学
the scientific study of the natural processes of living things
® biological (生物学〔上〕の)
⊗ biologist (生物学者)
⋯⊗ biotechnology (生命工学)
　⊗ biography (伝記)

⁰¹ I'm sorry to disturb you.

▶お**邪魔して**すみません。

⁰² Dry sand quickly absorbs water.

▶乾いた砂はすぐに水**を吸い込む**。

☐ be absorbed in *A*
: *A* に夢中になる

⁰³ You have to be more flexible toward your kids.

▶自分の子供にはもっと**融通を利か**さないといけない。

☐ be flexible about[with] *A*
: *A* について融通の利く

☐ extremely[fairly] flexible
: 非常に [かなり] 融通の利く

⁰⁴ The valley and the streams form a fine landscape.

▶谷と小川が**素晴らしい景観**を形づくっている。

☑ a fine landscape
: 素晴らしい景観

☐ a rural[an urban] landscape
: 田舎 [都会] の風景

⁰⁵ This survey focused only on primary school children.

▶この調査は**小学**生にのみ焦点を当てた。

☑ a primary school
: 小学校

⁰⁶ She made artificial flowers with paper to decorate the room.

▶彼女はその部屋を装飾するために紙で**造花**を作った。

☑ artificial flowers : 造花

☐ artificial intelligence
: 人工知能 (AI)

⁰⁷ Biology has made rapid progress.

▶**生物学**は急速な進歩を遂げている。

☐ molecular biology
: 分子生物学

☐ marine biology
: 海洋生物学

TO BE CONTINUED [1/14] ➡

0908 proportion
[prəpɔ́ːrʃən]
プロポーション

名 割合；均衡；部分
the relationship between two things in size, amount, importance, etc.

動 を釣り合わせる
形 proportional (比例する，釣り合った)
＝名 ratio (比率)

0909 fundamental
[fʌ̀ndəméntl]
ファンダメンタル

形 基本の，根本的な
relating to the most basic and important parts of something

名 基本，基礎
副 fundamentally (根本的に)
名 fundamentalism (原理主義)

0910 dead
[déd]
デッド

形 死んだ；機能しない
not now living

副 全く，完全に
名 death (死，死亡) 形 deadly (命がけの)
名 deadline (締め切り) 動 die (死ぬ) ☞No.0382
⇔形 alive (生きている) ☞No.1083
形 living (生きている)
■▶ be dying は「死にかけている」，be dead は「死んでいる」状態を指す。

0911 refuse
動 [rifjúːz]
名 [réfjuːs]
《動》リフューズ
《名》レフュース

動 (を)拒絶する，(を)断る
say that you will not do or accept something

名 廃棄物
名 refusal (拒絶⇔名 acceptance)
■▶ decline は穏やかに「断る」。reject は強い態度で「断る」。

0912 department
[dipáːrtmənt]
ディパートゥメント

名 部門；学部
a section of a large organization such as a government, business, university, etc.
┅▸名 faculty (能力；学部)

0913 wave
[wéiv]
ウェイヴ

動 (手などを)振る；波立つ
move your hand or arm from side to side in the air in order to attract attention, say hello, etc.

名 振ること；波
■▶ swell はうねる「波」。breaker は海岸・暗礁などに砕ける「波」。ripple はさざ「波」。surf は寄せる「波」。

8 The air becomes cooler in proportion to altitude. ▶空気は高度に**比例して**冷たくなる。	✔ **in proportion to[with]** A 　　　：A に比例して ☐ **the proportion of** A **to** B 　　　：A と B との比率
9 Freedom of speech is guaranteed as one of fundamental human rights. ▶言論の自由は**基本的人権**の一つとして保障されている。	✔ **fundamental human rights** 　　　：基本的人権
10 He has been dead these three years. (=It's been [It is] three years since he died.) ▶彼が**死んで**3年になる。	✔ **be dead** 　　　：死んでいる，〈物〉が機能が停止して ☐ **a dead body** ：死体
11 He refused a request for information disclosure. ▶彼は情報開示**請求を拒絶した**。	✔ **refuse a request** 　　　：要求を拒絶する ☐ **refuse to** do 　　　：～することを拒む
12 She works for the Department of Agriculture. ▶彼女は**農務省**に勤めている。	✔ **the Department of Agriculture[Commerce]** 　　　：《米》農務［商務］省 ☐ **a department store** 　　　：百貨店
13 He waved his left hand to the cheering crowd. ▶彼は喝采する群衆に左**手を振った**。	✔ **wave** one's **hand to[at]** A 　　　：A〈人〉に手を振る

TO BE CONTINUED [2/14] ➡ 285

0914 promise
[prámis | 〈英〉prɔ́m-]
プラミス

图 **約束**
a statement that tells somebody that you will definitely do or not do something
動 (を)**約束する**
圏 promising (将来有望な，見込みがある)
■▶ promise は実行についての「約束」。appointment は会合の「約束」。

0915 breath
[bréθ]
ブレス

图 **呼吸，息**
an amount of air that enters the lungs at one time
動 breathe (息をする※発音注意 [bríːð])

0916 ought
[ɔ́ːt]
オート

助 〖ought to *do*〗**〜すべきである；〜に決まっている**
used to say what is the right thing to do
■▶ 通例, to 不定詞を従えて用いる。

0917 tear
(1) [tíər]
(2) [téər]
(1) ティア
(2) テア

图 (1)**涙**；(2)**裂け目**
(1) a drop of salty liquid that comes out of your eye when you are crying
動 (2)**(を)引き裂く；破れる**
…動 weep (泣く)   動 cry (泣く)   動 sob (泣く)
■▶ (1)と(2)は同一綴りの別語源語。発音が異なるので注意。(2)【変】tear-tore-torn

0918 relative
[rélətiv]
レラティヴ

图 **親戚**
a member of your family
形 **相対的な；関係のある**
動 relate (を関係 [関連] づける；を物語る)
動 relatively (相対的に)   图 relation (関係) ☞No.1683
⇔形 absolute (絶対的な) ☞No.1622

0919 nurse
[nɔ́ːrs]
ナース

图 **看護師；乳母**
someone whose job is to look after people who are ill or injured, usually in a hospital
動 **を看護する；の世話をする**
图 nursery (育児室；子供部屋)

0920 ill
[il]
イル

形 **病気で；悪い**
suffering from an illness or disease; not feeling well
图 illness (不健康，病気)
■▶【変】worse-worst.「病気の」は補語としてのみ用い, 《米》では sick が普通。

---

314 He has never kept his promises.

▶彼は**約束を守った**ためしがない。

☑ keep[break] *one's* promise
：約束を守る [破る]

☐ make a promise
：約束する

---

315 I took a deep breath.

▶私は**深呼吸**をした。

☑ take a deep breath
：深呼吸をする

☐ out of breath：息が切れて

---

316 You ought to obey the doctor's advice.

▶医者の助言に**は従いなさい**。

---

317 She burst into tears once she saw her parents.

▶彼女は両親と会うやいなや**ワッと泣き出した**。

☑ burst into tears
：ワッと泣き出す

☐ tear *A* on *B*
：*B*〈物〉に引っ掛けて*A*〈服〉が破れる

---

318 That was the first time for me to see his wife and relatives.

▶私が彼の妻と**親戚**に会ったのはそれが初めてだった。

☐ a distant[close] relative
：遠い [近い] 親戚

☐ relative to *A*
：*A*に関して，*A*に比例して

---

319 Doctors and nurses often use too many technical expressions.

▶医者と**看護師**はしばしばあまりに多くの専門用語を使う。

☐ a good nurse
：優れた看護師

☐ a school nurse
：養護教員，保健室の先生

---

320 My father suddenly fell ill and died.

▶父が急に**病気になり**亡くなってしまった。

☑ fall[become] ill
：病気になる，具合が悪くなる

☐ ill manners ：無作法

TO BE CONTINUED [**3**/14] ➡ 287

0921 **smoke** [smóuk] スモウク	動 **タバコを吸う** take smoke from a cigarette, pipe, etc. into your mouth and let it out again 名 **タバコ；煙** 形 smoked（燻製にした） …④ smog（スモッグ）= smoke + fog（霧）
0922 **circle** [só:rkl] サークル	名 **輪，円；仲間** a round, flat shape like the letter O 形 circular（円形の）　動 circulate（循環する） 名 circulation（循環）
0923 **host** [hóust] ホウスト	名 **主人（役），主催者** someone who has guests 動 **接待する；を主催する** ⇔名 hostess（女主人〔役〕※ hostess に代わって host を両性に用いる傾向がある）
0924 **thin** [θín] スィン	形 **ほっそりした；薄い** (of the body) with little flesh on the bones 動 **（を）薄く[細く]する[なる]** ⇔形 thick（厚い；濃い）☞ No.0742 ■▶ slim, slender はよい意味で「やせていること」を表す。
0925 **sheet** [ʃí:t] シート	名 **（薄いものの）1枚；シーツ** a thin flat piece of something ■▶ ベッドには普通上下2枚を対にして用いる。
0926 **wet** [wét] ウェット	形 **湿った；雨（降り）の** covered in water or another liquid 動 **濡れる；を濡らす** ⇔形 dry（乾いた）☞ No.0715 ■▶ wet は液体で「濡れている」。humid は不快なほど「湿気」をおびている。damp は「じめじめ」して不快感を伴う。moist は「湿り」具合が適度な状態を示す。
0927 **friendly** [fréndli] フレンドゥリィ	形 **親しい；友好的な** behaving towards someone in a way that shows you like them and are ready to talk to them or help them 名 friend（友人）　名 friendship（友情） = 形 close（親密な） ⇔形 hostile（敵意〔反感〕を持った） …形 user-friendly（使いやすい）

321

No smoking in this car

▶車内禁煙

✔ **No smoking**	：禁煙《掲示》
☐ **There's no smoke without fire.**	
	：火のないところに煙は立たない。《諺》

322

They all sat around in a circle.

▶みんなは丸く**輪になって**座った。

✔ **in a circle**	：輪になって
☐ **draw a circle**	：円を描く

323

Last summer, she stayed with a host family in America.

▶昨年の夏，彼女はアメリカで**受け入れ家庭**に滞在[ホームステイ]した。

✔ **a host family**	
	：受け入れ家庭，ホストファミリー
☐ **play[be] host to** *A*	
	：*A* の主催を務める

324

People in that region became thin from hunger.

▶その地域の人々は飢えのため**痩せ細った**。

✔ **become thin**	：痩せ細る
☐ **a thin sweater**	
	：薄手のセーター

STAGE 10

325

Could you give me two sheets of paper?

▶**紙**を2**枚**下さいませんか？

✔ *A* **sheet(s) of paper**	
	：紙*A*〈数〉枚
☐ **sleep between sheets**	
	：ベッドで眠る

326

I got wet to the skin.

▶私はびしょ**濡れになった**。

✔ **get wet**	：濡れる
☐ **wet clothes**	：濡れた服

327

They went on talking and became quite friendly.

▶彼らは話し続けて，とても**親しくなった**。

✔ **become friendly**	
	：親しくなる
☐ **friendly to** *A*	
	：*A* に友好的な

TO BE CONTINUED [4 / 14] ➡ 289

0928 **rank** [rǽŋk] ランク	图 **等級；地位** the position, especially a high position, that somebody has in a particular organization, society, etc. 動 **を並べる**
0929 **shine** [ʃáin] シャイン	動 **輝く，光る；を磨く** send out or reflect light ⑱ shiny（光る；晴天の） ⑱ shining（輝く；目立つ） ■▶「歯を磨く」では，clean や brush を用いる。 【変】shine-shone-shone
0930 **square** [skwéər] スクェアァ	图 **正方形；2乗；広場** a flat shape with four sides of equal length and four angles of 90° 形 **正方形の，四角の** …▶图 triangle（三角形） 图 cube（3乗）
0931 **fuel** [fjúːəl, fjúəl] フューエル	图 **燃料** a substance such as coal, gas, or oil that can be burned to produce heat or energy 動 **(に)燃料を供給する；をたきつける**
0932 **desert** 图[dézərt] 動[dizə́ːrt] 《名》デザァト 《動》ディザート	图 **砂漠** an area, often covered with sand or rocks, where there is very little rain and not many plants 動 **を見捨てる** ■▶图と動は同一綴りの別語源語。图 dessert「デザート」と混同しないように注意。
0933 **grant** [grǽnt | 〈英〉grάːnt] グラント	動 **を許可する；を是認する** give or allow someone to have something, usually in an official way 图 **授与されたもの，補助金** ＝图 subsidy（補助金）
0934 **clothing** [klóuðiŋ] クロウズィング	图 『集合的に，単数扱いで』**衣類** clothes, especially a particular type of clothes 動 clothe（に着せる） 图 cloth（布地＝图 fabric） ＝图 clothes（衣服）

28
The law was applied equally for people of all ranks.

▶その法律は**あらゆる階級の人々**に等しく適用された。

- ✓ people of all ranks
  ：あらゆる階級 [階層] の人々
- □ high[low] rank
  ：高い [低い] 階級

29
You are able to work on your stamp collection any time, rain or shine.

▶**雨が降ろうが晴れようが**いつでも，切手の収集に取り組むことができる。

- ✓ rain or shine
  ：雨が降ろうが晴れようが
- □ shine out
  ：明るく輝く
- □ shine on A ：A を照らす

30
There is a table in the corner of a square room.

▶**正方形の部屋**の隅に机がある。

- ✓ a square room[table]
  ：正方形の部屋 [テーブル]
- □ ten square miles[meters]
  ：10 平方マイル [メートル]

331
Nowadays fossil fuels are used widely.

▶今日では (石油などの) **化石燃料**が広く使われている。

- ✓ fossil fuels ：化石燃料
- □ nuclear fuel ：核燃料
- □ run out of fuel
  ：燃料切れを起こす

332
The Sahara Desert is the largest desert on the planet.

▶**サハラ砂漠**は地球上で最大の**砂漠**だ。

- ✓ the Sahara Desert
  ：サハラ砂漠
- □ desert one's wife and daughter
  ：妻と娘を捨てる

333
Most people take television for granted.

▶テレビは**あって当たり前のものだと**大抵の人が**思っている。**

- ✓ take A for granted
  ：A を当然のことと思う
- □ award a research grant to A
  ：A に研究助成金を与える

334
They provide poor people with food, clothing, and shelter.

▶彼らは貧しい人々に**衣食住**を提供している。

- ✓ food, clothing(,) and shelter
  ：衣食住 (※日英の語順の違いに注意)
- □ an article[item] of clothing
  ：衣類一点

STAGE 10

0935 **cycle**
[sáikl]
サイクル

图 周期，循環；自転車
a number of related events that happen again and again in the same order
動 循環する；自転車に乗る
＝動 rotate（回る）
⋯▶動 recycle（を再利用する）

0936 **nest**
[nést]
ネスト

图 巣；避難所
a hollow place or structure that a bird makes or chooses for laying its eggs in and sheltering its young
動 巣を作る

0937 **overseas**
副[òuvərsíːz]
形[óuvərsíːz]
《副》オウヴァスィーズ
《形》オウヴァスィーズ

副 海外へ [に / で]
to or in a foreign country that is across the sea
形 海外の
＝動 abroad（外国へ [で／に]）☞No.0481

0938 **strategy**
[strǽtədʒi]
ストゥ**ラ**タヂィ

图 戦略
a planned series of actions for achieving something
形 strategic(al)（戦略〔上〕の；戦略上重要な）
⋯▶图 tactics（作戦；戦術）

0939 **responsible**
[rispánsəbl|〈英〉-spón-]
リス**パ**ンスィブル

形 責任がある；(の) 原因である
having the job or duty of doing something or taking care of somebody or something, so that you may be blamed if something goes wrong
图 responsibility（責任）

0940 **furniture**
[fə́ːrnitʃər]
ファーニチャ

图 家具，備品
things such as chairs, tables, beds, cupboards, etc. that are put into a house or other building to make it suitable and comfortable for living or working in
動 furnish（を備えつける）
■▶特にイスやテーブルなどの動かせるもの。集合的に単数扱い。

0941 **trap**
[trǽp]
トゥ**ラ**ップ

图 わな
a piece of equipment for catching animals
動 をわなで捕える；を出られなくする

335	Traditional Japanese life followed a seasonal cycle. ▶伝統的な日本人の生活は**季節の移り変わり**に従っていた。	✔ **seasonal** cycles ：季節の移り変わり
		☐ **cycle** to the office ：自転車で仕事場へ行く
		☐ go **cycling** ：サイクリングする

| 336 | They found a nest of the eagle. ▶彼らはワシ**の巣**を見つけた。 | ✔ a **nest** of A ：A〈鳥・昆虫・小動物〉の巣 |

337	She is eager to work overseas. ▶彼女は**海外で働く**ことを強く希望している。	✔ **work** overseas ：海外で働く
		☐ go (× to) **overseas** ：海外に行く
		☐ an **overseas** student ：外国人留学生

| 338 | The business manager made a long-term development strategy. ▶営業部長は**長期成長戦略**を作成した。 | ✔ a long-term **development** strategy ：長期成長戦略 |

STAGE 10

| 339 | Parents are responsible for their children. ▶親は子供**に対して責任がある**。 | ✔ be **responsible** for A ：A に対して責任がある |
| | | ☐ a **responsible** act ：責任ある行為 |

| 340 | They didn't have much furniture. ▶彼らには**家具**があまりなかった。 | ☐ a piece of **furniture** ：一点の家具 |

| 341 | My grandfather set a trap for a fox. ▶祖父はキツネ**にわなを仕掛けた**。 | ✔ set a **trap** for A ：A にわなを仕掛ける |
| | | ☐ be **trapped** in A ：A に閉じ込められる |

TO BE CONTINUED [6/14] ➡ 293

0942 relief

[rilíːf]
リリーフ

名 安心；救済
a feeling of happiness that something unpleasant has not happened or has ended
動 relieve (を救助する)　形 relieved (ほっとした)

0943 pour

[póːr]
ポーァ

動 を注ぐ；押し寄せる
make a liquid or other substance flow out of or into a container by holding it at an angle

0944 media

[míːdiə]
ミーディア

名 〖the ~〗マスメディア
the main ways that large numbers of people receive information and entertainment, that is television, radio, newspapers and the Internet
➡ 名 形 medium「中間，媒介〔物〕／中位の」の複数形がもと。

0945 security

[sikjúərəti]
スィキュアリティ

名 安全保障；警備
the activities involved in protecting a country, building or person against attack, danger, etc.
形 動 secure (安全な；保証されて／を確実にする)
⇔名 insecurity (不安定；危険)

0946 intend

[inténd]
インテンド

動 (~する)つもりである
have something in your mind as a plan or purpose
名 intention (意向)　名 intent (意図，意志)
形 intensive (集中的な)　形 intense (強烈な)
➡ intend は重要なことを「意図する」時に用い，mean や plan よりも意図が強い。

0947 award

[əwóːrd]
アウォード

動 (賞など)を与える
give money or a prize following an official decision
名 賞
＝名 prize (賞) ☞No.1008

0948 concentrate

[kánsəntrèit|〈英〉kɔ́n-]
カンセントゥレイト

動 (を)集中[傾注]する
give all your attention to something and not think about anything else
名 concentration (集中〔力〕)

0949 recall

動 [rikɔ́ːl]
名 [rikɔ́ːl, ríːkɔ̀ːl]
リコール

動 を呼び戻す；(を)思い出す；を回収する
remember a particular fact, event, etc. from the past
名 呼び戻し；回収；回想
＝動 recollect (〔を〕思い出す)
　動 remember (〔を〕思い出す) ☞No.0052

0100

942 Much to her relief, she found a hotel to stay.

▶宿が取れるとわかって，彼女は**大いに安堵**した。

☑ **much to** one's **relief**
　　　　：大いに安堵して

0200

943 My mother poured boiling water into a pot to make tea.

▶母は紅茶を淹れるため熱湯**を**ポット**に注いだ**。

☑ **pour** A **into** B
　　　　：A を B の中に注ぐ
☐ **pour in** ：殺到する

0300

944 The media are often accused of being biased.

▶**マスコミ**はしばしば偏っていると非難される。

☐ **the news media**
　　　　：報道機関

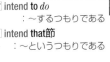

0400

0500

0600

945 Japan has a security treaty with the US.

▶日本はアメリカと**安全保障条約**を結んでいる。

☑ **a security treaty**
　　　　：安全保障条約
☐ **job security** ：就業保障

0700

0800

STAGE
10

946 I hear they intend to marry.

▶二人は**結婚するつもり**だと聞いている。

☑ **intend to** do
　　　　：～するつもりである
☐ **intend that** 節
　　　　：～というつもりである

1000

1100

1200

947 The judges awarded first prize to him.

▶審査員は彼に 1 等賞**を与えた**。

☑ **award** A **to** B
　　　　：B に A〈賞〉を与える
☐ **be awarded the prize**
　　　　：賞を受賞する

1300

1400

948 Concentrate on what you're doing now.

▶今やっていること**に集中しなさい**。

☑ **concentrate on** A
　　　　：A に集中する

1500

1600

949 A word spoken is past recalling.

▶口から出た言葉は2度と**呼び戻せ**ない（＝発言は慎重に）。

☐ **recall where** 節
　　　　：どこで～かを思い出す
☐ **recall meeting a person**
　　　　：人と会ったことを思い
　　　　出す

1700

1800

TO BE CONTINUED [**7**/14] ➡

0950 **context**
[kántekst | 〈英〉kɔ́n-]
カンテクスト

图 (文章の) **前後関係，脈絡；情況**
the words that come just before and after a word, phrase or statement and help you to understand its meaning
⑱ contextual (文脈上の)

0951 **trick**
[trík]
トゥリック

图 **策略；手品**
something that you do to make somebody believe something that is not true, or to annoy somebody as a joke

動 **をだます**
⑱ tricky (狡猾な)

0952 **instrument**
[ínstrəmənt]
インストゥルメント

图 **道具；楽器**
an object used for producing musical sounds, for example a piano or a drum
⑱ instrumental (楽器の)
= 图 tool (道具) ☞No.0686　图 implement (道具)
　图 apparatus (器具；装置)

0953 **slight**
[sláit]
スライト

形 **わずかな**
small in degree
動 **を軽んずる**
⑩ slightly (わずかに)

0954 **react**
[riǽkt]
リアクト

動 **反応する；反抗する**
change or behave in a particular way as a result of or in response to something
图 reaction (反応；反発)　⑱ reactionary (反動的な)

0955 **religion**
[rilídʒən]
リリヂャン

图 **宗教；信心**
the belief in and worship of a god or gods, or any such system of belief and worship
⑱ religious (宗教的な；信心深い)
⑩ religiously (信心深く)

0956 **cancer**
[kǽnsər]
キャンサァ

图 **ガン**
a serious disease that is caused when cells in the body grow in a way that is uncontrolled and not normal, killing normal cells and often causing death

---

0957 **scream**
[skríːm]
スクリーム

動 **金切り声をあげる，(と) 絶叫する**
cry or say something loudly and usually on a high note, especially because of strong emotions such as fear, excitement, or anger

图 **金切り声，絶叫**
■▶ shriek は scream よりヒステリックな「金切り声」，screech は耳障りで不愉快な「金切り声」。

⁵⁰ Imagine the meaning of an unknown
word from its context.

▶知らない単語の意味は**文脈**から想像しなさい。

---

¹⁵¹ The kids are always playing tricks on
their teacher.

▶子供たちはいつも先生**にいたずらを仕掛ける**。

☑ play a trick on A
：A〈人〉にいたずらをする

☐ trick or treat
：おかしをくれなきゃイ
タズラするぞ《ハロウィ
ン》

---

⁵⁷ Voices and musical instruments sounded
clearer and more true-to-life.

▶声や**楽器**はよりはっきりと，より真に迫って聞こえ
た。

☑ a musical[writing]
instrument
：楽器 [筆記用具]

☐ a scientific instrument
：理科の器具

---

¹⁵³ I have a slight pain.

▶私は**少し痛みがあります**。

☑ have a slight pain
[headache]：少し痛みが
ある [頭痛がする]

☐ a slight fever ：微熱

---

¹⁵⁴ I wasn't sure how to react to the news.

▶その知らせに**どう対応す**べきかわからなかった。

☑ react to A ：A に反応する

---

¹⁵⁵ It is not allowed for the government to
limit freedom of religion.

▶政府が**信仰の自由**を制限することは許されない。

☑ freedom of religion
：宗教の自由

---

¹⁵⁶ Smoking is the major cause of lung
cancer.

▶喫煙は**肺ガン**の主要原因である。

☑ lung[stomach] cancer
：肺 [胃] ガン

☐ blood cancer
：血液のガン (白血病)

---

³⁵⁷ She screamed for help.

▶彼女は**大声で助けを求めた**。

☑ scream for help
：大声で助けを求める

☐ scream with laughter
：笑い転げる

STAGE **10**

0958	
score [skɔ́ːr] スコーァ	名 **成績；得点；総譜** the number of points somebody gets for correct answers in a test 動 **得点をあげる** = 名 mark (点数) ☞No.0438

0959	
reward [riwɔ́ːrd] リ**ウォ**ード	名 **報酬** something given in exchange for good behavior or good work, etc. 動 **に報いる** 形 rewarding (するかいがある) = 名 fee (謝礼) ☞No.0711

0960	
disaster [dizǽstər | 〈英〉-zάːs-] ディ**ザ**スター	名 **災害；大きな不幸 [災難]** an unexpected event, such as a very bad accident, a flood or a fire, that kills a lot of people or causes a lot of damage 形 disastrous (悲惨な，破滅的な)

0961	
poverty [pávərti | 〈英〉póv-] パ**ヴァ**ティ	名 **貧困，貧乏** the state of being poor 形 poor (貧しい) ⇔ 名 wealth (富裕) ☞No.1016

0962	
conference [kánfərəns | 〈英〉kɔ́n-] **カ**ンフェランス	名 **会議，協議** a large formal meeting where a lot of people discuss important matters such as business, politics, or science, especially for several days 動 confer (相談する) = 名 meeting (会議) ☞No.0260

0963	
financial [finǽnʃəl, fai-] フィ**ナ**ンシャル	形 **財政上の，金融上の** relating to money or how money is managed 名 finance ([-s] 財源；財政)

0964	
expose [ikspóuz] イクス**ポ**ウズ	動 **をさらす；を暴露する** put someone in a situation where they are not protected from something dangerous or unpleasant 名 exposure (暴露)　名 exposition (博覧会)

0965	
predict [pridíkt] プリ**ディ**クト	動 **を予言 [予報] する** say that something will happen in the future 名 prediction (予報，予言，予想) 形 predictable (予言 [予想] できる)

⁵⁸ What was your <u>score on the test</u>? ▶その**テストの成績**は何点でしたか？	✔ **the score on a test** ：テストの成績 ☐ the final score ：最終得点 ☐ a high[low] score ：高 [低] 得点
⁵⁹ The job is difficult, but <u>the financial rewards</u> are great. ▶その仕事は骨が折れるが，**金銭的な報酬**は大きい。	✔ **the financial rewards** ：金銭的な報酬 ☐ in reward ：報酬として
⁶⁰ It was the worst <u>man-made</u> disaster in human history. ▶それは人類史上最悪の**人災**だった。	✔ **a man-made disaster** ：人災 ☐ a natural disaster ：自然災害 ☐ a disaster area ：被災地
³⁶¹ The family <u>fell into poverty</u> at the death of the father. ▶父親の死亡で一家は**貧困に陥った**。	✔ **fall into poverty** ：貧困に陥る ☐ live in poverty ：貧乏な生活を送る
⁶² A <u>summit conference</u> was <u>held</u> in this town. ▶**首脳会議**がこの町で**行われた**。	✔ **a summit conference** ：首脳会議 ✔ **hold[have] a conference** ：会議を開催する
⁶³ <u>Financial assistance</u> is available to students at universities. ▶大学在学生は**財政的援助**を得ることが可能である。	✔ **financial assistance** ：財政的援助 ☐ financial problems ：財政上の問題
⁶⁴ You mustn't <u>expose</u> your children <u>to</u> danger. ▶子供たち**を**危険に**さらして**はならない。	✔ **expose A to B** ：A を B にさらす
⁶⁵ Some scholars <u>predict</u> that there will be a great earthquake in the near future. ▶近い将来大きな地震がある**と予言する**学者がいる。	✔ **predict (that)節** ：～と予測する ☐ be predicted to do ：～すると予測されている

TO BE CONTINUED [**9**/14] ➡ 299

0966 **entirely**
[intáiərli]
インタイアリィ

圖 **全く；ひたすら**
completely
⑱ entire (全体の；全くの)
=圖 completely (完全に)

0967 **generous**
[dʒénərəs]
ヂェネラス

形 **寛大な，気前のよい**
willing to give money, help, kindness, etc., especially more than is usual or expected
⑧ generosity (寛大さ，気前のよさ)
圖 generously (気前よく)

0968 **status**
[stéitəs, stǽ-]
ステイタス

图 **地位**
respect and importance that someone or something is given
■▶ 綴りの似た⑧ statue「彫像」に注意。どちらも語源は station (〔人などが〕立つ所→駅)。

0969 **persuade**
[pərswéid]
パァスウェイド

動 **を説得する**
make somebody do something by giving them good reasons for doing it
⑧ persuasion (説得)
⇔圖 dissuade (〔人〕に～しないように説得する)
■▶ persuade は「説得」して何かをさせることに，convince は何かを「納得」させることに焦点がある。

0970 **anxious**
[ǽŋkʃəs]
アンクシャス

形 **心配な；切望して**
worried and nervous
⑧ anxiety (心配事)
圖 anxiously (心配して；切望して)

0971 **assignment**
[əsáinmənt]
アサインメント

图 **宿題；(仕事などの)割り当て**
a piece of work given to someone, typically as part of their studies or job
動 assign (割り当てる)
=⑧ homework (課題 ※不可算名詞)

0972 **chart**
[tʃáːrt]
チャート

图 **図表，グラフ，海図**
a diagram, lists of figures, etc. that shows information

---

⁵⁶ I'm not entirely against the plan.

▶私はその計画に**全面的に**反対というわけではない。

---

⁵⁷ He is quite generous in praise.

▶彼は**賞賛を惜しまない**。

✔ generous **in praise[in giving help]**
：惜しみなく賞賛する [援助する]

---

⁵⁸ How can we improve Japan's international status?

▶どうしたら日本の**国際的地位**を高めることができるだろうか？

✔ **the international status**
：国際的地位

☐ **the social status of** *A*
：*A* の社会的地位

---

⁵⁹ I persuaded him to take some medicine.

▶**説得して**彼に薬を少し**飲ませた**。

✔ **persuade** *A* **to** *do*
：*A* を説得して～させる

---

⁷⁰ He got anxious about the harvest.

▶彼は収穫が**気にかかった**。

✔ **get anxious about** *A*
：*A* が気にかかる

☐ **I'm anxious to meet you.**
：是非ともあなたにお会いしたい。

---

⁷¹ Our teacher gives us various assignments.

▶私たちの先生はいろんな**宿題を出す**。

✔ **give** *A* **an assignment**
：*A*〈人〉に宿題を出す

---

⁷² Look at the bar chart below.

▶以下の**棒グラフ**を見て下さい。

✔ **a bar chart[graph]**
：棒グラフ

☐ **in the form of a diagram or chart**
：図表かグラフの形で

0973 **peak**
[píːk]
ピーク

图 頂上；最高点
the highest, strongest, or best point, value, or level of skill
動 最高点に達する

0974 **solid**
[sálid |〈英〉sɔ́l-]
サリッド

图 固体
hard or firm, keeping a clear shape
形 固体の；丈夫な
動 solidify（を固める）　图 solidarity（団結；一致）
…▸图 fluid（流体）　图 liquid（液体）☞No.1321
　图 gas（気体）

0975 **wander**
[wándər |〈英〉wɔ́n-]
ワンダァ

動 (を)歩き回る，(を)放浪する
walk slowly across or around an area, usually without a clear direction or purpose
■▸ wander は目的・道順なしに「ぶらぶら歩く」。roam は自由気ままに「歩き回る」。似た発音の wonder「～かしらと思う」と混同しないように注意。

0976 **compose**
[kəmpóuz]
カンポウズ

動 を構成する，を組み立てる；(を)作曲する
combine together to form a whole
图 composition（構成〔物〕，合成〔物〕）
图 composer（作曲家）　图 composite（合成物）

0977 **hesitate**
[hézətèit]
ヘズィテイト

動 ためらう；気が進まない
pause before you do or say something, often because you are uncertain or nervous about it
图 hesitation（ためらい＝reluctance）

0978 **stable**
[stéibl]
ステイブル

形 安定した
fixed or steady; not likely to move, change or fail
图 馬(小)屋
图 stability（安定性）
動 stabilize（〔を〕安定させる［する］）
■▸ 形 と 图 は同一綴りの別語源語。

0979 **ingredient**
[ingríːdiənt]
イングリーディアント

图 成分；材料
a food that is used with other foods in the preparation of a particular dish

---

0980 **ancestor**
[ǽnsestər]
アンセスタァ

图 先祖
a person related to you who lived a long time ago
形 ancestral（先祖の；先祖伝来の）
⇔图 descendant（子孫）

---

73 The train accident occurred at the peak of the morning rush hour. ▶その電車の事故は朝のラッシュアワー**の絶頂期に**起きた。

- ✔ **at the peak of** A
  ：A の頂点 [最盛期] に
- ☐ **reach** *one's* **peak**
  ：頂点に達する

74 Ice is water in a solid state.
▶氷は**固体状の**水だ。

- ✔ **in a solid state** ：固体状の
- ☐ **solid fuel** ：固形燃料

75 I wandered up and down the street.
▶私は通り**を行ったり来たりして歩き回った**。

- ✔ **wander up and down** A
  ：A を行ったり来たりして歩き回る
- ☐ **wander around[through]** A
  ：A をあちこちさまよう

76 Do you know what water is composed of?
▶水が何で**構成されている**か知っていますか？

- ✔ **be composed of** A
  ：A で構成されている

77 For a moment she hesitated.
▶一瞬の間彼女は**ためらった**。

- ☐ **not hesitate to** *do*
  ：遠慮せずに～する

78 Would you give me an example of a politically stable country?
▶政治的に**安定している国**の例を示して下さいますか？

- ✔ **a stable country**
  ：安定した国
- ☐ **keep** A **stable**
  ：A を安定させる
- ☐ **in (a) stable condition**
  ：(病状などが) 安定して

79 Mix all the ingredients gently in a bowl.
▶ボールに入れて**材料を**全部丁寧に**混ぜ合わせなさい**。

- ✔ **mix the ingredients**
  ：材料を混ぜる

80 My ancestors came from Scotland.
▶うちの**先祖**はスコットランドから来た。

- ☐ **a remote ancestor**
  ：遠い祖先

0981 **mobile**
[móubəl | 〈英〉-bail]
モウバル

形 **動きやすい，可動の**
not fixed in one position, and easy to move and use in different places
名 mobility（移［可］動性）
＝形 portable（持ち運びできる）

0982 **treasure**
[tréʒər]
トレジャア

名 **宝物；貴重品**
a highly valued object
⋯名 treasury（公庫；〖the T-〗《米》財務省）

0983 **evolution**
[èvəlúːʃən | 〈英〉íːv-]
エヴォルーション

名 **進化（論）；発展**
the scientific idea that plants and animals develop and change gradually over a long period of time
動 evolve（発展する）　形 evolutionary（発展の）

0984 **analyze**
[ǽnəlàiz]
アナライズ

動 **を分析する**
examine the nature or structure of something, especially by separating it into its parts, in order to understand or explain it
名 analysis（分析；分解⇔名 synthesis）
名 analyst（分析者）　名 analyzer（分析器）

0985 **abstract**
形[ǽbstrækt, ⸗⸗ |
〈英〉ǽbstrækt]
名[ǽbstrækt]
《形》アブストゥ**ラ**クト
《名》ア**ブ**ストゥラクト

形 **抽象的な；観念的な**
existing only as an idea or quality rather than as something real that you can see or touch
名 **抽象（観念）**
⇔形 practical（実際的な）
　形 concrete（具体的な）☞No.1338

0986 **crucial**
[krúːʃəl]
クルーシャル

形 **決定的な，重大な；厳しい**
extremely important or necessary

0987 **considerable**
[kənsídərəbl]
カンス**ィ**ダラブル

形 **かなりの，たくさんの**
large or of noticeable importance
副 considerably（かなり，ずいぶん）

0988 **component**
[kəmpóunənt]
カムポウネント

名 **部品；構成要素**
one of several parts of which something is made
形 **構成している**

81 The French government will prohibit students from using mobile phones in schools.

▶フランス政府は学校で生徒が**携帯電話**を使うことを禁止する。

☑ a mobile **phone**：携帯電話
☐ a mobile **library**
　：《英》移動図書館

82 The great books are like treasures.

▶偉大な書物は**宝物**のようなものだ。

☐ hidden[buried] treasure
　：隠された[埋蔵された]
　　財宝
☐ a treasure **hunt**　：宝捜し

83 Darwin published his theory of evolution.

▶ダーウィンは自説の**進化論**を出版した。

☑ the theory of evolution
　：進化論

84 You should analyze your results more clearly.

▶**結果を**もっとはっきりと**分析しなさい**。

☑ analyze **the result**
　：結果を分析する
☐ analyze **data**
　：データを分析する

85 It is hard to define abstract concepts such as love or beauty.

▶愛や美といった**抽象的概念**を定義することは難しい。

☑ an abstract **concept[idea]**
　：抽象的概念
☐ abstract **art**　：抽象芸術

86 Her work has been crucial to the project's success.

▶その計画の成功**には**彼女の仕事が**決定的**であった。

☑ be crucial to A
　：A には決定的である

87 We waste a considerable amount of energy every day. ▶私たちは毎日**相当な量の**エネルギーをむだにしている。

☑ a considerable amount[number] of A
　：相当な量[数]の A

88 The factory supplies electrical components for cars.

▶その工場は乗用車向けの**電気製品の部品を供給**している。

☑ supply electrical components
　：電気製品の部品を供給
　　する

STAGE **10**

0300

0400

0500

0600

0700

0800

1000

1100

1200

1300

1400

1500

1600

1700

1800

0989
virtually
[və́ːrtʃuəli]
ヴァーチュアリィ

副 事実上，実質的には
almost
形 virtual (事実上の；仮想の⇔形 real)

0990
reject
動[ridʒékt]
名[ríːdʒekt]
《動》リヂェクト
《名》リーヂェクト

動 を拒絶する
refuse to accept or consider something
名 不合格者 [品]
名 rejection (拒絶)
＝動 refuse (〔を〕拒絶する) ☞ No.0911
　熟 turn down (〜を拒否する)
⇔動 accept (を受け入れる) ☞ No.0197

0991
submit
[səbmít]
サブミット

動 を提出する；屈する
give a document, proposal, etc. to somebody in
authority so that they can study or consider it
名 submission (服従，降伏)

0992
distinction
[distíŋkʃən]
ディスティンクション

名 区別；相違
a clear difference or separation between two similar
things
形 distinct (はっきりした；別個の)
形 distinctive (特有の，特徴的な)

0993
ring
[ríŋ]
リング

動 を鳴らす；鳴る；《英》電話をかける
(cause to) make the sound of a bell
名 指輪；鳴る音
■▶【変】ring-rang-rung。「電話をかける」は《米》では
call。

0994
sight
[sáit]
サイト

名 見ること；視力；光景
the act of seeing something
動 を見つける
名 insight (洞察)　名 sightseeing (観光)
＝名 eyesight (視力)　名 vision (視力) ☞ No.0827
…名 spectacle (壮観)
■▶特定の場所からの「眺め」は view。

0995
spirit
[spírit]
スピリット

名 精神；霊魂
a state of mind or attitude
形 spiritual (精神的な⇔形 material, physical)

---

89 The work was virtually finished.

▶仕事は**実質的には**終わっていた。

---

90 The government rejected our proposal.

▶政府は**当方の提案を拒んだ**。

- ✔ reject A's proposal
  ： A の提案を拒む
- ☐ reject A's [the] advice
  ： A の忠告をはねのける

---

91 He has already submitted the report to the committee.

▶彼はすでに委員会に報告書を**提出**していた。

- ✔ submit A to B
  ： A を B に提出する

---

92 The company makes no distinction between the sexes.

▶その会社は男女の性別**による区別**を一切しない。

- ✔ make a distinction between A and B
  ： A と B とを区別する

---

93 Somebody rang my doorbell.

▶誰かが**ドアベル**を鳴らした。

- ☐ a wedding ring ：結婚指輪

---

94 No one was in sight.

▶人一人**見当たら**なかった。

- ✔ in sight ：見えるところに
- ☐ catch[lose] sight of the main point
  ：要点を捕える[見失う]

---

95 He lost his fighting spirit.

▶彼は**闘志**を失った。

- ✔ fighting spirit ：闘志
- ☐ in high[good] spirits
  ：上機嫌で

TO BE CONTINUED [**13**/14] ➡ 307

0996 **terrible** [térəbl] テラブル	形 **ひどい；恐ろしい** extremely severe in a way that causes harm or damage 働 terrify (を恐れさす)　名 terror (恐怖) 副 terribly (恐ろしく，ひどく) ＝形 dreadful (とても悪い) 　形 horrible (実にひどい，恐ろしい) ☞No.1251 …▶名 terrorism (テロ)
0997 **former** [fɔ́:rmər] フォーマァ	形 **以前の，先の；前者の** of or in an earlier time; before the present time or in the past 副 formerly (先に，以前は) ⇔形 latter (後者の) ☞No.0857 ■▶ the former の形で代名詞的に用いられる。
0998 **custom** [kʌ́stəm] カスタム	名 **習慣，風習；〖-s〗関税** an accepted way of behaving or of doing things in a society or a community 形 customary (習慣的な) 働 accustom (を慣れさせる) ＝名 habit (習慣；癖) ☞No.0521 ■▶ customs「関税，税関」は単数扱いなので注意。
0999 **senior** [sí:njər] スィーニァ	形 **年上の** older 名 **年上の人** ＝形 older (年老いた) ⇔形 junior (年少の) ☞No.1089
1000 **forever** [fərévər] フォレヴァ	副 **永久に；絶えず** for all future time

96 A terrible storm hit the area.

▶ひどい嵐がその地域を襲った。

- ☑ a terrible **storm**：ひどい嵐
- ☐ have a terrible **experience**：ひどい目にあう
- ☐ be terrible at *A*：*A* が下手である

97 Things left behind will be returned to a former owner of the room.

▶残された物は部屋の**前の持ち主**に返却される。

- ☑ a former **owner**：前の持ち主
- ☐ a former **president**：元 [前] 大統領

98 Such a custom is not peculiar to our country.

▶そのような**習慣**はわが国に特有のものではない。

- ☐ different **customs**：色々な慣習
- ☐ a local **custom**：地元の慣習
- ☐ the custom of *doing*：～する慣習

99 Jane is two years senior to me.

▶ジェーンは私**より**2つ**年上です**。

- ☑ be senior to *A*：*A* より年上である

100 Their mutual trust has been lost forever.

▶二人の信頼関係は**永久**に失われた。

- ☐ continue[last] forever：永遠に続く
- ☐ The Stars and Stripes Forever：『星条旗よ永遠なれ』(行進曲名)

Lesson 10　固有名詞

国名・国語・国民の名称のうち、主要なものを収載しました。国名が国語と国民になる時に、語尾が変化するパターンを覚えておきましょう。

	国名・地域	国語	国民・民族	
アメリカ	America		American	
アフリカ	Africa		African	
インド	India		Indian	
ロシア	Russia	Russian	Russian	
韓国	Korea	Korean	Korean	
オーストラリア	Australia		Australian	
アジア	Asia		Asian	
ハワイ	Hawaii		Hawaiian	
ヨーロッパ	Europe		European	
カナダ	Canada		Canadian	
メキシコ	Mexico		Mexican	
エジプト	Egypt	Arabic Egyptian	Egyptian	
イタリア	Italy	Italian	Italian	
ドイツ	Germany	German	German	
イギリス	England Britain	English	Englishman British	注①
スペイン	Spain	Spanish	Spanish	
アイルランド	Ireland		Irish	
フランス	France	French	French, Frenchman	注②
オランダ	Holland	Dutch	Dutch	注③
デンマーク	Denmark	Danish	Danish	
日本	Japan	Japanese	Japanese	
中国	China	Chinese	Chinese	
ベトナム	Vietnam	Vietnamese	Vietnamese	
ギリシア	Greece	Greek	Greek	
スイス	Switzerland		Swiss	

注①：スコットランドとウェールズを除いたイングランドだけを指す場合もある。
　　　それと区別して英国全体を指す場合は、(Great) Britain, the United Kingdom
注②：フランス国民全体を指す場合は French、個々のフランス人を指す場合は、
　　　Frenchman（男）、Frenchwoman（女）、Frenchmen（複数）
注③：オランダの公式名は the Kingdom of the Netherlands

family

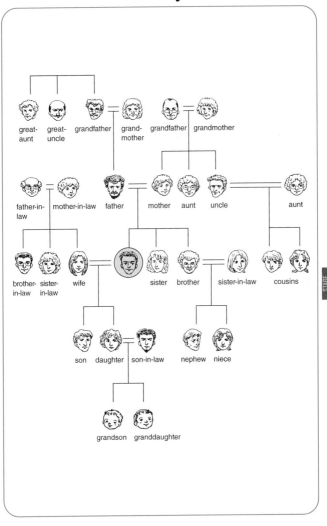

great-aunt · great-uncle · grandfather — grand-mother · grandfather — grandmother

father-in-law · mother-in-law · father — mother · aunt · uncle · aunt

brother-in-law · sister-in-law · wife — *(self)* · sister · brother — sister-in-law · cousins

son · daughter — son-in-law · nephew · niece

grandson · granddaughter

1001
tax
[tǽks]
タックス

图 **税金**
(an amount of) money paid to the government that is based on your income or the cost of goods or services you have bought
動 **に課税する**
图 taxation（課税，徴税）　图 taxpayer（納税者）
形 tax-free（免税の）
＝图 task（仕事）☞No.0449　图 duty（税）☞No.1303

1002
comprehension
[kàmprihénʃən | 〈英〉kɔ̀m-]
カンプリヘンション

图 **理解 (力)**
the ability to understand something
形 comprehensive（包括的な；広範囲な）
動 comprehend（〔を〕理解する）☞No.1493

1003
battle
[bǽtl]
バトゥル

图 **戦い**
a fight between armed forces
動 **(と) 戦う**
图 battlefield（戦場）
＝图 war（戦争）☞No.0490　图 combat（戦闘）

1004
knock
[nák | 〈英〉nɔ́k]
ナック

動 **(を) 叩く, (を) 強く打つ**
repeatedly hit something, producing a noise
■▶ ドアなどのノックは英米では3〜6回と日本の習慣より回数が多い。at は打つ対象を，on は打つ場所に焦点がある。《米》では on を多用。

1005
stair
[stéər]
ステア

图 〖通例 -s〗 **階段**
a set of steps that lead from one level of a building to another
图 staircase（〔手すりなどを含めて〕階段）
＝图 steps（〔特に屋外の〕階段）
…图 upstairs（上の階）　图 downstairs（階下）
■▶ stairs は，建物の階（floor）から階まで，または踊り場（landing）から踊り場までのひと続きの「階段」。

1006
metal
[métl]
メタル

图 **金属；合金**
a type of solid mineral substance that is usually hard and shiny and that heat and electricity can travel through, for example tin, iron and gold
…图 copper（銅）　图 bronze（青銅）

01 The government decided to increase the consumption tax. ▶政府は**消費税を上げる**ことを決定した。	✔ **the consumption tax** 　　　　：消費税 ✔ **increase[raise] taxes** 　　　　：増税する ☐ **tax burden**　：税負担

02 Their behavior was beyond my comprehension. ▶彼らのふるまいは**全く理解しがたかった**。	✔ **be beyond** *one's* **comprehension** 　　　　：理解に苦しむ

03 He bravely fought a battle against the enemy. ▶彼は敵と勇敢に**戦った**。	✔ **fight a battle**　：戦う ☐ **win[lose] a battle** 　　　：戦いに勝つ[負ける] ☐ **the battle line**　：戦線

04 He knocked on the closed door. ▶彼は閉まっている**ドアをノックした**。	✔ **knock on the door** 　　　：ドアをノックする ☐ **knock** *A* **down** 　　　：*A* を叩きふせる

05 She went up stairs quietly. ▶彼女は静かに**階段を上った**。	✔ **go up[down] (the) stairs** 　　：階段を上がる[下りる] ☐ **the stair to success** 　　　：成功への道

06 Gold is classified as precious metals. ▶金は**貴金属**に分類される。	✔ **precious[heavy] metals** 　　：貴金属[重金属]

TO BE CONTINUED [1/14] ➡ 313

1007 **slip**
[slíp]
スリップ

動 (うっかり)**滑る**
slide without intending to
名 **滑り，スリップ**
㊟ slippery (つるつるした)
名 slipper (上靴，スリッパ)
■▶ 意図的に「滑る」場合は slide。自動車などが「スリップする」は skid。過去形は slipped，進行形は slipping。

1008 **prize**
[práiz]
プライズ

名 **賞，賞品**
an award that is given to a person who wins a competition, race, etc. or who does very good work
＝名 award (賞) ☞No.0947　　名 reward (報酬) ☞No.0959

1009 **wedding**
[wédiŋ]
ウェディング

名 **結婚式**
a marriage ceremony and any celebrations such as a meal or a party that follow it
動 wed (結婚する)
＝名 marriage (結婚)
┈▶名 bride (花嫁)

1010 **narrow**
[nǽrou]
ナロウ

形 **狭い，細い**
measuring a short distance from one side to the other, especially in relation to length
動 **を狭くする；狭くなる**
副 narrowly (かろうじて)
⇔㊟ wide (広い) ☞No.0352
　㊟ broad (〔幅〕広い) ☞No.0785
■▶「狭い部屋」は a small room。

1011 **toy**
[tói]
トイ

名 **おもちゃ**
an object for children to play with
動 『toy with』(を) **おもちゃにする；(考えなどを) 漠然と持つ**

1012 **glove**
[glʌ́v]
グラヴ

名 **手袋；グローブ**
a piece of clothing that you wear on your hand in order to protect it or keep it warm
＝名 mitten (親指だけ離れた二またの手袋)
■▶名 globe「地球」[glóub] と混同しないように注意。

07 I slipped and fell on ice and got injured. ▶私は氷で**滑って転んで**ケガをした。	✔ slip and fall ： 滑って転ぶ

08 He was awarded the Nobel Prize in physics. ▶彼は**ノーベル物理学賞**を受賞した。	✔ the Nobel Prize ： ノーベル賞 ☐ win[get / take] (the) first prize at an exhibition ： 展覧会で1等賞を取る
09 I'm going to attend his wedding reception. ▶私は彼の**結婚披露宴**に出席するつもりだ。	✔ a wedding reception ： 結婚披露宴 ☐ a wedding anniversary ： 結婚記念日
10 There were two vehicles on the narrow road approaching the signal. ▶その**細い道**に，信号に近づく2台の車があった。	✔ a narrow road[river / corridor] ： 細い道 [川／廊下] ☐ a narrow desk ： 細い机
11 My little brother is playing with toys in a living room. ▶私の小さな弟は居間で**おもちゃで遊んで**いる。	✔ play with a toy ： おもちゃで遊ぶ ☐ toy with a pen ： ペンをいじくる
12 My father gave me a boxing glove as a birthday present. ▶父は私に誕生日プレゼントとして**ボクシングのグローブ**をくれた。	✔ a boxing glove ： ボクシングのグローブ ☐ put on gloves ： 手袋をはめる

STAGE 11

1013 **tone**
[tóun]
トウン

名 調子，音
the quality of somebody's voice, especially expressing a particular emotion
…⟨名⟩ tune (曲) ☞ No.1582

1014 **willing**
[wíliŋ]
ウィリング

形 〖be willing to do〗 ～するのをいとわない
prepared to do something, or having no reason to not want to do it
⟨名⟩ will (意志；遺言)　⟨副⟩ willingly (進んで，快く)
⟨名⟩ willingness (快く〔進んで〕すること)
＝⟨熟⟩ be eager to do (是非～したい)
⇔⟨形⟩ unwilling (～する気がしない)
　⟨形⟩ reluctant (嫌々ながらの)

1015 **northern**
[nɔ́:rðərn]
ノーザァン

形 北の
in or from the north part of an area
⟨名⟩ north (北)
⇔⟨形⟩ southern (南の)

1016 **wealth**
[wélθ]
ウェルス

名 富裕；財産
a large amount of money or valuable possessions that someone has
⟨形⟩ wealthy (豊かな)
⇔⟨名⟩ poverty (貧乏) ☞ No.0961

1017 **storm**
[stɔ́:rm]
ストーム

名 嵐
an extreme weather condition with very strong wind, heavy rain, and often thunder and lightning
動 嵐になる；を襲撃 [強襲] する
＝⟨名⟩ assault (強襲)

1018 **largely**
[lá:rdʒli]
ラーヂリィ

副 主として；大規模に
to a great extent; mostly or mainly
⟨形⟩ large (大きな，広い)
＝⟨副⟩ mainly (主に)　⟨副⟩ chiefly (第一に)

1019 **visual**
[víʒuəl]
ヴィジュアル

形 視覚の
relating to seeing
名 映像
⟨副⟩ visually (視覚的に)
⟨動⟩ visualize (を視覚化する；を思い描く)

13
The man spoke about his childhood in a sad tone. ▶その男性は**悲しい調子**で自分の子供時代について**話した**。

- ✔ speak in a sad[frightened] tone
  ：悲しい調子[驚いた語調]で話す

14
We are willing to follow you.
▶あなたに**従うことに異存はない**。

- ✔ be willing to do
  ：〜する気がある
- ☐ a willing worker
  ：(積極的に)働きたいと思ってる人

15
They were busy preparing to protect their homes against the strong northern winds.
▶彼らは強い**北風**から自分たちの家を守るための準備に忙しかった。

- ✔ a northern wind ：北風
- ☐ northern countries ：北方の国々
- ☐ Northern Europe ：北欧

16
He is known as a man of great wealth.
▶彼は**大富豪**として知られている。

- ✔ a man of great wealth ：大富豪
- ☐ a wealth of A ：豊富な A

17
There was a fierce storm approaching the island.
▶**激しい嵐**が島に接近していた。

- ✔ a fierce[heavy / violent] storm ：激しい嵐

18
My failure was largely due to bad luck.
▶私の失敗は**主に**不運によるものだった。

19
He prepared visual aids for his presentation.
▶彼はプレゼンテーションのための**視覚教材**を準備した。

- ✔ a visual aid
  ：視覚教材（※スライド・映画など⇒audio-visual aids）
- ☐ visual appeal
  ：見た目の魅力

TO BE CONTINUED [3/14] ➡ 317

1020 soldier
[sóuldʒər]
ソウルヂャ

图 兵士；(陸軍の)軍人
a member of an army, especially one who is not an officer
…⊘ army (軍隊) ☞No.1465　⊘ troops (軍隊)
■▶「(陸軍の)軍人」は，将校・兵士の全部を含む。

1021 border
[bɔ́ːrdər]
ボーダァ

图 境界，国境；へり
the line that divides two countries or areas; the land near this line

動 に (境を) 接する；隣り合う
⊘ borderline (境界線)　⊘ borderless (無境界の)
=⊘ boundary (境界線) ☞No.1272

1022 steel
[stíːl]
スティール

图 鋼鉄，はがね
strong metal that can be shaped easily, consisting of iron and carbon
…⊘ iron (鉄)
■▶純潔・高い信頼度などの象徴。

1023 brief
[bríːf]
ブリーフ

形 手短な；しばらくの
lasting only a short time or containing few words

图 (簡単な) 指示；要約
⊛ briefly (手短に)　⊘ briefs (短いパンツ)
⊘ briefing (要約した報告)

1024 proper
[prápər | 〈英〉própə]
プラパァ

形 固有の；適切な
belonging to the main, most important, or typical part
⊛ properly (適切に)
=⊛ suitable (適した)
　⊛ fit ([に] 合う) ☞No.0580
　⊛ appropriate (適切な) ☞No.0277

1025 mass
[mǽs]
マス

图 かたまり，集団；大きさ
a large amount of a substance which does not have a definite or regular shape

形 大衆の
⊛ massive (巨大な，大量の)
…⊘ lump (かたまり)

1026 admire
[ædmáiər]
アドゥマイア

動 に感心する，を賞賛する
respect somebody for what they have done or to respect their qualities
⊛ admirable (賞賛すべき)
⊘ admiration (賞賛≒⊘ worship)
…⊘ miracle (奇跡) ☞No.1478

20
Soldiers marched through the town.

▶兵士たちが町を行進した。

☐ an enemy soldier　：敵兵

21
I have lived in a village along the border.

▶私は国境（地帯）沿いの村に住んでいる。

☑ along the border
　　：国境（地帯）沿いに
☐ on the border　：へりに

22
There is a steel bridge across the river.

▶川に鋼鉄製の橋が架かっている。

☑ a steel bridge
　　：鋼鉄製の橋
☐ nerves of steel
　　：強じんな神経

23
I told him what was going on in brief.

▶私は彼に手短に現状を説明した。

☑ in brief
　　：要するに，手短に
☐ to be brief：手短に言えば
☐ a brief stop　：一時停車

24
It is important to have a proper meal three times a day.

▶一日三食適切な食事をとることは大切だ。

☑ a proper meal
　　：適切な食事
☐ Japan proper　：日本本土

25
A huge mass of ice was beginning to melt.

▶巨大な氷のかたまりが溶け始めた。

☑ a huge mass of A
　　：巨大な A のかたまり
☐ mass communication
　　：大衆伝達，マスコミ

26
I admire you for your intelligence.

▶あなたの知性には感心します。

☑ admire A for B
　：B という点で A に感心
　する［を賞賛する］

TO BE CONTINUED [4/14] ➡ 319

1027 crisis
[kráisis]
クライスィス

图 **危機**
a time of great danger, difficulty or doubt when problems must be solved or important decisions must be made
⑱ critical (重大な，危機の)
■▶【複】crises

1028 height
[háit]
ハイト

图 **高さ；身長；高い所**
how tall someone or something is
⑱ high (高い)

1029 stream
[strí:m]
ストゥリーム

图 **流れ；小川**
a flow of water, air, smoke, etc., or the direction n which it is flowing
動 **流れる；を流す**
⋯⋯图 mainstream (主流)
■▶ river > stream > brook の順に大きい。

1030 hunt
[hánt]
ハント

動 **狩りをする；(を)追跡する**
chase and try to catch and kill an animal or bird for food, sport, or profit
图 **狩り；追跡**
图 hunter (猟師)　图 hunting (狩猟)

1031 zone
[zóun]
ゾウン

图 **(指定)地区，地帯**
an area or a region with a particular feature or use
= 图 area (地域) ☞No.0036

1032 steal
[stí:l]
スティール

動 **を盗む；盗みをする**
take something that belongs to someone else
图 **盗み**
= 图 thief (泥棒)
■▶ steal はこっそり「盗む」。rob は脅し・暴力を用いて「奪う」。图 steel「鋼鉄」と同音。【変】steal-stole-stolen

1033 literature
[lítərətʃər]
リテラチャ

图 **文学(作品)；文献**
written artistic works, especially those with a high and lasting artistic value
图 literacy (読み書きの能力；運用能力)
⑱ literary (文学の)
⋯⋯⑱ literal (文字通りの)
　⑱ literally (文字通りに)

²⁷ We are facing the oil crisis.

▶私たちは**石油危機**に直面している。

☑ the oil[financial] crisis
：石油 [財政] 危機

☐ crisis **management**
：危機管理

---

²⁸ Please state your height and weight.

▶あなたの**身長と体重**を言って下さい。

☑ height and weight
：身長と体重

☐ at a height of *A*
：*A*〈高さ，長さ〉の高さで

---

²⁹ I walked along the stream in the morning.

▶午前中，私は**流れに沿って歩いた**。

☑ walk along the stream
：流れに沿って歩く

---

³⁰ I have been hunting for a job.

▶私は**職を求めている**。

☑ hunt for a job[meat]
：職を求める [肉を求めて狩りをする]

☐ go out hunting
：狩りに出かける

---

³¹ That building is in a school zone.

▶あの建物は**文教地区**にある。

☑ a school[business / residence] zone
：文教 [商業／住宅] 地区

---

³² He stole some flowers from our garden.

▶彼はわが家の庭**から花を盗んだ**。

☑ steal *A* from *B*
：*B* から *A* を盗む

---

³³ I relax by reading literature and listening to music on holidays.

▶休日には私は**文学作品を読み**音楽を聴いてくつろぐ。

☑ read literature
：文学作品を読む

☐ a work of literature
：文学作品

TO BE CONTINUED [5/14] ➡ 321

1034
conflict
名[kánflikt | 〈英〉kɔ́n-]
動[kənflíkt]
《名》カンフリクト
《動》コンフリクト

名 衝突；争い
an active disagreement between people with opposing opinions or principles
動 衝突する
＝名 quarrel（口喧嘩）　名 fight（争い）☞No.0504
　名 controversy（論争）☞No.1694

1035
awful
[ɔ́:fəl]
オーフル

形 ひどい，恐ろしい
very bad or unpleasant
副 awfully（非常に）

1036
committee
[kəmíti]
コミティ

名 委員会；委員
a group of people chosen to do a particular job, make decisions, etc.
■▶集合的に。《主に英》では単複両扱い。

1037
crime
[kráim]
クライム

名 犯罪
an illegal action, which can be punished by law
形 名 criminal（犯罪の／犯人）
■▶ crime は法律に「反する行為」。sin は宗教上・道徳上の「罪悪」。vice は道徳に「背いた行い」。

1038
recover
[rikʌ́vər]
リカヴァ

動 回復する；を取り戻す
get well again after being ill, hurt, etc.
名 recovery（回復）
＝動 regain（を取り返す）　動 retrieve（を取り返す）

1039
victim
[víktim]
ヴィクティム

名 犠牲者
someone who has been attacked, robbed, or murdered
動 victimize（を犠牲にする）
⋯▶名 sacrifice（犠牲）☞No.1340

1040
calculate
[kǽlkjulèit]
キャルキュレイト

動 (を)計算する
find out how much something will cost, how long something will take, etc., by using numbers
名 calculator（計算器）　名 calculation（計算）
■▶「足し算」は addition。「引き算」は subtraction。「掛け算」は multiplication。「割り算」は division。
■▶ count より堅い表現。

1041
rid
[ríd]
リッド

動 から取り除く，から除去する
free a person or place of something unwanted or harmful
■▶【変】rid-rid-rid

134 There is a conflict between the two nations.

▶二国間で衝突が生じている。

- ✔ a conflict **between the two nations** ：二国間での衝突
- ☐ resolve a conflict ：紛争を解決する

135 The police dog had to stop due to an awful injury. ▶その警察犬は**ひどいケガ**のために（立ち）止まらなければならなかった。

- ✔ an awful injury ：ひどいケガ
- ☐ taste awful ：ひどい味がする

136 The committee has[have] decided to close the restaurant.

▶**委員会**は食堂部門の閉鎖を決めた。

- ☐ the committee on[for] *A* ：*A* に関する委員会

137 This is a story about a man who committed a perfect crime.

▶これは**完全犯罪を犯した**男の物語だ。

- ✔ commit a crime：罪を犯す
- ✔ a perfect[serious] crime ：完全犯罪 [重罪]
- ☐ the crime rate ：犯罪発生率

138 The patient recovered from the disease.

▶その患者は病気**から回復した**。

- ✔ recover **from** *A* ：*A* から回復する
- ☐ recover consciousness ：意識を取り戻す

139 We prayed for the victims of an explosion.

▶私たちは爆発の**犠牲者**に祈りを捧げた。

- ✔ a victim of *A* ：*A*〈犯罪・災害など〉の被害者
- ☐ become a victim of *A* / fall (a) victim to *A* ：*A* の犠牲になる

140 He can calculate large sums in a flash.

▶彼は**あっという間に大きな額を計算する**ことができる。

- ✔ calculate large sums in a flash ：あっという間に大きな額を計算する

1041 They made efforts to rid the world of nuclear weapons.

▶彼らは世界**から核兵器を廃絶する**ために努力した。

- ✔ rid *A* of *B* ：*A* から *B* を取り除く
- ☐ get rid of *A* ：*A* を捨てる [取り除く]

TO BE CONTINUED [**6**／14] ➡ 323

1042
property
[prápərti | 〈英〉próp-]
プラパティ

图 財産；特性
an object or objects that belong to someone
⑱ proper（固有の；適切な）☞ No.1024
=图 asset（資産）

1043
legal
[líːɡəl]
リーガル

㊞ 合法的な；法律（上）の
allowed or required by law
⑩ legally（法律的に，法律上）
⇔㊞ illegal（非合法の）

1044
remote
[rimóut]
リモウト

㊞ 遠く離れた；間接の
far away
=㊞ distant（遠い）
…⑩ far（遠く）

1045
superior
[supíəriər, sə-]
スピアリアァ

㊞ より優れた
better in quality than somebody/something else; greater than somebody or something else
图 うわて；目上の人
图 superiority（優越）
⇔㊞ inferior（劣っている）

1046
vital
[váitl]
ヴァイタル

㊞ 極めて重要な；生命の（にかかわる）
extremely important and necessary for something to succeed or exist
图 vitality（活気）

1047
priority
[praióːrəti | 〈英〉-ɔ́r-]
プライオーリティ

图 優先（権）；（～より）重要なこと
something that is very important and must be dealt with before other things
⑱ prior（前の，先の⇔㊞ posterior）

1048
philosophy
[filásəfi | 〈英〉-lɔ́s-]
フィラソフィ

图 哲学；原理
the study of the nature and meaning of existence, truth, good and evil, etc.
⑱ philosophical（哲学〔上〕の）
图 philosopher（哲学者）

1049
vehicle
[víːəkl, víːhi- | 〈英〉víːi-]
ヴィーァクル

图 乗り物
a thing that is used for transporting people or goods from one place to another, such as a car or lorry
=图 car（車）

142 Much property was destroyed by the fire.

▶多くの**資産**が火災で破壊された。

- ☐ stolen property ：盗品
- ☐ private[public] property ：私有[共有]財産

---

143 The team of lawyers assists developing countries in drafting legal systems.

▶その法律家チームは発展途上国の**法制度**づくりを支援している。

- ☑ a legal system[legal advice] ：法制度[法的助言]
- ☐ legal action ：訴訟

---

144 He pointed the remote control at the air conditioner.

▶彼は**リモコン**をエアコンに向けた。

- ☑ (a) remote control ：遠隔操作(リモコン)
- ☐ remote from A ：A から離れた

---

145 Its quality is far superior to others'.

▶その品質は他のもの**より**はるかに**優れている**。

- ☑ be superior to A ：A より優れている

---

146 Your help is vital to the success of our plan.

▶我々の計画が成功する**には**あなたの援助が**どうしても必要**なのだ。

- ☑ be vital to[for] A ：A にとって不可欠な
- ☐ a vital wound ：致命傷

STAGE 11

---

147 This issue is given high priority.

▶この問題には**高い優先権**が与えられている。

- ☑ high[low] priority ：高い[低い]優先権

---

148 He would like to learn the philosophy of science.

▶彼は**科学哲学**を学びたいと思っている。

- ☑ the philosophy of science ：科学哲学
- ☐ political philosophy ：政治哲学

---

149 There was a big motor vehicle accident yesterday.

▶昨日大きな**自動車**事故があった。

- ☑ a motor vehicle ：自動車
- ☐ a used vehicle ：中古車

TO BE CONTINUED [7/14] ➡ 325

1050 shy
[ʃái]
シャイ

形 内気な
nervous and uncomfortable with other people
■▶ 比較級は shier (shyer)。shy は「はにかむ」，ashamed は「恥じている」，embarrassed は「決まりが悪い」。

1051 mammal
[mǽməl]
ママル

名 哺乳動物
any animal that gives birth to live young, not eggs, and feeds its young on milk. Cows, humans and whales are all mammals.

1052 yell
[jél]
イェル

動 大声をあげる
shout something or make a loud noise, usually when you are angry, in pain, or excited
= 動 exclaim (叫ぶ)

1053 enormous
[inɔ́:rməs]
イノーマス

形 巨大な
extremely large
副 enormously (莫大に，非常に)
= 形 huge (巨大な) ☞ No.0373

1054 leather
[léðər]
レザァ

名 革；革製品
animal skin that has been treated to preserve it, and is used for making shoes, bags, etc.
⋯名 skin (皮膚，肌)
■▶ 模造革「レザー」は imitation leather。「生の皮」は hide。

1055 strict
[stríkt]
ストゥリクト

形 厳しい；厳密な
demanding that rules, especially rules about behavior, should be obeyed
副 strictly (厳格に)
= 形 severe (厳しい) ☞ No.1117　形 stern (厳格な)

1056 convince
[kənvíns]
カンヴィンス

動 (人)に確信させる
make someone feel certain that something is true
形 convinced (確信した)　名 conviction (確信)

350

With a shy look he answered in a small voice.

▶はにかんだ様子で，小さな声で彼は答えた。

☑ a shy look
　　　　：はにかんだ様子
☐ Don't be shy.
　　　　：遠慮しないで。

351

Birds and fish are not mammals but whales and dolphins are.

▶鳥や魚は**哺乳類**ではないが，鯨やイルカは**哺乳類**である。

352

He yelled out for help.

▶彼は**大声で**助けを**求めた**。

☑ yell for A
　　　　：A〈助けなど〉を求めて
　　　　　大声をあげる
☐ yell at A
　　　　：A に対して怒鳴りつける

353

He invested an enormous sum of money.

▶彼は**莫大な金額**を投資した。

☑ an enormous sum of
　money　　：莫大な金額
☐ the enormous costs
　　　　：莫大な費用

354

How do you think this leather coat looks on me?

▶この**なめし革のコート**は私が着るとどう見える？

☑ a leather coat[belt /
　handbag]
　　　　：なめし革のコート[ベル
　　　　　ト／ハンドバッグ]

355

She is a strict but fair teacher.

▶彼女は**厳しいがえこひいきのない教師**だ。

☑ a strict but fair teacher
　　　　：厳しいがえこひいきの
　　　　　ない教師
☐ strict with A　：A に厳しい

356

I'm convinced of his innocence.

▶彼の無実**を確信している**。

☑ convince A of B
　　　　：A に B を確信[納得]さ
　　　　　せる
☐ convince A that節
　　　　：A に～だと納得させる

TO BE CONTINUED [8/14] ➡ 327

1057 insult

動[insʌ́lt]
名[ínsʌlt]
《動》インサルト
《名》インサルト

動 を侮辱する
say or do something to someone that is rude or offensive

名 侮辱

1058 anniversary

[ænəvə́:rsəri]
アニヴァーサリィ

名 (毎年の)記念日
the day on which an important event happened in a previous year

····形 memorial (記念の)

1059 propose

[prəpóuz]
プロポウズ

動 を提案する, を申し出る；結婚を申し込む
suggest a plan, an idea, etc. for people to think about and decide on

名 proposal (申し込み)

■▶ 日本語の「プロポーズ」より意味が広い。

1060 budget

[bʌ́dʒit]
バヂェット

名 予算；予算案 [額]
the money that is available to a person or an organization and a plan of how it will be spent over a period of time

····名 deficit (欠損, 赤字) 名 surplus (黒字)

1061 label

[léibəl]
レイバル

動 に貼り紙 [付箋] を貼る
attach a label onto something or write information on something

名 ラベル，貼り紙

1062 alter

[ɔ́:ltər]
オールタァ

動 を変える, を改める；変わる
become different; to make somebody or something different

名 alteration ([一部の] 変更)
＝動 alternate (交替する)

■▶ alter は change「変化する」よりも部分的な変化を強調する。

1063 confirm

[kənfə́:rm]
カンファーム

動 を確かめる；を強める
make an arrangement or meeting certain, often by phone or writing

名 confirmation (確認)

1064 contemporary

[kəntémpərèri | 〈英〉-rəri]
カンテンポレリィ

形 現代の；同時代の
belonging to the present time

名 同時代の人

····形 temporary (一時的な) ☞No.1532

⁵⁷ I was insulted by a friend of mine.

▶友達の一人に**侮辱された**。

⁵⁸ We celebrated our 50th wedding anniversary.

▶我が結婚 50 周年**記念日を祝い**ました。

✔ celebrate an anniversary
of *A* ：*A* の記念日を祝う
✔ a wedding anniversary
：結婚記念日

⁵⁹ He proposed a budget cut.

▶彼は**予算削減を提案**した。

✔ propose a budget cut
：予算削減を提案する
☐ propose *doing*[that節]
：〜しようと［ということ
を］提案する

⁶⁰ The company was forced to cut down the next year's budget.

▶その会社は来年度**予算を切り詰め**ざるを得なかった。

✔ cut down the budget
：予算を切り詰める
☐ the defense budget
：防衛予算

⁶¹ She labeled the parcels neatly.

▶彼女は**小包にきちんとラベルを付け**た。

✔ label the parcels
：小包にラベルを付ける

⁶² We will alter a plan as necessary.

▶私たちは必要に応じて**計画を変更する**つもりだ。

✔ alter a plan
：計画を変更する

⁶³ Please click the button to confirm the reservation. ▶**予約を確認する**ためにそのボタンをクリックして下さい。

✔ confirm the reservation
：予約確認をする

⁶⁴ Leisure is regarded as an important part of contemporary life.

▶余暇は**現代生活**の重要な部分とみなされている。

✔ contemporary life
：現代生活

1065
interpret
[intə́:rprit]
インタープリト

動 (を)**通訳する；を解釈する**
translate spoken words from one language into another
名 interpretation (解釈；通訳)
名 interpreter (通訳者)

1066
opponent
[əpóunənt]
アポウナント

名 **相手，敵**
someone who you try to defeat in a competition, game, fight, or argument
形 **敵対する**
⇔名 proponent (擁護者)

1067
approximately
[əpráksəmətli | 〈英〉-rók-]
アプラクスィミトゥリィ

副 **およそ，ほぼ**
close to a particular number or time although not exactly that number or time
形 approximate (近似の)
■▶ about より堅い語で，approximately は正確な値に非常に近い。

1068
category
[kǽtəgɔ̀:ri | 〈英〉-gə-]
キャタゴーリィ

名 **範疇，部門，種類**
a group of people or things with particular features in common
動 categorize (を分類する)
■▶ class「種類」より堅い語。

1069
via
[váiə, ví:ə]
ヴァイア

前 **〜経由で，〜を通して**
through a place

1070
breed
[brí:d]
ブリード

動 **を飼育する；(を)産む**
keep animals for the purpose of producing young animals in a controlled way
···形 well-bred (育ちのよい)
名 thoroughbred (純血種の馬)
■▶【変】breed-bred-bred

1071
frighten
[fráitn]
フライトゥン

動 **を怖がらせる；を脅かして〜させる；怖がる**
make somebody suddenly feel afraid
形 frightened (おびえた)
＝動 astonish (を仰天させる)
動 terrify (を恐れさす)

---

148 He made a critical error of judgment.

▶彼は致命的な**判断ミス**を犯した。

- ✔ an error of judgment
  : 判断ミス

149 His ancestors were immigrants to Spain from Poland.

▶彼の祖先はポーランド**から**スペイン**への移民**だった。

- ✔ an immigrant to A from B
  : B〈祖国〉からA〈移住国〉への移民

150 Some people agreed to rent the house.

▶家を**賃貸 [賃借] する**ことに同意する人もいた。

- ✔ rent the house
  : 家を賃貸 [賃借] する
- ☐ For Rent
  : 貸室 [家] あり《掲示》
- ☐ rent A from B
  : B からA を賃借する

151 A solar car reached a maximum speed of 150 km per hour.

▶ソーラーカーは**最大時速** 150 キロに達した。

- ✔ a maximum speed of A per hour : 最大時速A〈距離〉
- ✔ reach a maximum of A
  : 最大 [最高] A に達する

152 It seems quite mild for February.

▶2月にしてはすごく**暖か**に思われる。

- ☐ mild weather : 温暖な天候
- ☐ a mild person : 温厚な人

153 The crisis was resolved by negotiations.

▶**危機**は交渉によって**解決された**。

- ✔ resolve a crisis[problem]
  : 危機 [問題] を解決する

154 China has a huge internal market for products and services. ▶中国は製品やサービスの巨大な**国内市場**を有している。

- ✔ internal markets[trade]
  : 国内市場 [貿易]

155 A design for a house needs precise calculations.

▶家の設計には**正確な計算**が必要だ。

- ✔ precise calculations
  : 正確な計算
- ☐ the precise time
  : 正確な時間
- ☐ to be precise
  : 正確に言えば

1156 headache
[hédèik]
ヘデイク

名 頭痛
a continuous pain in the head
⋯➤名 stomachache (腹痛)
■■▶ head「頭」+ ache「痛み」。

1157 sweat
[swét]
スウェット

名 汗
the clear, salty liquid that you pass through your skin
動 汗をかく
=名 perspiration (汗；発汗)
■■▶ sweater「セーター」は，元来は汗をかくために着た厚着。

1158 distract
[distrǽkt]
ディストゥラクト

動 をそらす
take somebody's attention away from what they are trying to do
名 distraction (気をそらすこと；気晴らし)

1159 restrict
[ristríkt]
リストゥリクト

動 を制限する，を限る
limit or control the size, amount, or range of something
形 restricted (限られた，制限された)
形 restrictive (制限〔限定〕的な)
名 restriction (制限，限定)

1160 beat
[bíːt]
ビート

動 (を)打つ，(を)叩く；を打ち負かす
hit someone or something many times with your hand, a stick, etc.
名 (心臓の)動悸
■■▶【変】beat-beat-beaten/《米》beat

1161 guy
[gái]
ガイ

名 やつ，男
a man
=名 fellow (やつ) ☞No.1222

1162 captain
[kǽptən | 〈英〉-tin]
キャプタン

名 主将；(船)長，機長
someone who leads a team or other group of people

1163 peace
[píːs]
ピース

名 平和；治安；平穏
a situation in which there is no war or fighting
形 peaceful (平和な)
⇔名 war (戦争) ☞No.0490

⁵⁶ I have a bad headache.

▶ひどい**頭痛がする**。

- ✔ **have a** headache
  ：頭痛がする
- ☐ **give** A **a** headache
  ：A に頭痛を起こさせる

---

⁵⁷ Drops of sweat rolled down his cheeks.

▶**汗のしずく**が彼の頬を伝って流れた。

- ✔ **drops of** sweat
  ：汗のしたたり
- ☐ sweat **heavily**
  ：大量に汗をかく

---

⁵⁸ Don't distract me while I'm driving!

▶運転中に**気を散らさ**ないでくれ！

- ✔ distract A
  ：A〈人〉の気を散らす

---

⁵⁹ Freedom of the press is tightly restricted in that country.

▶その国では**報道の自由**が厳しい**制限を受けている**。

- ✔ restrict **freedom of the press**
  ：報道の自由を制限する
- ☐ restrict A **to** B
  ：A を B に制限する

---

⁶⁰ He beat a drum at the summer festival.

▶彼は夏祭りで**太鼓を叩いた**。

- ✔ beat **a drum**
  ：太鼓 [ドラム] を叩く
- ☐ beat **the world record**
  ：世界記録を破る
- ☐ beat A **at** B
  ：B で A を負かす

STAGE 12

---

¹⁶¹ He is a tough guy.

▶彼は**ごついやつ**だ。

- ✔ **a** tough[nice] **guy**
  ：ごつい [良い] やつ
- ☐ **Hi, (you)** guys!
  ：やあ君たち！

---

¹⁶² He was chosen as the captain of our team.

▶彼が**我がチームの主将**に選ばれた。

- ✔ **the** captain **of our team**
  ：我がチームの主将
- ☐ **a sea** captain ：船長

---

¹⁶³ They live in peace with each other.

▶彼らは**互いに平和に暮らしている**。

- ✔ **live in** peace **with each other**
  ：互いに平和に暮らす
- ☐ **break[keep] the** peace
  ：治安を乱す [守る]
- ☐ **at** peace ：平和に [な]

TO BE CONTINUED [**8** /13] ➡ 357

1164 **coach**
[kóutʃ]
コウチ

图 (長距離) バス；客車；コーチ
a bus with comfortable seats used for long journeys
動 (の) コーチをする

1165 **flat**
[flæt]
フラット

形 平らな
level and smooth, with no curved, high, or hollow parts
副 平らに；きっぱりと
图 〈英〉アパート
動 flatten (を平らにする)
= 形 level (平らな) ☞ No.0097
　 形 even (平らな) ☞ No.0001
■▶ 形 副 と 图 は，同一綴りの別語源語。

1166 **bone**
[bóun]
ボウン

图 骨；[-s] 死骸
any of the hard parts inside a human or animal that
make up its frame
⋯▸图 backbone (背骨)
■▶ 「骨」の意味では集合的に単数扱い。「遺骨」の意味
では複数形。火葬後の「お骨」は ashes。

1167 **president**
[prézədənt]
プレザデント

图 社長；大統領；学長
the person who has the highest position in a company
or organization
图 presidency (大統領 [など] の職 [任期])
形 presidential (大統領 [職] の；社長 [会長，学長
など] の)

1168 **lovely**
[lʌ́vli]
ラヴリィ

形 かわいらしい，愛らしい
beautiful or attractive
動 love (を愛している)　图 lover (恋人)
形 loving (愛情のある；[〜を] 愛する)
= 形 beautiful (うるわしい)　形 pretty (かわいい)
⋯▸图 sweetheart (恋人)

1169 **roof**
[rúːf]
ルーフ

图 屋根；一番高いところ
the structure that covers the top of a building or vehicle
動 に屋根を付ける
■▶【複】roofs

1170 **dirty**
[dɔ́ːrti]
ダーティ

形 汚れた；汚らわしい
not clean
動 を汚す
图 dirt (泥，ほこり)
= 形 foul (汚い)
⇔ 形 clean (清潔な)

---

164 I took a sightseeing coach tour with my wife.

▶私は観光バス旅行に妻と参加した。

✔ a coach tour ：バス旅行

☐ a basketball[soccer] coach
：バスケットボール [サッカー] のコーチ

---

165 A large wind farm was built on flat land.

▶大規模な風力発電所が平らな土地に建設された。

✔ build[construct] A on flat land
：平らな土地にA を建てる

☐ a flat tire
：パンクしたタイヤ

☐ go flat
：(タイヤの) 空気が抜ける

---

166 He broke his leg bone in a traffic accident.

▶彼は交通事故で脚の骨を折った。

✔ break a bone ：骨を折る

☐ chilled[frozen] to the bone
：凍えきって

---

167 He finally realized his ambition to become president.

▶彼はついに社長になるという彼の野心を実現した。

✔ an ambition to become president
：社長になるという野心

☐ President of the U.S.
：アメリカ大統領

---

168 She is a lovely child with golden hair.

▶彼女は金髪のかわいい子供だ。

✔ a lovely child
：かわいい子供

---

169 She has a beautiful roof garden in her apartment.

▶彼女はマンションに美しい屋上庭園を持っている。

✔ a roof garden ：屋上庭園

☐ a roof of the cave
：洞窟の天井

☐ on a roof ：屋根の上に

---

170 He went out with dirty dishes in the sink unwashed.

▶流しの中の汚れた皿をそのままにして彼は出かけた。

✔ dirty dishes in the sink
：流しにある汚れた皿

☐ dirty water ：汚い水

STAGE 12

1171 lift
[líft]
リフト

動 を持ち上げる；持ち上がる
raise somebody or something or be raised to a higher position or level

名 乗物に乗せてやること

⇔動 lower（を下げる）

■▶《英》では「エレベーター」を指す。

1172 giant
[dʒáiənt]
ヂャイアント

形 巨大な
extremely large

名 巨人；偉人

=形 huge（巨大な）☞No.0373
　形 enormous（巨大な）☞No.1053
　形 tremendous（巨大な）☞No.1629

1173 blow
[blóu]
ブロウ

動 吹く
send air out from your mouth

名 強打；打撃

■▶動 と 名 は同一綴りの別語源語。【変】blow-blew-blown。

1174 shut
[ʃʌ́t]
シャット

動 を閉める；閉まる
close something; become closed

形 閉じた

名 shutter（よろい戸）

=動 close（〔を〕閉じる）

⇔動 open（を開ける；開く）

1175 band
[bǽnd]
バンド

名 (1)一隊；(2)ひも，帯
a group of people formed because of a common belief or purpose

⋯名 bandage（包帯）

■▶(1)，(2)は異なる同一語形の2語。

1176 lock
[lák|〈英〉lɔ́k]
ラック

動 に錠をかける；を固定する
fasten something with a lock; be fastened with a lock

名 錠

名 locker（戸棚；ロッカー）

⇔動 unlock（の錠を開ける）

■▶lock を開けるのが key「鍵」。

1177 coat
[kóut]
コウト

名 コート，外套，上着；塗装
a piece of clothing with long sleeves that is worn over your clothes to protect them or to keep you warm

動 に塗装する

名 coating（上塗り）

---

71 I can't lift that stone.

▶私にはその**石を持ち上げ**られない。

- ✔ lift the stone
  ：石を持ち上げる
- ☐ lift the phone
  ：受話器を取る
- ☐ lift up A[A up]
  ：A を持ち上げる

72 On a green field stand a group of giant stones.

▶緑の原っぱに一群の**巨大な石**が立っている。

- ✔ a giant stone ：巨大な石
- ☐ a giant step ：大きな飛躍

73 She blew out candles on the birthday cake.

▶彼女は誕生日ケーキの**ろうそくを吹き消し**た。

- ✔ blow out a candle
  ：ろうそくを吹き消す

74 This window won't shut properly.

▶この**窓**はどうもうまく**閉まら**ない。

- ☐ shut a window[door]
  ：窓 [ドア] を閉める
- ☐ shut (up) a book
  ：本を閉じる

75 The church was attacked by a band of thieves.

▶教会が**盗賊一味**に襲われた。

- ✔ a band of thieves
  ：盗賊一味
- ☐ a brass band ：吹奏楽団
- ☐ a rubber band ：輪ゴム

76 He got arrested for theft and locked up.

▶彼は窃盗の罪で逮捕され**勾留された**。

- ✔ lock up A：A を閉じ込める
- ☐ lock A in[in A]
  ：A を閉じ込める
- ☐ on[off] the lock
  ：鍵をかけて [かけずに]

77 Look at a young man in a brown coat over there.

▶向こうの茶色の**コートを着た**若い**人**を見て。

- ✔ a man in a A coat
  ：A なコートを着た人 [男]
- ☐ put on[take off] one's coat
  ：コートを着る [脱ぐ]

STAGE 12

TO BE CONTINUED [10 / 13] ➡ 361

1178 **strike**
[stráik]
ストゥライク

動 (を)襲う；(を)打つ
attack somebody or something, especially suddenly
名 ストライキ
㊄ striking (目立つ；印象的な)
= 動 hit ((を)打つ) ☞No.0473
　動 beat ((を)打つ) ☞No.1160
■▶ knock はこぶしなどで「叩く」。beat は繰り返し続けて「打つ」。punch はげんこつで「殴る」。【変】strike-struck-struck/stricken

1179 **scene**
[síːn]
スィーン

名 場面，現場；景色
the place where something happens, especially something unpleasant
㊄ scenic (風景の；景色のよい)
名 scenery (風景 ※不可算用法)
■▶ scene は個々の「景色」，ある地域全体の「景色」は scenery。

1180 **partner**
[páːrtnər]
パートゥナァ

名 仲間，相手
a person or organization you are closely involved with in some way
名 partnership (共同，協力〔関係〕)
= 名 ally (同盟国)　名 alliance (同盟)

1181 **mail**
[méil]
メイル

名 郵便(物)
the system of collecting and delivering letters and packages
動 を郵送する
名 mailbox (郵便受け)　名 mailman (郵便集配人)
■▶《英》では外国向け「郵便」以外は一般に post。

1182 **victory**
[víktəri]
ヴィクトリィ

名 勝利；克服
success in a game, an election, a war, etc.
名 victor (勝利者)　㊄ victorious (勝利を得た)
⇔ 名 defeat (敗北) ☞No.1259

1183 **sink**
[síŋk]
スィンク

動 沈む；を沈める
go down or make something go down under the surface of water and not come back up
名 流し；《米》洗面台
⇔ 動 float (浮く) ☞No.1203
■▶【変】sink-sank-sunk/sunken

78 Suddenly the enemy struck the town. ▶突然敵が町を襲った。	✔ strike the town：町を襲う ☐ strike on[upon] A 　　　　：A を思いつく
79 I worked a lot behind the scenes at the event. ▶そのイベントでは舞台裏でおおいに働いた。	✔ behind the scenes 　　　：舞台裏で，ひそかに ☐ the scene of the tragedy 　　　　：悲劇の現場
80 She is a business partner. ▶彼女は共同経営者です。	✔ a business partner 　　　　：共同経営者 ☐ a dance[tennis] partner 　：ダンス [テニス] のパートナー
81 I would like to send a letter by air mail. ▶航空便で手紙を送りたいのですが。	✔ by air mail　：航空便で ☐ electronic mail[email / e-mail]　：E メール ☐ buy goods by mail order 　：通信販売で商品を買う
82 The game ended in a one-sided victory for our team. ▶その試合は我々のチームの一方的な勝利に終わった。	✔ a one-sided victory 　　　　：一方的な勝利 ☐ gain[win] a victory 　　　　：勝利する ☐ a victory against[over] A 　：A に対する勝利
83 We watched the sun sink slowly below the horizon. ▶太陽がゆっくりと地平線に沈んでゆくのを眺めた。	✔ the sun sinks below the horizon 　：地 [水] 平線に太陽が沈む ☐ sink to the bottom of A 　：A の底へ沈む

TO BE CONTINUED [11/13] ➡ 363

1184 drug
[drʌ́g]
ドゥラッグ

名 麻薬；薬
an illegal substance that some people smoke, inject, etc. for the physical and mental effects it has
名 drugstore（ドラッグストア）
＝名 medicine（薬）

1185 shoot
[ʃúːt]
シュート

動 (を)撃つ
hurt or kill a person or animal by firing a bullet from a guns
名 発砲
名 shot（発砲，射撃）
■▶【変】shoot-shot-shot

1186 silent
[sáilənt]
サイレント

形 静かな；無口な
without any sound
副 silently（黙って；静かに）
名 silence（静けさ，沈黙）
＝形 quiet（静かな）☞No.0612
　形 calm（平穏な）☞No.0549

1187 joy
[dʒɔ́i]
ヂョイ

名 喜び
great happiness
形 joyful（うれしい）　動 enjoy（を楽しむ）
＝名 pleasure（喜び）☞No.0575

1188 unit
[júːnit]
ユーニット

名 単位；一個
a single thing, person or group that is complete by itself but can also form part of something larger
＝名 module（構成単位）

1189 soul
[sóul]
ソウル

名 魂；精神
the spiritual part of a person, believed to exist after death
⇔名 body（身体）　名 flesh（肉）☞No.1711

1190 mathematics
[mæ̀θəmǽtiks]
マサマティックス

名 数学
the science of numbers and of shapes, including algebra, geometry, and arithmetic
■▶学校での学科としての「数学」には math(s) を用いる。

1191 dig
[díg]
ディッグ

動 (を)掘る，を掘り出す
make a hole in the ground or to move soil from one place to another using your hands, a tool or a machine
■▶【変】dig-dug-dug

---

84 We are seeing a small rise in drug addicts around this area.

▶この地域周辺で**麻薬常習者**がわずかに増加している。

☑ a drug **addict**：麻薬常習者
☐ take drugs
　：麻薬を飲む[打つ]

---

85 He shot at a target.

▶彼は的**を狙って撃った**。

☑ shoot at *A*
　：*A*を(狙って)撃つ
☐ shoot *oneself*
　：銃で自殺する

---

86 I'm sorry to have kept silent for a long time.

▶ご無沙汰してすみません。

☑ keep silent
　：音信不通である
☐ a silent person：無口な人

---

87 People went wild with joy.

▶人々は**喜びに沸き立った**。

☑ go wild with joy
　：喜びに沸き立つ

---

88 The family is the basic unit of society.

▶家族は**社会の基本単位**である。

☑ a basic unit of society
　：社会の基本単位
☐ a political unit
　：政治的単位

STAGE **12**

---

89 He grew up listening to soul music.

▶彼は**ソウルミュージック**を聴いて育った。

☑ soul music
　：ソウルミュージック
☐ human souls　：人間の魂

---

90 She is no good at mathematics.

▶彼女は**数学オンチ**だ。

☑ be (no) good at mathematics
　：数学が得意(オンチ)である
☐ a professor of mathematics：数学の教授

---

91 They dug up the treasure in the field.

▶彼らは畑で宝物**を掘り出した**。

☑ dig up *A*[*A* up]
　：*A*を掘り起こす, *A*を掘り出す

TO BE CONTINUED [**12**/13] ➡ 365

1192	**instant** [ínstənt] インスタント	名 即時 an extremely short period of time 形 即時の；即席の 副 instantly（即座に）
1193	**rescue** [réskju:] レスキュー	動 を救出する save someone or something from a situation of danger or harm 名 救出 ■▶ save は「助ける」を意味する一般的な語。rescue は迅速に「救い出す」。
1194	**shell** [ʃél] シェル	名 貝，殻 the hard outer covering of something, especially nuts, eggs, and some animals
1195	**assist** [əsíst] アスィスト	動 (を)助ける，(を)援助する help somebody to do something 名 assistant（助手）　名 assistance（援助） ＝動 help（〔を〕助ける）
1196	**gap** [gǽp] ギャップ	名 隔たり；裂け目，切れ目 a difference that separates people, or their opinions, situation, etc.
1197	**grand** [grǽnd] グランド	形 壮大な；堂々とした important and large in degree ＝形 great（偉大な） 形 magnificent（壮大な）☞No.1516
1198	**swing** [swíŋ] スウィング	動 揺れる；を揺すぶる move backwards or forwards or from side to side while hanging from a fixed point; make something do this 名 揺れ ■▶【変】swing-swung-swung
1199	**mad** [mǽd] マッド	形 気の狂った；怒った；熱狂して mentally ill, or unable to behave in a reasonable way 名 madness（狂気） ＝形 crazy（狂気の）☞No.1314
1200	**slave** [sléiv] スレイヴ	名 奴隷 a person who is owned by another person and is forced to work for them 名 slavery（奴隷制度）

⁴⁷ E-mail can go anywhere in an instant. ▶電子メールは**瞬時に**どこへでも（たどり）着く。	✔ **in an instant** ：瞬時に，すぐに □ instant **noodles** ：即席麺
³ He rescued a person from drowning. ▶彼は**溺れるのから**人を**救った**。	✔ **rescue** A **from drowning** **[attack / bankruptcy]** ：溺れるの [攻撃／破産] から A を救助する
⁴ She often collects shells on the beach. ▶彼女はよく浜辺で**貝殻を集める**。	✔ **collect shells** ：貝殻を集める □ **egg** shells ：卵の殻
⁵ I want to assist her with money. ▶私は彼女を金銭面で**援助し**たい。	✔ **assist** A **with** B ：A〈人〉を B の面で助ける □ **assist** A **in** doing**[to do]** ：A が〜するのを助ける
⁴⁶ Modern information technologies have widened the generation gap. ▶現代の情報技術が**世代のずれ**を広げている。	✔ **the generation** gap ：世代のずれ [断絶] □ **the** gap **between** A **and** B ：A と B のギャップ
⁴⁷ They conducted a scientific experiment on a grand scale. ▶彼らは**壮大な規模で**科学的な実験を行った。	✔ **on a grand scale** ：壮大な規模で
⁴⁸ Her feet are swinging back and forth. ▶彼女の足は**前後に揺れ**ている。	✔ **swing back and forth** ：前後に揺れる □ **swing from side to side** ：左右に揺れる □ **swing around the corner** ：角をぐるりと回る
⁴⁹ I felt as if I were going mad. ▶**気が狂い**そうな気持ちだった。	✔ **go mad** ：発狂する □ **get mad** ：カンカンに怒る
⁵⁰ All of them were sold as slaves. ▶彼らは全員**奴隷として売られた**。	✔ **be sold as slaves** ：奴隷として売られる □ slave **trade** ：奴隷売買，奴隷貿易

以下に挙げた単語は知っているものばかりだと思いますが、既習の意味とは違う意味で頻繁に出てくるものです。単語の意味は1つとは限らないのです。

back	動 ～を支援する	mean	形 卑劣な
become	動 ～に似合う	must	名 不可欠なもの
book	動 ～の予約をする	need	名 必要性
break	動 突然～し出す	poor	形 下手な
but	前 ～を除いて	pretty	副 かなり
call	動 電話をかける、立ち寄る	right	副 まっすぐに、ちょうど
can	名 缶	room	名 余地、場所
china	名 陶磁器	run	動 ～を経営する
day	名 全盛時	safe	名 金庫
do	動 適当である、間に合う	say	副 たとえば、まあ
don't	名 してはいけないこと	short	形 不足している
face	動 ～に立ち向かう、面する	some	副 約、およそ
		spring	動 跳ねる、生ずる
		stand	動 ～を我慢する
fall	名 秋、滝	start	動 ぎくっとする
fast	副 しっかりと	still	形 静かな、じっと動かない
fine	名 罰金		
good	形 十分な	story	名 階
hand	名 人手、筆跡	very	形 まさにその
last	動 続く、長持ちする	want	名 欠乏
leave	名 許可、休暇	water	動 ～に水をやる
letter	名 文字	well	名 井戸
long	動 切望する	will	名 遺言
lot	名 くじ	word	名 約束

ROUND 5

STAGE 13-14-15
No.1201–1500
（300 words）

【頻出度】
★★

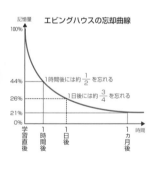

エビングハウスの忘却曲線

1時間後には約 $\frac{1}{2}$ を忘れる

1日後には約 $\frac{3}{4}$ を忘れる

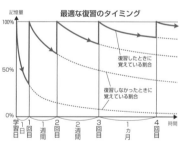

最適な復習のタイミング

復習したときに
覚えている割合

復習しなかったときに
覚えている割合

脳科学の研究によると，最も効果的な復習のタイミングは，❶1回目…学習した翌日 ❷2回目…その1週間後 ❸3回目…そのまた2週間後 ❹4回目…そのまた1カ月後 であると言われています。右の表に学習した日付（または○や✓など）を記入して，忘れがちな英単語を効率的に復習していきましょう。	STAGE	1回目	2回目	3回目	4回目
	13				
	14				
	15				

1201 zoo
[zú:]
ズー

图 **動物園**
a place, usually in a city, where animals of many kinds are kept so that people can go to look at them
▨▶ zoological garden の短縮。

1202 owe
[óu]
オウ

動 **に借りがある；を負っている**
have to pay money back to someone who gave you money in the past
囮 owing（返すべき；借りとなっている）

1203 float
[flóut]
フロウト

動 **浮く；漂う**
stay or move on the surface of a liquid without sinking
图 **(釣りに使う)浮き**
⇔動 sink（沈む）☞No.1183

1204 twist
[twíst]
トゥウィスト

動 **をねじる；を巻く**
bend or turn something into a particular shape
图 **ひねったもの**
▨▶ bend は厚紙などの硬いものを力を加えて「曲げる」。fold は布のような柔らかいものを「折りたたむ」。twist は「ねじ曲げる」。

1205 lane
[léin]
レイン

图 **車線；路地；(狭い)通路**
one of the two or three parallel areas on a road which are divided by painted lines to keep traffic apart
＝图 alley（小道）

1206 wire
[wáiər]
ワイアァ

图 **針金；電線**
metal in the form of thin thread; a piece of this
動 **(に)電報を打つ**
⋯▶囮 wireless（無線の）

1207 merchant
[mə́:rtʃənt]
マーチャント

图 **商人；(商)店主**
someone who buys and sells goods in large quantities
⋯▶图 merchandise（商品）

1208 inform
[infɔ́:rm]
インフォーム

動 **(に)知らせる，に通知する**
tell somebody about something, especially in an official way
图 information（情報；通知※不可算語）

1209 court
[kɔ́:rt]
コート

图 **法廷；宮廷；中庭**
the place where legal trials take place and where crimes, etc. are judged
囮 courteous（丁重な）

01 There are few giant pandas in the zoo.

▶動物園にジャイアントパンダはほとんどいない。

✔ **in the** zoo   ：動物園に

02 I owe Susan some money.

▶私はスーザンに金を少々借りている。

✔ owe *A B* [*B* to *A*]
：*A*〈人〉に *B*〈金額〉の借金がある

☐ owing **to the snow**
：雪のせいで

03 Trees were felled and floated down the river.

▶木は切り倒され下流へ流された。

☐ float **in[on]** *A* ：*A* を漂う

04 The woman is twisting threads together to make (a) string.

▶その女性は糸をより合わせてひもを作っている。

✔ twist **threads together to make (a) string**
：糸をより合わせてひもを作る

☐ twist *one's* **ankle**
：足首をひねる

05 Signal before you change lanes.

▶車線を変更する前にシグナルを出せ。

✔ change lanes
：車線を変更する

☐ **a bus** lane ：バス車線

06 I put up a wire fence around the garden.

▶私は庭の周りに鉄条網を設置した。

✔ **a** wire **fence** ：鉄条網

☐ **a roll[piece] of** wire
：針金１巻き [本]

07 The merchants were very wealthy in that town.

▶その街では商人たちは非常に裕福だった。

☐ **a wine** merchant
：ワイン商人

08 We were informed by TV that a big earthquake had occurred.

▶大地震があったとテレビで知った。

✔ inform *A* that節
：*A* に〜と知らせる

☐ **We regret to** inform **you that ... .** ：残念ながら…。

09 The man was brought to court for drug dealing.

▶男は麻薬取引で裁判にかけられた。

✔ bring[take] *A* to court
：*A* を裁判にかける

TO BE CONTINUED [1/14] ➡ 371

1210 tribe
[tráib]
トゥライブ

图 部族，種族
a group of people, often of related families, who live together, sharing the same language, culture, and history, especially those who do not live in towns or cities
⑱ tribal（部族の）
＝图 race（人種）☞No.0607

1211 quarter
[kwɔ́ːrtər, kɔ́ːrtər]
クォータァ

图 四分の一；15分；地区
one of four equal or almost equal parts of something；¼
⑩⑱图 quarterly（年4回〔の〕／季刊誌〖複数形 -lies〗）
…▶ half（半分）　图 headquarters（本部）

1212 dust
[dʌ́st]
ダスト

图 ほこり，ちり
dry powder consisting of extremely small bits of dirt that is in buildings on furniture, floors, etc. if they are not kept clean
⑩ （の）ちりを払う
⑱ dusty（ほこりっぽい）
＝图 litter（くず，がらくた）
…▶图《米》trash（くず）　图《米》garbage（生ごみ）
　　图《英》rubbish（くず）

1213 fund
[fʌ́nd]
ファンド

图 資金，基金
an amount of money that is collected and kept for a particular purpose
…▶图 fund-raising（募金）

1214 rough
[rʌ́f]
ラフ

形 粗い；大雑把な
having a surface that is not even or regular
⑩ roughly（およそ）
＝⑱ harsh（粗い）　⑱ approximate（大体の）
⇔⑱ smooth（滑らかな）☞No.0759
■▶「ラフ」な服装には casual, comfortable など。

1215 leap
[líːp]
リープ

⑩ 跳ねる
jump high into the air or jump in order to land in a different place
图 ジャンプ
＝⑩ jump（跳ぶ）　⑩ hop（ぴょんぴょんと飛ぶ）
■▶【変】leaped/leapt

1216 sake
[séik]
セイク

图 目的，利益
purpose or reason

He is researching various African tribes and their cultures.

▶彼は**様々なアフリカの部族**とその文化について研究している。

✔ **various African** tribes
：様々なアフリカの部族
☐ **belong to a** tribe
：種族に属する

It's quarter past eleven.

▶ 11 時 **15 分**だ。

☐ **a** quarter **of an hour**
：15 分
☐ **three** quarters **(= three-fourths)** ：四分の三

She brushed the dust off the table.

▶彼女は**テーブルのほこり**を払った。

✔ **brush the** dust **off the table**
：テーブルのほこりを払う
☐ **a** dust **cover**
：ほこりよけカバー

He tries to raise funds to buy land.

▶彼は土地を買うために**資金を調達**しようとしている。

✔ raise funds：資金を集める
☐ lack of funds ：資金不足
☐ set up a big fund
：大きな基金を設立する

She is worried about her rough skin.

▶彼女は**肌荒れ**に悩んでいる。

✔ rough skin ：荒れた肌
☐ rough play
：荒っぽいプレー
☐ feel rough
：粗い手触りがする

Look before you leap.

▶**石橋を叩いて渡る**。《諺》

✔ Look before you leap.
：石橋を叩いて渡る（転ばぬ先の杖）。《諺》
☐ leap year ：うるう年

Please remain seated shortly after take-off for the sake of safety.

▶安全**のため**，離陸直後は座ったままでいて下さい。

✔ for the sake of *A*
：*A* のために

TO BE CONTINUED [**2**/14] ➡ 373

1217	**lonely** [lóunli] ロウンリィ	形 **孤独な，一人ぼっちの** unhappy because you are not with other people ＝形 isolated（孤独な） ■▶ alone は「単独である」ことを，lonely は「孤独で寂しい」ことを示す。

1218	**deny** [dinái] ディナイ	動 **を否定する** say that something is not true, or that you do not believe something 名 denial（否定） ⇔動 affirm（〔を〕断言する） ■▶ 不定詞を目的語に取らない。

1219	**essay** [ései] エセイ	名 **随筆；小論（文）** a short piece of writing on a particular subject, written in order to be published 名 essayist（エッセイスト）

1220	**capable** [kéipəbl] ケイパブル	形 〖be capable of〗**〜の力がある；有能な** having the ability or qualities necessary for doing something 名 capability（能力）

1221	**courage** [kə́:ridʒ | 〈英〉kʌ́r-] カーリッヂ	名 **勇気，度胸** the ability to do something dangerous, or to face pain or opposition, without showing fear 形 courageous（勇敢な） 動 encourage（を励ます⇔動 discourage）☞No.0117 ＝名 valor（勇気）　名 bravery（勇気） ⇔名 cowardice（臆病）

1222	**fellow** [félou] フェロウ	名 **やつ，仲間；**〈英〉**特別研究員** a man 形 **仲間の** ＝名 friend（友人）

1223	**contract** 名[kántrækt | 〈英〉kɔ́n-] 動[kəntrǽkt] 《名》カントゥラクト 《動》カントゥラクト	名 **契約** an official written agreement 動 **（を）契約する；**（病気）**にかかる** ■▶「縮小する」の意の同じ綴りの別語もある。

0001
0100
0200

¹⁷ She lives alone and often feels lonely.

▶彼女は一人暮らしなので**寂しく思う**時がしばしばある。

☑ **feel lonely** ：寂しい

☐ **a lonely life[heart]**
　　　　　：寂しい生活 [心]

0300
0400
0500

¹⁸ She denied having done it.

▶彼女はそんなことは**してない**と言った。

☑ **deny** *doing*
　　：〜したことを否定する

☐ **deny (that)節**
　　：〜であることを否定する

0600

¹⁹ *The Pillow Book* written in the Heian period is a famous Japanese collection of essays.

▶平安時代に書かれた「枕草子」は日本の有名な**随筆集**です。

☑ **a collection of essays**
　　　　　：随筆集

☐ **write an essay on smoking**
　　：喫煙についてのレポートを書く

0700
0800

²⁰ This calculator is capable of doing complicated calculations.

▶この計算器は複雑な計算**ができる**。

☑ **be capable of** *doing*
　　：〜することができる

0900
1000
1100

²²¹ Courage is a quality that not all people have.

▶**勇気**は全ての人に望みうる特質ではない。

☐ **have the courage to** *do*
　　　：〜する勇気がある

☐ **take** *one's* **courage in both hands**
　　　：勇気を奮い立たせる

1200

STAGE **13**

1300
1400

²²² He is a nice fellow.

▶彼は**いいやつ**だ。

☑ **a nice fellow** ：いいやつ

☐ **a fellow student** ：学友

1500
1600

²²³ He has a ten-year contract with the owner.

▶彼は所有者と 10 年**契約を結んでいる**。

☑ **have** *A* **contract with** *B*
　　：*B* と *A*〈期間〉の契約を結んでいる

1700
1800

TO BE CONTINUED [**3**/14] ➡ 375

1224
trial
[tráiəl]
トゥライアル

图 裁判；試み
a legal process in which a judge and often a jury in a court of law examine information to decide whether someone is guilty of a crime
働 try (を試みる)

1225
chest
[tʃést]
チェスト

图 胸；箱
the front part of your body between your neck and your stomach
＝图 breast (胸)

1226
adventure
[ædvéntʃər | 〈英〉əd-]
アドゥ**ヴェ**ンチァ

图 冒険
an unusual, exciting or dangerous experience, journey or series of events
图 adventurer (冒険家)
…▸图 venture (冒険的な事業) ☞No.1641

1227
crew
[krú:]
クルー

图 乗務員；仲間
all the people working on a ship, plane, etc.
⇔图 passenger (乗客)

1228
command
[kəmǽnd | 〈英〉-má:nd]
コマンド

图 命令；指揮；自由に操る力
an order given to a person or an animal
動 (を)命令する；(を)指揮する
图 commander (指揮者)
＝图 order (命令) ☞No.0043
　働 direct (〔を〕指導する) ☞No.0625

1229
reserve
[rizə́:rv]
リザーヴ

動 を予約する
ask for a seat, table, room, etc. to be available for you or somebody else at a future time
图 予備品；蓄え
图 reservation (予約)
形 reserved (予約してある，指定の)

1230
ceremony
[sérəmòuni | 〈英〉-məni]
セレモウニィ

图 儀式，式典
a public or religious occasion that includes a series of formal or traditional actions

1231
brave
[bréiv]
ブレイヴ

形 勇敢な
showing no fear of dangerous or difficult things
图 bravery (勇気)　働 bravely (勇敢に〔も〕)
＝形 bold (果敢な)　形 courageous (勇敢な)
⇔形 cowardly (臆病な)　形 timid (臆病な)

²⁴ He's on trial for murder. ▶彼は**殺人の容疑で裁判にかけられている**。	☑ be on trial for murder ：殺人容疑で公判中である ☐ by trial and error ：試行錯誤をして
²⁵ He was shot in the chest. ▶彼は**胸を撃た**れた。	☑ shoot A in the chest ：A〈人〉の胸を撃つ
²⁶ My mother used to read me an adventure story at bedtime. ▶母は私が寝る前に**冒険談**をよく読んでくれたものだ。	☑ an adventure story ：冒険談 ☐ in search of adventure and fortune ：冒険と幸運を求めて
²⁷ All the crew was[were] saved. ▶**乗組員**は全員救助された。	
²⁸ She has a practical command of English. ▶彼女は**実用的な英語力を持っている**。	☑ have a practical command of A ：A の実用的な力を持つ ☐ on command ：命令に応じて
²⁹ I reserved a table for five at a restaurant near our house. ▶私は家の近くにあるレストランの5人**席を予約し**た。	☑ reserve a table[hotel room / seat] ：テーブル[ホテルの部屋／席]を予約する
³⁰ I attended a funeral ceremony yesterday. ▶私は昨日**お葬式**に参列した。	☑ a funeral[wedding] ceremony ：葬[結婚]式 ☐ hold a wedding ceremony ：結婚式を挙げる
²³¹ He won a brave fight against despair. ▶彼は**絶望との勇敢な戦いに勝った**。	☑ a brave fight against despair ：絶望との勇敢な戦い ☐ A is brave to do ：〜するなんて A は勇気がある

STAGE **13**

1232 manufacture

[mæ̀njufǽktʃər]
マニュファクチァ

動 を製造する
produce goods in large numbers, usually in a factory using machines
名 製造；製品
名 manufacturer（製造業者）
■▶ 通例，機械を用いて大規模に行う「製造」。

1233 belt

[bélt]
ベルト

名 帯；地帯
a strip of leather or material worn around the waist to support clothes or for decoration
＝名 strap（ひも，帯）

1234 mission

[míʃən]
ミッション

名 使命；使節団
an important job, especially a military one, that someone is sent somewhere to do
形 missionary（伝道の）

1235 grateful

[gréitfəl]
グレイトゥフル

形 感謝している
feeling that you want to thank someone because of something kind that they have done, or showing this feeling
名 gratitude（感謝）
＝形 thankful（感謝して）

1236 discipline

[dísəplin]
ディサプリン

名 訓練；しつけ
a way of training someone so that they learn to control their behavior and obey rules
動 を訓練する；をしつける
＝名 training（訓練）

1237 translate

[trǽnsleit, trǽnz-, ーー]
トゥランスレイト

動 (を)翻訳する；を言い換える
express the meaning of speech or writing in a different language
名 translation（翻訳）　名 translator（訳者，翻訳者）

1238 suspect

動[səspékt]
名[sʌ́spekt]
《動》サスペクト
《名》サスペクト

動 (を)疑う
think that something is probably true, especially something bad
名 容疑者
形 suspicious（疑って）　名 suspicion（疑い）
副 suspiciously（疑わしげに；怪しげに）
■▶ suspect は「〜ではないかと思う」。doubt は「〜ではないと思う」。

⁣²³² The company imports foreign manufac-
tured goods.

▶その会社は**外国工業製品**を輸入している。

☑ **foreign manufactured goods** ：外国工業製品

³²³³ Please fasten your seat belt.

▶**シートベルトをお締め**下さい。

☑ **fasten a seat belt** ：シートベルトを締める

☐ **wear a belt** ：ベルトをしている

²³⁴ The Government will send an economic mission to the U.S.

▶政府は**経済使節団を合衆国へ派遣する**。

☑ **send a mission to** *A* ：使節団を *A*〈国〉に送る

☑ **an economic[a trade] mission** ：経済 [貿易] 使節団

²³⁵ I'm grateful for your invitation.

▶ご招待いただき**感謝しております**。

☑ **be grateful for** *A* ： *A* をありがたく思う

☐ **be grateful to** *A* ： *A* に感謝する

²³⁶ They put great value on the hard work and strict discipline.

▶彼らは勤勉と**厳しい訓練**を重要視している。

☑ **the strict discipline** ：厳しい訓練

☐ **a proper parental discipline** ：ふさわしい親のしつけ

STAGE 13

²³⁷ His novel was translated into English.

▶彼の小説は**英語に訳された**。

☑ **translate** *A* **into** *B* ： *A* を *B* に翻訳する

²³⁸ I suspect that he told a lie.

▶彼は嘘をついた**のではないかと思う**。

☑ **suspect (that)節** ：〜ではないかと疑う

☐ **suspect** *A* **of** *doing* ： *A* が〜しているのではないかと疑う

☐ **suspect** *A* **of** *B* ： *A* に *B* の嫌疑をかける

TO BE CONTINUED [**5**/14] ➡ 379

1239	**awake** [əwéik] アウェイク	動 **目が覚める；を起こす** wake up; make somebody wake up 形 **目覚めて** ⇔形 asleep (眠って) ☞No.0792 ■▶【変】awake-awaked/awoke-awaked/awoken

1240	**equivalent** [ikwívələnt] イクウィヴァレント	形 **同等の；相当する** having the same amount, value, purpose, qualities, etc. 名 **同等の [等しい] もの**

1241	**approve** [əprúːv] アプルーヴ	動 **を是認する；(に) 賛成する** think that somebody or something is good, acceptable or suitable 名 approval (承認, 認可)

1242	**flag** [flǽg] フラッグ	名 **旗** a piece of cloth with a colored pattern or picture on it that represents a country or organization ■▶ flag は自己主張・愛国心・勝利などの象徴としての 「旗」を指す。banner は主義・主張などを書いた「旗」。 pennant は標識・信号用などに用いる細長い先のと がった「旗」。standard は儀式用の「旗・軍旗」。

1243	**harmony** [háːrməni] ハーモニィ	名 **調和；融和** notes of music combined together in a pleasant way 形 harmonious (仲の良い；調和の取れた) …名 harmonica (ハーモニカ)

1244	**polite** [pəláit] ポライト	形 **礼儀正しい；上品な** behaving in a way that is socially correct and shows understanding of and care for other people's feelings 副 politely (丁寧に) ⇔形 impolite (無礼な)　形 rude (無礼な) 形 vulgar (粗野な)

1245	**fossil** [fásəl | 〈英〉fɔ́s-] ファッセル	名 **化石** the parts of a dead animal or a plant that have become hard and turned into rock 形 **化石のような；時代遅れの**

1246	**folk** [fóuk] フォウク	形 **民俗の** (of art, culture, etc.) traditional and typical of the ordinary people of a country or community 名 『複数扱い；《主に米》-s』 **民俗；人々** =名 people (国民, 民族) …複 folk song (民謡)

⁹ One morning I awoke to find myself famous. ▶ある朝目を覚ますと私は有名になっていた。	✔ awake to find A B 　：目を覚ますと A が B に 　　なっている ☐ be awake to the danger 　：危険に気づいている
⁰ I paid him back an equivalent amount of money I had borrowed. ▶私は借りていたのと同額の金を彼に返した。	✔ an equivalent amount of A 　：A と同じ量
⁴¹ My mother finally approved of my marriage. ▶母がやっと私の結婚を認めた。	✔ approve of A 　：A に賛成する ☐ approve a proposal 　：提案を承認する
⁴² The hotel flies the European Union flag. ▶ホテルは EU の旗を掲げている。	✔ the European Union flag 　：EU の旗 ☐ a national flag　：国旗 ☐ put up a flag：旗を掲げる
⁴³ We need to work in harmony with each other. ▶互いに協調して働く必要がある。	✔ in harmony with A 　：A と調和して ☐ harmony between A and B　：A と B の調和
⁴⁴ It's polite of you to greet me. ▶ご丁寧な挨拶をどうも。	✔ it is polite (of A) to do 　：～するとは (A は) 礼儀 　　正しい ☐ polite behavior 　：礼儀正しいふるまい
⁴⁵ The researchers have been hunting for fossils here. ▶研究者たちはここで化石探しをしている。	✔ hunt for fossils 　：化石探しをする
⁴⁶ A folk tale has a cultural aspect. ▶民話は文化的な側面を持っている。	✔ a folk tale　：民話 ☐ folk dance：民俗舞踊 (曲)

STAGE 13

TO BE CONTINUED [6 / 14] ➡ 381

1247 march

[máːrtʃ]
マーチ

動 行進する
walk somewhere as a group to show that you agree or disagree strongly with something
名 行進

1248 crack

[krǽk]
クラック

動 裂ける
break or make something break, either so that it gets lines on its surface, or so that it breaks into pieces
名 裂け目；鋭い音
㊝ cracker (クラッカー；爆竹)

1249 wound

[wúːnd, wáund]
ウーンド

動 を傷つける
damage a part of the body, especially by making a cut or hole in the skin
名 傷
■▶ 主に刀剣・銃器類によって受ける「傷」。事故の場合は hurt, injury。

1250 fur

[fáːr]
ファー

名 毛；柔らかい毛；毛皮製品
the thick hair that covers the bodies of some animals, or the hair-covered skin(s) of animals, removed from their bodies
＝㊝ skin (皮)　㊝ leather (革) ☞No.1054
　㊝ feather (羽毛) ☞No.1103
■▶ ㊒ far「遠く離れた」と混同しないように注意。

1251 horrible

[hɔ́ːrəbl, hár-|〈英〉hɔ́r-]
ホーラブル

形 恐ろしい，実にひどい
very unpleasant or bad
㊝ horror (〔身の毛もよだつような〕恐怖)
㊙ horribly (ひどく)
＝㊒ terrible (ひどい※ horrible より強く嫌悪感を伴う) ☞No.0996

1252 continent

[kántənənt|〈英〉kɔ́nti-]
カンテネント

名 大陸
one of the large land masses of the earth such as Europe, Asia or Africa
㊒ continental (大陸の)

1253 incident

[ínsədənt]
インスィデント

名 出来事，小事件
an event, especially one that is unusual, important, or violent
㊒ incidental (付随的な，偶然の)
㊙ incidentally (ついでながら)
■▶ disaster ＞ accident ＞ incident の順に規模が小さくなる。accident は意外な「事故」。event は重要な出来事や「行事」。

0001

47 The demonstrators marched through the center of town.

▶デモ隊は町の中心部を**行進した**。

0100

0200

48 The fireworks cracked in the sky.

▶花火が空では**じけた**。

0300

0400

49 The soldier was wounded in the stomach.

▶兵士は腹部に**傷を負った**。

0500

☑ **be wounded[get wounded]** ：傷を負う

☐ **a deep wound** ：深い傷

0600

☐ **a fatal wound** ：致命傷

0700

50 Some people wear a fur coat for warmth in winter.

▶冬に暖をとるために**毛皮のコート**を着る人もいる。

0800

☑ **a fur coat** ：毛皮のコート

☐ **be dressed in fur** ：毛皮に身を包んでいる

0900

1000

251 He tried to get the horrible sight of the accident out of his head.

▶彼はその事故の**ぞっとするような光景**を脳裏から消し去ろうとした。

1100

☑ **a horrible sight** ：ぞっとするような光景

☐ **horrible weather** ：ひどい天候

1200

☐ **a horrible moment** ：恐ろしい瞬間

STAGE 13

1300

252 He is making a plan to travel across the African continent.

▶彼は**アフリカ大陸を旅行する**計画を立てている。

1400

☑ **travel across the African continent** ：アフリカ大陸を旅する

1500

253 No incident has been reported.

▶**事件**の報告は受けていない。

1600

☐ **an actual incident** ：現実の出来事

☐ **a shooting incident** ：銃撃事件

1700

1800

TO BE CONTINUED [7 / 14] ➡ 383

1254	**tragedy** [trǽdʒədi] トゥラヂェディ	图 悲劇 a very sad event, that shocks people because it involves death ⑱ tragic (悲壮な) ⇔图 comedy (喜劇)
1255	**eager** [íːgər] イーガァ	圏 熱望して wanting very much to do or have something, especially something interesting or enjoyable ⑩ eagerly (熱心に) 图 eagerness (熱心) ＝⑱ anxious (切望して) ☞No.0970 ⑱ earnest (熱心な)
1256	**alike** [əláik] アライク	圖 同様で in a similar way 圏 同様な；似ている ⇔⑱⑩ unlike (〔～と〕違った) ＝⑱ like (似ている) ⑱ similar (似ている) ☞No.0038 ▶ alike opinions とは言わない。
1257	**cure** [kjúər] キュアァ	働 を治療する a medicine or medical treatment that makes an illness go away 图 治療 (法)；回復 ＝⑩ heal (を治す)
1258	**agent** [éidʒənt] エイヂェント	图 代理人，代理店 a person whose job is to act for, or manage the affairs of, other people in business, politics, etc. 图 agency (代理店) ＝图 deputy (代理人；補佐官)

1259	**defeat**
	[difíːt]
	ディフィート
		働 を負かす，を破る
		win against someone in a fight, war, or competition
		图 敗北，負け
		＝⑩ beat (を打ち負かす) ☞No.1160
		   ⑩ overcome (〔に〕打ち勝つ) ☞No.0892
		   ⑩ conquer (〔に〕勝つ) ☞No.1652

1260	**restore** [ristɔ́ːr] リストーァ	働 を回復する；を元に戻す bring back a situation or feeling that existed before 图 restoration (復元；回復)

⁴ The plane crash is one of the worst tragedies.

▶その墜落事故は最悪の**悲劇**の一つだ。

☐ end in tragedy
: 悲しい結末に終わる

⁵ He was eager to watch TV.

▶彼はテレビを**見たがっていた**。

☑ be eager to *do*
: しきりに～したがる

⁶ The books written by the writer attract the young and old alike.

▶その作家が書いた本は**老いも若きも**惹きつける。

☑ the young and old alike
: 老いも若きも

☐ These seeds all look alike to me!
: この種子は皆そっくりに見える！

⁷ Many people hope that cures for cancer or AIDS are found.

▶ガンやエイズに**対する治療（法）が**発見されることを多くの人が願っている。

☑ find cures for *A*
: *A* の治療（法）を見つける

☐ cure *A* of *B*
: *A* の *B*〈病気など〉を治す

⁸ Our agent in New York deals with all US sales.

▶ニューヨークの**代理人**がアメリカの全ての販売を手がけています。

☐ an agent for *A*
: *A* の代理人

⁹ Brazil defeated Greece in soccer.

▶ブラジルはサッカーでギリシア**に勝った**。

¹⁰ Following the riots, law and order has been restored.

▶暴動の後，**法と秩序は回復され**ている。

☑ restore law and order
: 法と秩序を回復する

☐ restore *A* to *B*
: *A* を *B* に戻す

STAGE
13

1261 broadcast

[brɔ́ːdkæst | 〈英〉-kàːst]
ブロードゥキャスト

動 (を) **放送する**
send out program on television or radio
名 **放送**
⋯名 forecast (予報) ☞No.1753

1262 gender

[dʒéndər]
ヂェンダァ

名 (人の) **性，性別**
the fact of being male or female, especially when considered with reference to social and cultural differences, not differences in biology

1263 dialogue

[dáiəlɔ̀ːg, -lɑ̀g | 〈英〉-lɔ̀g]
ダイアローグ

名 **対話，会話**
formal talks between opposing countries, political groups, etc.
⋯名 dialect (方言)

1264 inspire

[inspáiər]
インスパイアァ

動 を**鼓舞する；を吹き込む**
encourage someone by making them feel confident and eager to do something
名 inspiration (霊感)
＝動 encourage (を勇気づける)

1265 trunk

[trʌ́ŋk]
トゥランク

名 **(木の) 幹；トランク**
the thick central woody stem of a tree
⋯名 stem (茎) 　名 axle (軸)

1266 dye

[dái]
ダイ

名 **染料**
a substance that is used to change the color of things such as cloth or hair
動 を**染める；染まる**
▬▶【変】dyed-dyed；dyeing。die「死ぬ」と同音。

1267 accompany

[əkʌ́mpəni]
アカンパニィ

動 に**同行する；に伴う**
travel or go somewhere with somebody or something
名 accompaniment (付きもの)

1268 sufficient

[səfíʃənt]
サフィシャント

形 **十分な**
enough for a particular purpose; as much as you need
動 suffice (十分である) 　動 sufficiently (十分に)
＝形 enough (十分な)

1269 parallel

[pǽrəlèl]
パラレル

形 **平行な**
with the same distance between two lines, etc. for all their length
副 **平行して**
名 **平行；類似点**

261 The satellite broadcasting station broadcasts 24 hours a day. ▶その衛星放送局は1日24時間放送している。	☑ **a satellite broadcasting station** ：衛星放送局 ☑ **broadcast 24 hours a day** ：1日24時間放送をする
262 Discrimination on the basis of race, gender or age is not allowed. ▶人種, **性別**あるいは年齢に**基づく差別**は許されない。	☑ **discrimination on the basis of gender** ：性別に基づく差別
263 The governor tried to maintain a dialogue with the inhabitants. ▶知事は住民**との対話**を続けようとした。	☑ **a dialogue with** A ：A との対話
264 His coach inspired him to challenge the champion. ▶コーチは彼にチャンピオンに**挑むよう鼓舞**した。	☑ **inspire** A **to** do ：A を〜するよう奮い立たせる
265 He left his bicycle leaning against a tree trunk. ▶彼は**木の幹**に自転車を立てかけておいた。	☑ **a tree trunk** ：木の幹
266 The cloth is dipped into a large container of artificial dye. ▶その布は**人工染料**の大きな容器に浸される。	☑ **artificial dye** ：人工染料
267 His wife accompanied him. ▶彼には夫人が**同伴**していた。	☐ **be accompanied by** A ：A に付き添われる ☐ **accompanied by the piano** ：ピアノの伴奏で
268 The pension is not sufficient for our living expenses. ▶年金は我々の生活費に**足り**ない。	☑ **sufficient for** A [**to** do] ：A [〜するの] に十分な ☐ **a sufficient explanation** ：十分な説明
269 There is a road parallel to the railroad. ▶線路と**平行**の道路がある。	☑ A **parallel to[with]** B ：B と平行の A

STAGE **13**

1270 **profession**
[prəféʃən]
プロフェッション

名 (専門的)職業；告白
a job that needs a high level of education and training
形 professional (プロの)
= 名 occupation (職業)

1271 **luxury**
[lʌ́kʃəri, lʌ́gʒə-|
〈英〉lʌ́kʃəri]
ラクシャリィ

名 贅沢(品)
great comfort, especially as provided by expensive and
beautiful things
形 luxurious (豪奢な)
⋯➤ 形 deluxe (豪華な)

1272 **boundary**
[báundəri]
バウンダリィ

名 境界線；限界
a real or imagined line that marks the limits or edges of
something and separates it from other things or places;
a dividing line
= 名 border (〔地理的な〕境界) ☞ No.1021

1273 **executive**
[igzékjutiv]
エグゼキュティヴ

名 管理職；〖the ~〗行政府
a manager in an organization or company who helps
make important decisions
形 管理職の；行政府の
動 execute (を実行する)
名 execution (実行，執行)

1274 **mechanical**
[mikǽnikəl, mə-]
ミカニカル

形 機械の；機械的な
affecting or involving a machine
名 mechanic (機械工)
動 mechanize (〔を〕機械化する)
名 mechanism (仕組み)
⋯➤ 名 machine (機械) ☞ No.0530

1275 **interfere**
[ìntərfíər]
インタァフィアァ

動 干渉する；じゃまをする
involve yourself in a situation when your involvement
is not wanted or is not helpful
名 interference (干渉，口出し)
= 動 intrude (割り込む)

1276 **boil**
[bɔ́il]
ボイル

動 を沸かす；煮える
reach, or cause something to reach, the temperature at
which a liquid starts to turn into a gas
名 boiler (湯沸かし器)

270 What profession are you going to choose? ▶君はどんな職業に就くのかね？	☐ the teaching profession ：教職
271 The family lives in luxury. ▶その家族は贅沢な生活をしている。	✔ live in luxury ：贅沢な暮らしをする
272 The traditional boundaries between men's jobs and women's jobs seem to be getting vague. ▶男性の仕事と女性の仕事の間の伝統的な境界線は曖昧になりつつあるようだ。	✔ a boundary between A and B ：AとBの間の境界線
273 He is an executive of an oil company. ▶彼は石油会社の重役だ。	✔ an executive of a company ：会社の重役
274 The breakdown was due to a mechanical failure. ▶故障は機械の破損によるものであった。	✔ a mechanical failure ：機械の破損 ☐ a mechanical pencil ：シャープペンシル
275 It's unwise to interfere between husband and wife. ▶夫婦のことには口出し無用。	☐ interfere with A ：Aをじゃまする ☐ interfere in A ：Aに干渉する
276 Boil plenty of salted water, then add the spaghetti. ▶塩を加えたお湯をたくさん沸かし，それからスパゲッティを入れなさい。	✔ boil water：お湯を沸かす ☐ boiled eggs ：ゆで卵

STAGE 13

TO BE CONTINUED [10/14] ➡ 389

1277 **insurance**
[inʃúərəns, ínʃuərəns]
インシュアランス

图 保険（金）；保証
an agreement in which you pay a company money and they pay your costs if you have an accident, injury, etc.
働 insure（を保証する；〔に〕保険をかける）
■► assurance は主として《英》。

1278 **correspond**
[kɔ̀:rəspánd | 〈英〉kɔ̀rəspɔ́nd]
コーレスパンド

動 一致する；対応する；通信する
be the same as or match something
图 correspondence（一致；文通）
形图 correspondent（対応した／通信員）

1279 **diversity**
[divə́:rsəti | 〈英〉dai-]
ディヴァースィティ

图 多様性；相違
the fact of including many different types of people or things
形 diverse（異なった，種々の）
働 diversify（〔を〕多様化する）

1280 **entertain**
[èntərtéin]
エンタァテイン

動 (を)楽しませる；(を)もてなす
keep a group of people interested or enjoying themselves
图 entertainment（歓待；娯楽）
图 entertainer（楽しませる人 [もの]；芸人）
=働 amuse（を楽しませる）

1281 **contrary**
[kántreri | 〈英〉kɔ́ntrə-]
カントゥレリィ

图 〖the ~〗反対；相反するもの
the opposite fact, event or situation
形 反対の，逆の
=形 opposite（反対の）☞No.0597

1282 **depression**
[dipréʃən]
ディプレッション

图 意気消沈；不景気
the state of feeling very unhappy and without hope for the future
形 depressed（不景気な；気持ちの沈んだ）
形 depressing（気落ちさせるような）
=图 recession（不況）

1283 **proof**
[prú:f]
プルーフ

图 証拠；証明
a fact or piece of information that shows that something exists or is true
働 prove（を証明する）☞No.0313
=图 evidence（証拠）☞No.0555
┄► 形 waterproof（防水性の）
形 fireproof（耐火性の）

I have to pay the car insurance monthly.

▶私は月々**自動車保険料**を支払わなければならない。

✔ car[accident / fire] insurance：自動車 [損害／火災] 保険
☐ take out insurance：保険をかける
☐ life insurance：生命保険

This corresponds exactly with their requirements.

▶これは彼らの要求と**ぴったり対応する**。

✔ correspond with[to] A：A に相当(一致)する

It is important to respect cultural diversity.

▶**文化の多様性**を尊重することは大切だ。

✔ cultural diversity：文化の多様性

The music teacher entertained children with songs.

▶音楽の先生は歌で子供**を楽しませた**。

✔ entertain A with B：A を B で楽しませる

☐ greatly entertain A：A を大いに楽しませる

On the contrary, I'm so impressed!

▶**それどころか**，私はとても感動した！

✔ on the contrary：それどころか，とんでもない

☐ contrary to A：A に反して

STAGE **13**

She was in a state of depression.

▶彼女は**意気消沈状態**だった。

✔ be in a state of depression：意気消沈状態である

☐ an economic depression：経済不況

She embraced her daughter as a proof of love.

▶彼女は**愛の証**として娘を抱きしめた。

✔ a proof of love：愛の証

☐ conclusive[clear] proof：決定的 [明白な] 証拠

☐ proof of identity：身分証明(書)

TO BE CONTINUED [11/14] ➡ 391

1284 acknowledge

[æknálidʒ, ək-|〈英〉-nɔ́l-]
アクナリッヂ

動 を(事実であると)**認める**
admit or accept that something is true or that a situation exists

名 acknowledg(e)ment（承認；受領証明書）

1285 master

[mǽstər|〈英〉má:s-]
マスタァ

名 **主人**
the person who owns, cares for, and controls an animal

動 を**習得する**
名 mastery（熟達）
＝名 mistress（女主人）
⇔名 servant（召し使い）
■▶ 店の「マスター」は owner。

1286 shake

[ʃéik]
シェイク

動 を**振る；揺れる；震える**
move backwards and forwards or up and down in quick, short movements, or to make something or someone do this

名 **振ること**
＝動 tremble（震える）　動 shiver（震える）
■▶【変】shake-shook-shaken

1287 labor

[léibər]
レイバァ

名 **労働；骨折り**
practical work, especially when it involves hard physical effort

動 **働く**
形 動 elaborate（手のこんだ／〔を〕練〔り上げ〕る）
＝動 work（働く）
■▶〈英〉では labour。

1288 request

[rikwést]
リクウェスト

動 を**要請する；を頼む**
ask for something politely or officially

名 **要請**
＝動 ask（〔に〕頼む）　動 beg（〔を〕懇願する）
動 demand（〔を〕要求する）☞No.0360

1289 tip

[típ]
ティップ

名 (1)**ちょっとした忠告；チップ**
　　(2)**先端**
(1) a helpful piece of advice

動 (1)(に)**チップをあげる**
■▶ (1)と(2)は同一綴りの別語源語。

284 I acknowledge that you are right. = I acknowledge you to be right.

▶あなた**が正しいと認めます。**

✓ acknowledge that節
=acknowledge A to do
：〜である [A〈人〉が〜である] と認める

---

285 The dog ran to his master.

▶犬は**主人**のところへかけていった。

☐ master English[a new language]
：英語 [新しい言語] を習得する

☐ the master of the house
：家の主人

---

286 Shake the bottle before taking the medicine.

▶薬を飲む前に**ビンを振って**下さい。

✓ shake a bottle[can]
：ビン [缶] を振る

☐ shake hands with A
：A と握手をする

---

287 He couldn't endure the hard labor.

▶彼は**重労働**に耐えられなかった。

✓ hard labor ：重労働

☐ manual labor ：肉体労働 (者)

☐ cheap labor ：低賃金労働 (者)

---

288 People are requested not to smoke on platforms.

▶人々はプラットホームでは**タバコを吸わないよう求められて**いる。

✓ request A [not] to do
：A〈人〉に〜するよう [しないよう] 要請する

☐ request that節
：〜であることを要請する

---

289 I heard useful tips on how to save money.

▶貯蓄のための**役立つ助言**を聞きました。

✓ useful tips on A
：A の役立つ助言 (秘訣)

☐ leave a tip of A
：A〈金額〉のチップを置く

TO BE CONTINUED [12/14] ➡ 393

1290 magic

[mǽdʒik]
マヂック

图 魔法；魔力
the power to make impossible things happen by saying special words or doing special actions
形 magical (魔法の)　图 magician (手品師)
■▶ 「マジックショー」は a conjuring show。

1291 enemy

[énəmi]
エナミィ

图 敵
someone who hates you and wants to harm you
⇔图 friend (友)
■▶ 「好敵手，競争相手」は rival，試合などの「相手，敵」は opponent。

1292 vote

[vóut]
ヴォウト

图 投票
a formal choice that you make in an election or at a meeting in order to choose somebody or decide something
動 (に) 投票する
图 voter (有権者)
=图 poll (投票)

1293 roll

[róul]
ロウル

動 を転がす；回転する
move somewhere by turning in a circular direction, or to make something move this way
图 巻物
图 roller (ローラー)　動 enroll (を名簿に載せる)

1294 universe

[júːnəvəˌrs]
ユーナヴァース

图 宇宙，全世界
everything that exists, especially all physical matter, including all the stars, planets, galaxies, etc. in space
形 universal (全世界の)
副 universally (一般に；いたる所に)
=图 space (宇宙) ☞No.0084

1295 honor

[ánər | 〈英〉ɔ́nə]
アナァ

图 名誉，光栄
something that you are very pleased or proud to do because people are showing you great respect
動 を尊敬する
形 honorable (名誉ある)
⇔图 dishono(u)r (不名誉)

1296 angle

[ǽŋgl]
アングル

图 角度，角
the space between two straight lines or surfaces that join each other, measured in degrees
形 angular (角のある)

A magic mirror appears in a fairy tale 'Snow-White.'

▶ **魔法の鏡**は「白雪姫」というおとぎ話に登場する。

- ☑ **a magic mirror**：魔法の鏡
- ☐ **believe in magic**
  ：魔法を信じる
- ☐ **magic spells**　　：呪文

Cats are a natural enemy of mice.

▶ 猫はネズミの**天敵**だ。

- ☑ **a natural[real] enemy**
  ：天敵 [本当の敵]
- ☐ **make an enemy of** *A*
  ：*A* を敵に回す

I supported a candidate by casting a vote.

▶ 私は**一票を投ずる**ことで候補者を支持した。

- ☑ **cast a vote**：一票を投ずる
- ☐ **put it to the vote**
  ：それを投票にかける
- ☐ **a secret vote**：無記名投票

A rolling stone gathers no moss.

▶ **転石苔**を生ぜず。《諺》

- ☐ **a roll of toilet paper**
  ：トイレットペーパーの
  一巻き

The origin of the universe has not been fully discovered.

▶ **宇宙の起源**は十分に解明されていない。

- ☑ **the origin of the universe**
  ：宇宙の起源

The hall was built in honor of Dr. Abe.

▶ その会館は阿部博士**を記念して**建てられた。

- ☑ **in honor of** *A*
  ：*A* に敬意を表して
- ☐ **I have the honor to inform you that**節
  ：謹んで申し上げますが〜

The two roads meet[cross] at right angles.

▶ その2本の道路は**直角に**交わっている。

- ☑ **at right angles**　：直角に
- ☐ **at an angle of 30 degrees to[with]** *A*
  ：*A* と 30 度の角をなして

STAGE **13**

TO BE CONTINUED [**13** / **14**] ➡ 395

1297 **guard** [gá:rd] ガード	動 を守る；を見張る protect someone or something from being attacked or stolen 名 警戒；ガードマン ＝動 protect (〔を〕守る) ☞No.0367 ■▶「ガードマン」は和製英語 (guardsman は《英》「近衛兵」の意)。
1298 **pale** [péil] ペイル	形 (顔色が)青白い；(色が)薄い having a skin color that is very white, or whiter than it usually is ■▶ 名 pail「手おけ，バケツ」と同音。
1299 **poison** [pɔ́izn] ポイズン	動 に毒薬を入れる harm or kill a person or an animal by giving them poison 名 毒薬 形 poisonous (有毒な)
1300 **bond** [bánd｜〈英〉bɔ́nd] バンド	名 きずな；接着剤；債券；証書 a close connection joining two or more people

Freedom of expression must be guarded with care. ▶表現の自由は注意して**守ら**なければならない。	☐ **guard** A **against[from]** B ：A を B から守る

What is wrong, you look pale? ▶どうしました. **顔色が悪い**けど。	☑ **look** pale ：顔色が悪い ☐ pale **yellow** ：淡い黄色

They prevented the factory from poisoning a river with chemicals. ▶彼らはその工場が**化学物質で**川**を汚染する**のを防いだ。	☑ **poison** A **with chemicals** ：化学物質で A を汚染する ☐ **take** poison ：毒を飲む

They are linked by bonds of marriage. ▶彼らは**結婚のきずな**で結ばれている。	☑ **a** bond **of marriage** ：結婚のきずな ☐ **a public** bond ：公債

STAGE **13**

Lesson 13　接尾辞① (名詞)

難しい英単語の多くは、語幹と接尾辞が組み合わされてできています。よく使われる接尾辞の意味を知れば、理解のきっかけになります。

1　**-er (-or, -ar) をつけると、「～する人 (もの)」の意味の名詞になる**

☐ keeper　　　　番人　　　　　　　☐ visitor　　　　訪問者
☐ stopper　　　　栓　　　　　　　　☐ actor　　　　　俳優
☐ New Yorker　ニューヨークの人　☐ liar　　　　　　うそつき

2　**-ee をつけると、「～される人」の意味の名詞になる**

☐ employee　　　従業員　　　　　　☐ examinee　　　受験者
（ employer　　　雇い主 ）　　　　（ examiner　　　試験官 ）

3　**-ist, -(i)an をつけると、「人」を表す意味の名詞になる**

☐ artist　　　　　芸術家　　　　　　☐ pianist　　　　ピアニスト
☐ musician　　　音楽家　　　　　　☐ magician　　　奇術師

4　**-logy は「～学、～論」、-ics は「～学、～術」の意味の名詞になる**

☐ biology　　　　生物学　　　　　　☐ geology　　　　地質学
☐ economics　　経済学　　　　　　☐ physics　　　　物理学

5　**-ism をつけると、「～主義」の意味の名詞になる**

☐ nationalism　国家主義　　　　　☐ egoism　　　　利己主義
☐ capitalism　　資本主義　　　　　☐ Buddhism　　仏教

6　**動詞に -ment をつけると、「～すること」の意味の名詞になる**

☐ enjoyment　　楽しむこと　　　　☐ amuzement　楽しませること
☐ treatment　　処理　　　　　　　☐ excitement　興奮

7　**-ion をつけると、「動作・結果・状態」を表す名詞になる**

☐ action　　　　行動　　　　　　　☐ connection　　関係
☐ expectation　期待　　　　　　　☐ addition　　　追加

8　**形容詞に -ness をつけて、「性質・状態・行為」の抽象名詞にする**

☐ business　　　仕事　　　　　　　☐ illness　　　　病気
☐ happiness　　幸福　　　　　　　☐ usefulness　　有用性

9 動詞・形容詞に -th をつけると、抽象名詞になる

□ truth	真実	□ width	広さ
□ death	死	□ strength	強さ

10 動詞に -ure をつけると、「動作・状態・結果」を表す名詞になる

□ failure	失敗	□ pressure	圧力
□ pleasure	楽しいこと	□ creature	生き物

11 -(i)ty をつけると、「状態・性質・程度」を表す抽象名詞になる

□ ability	能力	□ necessity	必要
□ humanity	人間性	□ similarity	類似

12 -al, -y をつけると、「性質・状態・行為」の意味の名詞になる

□ arrival	到着	□ survival	生き残り
□ difficulty	困難	□ certainty	確実性

13 -ance, -ence をつけると、「性質・行為」を表す抽象名詞になる

□ performance	実行すること	□ confidence	自信
□ entrance	入場	□ difference	違い

14 動詞・名詞に -age をつけて、「集合・地位・状態・行為」の名詞にする

□ marriage	結婚	□ bondage	束縛

15 名詞・形容詞に -ship をつけて、「状態・身分・技量」の抽象名詞にする

□ friendship	友情	□ relationship	関係

16 形容詞に -dom をつけると、「〜の状態」を表す名詞になる

□ freedom	自由	□ stardom	スターの地位

17 -hood をつけると、「時期・性質・状態・集団」を表す名詞になる

□ childhood	子供のころ	□ motherhood	母性

18 動詞に -ing をつけると、「〜すること」の意味の名詞になる

□ cleaning	清掃	□ opening	開幕
□ feeling	感覚	□ setting	据えつけ
□ landing	着陸	□ holding	保有

1301	**statistics** [stətístiks] スタティスティクス	图 **統計 (学)** numbers that have been collected in order to provide information about something 围 statistical (統計的な)

1302	**impose** [impóuz] インポウズ	動 **(税・義務など)を課す, を負わせる** officially force a rule, tax, punishment, etc. to be obeyed or received

1303	**duty** [djú:ti|〈英〉djú:-] デューティ	图 **義務, 務め；税** something that you have to do because it is your moral or legal responsibility ＝图 obligation (義務) ☞No.1531 图 responsibility (責任) …→图 duties (税金※本来 duty は「当然支払うべきもの」)

1304	**tap** [tǽp] タップ	動 **(を)軽く叩く** hit your fingers lightly on something, for example to get someone's attention 图 **蛇口** ＝動 pat (〔を〕軽く叩く)　動 slap (を平手打ちする) ■▶動 と图 は同一綴りの別語源語。

1305	**alarm** [əlá:rm] アラーム	图 **警報；恐怖；目覚まし時計** a loud noise that tells you there is danger 動 **に危急を知らせる** 围 alarming (驚くべき)

1306	**castle** [kǽsl|〈英〉ká:sl] キャッスル	图 **城；大邸宅** a large strong building, built in the past by a ruler or important person to protect the people inside from attack ■▶権威・戦略の象徴。 t は黙字。

1307	**firm** [fá:rm] ファーム	围 **堅い；しっかりした** not likely to change 图 **商会, 会社** 副 firmly (堅く) ■▶围 と图 は同一綴りの別語源語。company は「会社」を表す最も一般的な語。corporation は法人として認められている「株式会社」。

1308	**motion** [móuʃən] モウション	图 **運動；動作** the process of moving or the way that someone or something moves 图 motive (動機)　围 motionless (動きのない)

1 Statistics are important for election predictions.

▶ **統計**は選挙予想には重要である。

☐ official statistics
: 公式な統計

---

2 Heavy taxes are imposed on beer.

▶ ビールには重い税金が**課せられ**ている。

☑ impose *A* on *B*
: *B* に *A* を課す[負わせる]

---

3 He performed these social duties.

▶ 彼はこれらの**社会的義務**を果たしました。

☑ a social duty : 社会的義務

☐ do[carry out] *one's* duty
: 義務を果たす

☐ have a duty : 義務がある

---

4 He tapped me on the shoulder.

▶ 彼は私の肩**を軽く叩いた**。

☑ tap *A* on *B*
: *A*〈人〉の *B*〈身体の部位〉
を軽く叩く

---

5 A fire alarm system gave the alarm at midnight.

▶ 火災報知器は真夜中に**警報を発した**。

☑ give[raise] the alarm
: 警報を発する

☐ an alarm (clock)
: 目覚まし時計

---

6 The view from Edinburgh Castle was amazing.

▶ **エディンバラ城**からの眺めは素晴らしかった。

☑ Edinburgh Castle
: エディンバラ城

☐ build a castle : 城を築く

---

7 I have a firm belief in God.

▶ 私は**堅く**神**の存在を信じ**ている。

☑ a firm belief in *A*
: *A* への確固たる信念

☐ a businessman running his own firm
: 自分の会社を経営して
いる実業家

---

8 He changed motion picture history.

▶ 彼は**映画**の歴史を変えた。

☑ a motion picture
: 映画《米》

☐ in motion : 運転中で

STAGE **14**

1309	**manual**	形 **手の;人力の**
	[mǽnjuəl]	(of work, etc.) involving using the hands or physical strength
	マニュアル	名 **説明書**
		副 manually (手で)

1310	**tropical**	形 **熱帯の**
	[trápikəl | 〈英〉tróp-]	coming from or existing in the hottest areas of the world
	トゥラピカル	名 tropic (回帰線;〚the -s〛熱帯地方)

1311	**coal**	名 **石炭**
	[kóul]	a hard black mineral which is dug out of the ground and burnt to produce heat
	コウル	⋯名 oil (石油) 名 natural gas (天然ガス)
		名 fossil fuel (化石燃料)

1312	**import**	名 **輸入;輸入品**
	名[ímpɔːrt]	the act of bringing a product or service into one country from another
	動[impɔ́ːrt]	動 **を輸入する**
	《名》インポート	⇔ 名 動 export (〔を〕輸出〔する〕) ☞ No.1574
	《動》インポート	

1313	**mystery**	名 **神秘;謎**
	[místəri]	something has that cannot be explained in any practical or scientific way, especially because it's connected with God and religion
	ミスタリィ	形 mysterious (神秘的な;不可解な)

1314	**crazy**	形 **狂気の;熱中した**
	[kréizi]	very strange or not sensible
	クレイズィ	= 形 mad (気の狂った) ☞ No.1199

1315	**pan**	名 **平鍋**
	[pǽn]	a round metal container that you use for cooking, usually with one long handle and a lid
	パン	

309 He has a low-paid manual job.

▶彼は**低賃金の手仕事**をしている。

☑ a low-paid manual job
：低賃金の手仕事

☐ consult the computer manual
：パソコンの手引き書を参照する

310 She has tropical fish at home.

▶彼女は自宅で**熱帯魚**を飼っている。

☑ tropical fish[birds, plants]
：熱帯魚 [鳥類，植物]

311 My grandfather was once a coal miner.

▶祖父は以前は**炭鉱夫**だった。

☑ a coal miner ：炭鉱夫

☐ a piece of coal
：石炭の一片

312 We saw a sharp rise in meat imports.

▶食肉**輸入**が急**増**した。

☑ a rise in import
：輸入の増加

☐ imported food ：輸入食品

313 He wants to explore the mysteries of space.

▶彼は**宇宙の神秘**を探りたいと思っている。

☑ the mysteries of the space
：宇宙の神秘

☐ the mystery of life
：生命の謎

☐ a mystery story：推理小説

314 She must be crazy to lend him money.

▶彼に金を**貸すなんて**，彼女は**頭がおかしい**に違いない。

☑ *A* is crazy to *do*
：～するなんて*A*はどうかしている

☐ be crazy about[for] *A*
：*A*に夢中である

315 A frying pan with an iron handle soon gets too hot to be touched.

▶鉄の持ち手のついた**フライパン**はすぐに熱すぎて触れなくなる。

☑ a frying pan ：フライパン

☐ a stew pan[pot]
：シチュー鍋

TO BE CONTINUED [2/13] ➡ 403

1316 debt
[dét]
デット

名 **借金，負債；恩義**
a sum of money that somebody owes
名 debtor（債務者，借り主）

1317 gear
[gíər]
ギアァ

名 **歯車；衣裳**
a device, often consisting of connecting sets of wheels with teeth (= points) around the edge, that controls how much power from an engine goes to the moving parts of a machine

---

1318 bend
[bénd]
ベンド

名 **曲がり**
a curve or turn, especially in a road or river
動 **を曲げる；曲がる**
形 bent（曲がった）
■▶【変】bend-bent-bent

1319 version
[vɔ́ːrʒən, -ʃən | 〈英〉-ʃən]
ヴァージョン

名 **…版，改作**
a particular form of something that is slightly different from other forms of the same thing
■▶日本語「バージョンアップ」の意味の英語は upgrade。

1320 emphasis
[émfəsis]
エンファスィス

名 **強調，重要視**
the particular importance or attention that is given to something
動 emphasize（を強調する）
形 emphatic（強調された）
■▶【複】emphases

1321 liquid
[líkwid]
リクィッド

名 **液体**
a substance that flows freely and is not a solid or a gas, for example water or oil
形 **液体の，液状の**
⋯▶名 fluid（流体）

1322 spare
[spéər]
スペアァ

動 **を割く；を容赦する**
give time or money to someone
形 **予備の**

---

316 He is under a heavy debt.

▶ 彼は重い**借金**をしょっている。

- ✓ be under a debt
  ：借金を背負っている
- ☐ a bad[good] debt
  ：不良債権，不良貸付[正常債権]

---

317 Cars with automatic gear change have rapidly spread throughout the country.

▶**ギアの切り替え**が自動的な車が急速にその国全体に普及している。

- ✓ gear change
  ：ギアの切り替え
- ☐ sports gear
  ：スポーツ用品

---

318 There is a sharp bend in the river.

▶その川には鋭い**湾曲部**がある。

- ✓ a bend in the river
  ：川の湾曲
- ☐ bend down ：かがむ

---

319 The novel "Harry Potter" has many foreign versions.

▶ 小説「ハリーポッター」は多くの**外国語版**が出ている。

- ✓ a foreign version
  ：外国語版
- ☐ the original version of A
  ：A のオリジナル版

---

320 She laid emphasis on hard work.

▶彼女は勤勉さ**を強調した**。

- ✓ lay[place, put] emphasis on A ：A を強調する

---

321 This is in the transition from liquid to vapo(u)r.

▶これは**液体から蒸気へ移行**している。

- ✓ transition from liquid to vapo(u)r
  ：液体から蒸気への移行
- ☐ liquid food=a liquid diet
  ：流動食

---

322 Can you spare me an hour?

▶ 1 時間**割いて**頂けますか？

- ✓ spare A B = spare B for A
  ：A〈人〉に B を割く
- ☐ a spare tire
  ：予備[スペア]タイヤ

1323 occupy
[ákjupài | 〈英〉ók-]
アキュパイ

動 を占有する，を占領する
fill or use a space, an area or an amount of time
图 occupation（占領；職業）
■▶ occupation は規則的でかつ訓練を受けた「職業」。
profession は専門的知識を要する「職業」。job は「職業」を意味する最も一般的な語。

1324 seed
[síːd]
スィード

图 種；〖比喩的に〗根源
a small hard object produced by plants, from which a new plant of the same kind grows
動 (に) 種をまく

1325 load
[lóud]
ロウド

動 を積む
put a large quantity of something into a vehicle or container
图 積み荷
⇔動 unload（〔の〕荷を降ろす）
…▶图 動 download（〔を〕ダウンロード〔する〕）

1326 retire
[ritáiər]
リタイアァ

動 引退する，退く
leave your job or stop working because of old age or ill health
图 retirement（退職）
＝動 resign（〔を〕辞する）☞No.1774
動 retreat（後退する）
動 quit（〔を〕やめる）☞No.0831

1327 protest
图[próutest]
動[prətést]
《名》プロウテスト
《動》プロテスト

图 抗議
a strong complaint expressing disagreement, disapproval, or opposition
動 (に) 抗議する
图 Protestant（新教徒）

1328 flood
[flád]
フラッド

图 洪水
a large amount of water covering an area that is usually dry
動 を氾濫させる；(に) どっと殺到する

1329 acquire
[əkwáiər]
アクワイアァ

動 を取得 [習得] する
gain something by your own efforts, ability or behavior
图 acquisition（取得，獲得）
＝動 get（を得る）　動 gain（〔を〕得る）☞No.0178

³ The soldiers finally left the occupied area.

▶兵士たちはついに**占領地域**から撤退した。

- ☑ **the occupied area**
  : 占領地域
- ☐ **be occupied with[in]** A
  : A で忙しい [手がふさがっている]

---

⁴ My grandfather is planting vegetable seeds in a field.

▶祖父は畑に**野菜の種**をまいている。

- ☑ **plant** seeds   : 種をまく
- ☑ **vegetable seeds**
  : 野菜の種

---

⁵ The truck was loaded with coal.

▶トラック**には**石炭**が積んで**あった。

- ☑ **load** A **with** B
  : A に B を積む
- ☐ **load** A **into[onto]** B
  : A を B に積む

---

²⁶ He will retire on a pension at the age of 65.

▶彼は 65 歳で**退職して年金を受け取る**予定だ。

- ☑ **retire on (a) pension**
  : 退職して年金を受け取る
- ☐ **retire as[from]** A
  : A を退く

---

²⁷ Two of them quit in protest of the board's decision.

▶委員会の決定に**抗議して**二人が辞めた。

- ☑ **in protest of** A : A に抗議して
- ☐ **without protest**
  : 不満も言わずに
- ☐ **make a protest** : 抗議する

---

²⁸ The typhoon caused a flood in that town.

▶台風はその町を**水浸し**にした。

- ☐ **be washed away[destroyed] by the flood**
  : 洪水で流される [破壊される]

---

²⁹ This job will offer you a great opportunity to acquire a new skill.

▶この仕事はあなたにとって**新しい技術を身につける**素晴らしい機会となるでしょう。

- ☑ **acquire a new skill**
  : 新しい技術を身につける
- ☐ **acquired through experience**
  : 経験によって得られた

TO BE CONTINUED [**4**/13] ➡ 407

1330 violence
[váiələns]
ヴァイオレンス

图 暴力，強暴（性）
behavior that is intended to hurt other people physically
形 violent（乱暴な）　副 violently（激しく）
動 violate（を侵害する）
…形 rude（粗野な）

1331 pile
[páil]
パイル

图（物の）山，積み重ね
a number of things that have been placed on top of each other
動 を積み上げる；積み重なる
＝图 heap（堆積）　图 stack（積み重ね）

1332 cattle
[kǽtl]
キャトゥル

图 牛
cows and bulls kept on a farm for their meat or milk
■► cow，bull，calf などの総称。a cattle や cattles とはいわない。

1333 blame
[bléim]
ブレイム

動 をとがめる
say or think that someone or something is responsible for something bad
图 非難
＝動 accuse（を訴える）
　動 condemn（を非難する）
⇔動 praise（を賞賛する）☞No.0879
■► blame は間違い・過失などの「責任を問う」。criticize は欠点を探して「非難する」。

1334 remark
[rimáːrk]
リマーク

動 と言う，と述べる；所見を述べる
say or write a comment about something or somebody
图 所見，コメント
形 remarkable（注目すべき；優れた）
副 remarkably（目立って，非常に）

1335 transfer
動[trænsfáːr]
图[trǽnsfər]
《動》トゥランスファー
《名》トゥランスファ

動 乗り換える；を移す
change from one bus, plane, etc. to another while you are travelling, or arrange for someone to do this
图 乗り換え；移転

1336 detective
[ditéktiv]
ディテクティヴ

图 探偵，刑事
someone who is paid to discover information about someone or something
動 detect（を察知する）　图 detector（探知器）

³³⁰ She has suffered from domestic violence for a long time. ▶彼女は長い間**家庭内暴力**に苦しんでいた。	✔ **domestic violence** ：家庭内暴力 ☐ **violence against** *A* ：*A* に対する暴力 ☐ **an act[a crime] of violence** ：暴力行為 [暴行罪]
³³¹ The important document lay in a pile of old papers beside my desk. ▶その重要な書類は机の脇の**古新聞の山**に紛れ込んでいた。	✔ **a pile of old papers** ：古新聞の山 ☐ **pile** *A* **on[onto]** *B* ：*A* を *B* の上に積み重ねる
³³² The cattle were dying because they had no water. ▶水がなくて**牛**はみな死にかけていた。	☐ **raise cattle**：牛を飼育する ☐ **10 head of cattle** ：牛10頭
³³³ Who is to blame for the accident? ▶事故は誰の**責任**ですか？	✔ **blame** *A* **for** *B* ：*B* を（理由に）*A* のせいにする ☐ **blame** *A* **on** *B* ：*A* を *B* の責任にする
³³⁴ He remarked that he would attend the meeting. ▶その会合に参加するでしょうと彼は**述べた**。	✔ **remark (that)節** ：…だと述べる
³³⁵ I transferred to another train at Boston. = I changed trains at Boston. ▶ボストンで別の列車に**乗り換えた**。	✔ **transfer to** *A* **at** *B* ：*A* に *B*〈場所〉で乗り換える
³³⁶ This is a popular detective story among young people. ▶これは若者に人気のある**探偵小説**だ。	✔ **a detective story[novel]** ：探偵 [推理] 小説 ☐ **a private detective** ：私立探偵

TO BE CONTINUED [**5**/13] ➡ 409

STAGE **14**

1337	**glow** [glóu] グロウ	動 **紅潮する；白熱する** (of a person's body or face) look or feel warm or pink, especially after exercise or because you are excited, embarrassed, etc.

1338	**concrete** [kánkriːt, -́-| 〈英〉kɔ́ŋkriːt] カンクリート	形 **具体的な** definite and specific 名 **コンクリート** ⇔形 abstract (抽象的な) ☞No.0985

1339	**divorce** [divɔ́ːrs] ディヴォース	名 **離婚** the legal ending of a marriage 動 **(と)離婚する** ⇔名 marriage (結婚)

1340	**sacrifice** [sǽkrifàis, -rə-] サクリファイス	動 **を犠牲にする；(を)いけにえとして供する** stop having something you want or doing something you like in order to get something more important 名 **犠牲；いけにえ** =名 victim (犠牲者) ☞No.1039

1341	**hire** [háiər] ハイアァ	動 **を借りる；を雇う** pay money to borrow something for a short period of time 名 **雇用** =動 employ (を雇用する) ☞No.0770 　動 borrow (〔を〕借りる) ☞No.0687 　動 rent (〔を〕賃借する) ☞No.1150

1342	**myth** [míθ] ミス	名 **神話；作り話** an ancient story or set of stories, especially explaining the early history of a group of people or about natural events and facts

1343	**wage** [wéidʒ] ウェイヂ	名 **賃金，時間給，週給，日給** money you earn that is paid according to the number of hours, days, or weeks that you work =名 salary (給料)　名 pay (給料) ☞No.0041 ■▶「ベースアップ」は和製英語。

⁷ The children's faces were glowing with excitement.

▶子供たちの顔は興奮で紅潮していた。

✔ glow with *A*
: *A* で紅潮する

---

⁸ This is the concrete evidence.

▶これが**具体的な証拠**だ。

✔ concrete evidence
: 具体的な証拠

☐ a concrete block
: コンクリートブロック

---

⁹ One in three marriages ends in divorce.

▶3組に1つの結婚が**離婚で終わる**。

✔ end in divorce
: 結果として離婚になる

☐ divorce *oneself* from *A*
: *A* と離婚する

⁰ Parents sacrifice a great deal for their children.

▶親は子供**のために**多大な**犠牲を払う**。

✔ sacrifice *A* for *B*
: *B* のために *A* を犠牲にする

---

⁴¹ How much would it cost to hire a car for three days?

▶3日間**車を借りる**といくらになりますか？

✔ hire a car
: (運転手付きで) 車を借りる ※ rent a car は「車 (だけ) を借りる」の意味

---

⁴² Contrary to popular myth, women are not worse drivers than men.

▶**通説**とは違って，女性は男性より運転が下手ではない。

✔ popular myth : 通説

---

⁴³ He gets good wages as a factory worker.

▶彼は工場労働者として**良い賃金を稼いでいる**。

✔ get[earn] good wages
: 良い賃金をとる

TO BE CONTINUED [**6**/13] ➡ 411

1344 complicated
[kámpləkèitid | 〈英〉kɔ́m-]
カンプラケイティド

形 複雑な；難しい
involving a lot of different parts, in a way that is difficult to understand
動 complicate (を複雑にする)
＝形 complex (複雑な) ☞No.0342
⇔形 simple (簡単な) ☞No.0181

1345 democracy
[dimákrəsi | 〈英〉-mɔ́k-]
ディマクラスィ

名 民主主義；民主国家
a system of government in which the people of a country can vote to elect their representatives
名 democrat (民主主義者；〖D-〗《米》民主党員)
形 democratic (民主的な；大衆的な)

1346 channel
[tʃǽnl]
チャヌル

名 海峡；〖-s〗経路；(テレビの) チャンネル
a passage of water that connects two areas of water, especially two seas

1347 pray
[préi]
プレイ

動 (に)祈る；(に)懇願する
speak to God in order to ask for help or give thanks
名 prayer (祈り)

1348 odd
[ád | 〈英〉ɔ́d]
アッド

形 奇妙な；半端な；奇数の
strange or unusual
⋯形 even (偶数の) ☞No.0001
■▶ odds は「勝ち目」の意。

1349 fascinating
[fǽsənèitiŋ]
ファスィネイティング

形 魅力的な
extremely interesting and attractive
動 fascinate (を魅する)　名 fascination (魅力)

1350 temple
[témpl]
テンプル

名 (1) 寺，神殿；(2) 〖-s〗こめかみ
(1) a building used for the worship of a god or gods, especially in religions other than Christianity
■▶ (1)と(2)は同一綴りの別語源語。通例日本の「寺」は temple，「神社」は shrine。

1351 convey
[kənvéi]
カンヴェイ

動 を伝える；を運ぶ
express a thought, feeling, or idea so that it is understood by other people
名 conveyor, conveyer (運搬機〔人〕)
＝動 transmit (を伝える)

4 She is facing a complicated question.

▶彼女は**難問**に直面している。

☑ a complicated **question**
：難問

☐ look complicated
：複雑に見える

5 The event threatened the foundation of the parliamentary democracy.

▶その出来事はその**議会制民主主義国家**の基盤を脅かした。

☑ a parliamentary democracy
：議会制民主主義国家

6 The Eurostar trains travel through the English Channel.

▶ユーロスターは**イギリス海峡**を通って走っている。

☑ the (English) Channel
：イギリス海峡

☐ broadcast on Channel 1
：1チャンネルで放送する

7 The villagers prayed to God for rain.

▶村人たちは神に雨**乞いをした**。

☑ pray for A
：A を [のために] 祈る

8 It's odd that she didn't recognize me.

▶彼女が私に気づかなかった**のは奇妙だ**。

☑ It's odd (that)節
：～なんて奇妙だ

☐ an odd number ：奇数

9 This city is famous for a fascinating science museum.

▶この街は**魅力あふれる**科学**博物館**で有名だ。

☑ a fascinating **museum**
：魅力あふれる博物館

☐ find A fascinating
：A に感心する

10 This Greek temple was built in 400 B.C.

▶この**ギリシア神殿**は紀元前400年に建てられた。

☑ the Greek temple
：ギリシア神殿

☐ a temple and a shrine
：寺と神社

☐ Horyuji Temple ：法隆寺

11 Air conveys sound.

▶空気は音**を伝える**。

1352	**nowadays** [náuədèiz] ナウアデイズ	副 **今日では** at the present time, in comparison to the past ＝副 lately（最近）　副 recently（最近） ■▶ nowadays は現在形，lately や recently は通例現在完了形か過去形の動詞と共に用いる。
1353	**prohibit** [prouhíbit, prə-] プロウヒビット	動 **を禁止する** say by law that you must not do something 图 prohibition（禁止）
1354	**abandon** [əbǽndən] アバンダン	動 **をやめる；を見捨てる** stop doing something before it is finished ＝熟 give up *A*（*A* を諦める） 　動 desert（を見捨てる）☞No.0932
1355	**sample** [sǽmpl] サンプル	图 **見本** a small amount of a substance taken from a larger amount and tested in order to obtain information about the substance 動 **〜の見本を採る** ＝图 specimen（見本；標本）
1356	**bet** [bét] ベット	動 (を) **賭ける** risk money on the result of a game or competition 图 **賭** ■▶【変】bet-bet/betted-bet/betted
1357	**disorder** [disɔ́:rdər] ディソーダァ	图 **乱雑；混乱** an untidy state; a lack of order or organization ＝图 mess（混乱）☞No.1383　图 chaos（混沌）
1358	**grammar** [grǽmər] グラマァ	图 **文法，語法；基本原理** the rules in a language for changing the form of words and joining them into sentences
1359	**upper** [ʌ́pər] アパァ	形 **上部 [流] の，上の** at a higher position or level than something else, or being the top part of something

---

52 <u>Nowadays</u>, many students prefer TV to reading.

▶ **今日では**，読書よりテレビを好む学生が多い。

---

53 Smoking is strictly <u>prohibited</u>.

▶ 喫煙**は**固く**禁止されて**いる。

☐ prohibit *A* from *doing*
：（特に法律で）*A*〈人〉が
〜するのを禁止する

---

54 He was forced to <u>abandon a project</u>.

▶ 彼は**計画を断念する**ことを余儀なくされた。

✔ abandon a project[plan]
：計画を断念する

☐ abandon *one's* pet[country]
：ペット[祖国]を捨てる

---

55 These are <u>samples</u> of curtain material.

▶ これらは**カーテン地の見本**だ。

✔ samples of curtain material
：カーテン地の見本

---

56 I'll <u>bet</u> ten dollars <u>on</u> that horse.

▶ その馬に 10 ドル**賭け**よう。

✔ bet *A* on *B*
：*B* に *A* を賭ける

☐ You bet! ：もちろん！

---

57 We found the rooms were in <u>disorder</u>.

▶ 部屋が**散らかっている**ことがわかった。

✔ be in disorder
：散らかっている

---

58 It takes a long time to <u>learn the grammar of the language</u>.

▶ **その言語の文法を習得する**のには時間がかかる。

✔ learn the grammar of the language
：その言語の文法を習得する

---

59 The <u>upper class</u> often give their children an excellent education.

▶ **上流階級の人々**はしばしば自分の子供に優れた教育を受けさせる。

✔ the upper class
：上流階級（の人々）

☐ the upper jaw[lip]
：上顎[上唇]

STAGE 14

TO BE CONTINUED [**8**/13] ➡ 415

1360	**sacred** [séikrid] セイクリッド	形 **神聖な** relating to a god or religion

1361	**curve** [kə́ːrv] カーヴ	名 **曲線，カーブ** a line that gradually bends like part of a circle 動 **を曲げる；曲がる** ⋯→反 straight（まっすぐな）☞No.0389

1362	**tension** [ténʃən] テンション	名 **緊張（状態）** a situation in which people do not trust each other, or feel unfriendly towards each other, and that may cause them to attack each other 形 tense（緊張した；かたくなった）

1363	**scared** [skéərd] スケアド	形 **おびえた；びくびくした** frightened of something, or nervous about something 動 名 scare（おびえる；を怖がらせる / 恐怖） 形 scary（恐ろしい）

1364	**split** [splít] スプリット	動 **を裂く，を割る；裂ける，割れる** divide, or make something divide, into two or more parts 名 **裂け目；分裂**

1365	**statue** [stǽtʃuː] スタチュー	名 **像** an image of a person or animal that is made in solid material such as stone or metal and is usually large

1366	**innocent** [ínəsənt] イノセント	形 **無罪の；無邪気な** not guilty of a crime 名 innocence（無罪，潔白） ⇔形 guilty（有罪の）☞No.1592

1367	**satellite** [sǽtəlàit] サテライト	名 **（人工）衛星** a device sent up into space to travel around the earth, used for collecting information or communicating by radio, television, etc. ⋯→名 comet（彗星）

Cows are sacred to Hindus.

▶牛はヒンドゥー教徒**にとって神聖**である。

✔ sacred to *A*
: *A* にとって神聖な

☐ a sacred[holy] place：聖地

The road follows the long curve of the shoreline.

▶その道は**海岸線の長い湾曲**に沿って走っている。

✔ the curve of the shoreline
: 海岸線の湾曲

☐ CURVE AHEAD
: 前方にカーブあり《道路標識》

International tensions have grown rapidly.

▶**国際的緊張**は急速に**高まっている**。

✔ international[racial / political] tensions
: 国際 [民族／政治] 的緊張

✔ tension grows
: 緊張が高まる

☐ reduce[ease] tension
: 緊張をほぐす

She was extremely scared of snakes.

▶彼女は極端にヘビ**を怖がった**。

✔ be scared of *A*
: *A* を怖がる

☐ be scared to *do*
: ～するのが怖い

She split the cloth into three pieces.

▶彼女は布**を3つに裂きました**。

✔ split *A* into *B*
: *A* を *B* に分割する

☐ split all the bills
: 費用を全て分割する

I like this bronze statue.

▶私はこの**銅像**が気に入っています。

✔ a bronze statue ：銅像

☐ the Statue of Liberty
: 自由の女神像

We must not imprison innocent people.

▶**罪のない人間を投獄**してはならない。

✔ imprison innocent people
: 罪のない人間を投獄する

☐ innocent of *A*
: *A* (の罪) を犯していない

Great amounts of money are invested in satellite broadcasting.

▶巨額の資金が**衛星放送**に投資されている。

✔ satellite broadcasting
: 衛星放送

☐ launch a communications [weather] satellite
: 通信 [気象] 衛星を打ち上げる

TO BE CONTINUED [9/13] ➡ 417

1368

classify
[klǽsəfài]
クラスィファイ

動 を**分類する**
decide what group something belongs to
名 classification (分類；部類)

1369

clip
[klíp]
クリップ

動 (1)を**クリップで留める**；(2)を**刈る，**
(を)**切り抜く**
(1) fasten something to something else with a clip; be
fastened with a clip
名 (1)**クリップ**
■▶ (1)と(2)は同一綴りの別語源語。

1370

primitive
[prímətiv]
プリミティヴ

形 **原始的な，素朴な**
belonging to an early stage in the development of
humans or animals
= 形 primary (初等の；第一の) ☞No.0905

1371

enthusiasm
[inθú:ziæzm | 〈英〉-θjú-]
インスーズィアズム

名 **熱中，熱狂**
a feeling of energetic interest in a particular subject or
activity and an eagerness to be involved in it
形 enthusiastic (熱心な，熱狂的な)

1372

bore
[bɔ́:r]
ボーア

動 (1)を**うんざりさせる**
(2)(に)**穴を開ける**
(1) make someone feel tired and impatient
形 boring (退屈な) 名 boredom (退屈)
■▶ (1)と(2)は同一綴りの別語源語。bear の過去形
も bore なので注意。

1373

defend
[difénd]
ディフェンド

動 を**防ぐ，**を**守る**
protect somebody or something from attack
名 defense[ce] (防御) 名 defendant (被告)
形 defensive (防御の⇔形 aggressive☞No.1713)
⇔動 attack (〔を〕攻撃する) ☞No.0615

1374

globe
[glóub]
グロウブ

名 **球体**；〖the ～〗**地球**
a thing that is like a ball in shape
形 global (世界的な) 名 globalization (世界化)
動 globalize (〔を〕全世界に広める)

1375

summit
[sámit]
サミット

名 **頂上**；**首脳会談**
the top of a mountain
= 名 top (頂上) ☞No.0213

---

368 The books in the library are classified by subject. ▶図書館では主題別に本が**分類されている**。	✔ be classified by[according to] A 　：A によって分類される
369 A microphone was clipped to his tie. ▶マイクが彼のネクタイに**クリップで留められていた**。	✔ clip A to B 　：A を B にクリップで留める
370 This is a primitive single-celled creature. ▶これは**原始的な単細胞生物**である。	✔ a primitive single-celled creature[organism] 　：原始的な単細胞生物
371 Few expressed enthusiasm about the current leaders. ▶現在の指導陣**への熱意を表明した**ものはほとんどいなかった。	✔ express enthusiasm about A ：A への熱意を表現する
372 He wants to give up the boring job. ▶彼はその**退屈な仕事**を辞めたいと思っている。	✔ a boring job ：退屈な仕事 ☐ be bored with A 　：A に退屈している
373 Their job is to defend the borders. ▶彼らの仕事は**国境を守る**ことだ。	✔ defend the borders 　：国境を守る ☐ defend A from[against] B 　：B から A を守る
374 The earth is not a true globe. ▶地球は**完全な球体**ではない。	✔ a true globe ：完全な球体
375 Finally we reached the summit of the mountain. ▶ついに私たちは**山の頂**に到着した。	✔ the summit of the mountain ：山の頂 ☐ the NATO summit meeting 　：NATO 首脳会議

TO BE CONTINUED [**10** / 13] ➡ 419

1376 romantic
[rouméntik, rə-]
ロウマンティック

形 空想的な；恋愛に関する
not practical and having a lot of ideas that are not
related to real life
名 romanticist (ロマン主義者)
名 romance (恋愛関係；空想［恋愛］小説)
⋯▶形 classical (古典の) ☞ No.0766

1377 deserve
[dizə́:rv]
ディザーヴ

動 に値する
do something or show qualities that mean a particular
reaction, reward or punishment is appropriate
形 deserving (〔～を〕当然受けるべきで)

1378 fantasy
[fǽntəsi]
ファンタスィ

名 空想
a pleasant situation that you imagine but that is unlikely
to happen
形 fantastic(al) (空想的な；素晴らしい)
■▶ fantasy はとっぴな「空想」。imagination は根拠の
ある創造的な「想像」。

1379 review
[rivjú:]
リヴュー

名 見直し；批評
an act of carefully examining and considering a
situation or process
動 を再検討する

1380 punish
[pʌ́niʃ]
パニッシュ

動 を罰する，を懲らしめる
make someone suffer because they have done
something wrong or broken the law
名 punishment (処罰)

1381 moral
[mɔ́:rəl | 〈英〉mɔ́r-]
モーラル

形 道徳の
relating to the principles of what is right and wrong
behavior, and with the difference between good and
evil
名 〖通例-s〗道徳，モラル；〖the ～〗教訓
名 morality (道徳)
⇔形 immoral (不道徳な)

1382 barrier
[bǽriər]
バリアァ

名 障害；柵
a rule, problem, etc. that prevents people from doing
something, or limits what they can do
動 bar (をふさぐ)
＝名 obstacle (障害〔物〕) ☞ No.1400

1383 mess
[més]
メス

名 混乱，乱雑
a situation that is full of problems
動 を乱雑にする，を散らかす
形 messy (散らかった)

76 It's more romantic to eat by candlelight. ▶ろうそくの明かりで**食事をするのは**いっそう**幻想的**です。	☑ It's romantic to *do*. ：～するのは幻想的である。

77 This passage deserves careful reading. ▶この段落は注意深く**読む価値がある**。	☑ deserve *doing*[to *do*] ：～される[～する]価値がある

78 You need to distinguish between fantasy and reality. ▶君は**空想と現実の区別をつける**必要がある。	☑ distinguish between fantasy and reality ：空想と現実の区別をつける

79 Did you read the film reviews in the local paper? ▶地方紙の**映画批評**を読んだ？	☑ film[book] reviews ：映画[書籍]批評 ☐ 《米》review for *A* ：*A* のために復習する

80 She punished the boy for being late. ▶彼女は少年が遅れた**ので罰した**。	☑ punish *A* for *B* ：*B*〈悪事など〉によって *A* を罰する

381 To make a decision about this issue involves a moral judgment. ▶この問題について判断するには**道徳的判断**が伴う。	☑ a moral judgment ：道徳的判断 ☐ have no morals ：善悪の基準がない ☐ a moral issue ：道徳的[倫理的]問題

STAGE 14

382 They called for the immediate removal of trade barriers. ▶彼らは**貿易障壁**を直ちに**除去**することを要求した。	☑ the removal of trade barriers ：貿易障壁の除去

383 The room is in a real mess. ▶その部屋本当に**散らかっている**。	☑ in a mess ：散らかって，乱雑に ☐ make a mess ：散らかす

TO BE CONTINUED [11/13] ➡ 421

| 1384 **cage**
[kéidʒ]
ケイヂ | 名 檻；かご
a structure made of metal bars or wire in which animals or birds are kept |

| 1385 **fancy**
[fǽnsi]
ファンスィ | 形 手の込んだ，装飾的な
decorative or complicated
名 空想；好み
動 を空想する；が欲しい
…⤳ a fancy cake（デコレーションケーキ） |

| 1386 **decent**
[dí:snt]
ディースント | 形 見苦しくない，上品な，人並みの
of a good enough standard or quality
＝ 形 acceptable（我慢できる） |

| 1387 **guarantee**
[gæ̀rəntí:]
ギャランティー | 名 保証（書）
a formal written promise to repair or replace a product if it breaks within a specific period of time
動 を(担保)保証する
＝ 名 warranty（保証） |

| 1388 **exclude**
[iksklú:d]
イクスクルード | 動 を締め出す，を排除する
prevent someone or something from entering a place or taking part in an activity
形 exclusive（相容れない，排他的な）
副 exclusively（排他的に；独占的に）
名 exclusion（除外）
＝ 動 omit（を除外する） |

| 1389 **ultimate**
[Áltəmət]
アルティメット | 形 最終の，究極の
happening at the end of a long process
副 ultimately（最終的に，最後に）
＝ 形 final（最後の）　形 last（最後の） |

| 1390 **cite**
[sáit]
サイト | 動 を引用する
mention something as a reason or an example, or in order to support what you are saying
名 citation（引用）
＝ 動 quote（〔を〕引用する）
▶ site や sight と同音。 |

| 1391 **random**
[rǽndəm]
ランダム | 形 任意の；手当たり次第の
happening or chosen without any definite plan, aim, or pattern
名 任意
＝ 形 arbitrary（任意の） |

4 There are two tigers in the cage.

▶檻の中にトラが2頭いる。

| ✔ in the cage | ：檻の中で |
| a bird cage | ：鳥かご |

5 She was dressed in fancy clothes.

▶彼女は凝った衣服を着ていた。

| ✔ fancy clothes：凝った衣服 |
| a fancy design |
| ：装飾的なデザイン |
| fancy prices |
| ：不当に高い価格 |

6 Everyone should be entitled to a decent standard of living. ▶全ての人が見苦しくない水準の生活を営む資格があるべきである。

| ✔ a decent standard of living |
| ：見苦しくない水準の生活 |

387 This computer is under guarantee.

▶このコンピュータは保証期間中です。

| ✔ be under guarantee |
| ：保証の下にある |
| give a guarantee |
| ：保証 [確約] する |

388 Women were excluded from many gatherings.

▶女性は多くの団体から除外されていた。

| ✔ exclude A from B |
| ：A を B から除外する |

389 My ultimate goal is to understand a foreign language clearly. ▶私の最終目標は外国語を明確に理解することです。

| ✔ the ultimate goal |
| ：究極の目標 |

STAGE
14

90 He cited many sources for his book.

▶彼はその著書に多くの出典から引用した。

391 This was chosen at random from a list.

▶これは一覧表から手当たり次第に選ばれた。

| ✔ choose A at random from a list |
| ：一覧表から手当たり次第に A を選ぶ |

TO BE CONTINUED [12 / 13] ➡

1392
sorrow
[sárou, sɔ́:r- | 〈英〉sɔ́r-]
サロウ

图 悲しみ
a feeling of being very sad because something very bad has happened
⑯ sorrowful (悲しい)
■▶ sorrow は深い「悲しみ」を表す。grief は非常に強い「悲しみ」。sadness は「悲しみ」を表す一般的な語。

1393
ecology
[ikálədʒi | 〈英〉ikɔ́l-]
イカロヂィ

图 生態 (学)
the relation of plants and living creatures to each other and to their environment; the study of this
⑯ ecological (生態〔上〕の)

1394
multiple
[mʌ́ltəpl]
マルティプル

形 多数の；複合的な
many, or involving many things, people, events, etc.

1395
genius
[dʒí:njəs]
ヂーニアス

图 天才
someone who has an unusually high level of intelligence, mental skill, or ability

1396
lazy
[léizi]
レイズィ

形 怠惰な；緩やかな
unwilling to work or be active; doing as little as possible
图 laziness (怠惰, 不精)

1397
stimulate
[stímjulèit]
スティミュレイト

動 を刺激する；刺激になる
make something develop or become more active; encourage something
图 stimulation (刺激)

1398
commute
[kəmjú:t]
コミュート

動 通勤 [通学] する
travel regularly by bus, train, car, etc. between your place of work and your home

1399
jam
[dʒǽm]
ヂャム

图 (1) 混雑；(2) ジャム
(1) a situation in which it is difficult or impossible to move because there are so many cars or people
■▶ (1)と(2)は同一綴りの別語源語。

1400
obstacle
[ábstəkl | 〈英〉ɔ́b-]
アブスタクル

图 障害 (物)
something that makes it difficult to achieve something

392 His death was a great sorrow to everyone. ▶彼の死は全ての人にとって**大きな悲しみ**であった。	☑ **a great[deep] sorrow** ：深い悲しみ ☐ **feel sorrow** ：悲しむ ☐ **in (*one's*) sorrow** ：悲しみのあまり，悲しんで
393 Scientists are studying the ecology of that region. ▶科学者がその地域**の生態**を研究している。	☑ **the ecology of** *A* ：*A* の生態
394 She was killed in a multiple crash. ▶彼女は**多重衝突**で亡くなった。	☑ **a multiple crash** ：多重衝突
395 Einstein was a genius. ▶アインシュタインは**天才**だった。	🧪🍶📱💡
396 Lazy students will fail the test. ▶**やる気に欠ける生徒**はテストに失敗する。	☑ **a lazy student** ：やる気の欠けた生徒 ☐ **spend a lazy day** ：何もしないで１日を過ごす
397 His words stimulated their passion for learning. ▶彼の言葉は彼らの**学習への情熱を刺激した**。	☑ **stimulate a passion for learning** ：学習への情熱を刺激する
398 I commute to work by train. ▶私は電車で**通勤する**。	☑ **commute to work** ：通勤する
399 Ms. Bell is stuck in a traffic jam. ▶ベルさんは**交通渋滞**に巻き込まれている。	☑ **a traffic jam** ：交通渋滞 ☐ **be in a jam** ：困っている ☐ **strawberry jam** ：イチゴジャム
400 I got rid of an obstacle to complete the task. ▶私は仕事の完了を妨げる**障害を取り除いた**。	☑ **get rid of an obstacle** ：障害 (物) を取り除く

STAGE **14**

Lesson 14　接尾辞②
（形容詞・副詞・動詞）

1 名詞・動詞に -ful をつけると、「〜に満ちた」の意味の形容詞になる

☐ hopeful	有望な	☐ useful	役に立つ
☐ powerful	強力な	☐ wonderful	すばらしい

2 動詞・名詞に -able, -ible をつけて、「〜できる」を表す形容詞にする

☐ believable	信用できる	☐ reasonable	道理に合った
☐ sensible	分別のある	☐ valuable	価値のある

3 -ous をつけると、「〜の多い」「〜の特徴のある」を表す形容詞になる

☐ continuous	連続的な	☐ industrious	勤勉な

4 名詞に -al をつけると、「〜の（性質の）」の意味の形容詞になる

☐ continual	断続的な	☐ industrial	産業の

5 -y をつけて、「〜の多い」「〜がかった」の意味の形容詞にする

☐ cloudy	曇った	☐ sleepy	眠い
☐ funny	おかしな	☐ rainy	雨模様の

6 -ive をつけると、「〜の傾向がある」の意味の形容詞になる

☐ active	活動的な	☐ passive	消極的な
☐ imaginative	想像力に富む	☐ sensitive	敏感な

7 -ic, -ical をつけると、「〜の」「〜的な」を表す形容詞になる

☐ economic	経済上の	☐ economical	経済的な

8 動詞に -ant, -ent をつけると、「〜性の」の形容詞になる

☐ important	重要な	☐ pleasant	楽しい
☐ dependent	頼っている	☐ urgent	緊急の

9 名詞に -ish をつけると、「〜性の」「〜じみた」を表す形容詞になる

☐ boyish	男の子っぽい	☐ childish	子どもっぽい
☐ selfish	自己中心的な	☐ British	イギリスの

10 物質名詞に -en をつけると、「〜製の」の形容詞になる

☐ wooden	木製の	☐ golden	金の

11 名詞に -less をつけると、「〜のない」を表す形容詞になる

☐ homeless	家のない	☐ hopeless	絶望して
☐ needless	無用の	☐ selfless	無私の

0001
0100
0200
0300
0400
0500
0600
0700
0800
0900
1000
1100
1200
1300
1400
1500
1600
1700
1800

12 名詞に -ly をつけると、「〜のような」「〜の間隔で起こる」を表す形容詞になる

☐ motherly	母のような	☐ yearly	年に1度の

13 形容詞・分詞に -ly をつけると、「様態・頻度」を表す副詞になる

☐ busily	忙しく	☐ newly	新たに
☐ closely	ぴったりと	☐ fully	十分に

14 名詞の所有格の -s が「時・場所」を表していた時代のなごりの副詞

☐ besides	その上	☐ overseas	海外へ
☐ sometimes	時々	☐ nowadays	今日では

15 -ward(s) をつけると、「〜の方へ」の意味の副詞になる

☐ afterward	のちに	☐ forward	前へ

16 -ways, -wise をつけると、「〜の方法で」の意味の副詞になる

☐ always	常に	☐ clockwise	時計回りに

17 形容詞・名詞に -en をつけると、「〜する」の意味の動詞になる

☐ widen	広くする	☐ deepen	深める
☐ flatten	平らにする	☐ weaken	弱める

18 -ize, -ise をつけると、「〜になる」「〜化する」の意味の動詞になる

☐ organize	組織する	☐ normalize	標準化する
☐ Americanize	アメリカ風にする	☐ memorize	記憶する

19 -(i)fy をつけると、「〜にする」の意味の動詞になる

☐ qualify	資格を与える	☐ justify	正当化する
☐ simplify	単純化する	☐ identify	同一視する

20 -ate をつけると、「〜させる」の意味の動詞になる

☐ illustrate	説明する	☐ dominate	支配する

21 -ate をつけると、「〜の職務（の人）」の意味の名詞になる

☐ candidate	候補者	☐ senate	上院

22 -ate をつけると、「〜のある」の意味の形容詞になる

☐ passionate	情熱的な	☐ fortunate	幸運な

1401 retain
[ritéin]
リテイン

動 を維持する，を持ち続ける
keep or continue to have something
＝動 keep (を保つ)
動 preserve (を保存する) ☞ No.0641

1402 prospect
[práspekt | 〈英〉prós-]
プラスペクト

名 見込み，めど；眺め
the possibility that something good might happen in the future
形 prospective (予想される)

1403 pity
[píti]
ピティ

名 哀れみ，残念なこと
a sad feeling caused by the pain and troubles of others
動 を哀れむ
＝名 sympathy (同情) ☞ No.1139

1404 yield
[jí:ld]
ユィールド

動 を生む；を譲る；屈服する
produce or provide something, for example a profit, result or crop
＝動 surrender (〔に〕降伏する)

1405 undertake
[ʌ̀ndərtéik]
アンダァテイク

動 を引き受ける
make yourself responsible for something and start doing it
名 undertaking (引き受けること；企て；約束)

1406 distribute
[distríbju:t]
ディストゥリビュート

動 を分配する；を配送 [配達] する
give something out to several people, or spread or supply something
名 distribution (配給，配布)

1407 core
[kɔ́:r]
コーア

名 核心，芯
the basic and most important part of something
■▶ 名 corps「軍団」は同音。

1408 motivate
[móutəvèit]
モウティヴェイト

動 にやる気を起こさせる
make someone want to do something well
名 motivation (動機〔づけ〕；刺激)
名 motive (動機，動因＝名 incentive, impulse)

1409 sustain
[səstéin]
サステイン

動 を支える，を維持する
support a weight without breaking or falling
形 sustainable (支えられる；維持できる)

1 I retain a clear memory of my school days in Hokkaido.

▶私は北海道での学校時代の鮮明な**記憶を持ち続けて**いる。

✔ retain a memory
: 記憶を保つ

☐ retain heat : 熱を保つ

---

2 There's little prospect of his recovery.

▶彼が回復する**見込み**はほとんどない。

✔ a prospect of A
: A の見込み

---

3 What a pity you have failed!

▶あなたが失敗する**なんて**！

✔ What a pity SV!
: ～だなんて（残念だ）！

☐ it is a pity (that)節
: ～とは残念だ

☐ take[have] pity on[upon] A
: A を哀れむ

---

4 The research has yielded useful information.

▶研究は**有用な情報をもたらした**。

✔ yield useful information
: 有用な情報をもたらす

---

05 He decided to undertake a task.

▶彼は**仕事を引き受ける**決心をした。

✔ undertake a task[project]
: 仕事 [計画] を引き受ける

---

06 The U.N. distributed food to the refugees.

▶国連は難民たちに食料**を配布した**。

✔ distribute A to B
: A を B に配る

---

07 Debt is at the core of the problem.

▶問題の**核心**は借金だ。

✔ be at the core of the problem
: 問題の核心をなす

---

08 What motivated you to study in Korea?

▶何がもとで韓国で**勉強しよう**という気になったのですか？

✔ motivate A to do
: A〈人〉を～する気にさせる

---

09 These pillars sustain the weight of the roof.

▶これらの柱が**天井の重みを支えている**。

✔ sustain the weight of the roof：天井の重みを支える

1410 seize

[síːz]
スィーズ

動 をつかむ；を占領する
take something quickly and keep or hold it
= 動 grasp (をつかむ) ☞No.1609
　動 grab (〔を〕ひっつかむ) ☞No.1470
※ seize の方が堅い表現

1411 village

[vílidʒ]
ヴィリッヂ

名 村 (落)
a group of houses and other buildings that is smaller
than a town, usually in the countryside
名 villager (村人；田舎の人)
■▶ hamlet「小村落」よりも大きく town「町」よりも小
さい。

1412 pupil

[pjúːpəl, -pil]
ピューパル

名 生徒
a person who is being taught, especially a child in a
school
= 名 student (生徒)
■▶《米》では小学生を指すが，《英》では小・中・高校
生を指す。

1413 stare

[stéər]
ステアァ

動 (を) じっと見る
look at somebody or something for a long time
= 動 gaze (見つめる)

1414 youth

[júːθ]
ユース

名 若さ；青年
the quality or state of being young
形 youthful (若々しい)
= 名 youngster (若者)
■▶ 通例男性。しばしば軽蔑的に用いる。

1415 hero

[híːrou, hí- |〈英〉híərou]
ヒーロウ

名 英雄
a person, especially a man, who is admired by many
people for doing something brave or good
形 heroic (英雄的な)
⇔名 heroine (女傑；ヒロイン)

1416 bow

(1)[báu]
(2)[bóu]
(1) バウ
(2) ボウ

動 (1) お辞儀をする
bend your head or body forward in order to show
respect or to thank an audience
名 (1) お辞儀；(2) 弓
■▶ (1) と (2) は同一綴りの別語源語。

---

¹⁰ He seized the chance to study abroad.
▶彼は留学の**機会を捕えた**。
	☑ seize **the chance**
	   : 機会を捕える
	☐ a fear seizes *A*
	   : *A* を恐怖が襲う

¹¹ I'm from a small fishing village. ▶私は**小さな漁村**の出身だ。	☑ a fishing[mountain] village : 漁 [山] 村 ☑ a small village : 小さな村
¹² There are 500 pupils in the junior high school. ▶その中学校には**生徒**が 500 **人**いる。	☑ *A* pupil(s): *A* 〈数字〉人の生徒
¹³ Don't stare at me like that. ▶そんなに**じろじろ見**ないで。	☑ stare at[into] *A* : *A* をじっと見つめる

¹⁴ Pop music is associated with youth culture.
▶ポップミュージックは**若者文化**と関連しています。
	☑ youth culture : 若者文化
	☐ a gang of youths
	   : 若い連中
	☐ in *one's* youth
	   : 若い時に

¹⁵ After the war, he became a national hero. ▶戦争の後，彼は**国民的英雄**となった。	☑ a national hero : 国民的な英雄
¹⁶ He made a polite bow. ▶彼は丁寧に**お辞儀をした**。	☑ make a bow : お辞儀をする

TO BE CONTINUED [**2** / 13] ➡ 431

1417 **engine** [éndʒin] エンヂン	名 **エンジン，機関車** the part of a vehicle that produces power to make the vehicle move 名 engineer（技師）　名 engineering（工学）
1418 **rival** [ráivəl] ライヴァル	名 **好敵手，競争相手** a person, company or thing that competes with another in sport, business, etc. 動 と張り合う
1419 **absence** [æbsəns] アブサンス	名 **不在，欠席** when you are not in the place where people expect you to be, or the time that you are away 形 absent（欠席して，ない） ⇔名 presence（出席）
1420 **valley** [væli] ヴァリィ	名 **谷；渓谷；流域** an area of low land between hills or mountains, often with a river running through it ■▶ valley は両側を山に囲まれた「平地」。「切り立つ狭い谷」は gorge，その大きなものは canyon。
1421 **fault** [fɔ́:lt] フォールト	名 **欠点，落ち度** a mistake, especially something for which you are to blame ＝名 mistake（誤り）☞No.0284
1422 **shortly** [ʃɔ́:rtli] ショートゥリィ	副 **まもなく；手短に** soon 名 shortage（不足）　形 short（短い） 動 shorten（を短くする）
1423 **greet** [grí:t] グリート	動 **に挨拶する，を迎える** say hello to somebody or welcome them 名 greeting（挨拶）
1424 **journalist** [dʒɔ́:rnəlist] ヂャーナリスト	名 **報道記者** a person whose job is to collect and write news stories for newspapers, magazines, radio, television or online news sites 名 journal（専門誌，〔専門〕雑誌） 名 journalism（ジャーナリズム）

17 The engine started right away.

▶ **エンジン**がすぐにかかった。

---

18 He is my rival in love.

▶ 彼は僕の**恋がたき**だ。

☑ **a rival in love[business]**
　　　：恋 [商売] がたき

☐ **an old rival**
　　　：かつての競争相手

---

19 It happened in your absence.

▶ それはあなたの**留守中に**起こった。

☑ **in[during]** *one's* **absence**
　　　：～の不在中に

☐ **in the absence of** *A*
　　　：*A* がないので [ときに]

---

20 I live in a small town set in a valley.

▶ 私は**谷間に位置する小さな町**に住んでいる。

☑ **a small town set in a valley**
　　　：谷間に位置する小さな町

☐ **a deep[shallow] valley**
　　　：深い [浅い] 谷

---

21 He finds fault with everything I do.

▶ 彼は私のすること全てに**粗探しをする**。

☑ **find fault with** *A*
　　　：*A* の粗を探す

☐ **for all** *A***'s faults**
　　　：*A* に欠点が色々あるにせよ

---

22 She will be back shortly.

▶ 彼女は**じきに**戻ります。

☐ **shortly after** *A*
　　　：*A* のすぐ後に

☐ **to put it shortly**
　　　：手短に言うと

---

23 The New Year's card is a traditional Japanese greeting card.

▶ 年賀状は日本の伝統的な**挨拶状**です。

☐ **a greeting card** ：挨拶状

☐ **We were greeted warmly by the family.**
　　　：我々は家族に暖かく迎えられた。

STAGE **15**

---

24 He is a well-known journalist and broadcaster.

▶ 彼は**著名なジャーナリストで放送記者**だ。

☑ **a well-known** journalist and broadcaster
　　　：著名なジャーナリストで放送記者

TO BE CONTINUED [**3**/13] ➡

1425 principal
[prínsəpəl]
プリンサパル

形 **主要な**
most important; main

名 **校長；社長**
副 principally（主として）
= 形 chief（主な）☞No.1682
▶ 名 principle「原理」も同語源。

1426 drag
[drǽg]
ドゥ**ラ**ッグ

動 **を引きずる；を引く**
pull something along the ground, often because it is too heavy to carry

1427 neat
[níːt]
ニート

形 **小ぎれいな，きちんとした**
tidy and in order; carefully done or arranged
副 neatly（きちんと）
= 形 tidy（きちんとした）

1428 sum
[sʌ́m]
サム

名 **合計，総数；概要**
an amount of money

動 **を合計する；(を)要約する**
名 summary（一覧；概要）
副 summarize（(を)要約する）
= 名 total（合計）☞No.0222　名 amount（量）☞No.0169
　　名 quantity（量）☞No.0750

1429 bound
[báund]
バウンド

形 **(1)〜行きの；(2)縛られた**
(1) travelling, or ready to travel, in a particular direction or to a particular place

動 **(3)弾む**
▶ (1)(2)(3)は同一綴りの別語源語。(2)は bind「縛る」の過去分詞から生じた単語。

1430 needle
[níːdl]
ニードゥル

名 **針**
a small thin piece of steel that you use for sewing, with a point at one end and a hole for the thread at the other
⋯▸ 名 hook（留め金）　名 sting（〔さし〕針）
　　名 staple（ホッチキスの針）
▶ 時計の「針」は hand。

1431 seldom
[séldəm]
セルダム

副 **めったに〜(し)ない**
very rarely or almost never
= 副 rarely（稀に；めったに〜しない）
⇔ 副 often（度々）

434

²⁵ The company has regional offices in principal cities of the country.

▶その会社は**国の主要都市**に支社がある。

☑ **principal cities of the country** ：国の主要都市

☐ **the principal reason** ：主な理由

---

²⁶ We dragged the fallen tree clear of the road.

▶倒れた木**を**道路から**引きずって**除いた。

☐ **drag** *oneself* ：重い足取りで歩く

---

²⁷ His room is always neat.

▶彼の部屋はいつも**小ぎれい**だ。

☐ **neat and tidy** ：きちんと片付いている

☐ **a neat appearance** ：きちんとした身なり

☐ **be neat in** *one's* **dress** ：服装がきちんとしている

---

²⁸ Buying a house costs a large sum of money.

▶家を買うには多くの**金額**がかかります。

☑ **a sum of money** ：金額

☐ **The sum of 4 and 5 is 9.** ：4と5の和は9です。

☐ **in sum** ：要するに

---

²⁹ I took a train bound for Kyoto in the morning.

▶私は午前中に**京都行きの列車**に乗った。

☑ **a train bound for Kyoto** ：京都行きの列車

☐ **be bound to** *do* ：～する義務がある

---

³⁰ My mother threaded a needle easily.

▶母はやすやすと**針に糸を通した**。

☑ **thread a needle** ：針に糸を通す

☐ **a needle and thread** ：糸を通した針

☐ **a needle and a thread** ：針と糸

---

⁴³¹ Seldom seen, soon forgotten.

▶**去る者**は日々にうとし。《諺》

☑ **Seldom seen, soon forgotten.** ：去る者は日々にうとし。《諺》

TO BE CONTINUED [**4**/13] ➡

| 1432 | **fool**
[fú:l]
フール | 图 **ばか者**
a stupid person or someone who has done something stupid
形 foolish（ばかな＝形 silly☞No.1490） |

| 1433 | **wise**
[wáiz]
ワイズ | 形 **賢い，分別のある**
sensible; based on good judgment
名 wisdom（知恵）　副 wisely（賢明に）
⇔形 foolish（ばかな）　形 stupid（愚かな）☞No.1455 |

| 1434 | **tongue**
[táŋ]
タング | 图 **国語；舌**
a language |

| 1435 | **string**
[stríŋ]
ストゥリング | 图 **ひも，糸**
a strong thread made of several threads twisted together, used for tying or fastening things
動 **をひもで結ぶ**
■▶【変】string-strung-strung。rope より細く，thread より太い。 |

| 1436 | **cave**
[kéiv]
ケイヴ | 图 **洞穴**
a large natural hole in the side of a cliff or hill, or under the ground |

| 1437 | **tail**
[téil]
テイル | 图 **尾，しっぽ**
a part of an animal's body, sticking out from the base of the back, or something similar in shape or position
…▶图 retail（小売り） |

| 1438 | **lively**
[láivli]
ライヴリィ | 形 **活発な，元気のよい**
full of energy and enthusiasm; interesting and exciting
形 live（生きた；生の；活気のある） |

| 1439 | **ceiling**
[sí:liŋ]
スィーリング | 图 **上限；天井**
an upper limit, usually relating to money
⇔图 floor（床） |

| 1440 | **amazing**
[əméiziŋ]
アメイズィング | 形 **驚くべき**
very surprising, especially in a way that you like or admire
動 amaze（をびっくりさせる）
副 amazingly（驚くべきことに〔は〕） |

0001

32 A <u>fool</u> and his money are soon parted.

▶**ばか**と金はすぐ縁が切れる。《諺》

0100

0200

33 You should make a <u>wise choice</u> about that.

▶それについては**賢明な選択**をすべきだ。

0300

☑ a wise choice
: 賢明な選択

☐ it is wise to *do*
: ～するのは賢明である

34 His mother <u>tongue</u> is Spanish.

▶彼の**母語**はスペイン語だ。

0400

☑ *one's*[the] mother tongue
: 母 (国) 語

0500

35 The key is <u>hanging on a string by the</u> door.

▶鍵は**ドアの脇にひもでぶら下がっている。

0600

☑ hang *A* on a string by the door
: *A* をドアの脇にひもで
ぶら下げる

0700

0800

36 Primitive people lived in <u>caves</u>.

▶原始人は**洞穴に**住んでいた。

0900

☐ a dark cave   : 暗い洞窟
☐ cave in *A*[*A* in]
: *A* を陥没させる

1000

37 They check the <u>tail</u> of a plane regularly.

▶彼らは定期的に飛行機の**尾翼**を点検する。

1100

☐ a tail feather   : 尾羽

1200

38 We had a <u>lively debate</u> on environmental issues.

▶私たちは**環境問題に関する活発な議論**を行った。

1300

☑ a lively debate on environmental issues
: 環境問題に関する活発
な議論

39 We must set a <u>ceiling on prices</u>.

▶**値段の上限**を定めなければならない。

☑ a ceiling on prices
: 価格の上限

☐ a high[low] ceiling
: 高い [低い] 天井

STAGE
15

1400

1500

1600

440 She has shown <u>amazing</u> courage.

▶彼女は**驚くような**勇気を見せた。

1700

☐ it's amazing (that)節
: ～ということは驚きだ

☐ an amazing story[discovery]
: 驚くべき話 [発見]

1800

TO BE CONTINUED [**5**/13] ➡ 437

1441 fortune

[fɔ́ːrtʃən]
フォーチャン

图 運；財産
chance or luck, especially in the way it affects people's lives
⑯ fortunate (運のよい)
⑩ fortunately (幸運にも)
⇔图 misfortune (不運)

1442 bare

[béər]
ベアァ

形 裸の；露出した；空の
without any clothes or not covered by anything
⑩ barely (かろうじて；ほとんど～ない)
＝⑯ nude (裸の)　⑯ naked (裸の)
■▶ bear と同音。

1443 pin

[pín]
ピン

图 ピン
a small thin piece of metal with a point at one end, especially used for temporarily holding pieces of cloth together
動 をピンで留める
■▶ 過去形は pinned。

1444 tight

[táit]
タイト

形 きつい；引き締まった
fitting closely to your body and sometimes uncomfortable
⑩ tighten (を締める)　⑩ tightly (しっかりと)
⇔⑯ loose (緩んだ) ☞ No.0769

1445 seasonal

[síːzənl]
スィーザナル

形 季節的な；季節の
happening or needed during a particular season; varying with the seasons
图 ⑩ season (季節 / に味付けする)
■▶ 四季は spring, summer, autumn[fall], winter。北半球と南半球では逆になる。

1446 military

[mílitèri | 〈英〉-təri]
ミリテリィ

形 軍の，陸軍の
connected with soldiers or the armed forces
图 軍 (隊)
图 militarism (軍国主義)
⇔⑯ civil (文官の，民間の)
⋯▶⑯ naval (海軍の)

1447 secretary

[sékrətèri | 〈英〉-təri]
セクラテリィ

图 秘書；書記；〖S-〗《米》長官，《英》大臣
someone who works in an office, typing letters, keeping records, answering telephone calls, arranging meetings, etc.
⋯▶图 secretary-general (事務総長)

---

⁴¹ He had the good fortune to have financial help.

▶彼は**運良く**経済的援助**が受けられた**。

✔ **have the good fortune to** *do*
　　：〜する幸運に恵まれる

---

⁴² We walked along the beach with bare feet.

▶私たちは**裸足**で浜辺を歩いた。

✔ **bare feet**　　　　：裸足

---

⁴³ The curtains are held by a safety pin.

▶そのカーテンは**安全ピン**で留められている。

✔ **a safety pin**　：安全ピン

☐ The butterfly was **pinned neatly.**
　：その蝶はきちんとピンで留められていた。

---

⁴⁴ I don't like to wear a tight skirt.

▶私は**タイトスカート**をはくのが好きではない。

✔ **a tight skirt**
　　　　：タイトスカート

☐ **a tight schedule**
　：ぎっしり詰まったスケジュール ※「ハードスケジュール」は日本語

---

⁴⁵ They hire a seasonal laborer.

▶彼らは**季節労働者**を雇う。

✔ **a seasonal laborer**
　　　　　：季節労働者

☐ **seasonal variations in weather**
　　　　：天候の季節的変化

---

⁴⁶ They used military forces to control terrorism.

▶彼らはテロを抑えるために**軍隊**を使用した。

✔ **military forces**　：軍隊

☐ **a military base**：軍事基地

☐ **military service**　：兵役

STAGE **15**

---

⁴⁷ She works as a secretary to the president.

▶彼女は社長**秘書**として働く。

✔ **a secretary to** *A*：*A* の秘書

☐ **the Secretary of State**
　　：(米国)国務長官

1448 **shore**
[ʃɔ́ːr]
ショーァ

名 岸，浜
the land along the edge of a large area of water such as an ocean or lake
副 ashore（岸に［へ］）
…▸形 offshore（沖合の）
■▶ shore は海から見た「岸」。coast は陸から見た「海岸や湖岸」。beach は波に洗われる「浜辺・波打ち際」。

1449 **bay**
[béi]
ベイ

名 湾，入り江
a part of the coast where the land curves in so that the sea is surrounded by land on three sides
■▶ 通例 gulf「湾」より小さく，cove「入り江」より大きい。

1450 **cousin**
[kʌ́zn]
カズン

名 いとこ
the child of your uncle or aunt
■▶ 男女ともに用いる。

1451 **swallow**
[swálou |〈英〉swɔ́l-]
スワロウ

動 (を)飲み込む
make food or drink go down your throat and towards your stomach
名 ツバメ
…▸動 gulp（〔を〕ごくごく飲む）
■▶ 動 と名 は同一綴りの別語源語。

1452 **clue**
[klúː]
クルー

名 手がかり
an object or piece of information that helps someone solve a crime or mystery
■▶ 名 crew「乗組員」と混同しないように注意。

1453 **steam**
[stíːm]
スティーム

名 蒸気
the hot mist that water produces when it is boiled
動 蒸気を出す；を蒸す
＝名 vapor（蒸気）

1454 **trail**
[tréil]
トゥレイル

名 (足)跡；小道
a long line or series of marks that is left by somebody or something
動 (を)引きずる
名 trailer（トレーラー）

1455 **stupid**
[stjúːpid |〈英〉stjúː-]
ステューピッド

形 愚かな；まぬけな
showing a lack of thought or good judgment
名 愚か者；まぬけ
副 stupidly（愚かにも）
＝形 foolish（愚かな）

---

48 I walked along the shore of a lake in the morning.

▶私は午前中に**湖岸**を歩いた。

- ☑ the shore of a lake ：湖岸
- ☐ a rocky[sandy] shore
  ：岩だらけの [砂の] 浜
- ☐ on the shores (of *A*)
  ：(*A* の) 海岸で

---

49 We took a cruise around the San Francisco Bay.

▶私たちは**サンフランシスコ湾**を船で巡遊した。

- ☑ the San Francisco Bay
  ：サンフランシスコ湾
- ☐ a view of the bay
  ：湾の眺め

---

50 She has nine cousins.

▶彼女には**いとこ**が9人いる。

---

51 The boy managed to swallow a pill.

▶少年は何とか**丸薬を飲み込ん**だ。

- ☑ swallow a pill
  ：丸薬を飲み込む
- ☐ One swallow does not make a summer.
  ：ツバメ一羽で夏にはならぬ(＝早合点は禁物)。《諺》

---

52 The police haven't found any clues yet.

▶警察はまだ何の**手がかり**も**つかん**でいない。

- ☑ find a clue
  ：手がかりをつかむ
- ☐ a clue about[to / as to] *A*
  ：*A* の手がかり

---

53 Steam was rising from the coffee.

▶コーヒーから**湯気**が立っていた。

- ☐ (at) full steam ：全速力で
- ☐ a steam engine：蒸気機関

---

54 The war left a trail of destruction.

▶その戦争は**破壊の爪痕**を残した。

- ☑ a trail of destruction
  ：破壊の爪痕
- ☐ a trail through the forest
  ：森の中の小道

STAGE **15**

---

55 I made a stupid mistake at work.

▶私は仕事で**愚かな失敗**をした。

- ☑ make a stupid mistake
  ：愚かな失敗をする
- ☐ it is stupid (of *A*) to *do*
  ：～するなんて (*A* は) 愚かである

TO BE CONTINUED [7/13] ➡ 441

1456 empire
[émpaiər]
エンパイアァ

图 帝国
a group of countries ruled by a single person, government, or country
圈 imperial (皇帝の)
····图 emperor (皇帝，天皇)

1457 spectacular
[spektǽkjulər]
スペクタキュラァ

圈 壮観の，見事な
very good or exciting
图 spectacle (壮観；見せもの)

1458 register
[rédʒistər]
レヂスタァ

動 (を)登録する；(に)記名する
put information, especially your name, into an official list or record
图 登録，名簿
图 registration (登録；書留)
图 registry (登記〔所〕，登録〔所〕)
圈 registered (登録 [登記] した；書留の)

1459 obey
[oubéi | 〈英〉əb-]
オウベイ

動 (に)従う，服従する
do what someone in authority tells you to do, or what a law or rule says you must do
图 obedience (服従)　圈 obedient (従順な)
＝動 follow (に従う) ☞No.0079
⇔動 disobey (に背く)

1460 charity
[tʃǽrəti]
チャラティ

图 慈善(団体)；思いやり
organizations for helping people in need, considered as a group; the money, food, help, etc. that they give
＝图 mercy (慈悲)

1461 fold
[fóuld]
フォウルド

動 を折りたたむ
bend something so that one part of it lies flat on top of another part, or bend in this way
图 折り目
图 folder (書類バサミ)
⇔動 unfold (を広げる)

1462 drift
[dríft]
ドゥリフト

图 大勢，流れ；漂流
a slow change or development from one situation, opinion etc. to another
動 漂流する

456 The Roman Empire finally broke up.

▶ローマ帝国はついに分裂した。

☑ the Roman Empire
: ローマ帝国

---

457 We enjoyed a spectacular view from the top of the cliff.

▶私たちは岩壁の頂から素晴らしい風景を楽しんだ。

☑ a spectacular view from *A*
: *A* から (見える) 素晴らしい風景

☐ a spectacular triumph
: 素晴らしい勝利

---

458 We registered the names of the new members of our team.

▶私たちのチームの新メンバー名を登録した。

☐ register for *A*
: *A*〈講座など〉に登録する

---

459 We have a duty to obey the law.

▶私たちには法に従う義務がある。

☑ obey the law[rules / *A*'s order]
: 法律[規則／*A* の命令]に従う[守る]

---

460 They raised money for charity.

▶彼らは慈善のために募金をした。

☑ raise money for charity
: 慈善のために募金をする

☐ a charity concert
: 慈善コンサート

---

461 He was thinking with his arms folded.

▶腕組みして彼は考えごとをしていた。

☑ with *one's* arms folded
: 腕組みして

---

462 The drift of public opinion was toward war.

▶世論の大勢は戦争に向かっていた。

☑ the drift of public opinion
: 世論の大勢

TO BE CONTINUED [**8** / 13] ➡ 443

1463 era
[íərə, érə | 〈英〉íərə]
エァラ

图 時代, 年代, 時期
a period of time in history that is known for a particular event, or for particular qualities
= 图 period (時代) ☞ No.0167

1464 envelope
[énvəlòup]
エンヴァロウプ

图 封筒；包み
a thin paper cover in which you put and send a letter
働 envelop (を包む)

1465 army
[á:rmi]
アーミィ

图 軍隊；陸軍
a large organized group of soldiers who are trained to fight on land
働 arm (に武装させる)　働 armed (武装した)
图 armor (甲冑)
…→图 navy (海軍)　图 air force (空軍)
　图 arms (武器)

1466 passion
[pǽʃən]
パッション

图 情熱, 激情
a very strong feeling of love, hate, anger, enthusiasm, etc.
働 passionate (熱烈な, 激しい)
働 passionately (熱烈に, 激しく)
■▶ 強烈な love, desire, hate, anger, fear, grief, joy, hope など。

1467 fate
[féit]
フェイト

图 運命；運
the things, especially bad things, that will happen or have happened to somebody or something
働 fatal (致命的な)
= 图 destiny (運命)

1468 explode
[iksplóud]
イクスプロウド

働 を爆発させる；爆発する；爆発的に増える
break up into pieces violently, or cause something to do this
图 explosion (爆発)
图働 explosive (爆発物 / 爆発〔性〕の)

1469 justice
[dʒʌ́stis]
ヂャスティス

图 正義, 公正；裁判
fairness in the way people are treated
働 just (正しい, 正当な)　働 justly (正しく)
働 justify (を正当化する)
⇔ 图 injustice (不公平)

3 His death marked the end of an era.

▶彼の死は**一つの時代の終わり**を示した。

✔ the end of an era
　　：一つの時代の終わり

---

4 He put a stamp on the envelope.

▶彼は**封筒に切手を貼った**。

✔ put a stamp on an envelope
　　　　：封筒に切手を貼る

☐ cut open an envelope
　　：封筒を切って開ける

---

5 They met in the army during the war.

▶彼らは戦争中に**軍隊**で出会った。

☐ join the army
　　：陸軍に入隊する

☐ leave the army
　　：陸軍を除隊する

---

6 He is full of passion.

▶彼は**情熱にあふれている**。

✔ be full of passion
　　：情熱にあふれている

☐ have a great passion for *A*
　　：*A* に夢中である

☐ with (a) passion
　　：激しく［情熱を込めて］

---

7 Our fate depends on your decisions.

▶私たちの**運命**はあなたの決定次第だ。

---

8 A bomb exploded in the building.

▶建物の中で**爆弾が爆発した**。

✔ a bomb explodes
　　：爆弾が爆発する

STAGE 15

---

9 The press fought for justice against force.

▶新聞は暴力に抗して**正義のために戦った**。

✔ fight for justice
　　：正義のために戦う

☐ a sense of justice：正義感

TO BE CONTINUED [**9**/13] ➡ 445

1470
grab
[grǽb]
グラブ

動 (を)ひっつかむ
take or hold somebody or something with your hand suddenly or roughly
名 わしづかみ
=動 snatch (をひったくる)
　動 seize (をつかむ) ☞ No.1410

1471
agriculture
[ǽgrikʌ̀ltʃər]
アグリカルチャァ

名 農業
the practice or science of farming
形 agricultural (農業の)
■▶ agri「畑」+ culture(=動 cultivate「を耕作する」)

1472
symptom
[símptəm]
スィンプタン

名 徴候；症状
something wrong with your body or mind which shows that you have a particular illness

1473
chamber
[tʃéimbər]
チェインバァ

名 会館；部屋
a hall in a public building that is used for formal meetings

1474
dawn
[dɔ́:n]
ドーン

名 夜明け；(事の)始まり
the time of day when light first appears
⇔名 twilight (たそがれ)

1475
scholar
[skálər | 〈英〉skɔ́lə]
スカラァ

名 学者
a person who knows a lot about a particular subject because they have studied it in detail
名 scholarship (奨学金；学問)
形 scholarly (学問的な；学者風の)
…▶名 professor (教授) ☞ No.0452
　名 scientist (科学者)

1476
charm
[tʃɑ́:rm]
チャーム

名 魅力
a quality that makes you like someone or something
動 魅力がある；をうっとりさせる
形 charming (魅力的な)
=動 enchant (を魅了する)

1477
column
[káləm | 〈英〉kɔ́l-]
カラム

名 欄；円柱；縦列
a part of a newspaper, magazine or website that appears regularly and deals with a particular subject or is written by a particular writer
名 columnist (コラムニスト)
⇔名 row ([横]列) ☞ No.0855

0001

0 She grabbed him by the shirt collar.

▶彼女は彼のシャツの襟**をひっつかんだ**。

✔ grab *A* by the *B*
：*A* の *B*〈身体の一部〉を
つかむ

0100

0200

1 Highly mechanized agriculture enables a
large amount of harvest.

▶**高度機械化農業**が高い収穫高を可能にしている。

0300

✔ highly mechanized
agriculture：高度機械化農業
☐ organic agriculture
：有機農業

0400

2 These are symptoms of ordinary cold.

▶これらは普通の**風邪の症状**だ。

0500

✔ a symptom of cold
：風邪の症状 [徴候]
☐ show symptoms of *A*
：*A* の徴候を示す

0600

3 The Tokyo Chamber of Commerce and
Industry is located close to the Imperial
Palace. ▶東京商工会議所は皇居の近くにある。

0700

✔ the Tokyo Chamber of
Commerce and Industry
：東京商工会議所

0800

4 We will set off at dawn.

▶私たちは**夜明けに出発する**つもりだ。

0900

✔ set off at dawn
：夜明けに出発する

1000

5 He is a classics scholar at the University
of Oxford.

▶彼はオックスフォード大学の**古典学者**だ。

✔ a classics[classical]
scholar[historian]
：古典 [歴史] 学者

1100

1200

1300

6 The hotel still retains its old quiet
charm.

▶そのホテルは古くからの物静かな**魅力**を未だ残して
いる。

☐ look charming
：チャーミングに見える

1400

STAGE
15

1500

1600

7 He writes a sports column for a local
newspaper.

▶彼は地域紙の**スポーツ欄**を書いている。

✔ a sport column
：（新聞の）スポーツ欄
☐ supported by marble
columns
：大理石の円柱に支えら
れた

1700

1800

TO BE CONTINUED [10/13] ➡ 447

1478 **miracle**
[mírəkl]
ミラクル

图 **奇跡；不思議な出来事**
a lucky thing that happens that you did not expect or think was possible

---

1479 **brand**
[brǽnd]
ブランド

图 **商標，銘柄（品）**
a type of product made by a particular company, that has a particular name or design

動 **に焼き印を押す**
＝图 trademark（商標）
■▶ 日本語の「ブランド」のような「高級品」の意味はない。

1480 **melt**
[mélt]
メルト

動 **溶ける；を溶かす**
turn from something solid into something soft or liquid, or cause something to do this
■▶ melt は固体が熱などによって「溶ける」。dissolve は固体が液体に浸って「溶ける」。

1481 **inhabitant**
[inhǽbətənt]
インハビタント

图 **住民，居住者**
a person or animal that lives in a particular place
動 inhabit（に住む※堅い表現）
■▶ inhabitant は永続的な「居住者」，resident は一時的な「居住者」。

1482 **discrimination**
[diskrìmənéiʃən]
ディスクリミネイション

图 **差別**
the practice of treating one person or group differently from another in an unfair way
動 discriminate（〔を〕識別する，〔を〕区別する）
形 discriminatory（差別的な）

1483 **craft**
[krǽft | 〈英〉krɑ́:ft]
クラフト

图 **手工業，技術；船舶，飛行機**
an activity involving a special skill at making things with your hands
图 craftsman（職人）　图 aircraft（航空機）

1484 **prejudice**
[prédʒudis]
プレヂュディス

图 **偏見，先入観**
an unfair and unreasonable opinion or feeling, especially when formed without enough thought or knowledge

動 **に偏見を持たせる**
形 prejudiced（偏見を持った，不公平な）
■▶ prejudice は根拠のない「偏った考え」。bias「偏向」は良い場合にも悪い場合にも用いられる。

The girl was saved by a miracle.

▶その少女は**奇跡的に**救われた。

✔ **by a miracle** ：奇跡的に

☐ **perform[work / do] miracles**
：奇跡を行う，驚異的な効果がある

A new brand of soap powder has been advertised on television.

▶**新しいブランドの粉石鹸**がテレビで宣伝されている。

✔ **a new brand of soap powder**
：新しいブランドの粉石鹸

I slipped on the melting ice.

▶**溶けかかっている氷**の上で滑って転んだ。

✔ **melting ice**
：溶けかかっている氷

☐ **melt away**
：(次第に)消えてなくなる

The native inhabitants gradually lost their land.

▶**原住民**は次第に土地を失っていった。

✔ **native inhabitants**：原住民

Many companies have tried to end sexual discrimination.

▶多くの会社が**性差別**を終わらせようと試みてきた。

✔ **sexual[gender / sex] discrimination** ：性差別

☐ **racial discrimination**
：人種差別

It takes many years to master traditional crafts.

▶**伝統工芸**を習得するには何年もかかる。

✔ **traditional crafts**
：伝統工芸(品)

STAGE **15**

His speech was full of prejudices and false ideas.

▶彼のスピーチは**偏見**と誤った考え**に満ちていた**。

✔ **be full of prejudices**
：偏見であふれている

TO BE CONTINUED [11/13] ➡ 449

1485	**vanish**	動 消える，見えなくなる
	[vǽniʃ]	disappear suddenly, especially in a way that cannot be easily explained
	ヴァニッシュ	＝動 disappear（見えなくなる）☞No.0620

1486	**ashamed**	形 恥じている
	[əʃéimd]	feeling very sorry and embarrassed because of something you have done
	アシェイムド	名 shame（恥）☞No.0765
		＝形 embarrassed（恥ずかしい）

1487	**adequate**	形 適切な；十分な（量［質］の）
	[ǽdikwət]	enough in quantity or of a good enough quality for a particular purpose
	アディクウァット	副 adequately（適切に，十分に）
		名 adequacy（適切，適性）
		＝形 enough（十分な）

1488	**palm**	名 手のひら；ヤシ
	[pɑ́:m]	the inside surface of your hand, in which you hold things
	パーム	

1489	**automatic**	形 自動の，自動的な
	[ɔ̀:təmǽtik]	having controls that work without a person to operate them
	オートマティック	副 automatically（自動的に；機械的に）

1490	**silly**	形 愚かな，ばかげた
	[síli]	showing a lack of thought, understanding, or judgment
	スィリィ	＝形 foolish（愚かな） 形 absurd（不合理な）
		形 ridiculous（ばかげた）

1491	**colony**	名 植民地
	[kɑ́ləni｜〈英〉kɔ́l-]	a country or area controlled politically by a more powerful country that is often far away
	カロニィ	形 colonial（植民地の）
		動 colonize（を植民地化する）

1492	**contest**	名 競争
	名[kɑ́ntest｜〈英〉kɔ́n-]	a competition to do better than other people, usually in which prizes are given
	動[kəntést]	動 （を）争う
	《名》カンテスト	＝名 competition（競争）
	《動》カンテスト	

---

⁴⁸⁵ He vanished into the crowd.

▶彼は雑踏の中へ消えていった。

☑ vanish into[from] *A*
: *A* へ [から] 消える [見えなくなる]

---

⁴⁸⁶ I'm ashamed of having overslept.

▶寝すごして恥ずかしい。

☑ be ashamed of *doing*
: ～したことを恥ずかしく思う

---

⁴⁸⁷ She seems to be adequate to the task.

▶彼女はその仕事に向いているようだ。

☑ adequate to the task
: その仕事に向いている

☐ adequate money for the trip : 十分な旅行費用

---

⁴⁸⁸ He held the shell in the palm of his hand.

▶彼は手のひらで貝殻を握った。

☑ the palm of *one's* hand
: 手のひら

☐ palm oil : ヤシ油

---

⁴⁸⁹ The company installed an automatic data processing system.

▶その会社は自動データ処理システムを導入した。

☑ automatic data processing
: 自動データ処理

---

⁴⁹⁰ His silly behavior made his boss angry.

▶彼の愚かなふるまいは彼の上司を怒らせた。

☑ silly behavior
: 愚かなふるまい

☐ a silly question
: ばかげた質問

---

⁴⁹¹ The island was formerly a French colony.

▶その島はかつてはフランス植民地であった。

☑ a French colony
: フランス植民地

---

⁴⁹² She won a speech contest.

▶彼女は弁論大会で優勝した。

☑ win a speech contest
: 弁論大会で優勝する

☐ enter a contest
: コンテストに参加する

TO BE CONTINUED [12/13] ➡ 451

1493
comprehend
[kàmprihénd | 〈英〉kɔ̀m-]
カンプリヘンド

動 を**理解する**；を**含む**
understand something that is complicated or difficult
名 **comprehension**（理解）☞ No.1002

1494
dentist
[déntist]
デンティスト

名 **歯科医**
a person whose job is treating people's teeth
形 **dental**（歯科の）

1495
disable
[diséibl]
ディスエイブル

動 を**無効にする**；を**できなくする**
make something unable to work so that it cannot be used
名 **disability**（無能；障害）
⇔動 **enable**（を可能にする）☞ No.0757

1496
postpone
[poustpóun]
ポウストポウン

動 を**延期する**
arrange for an event, etc. to take place at a later time or date than originally planned

---

1497
promptly
[prámptli | 〈英〉prómpt-]
プランプトリィ

副 （時間）**きっかり**；**即座に**
quickly, without delay, or at the arranged time
形 **prompt**（機敏な，すばやい）

1498
cartoon
[kɑːrtúːn]
カートゥーン

名 **マンガ**
a series of drawings inside boxes that tell a story and are often printed in newspapers

---

1499
valid
[vǽlid]
ヴァリッド

形 **有効な**
legally or officially acceptable

1500
undergo
[ʌ̀ndərgóu]
アンダァゴウ

動 （不快なこと）を**経験する**；（治療など）を**受ける**
experience something that is unpleasant or something that involves a change

33 It was too difficult to comprehend. ▶それは到底**理解しがた**かった。	✔ **too difficult to comprehend** ：理解しがたい
94 He had his tooth pulled out at the dentist. ▶彼は**歯医者**で抜歯してもらった。	☐ **an appointment with a dentist** ：歯医者の予約 ☐ **go to the dentist('s)** ：歯科医に行く
95 I need to find out what disabled the Internet connection. ▶何が**インターネットの接続を無効にした**かを突き止める必要がある。	✔ **disable the Internet connection** ：インターネットの接続を無効にする
96 The fireworks were postponed due to rain. ▶花火は雨で**延期になった**。	☐ **postpone** A **until** B ：A を B まで延期する
97 He arrived there promptly on time. ▶彼はそこに**きっかり時間通りに着いた**。	✔ **arrive promptly on time** ：きっかり時間通りに着く
98 We need an idea for a new cartoon character. ▶**マンガ**の新しい**登場人物**のアイデアが必要だ。	✔ **cartoon characters** ：マンガの登場人物 ☐ **draw a cartoon** ：マンガを描く
99 You can present a valid passport as a photo ID. ▶写真付き身分証明書として**有効なパスポート**を提示できる。	✔ **a valid passport** ：有効なパスポート
500 I will undergo minor surgery tomorrow. ▶私は明日ちょっとした**手術を受ける**予定だ。	✔ **undergo surgery** ：手術を受ける

STAGE 15

hairstyles

pigtail／braid 〈米〉
plait 〈英〉

crew cut

permed hair

bald head

bunches 〈英〉

bowl cut

curly hair

shaved head

wavy hair

ROUND 6

STAGE 16-17-18

No.1501–1800

（300 words）

【頻出度】

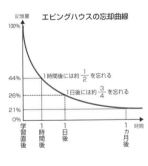

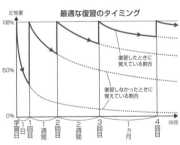

脳科学の研究によると，最も効果的な復習のタイミングは，❶1回目…学習した翌日 ❷2回目…その1週間後 ❸3回目…そのまた2週間後 ❹4回目…そのまた1カ月後であると言われています。右の表に学習した日付（または○や✓など）を記入して，忘れがちな英単語を効率的に復習していきましょう。	STAGE	1回目	2回目	3回目	4回目
	16				
	17				
	18				

1501 loan
[lóun]
ロウン

图 ローン；貸付
an amount of money that you borrow from a bank, etc.
動 を貸し付ける
＝動 lend (を貸す)
⇔動 borrow (〔を〕借りる) ☞No.0687

1502 reverse
[rivə́ːrs]
リヴァース

形 逆の，反対の
opposite to what is expected or has just been described
動 を逆にする
图 逆，反対
图 reversal (反転；〔180度の方向〕転換)

1503 brick
[brík]
ブリック

图 レンガ
a hard block of baked clay used for building walls, houses, etc.

1504 apologize
[əpálədʒàiz | 〈英〉əpɔ́l-]
アパロヂャイズ

動 謝る，わびる
tell someone that you are sorry that you have done something wrong
图 apology (謝罪)　形 apologetic (謝罪の)

1505 arrow
[ǽrou]
アロウ

图 矢；矢印
a thin stick with a sharp point at one end, which is shot from a bow

1506 critic
[krítik]
クリティック

图 批評家
a person who expresses opinions about the good and bad qualities of books, music, etc.
形 critical (批判的な；危機の)
動 criticize (〔を〕批判する)
图 criticism (批判，批評)

1507 slope
[slóup]
スロウプ

图 斜面；傾斜
a piece of ground or a surface that slopes
動 傾斜する

1508 marine
[məríːn]
マリーン

形 海の
related to the sea or sea transport
图 海兵隊員，海兵

456

01 He bought his car with a loan.	✔ buy *A* with a loan ：*A* をローンで買う
▶彼は車をローンで買った。	☐ get a loan from *A* ：*A* から借金をする
	☐ pay off a loan ：借金を完済する

02 We went in the reverse direction of our destination.	✔ go in the reverse direction ：逆方向へ行く
▶私たちは目的地とは逆方向へ行った。	☐ a reverse gear ：(自動車の) バックギア
	☐ in reverse　：反対に

03 The hospital is a large brick building.	✔ a brick building ：レンガの建物
▶その病院は大きなレンガの建物だ。	☐ red brick　：赤レンガ

04 I must apologize for coming late.	✔ apologize for *A* ：*A* のことで謝る
▶遅れて申し訳ありません。	

05 Please follow the red arrow.	✔ follow an arrow ：矢印に従って進む
▶赤の矢印に従って進んで下さい。	☐ a bow and arrow　：弓矢

06 His paintings are praised by art critics.	✔ an art[a film/movie] critic ：美術 [映画] 評論家
▶彼の絵は美術評論家に賞賛されている。	

07 I walked down a grassy slope.	✔ a grassy[wooded] slope ：草の [木の] 生えた斜面
▶私は草の生えた斜面を歩いて下った。	☐ a steep slope　：急な坂
	☐ run up[down] a slope ：坂を駆け上がる [駆け下りる]

08 He is doing research in biology of marine plants.	✔ marine plants[animals] ：海洋植物 [動物]
▶彼は海洋植物の生態について研究を行っている。	☐ marine biology ：海洋生物学

STAGE 16

TO BE CONTINUED [1/13] ➡ 457

1509 **intellectual**
[ìntəléktʃuəl]
インテレクチュアル

形 **知的な**
relating to your ability to think and understand things, especially complicated ideas
名 **知識人**
⑧ intellect (知性)
= 形 intelligent (聡明な)

1510 **vertical**
[və́:rtikəl]
ヴァーティカル

形 **垂直の**
pointing up in a line that forms an angle of 90° with a flat surface
⇔ 形 horizontal (水平の)

1511 **geography**
[dʒiágrəfi | 〈英〉-ɔ́g-]
ヂアグラフィ

名 **地理学**
the scientific study of the earth's surface, physical features, divisions, products, population, etc
形 geographic(al) (地理〔学〕の)

1512 **faint**
[féint]
フェイント

形 **かすかな**
not strong or clear; slight
動 **気絶する**
名 **気絶**
副 faintly (かすかに)

1513 **cruise**
[krú:z]
クルーズ

動 **(を)巡航する**
travel on ships for pleasure
名 **巡航，船旅**

1514 **consult**
[kənsʌ́lt]
コンサルト

動 **(医者)にかかる；(に)相談する**
go to somebody for information or advice
⑧ consultant (相談相手，コンサルタント)

1515 **client**
[kláiənt]
クライアント

名 **依頼人；顧客，得意(客)**
someone who gets services or advice from a professional person, company, or organization
⋯⋯⑧ customer (客) ☞ No.0363
⑧ caller (訪問者)
⑧ guest (招待客)

1516 **magnificent**
[mægnífəsnt]
マグニフィスント

形 **壮大な；素晴らしい**
very good or beautiful, and very impressive
= 形 splendid (素晴らしい；豪華な) ☞ No.1633

Information technology has contributed to social and intellectual advances.

▶情報技術（ＩＴ）は**社会的知的進歩に貢献**している。

☑ **contribute to social and intellectual advance**
: 社会的知的進歩に貢献する

The cliff was almost vertical.

▶崖はほとんど**垂直**であった。

☐ **a vertical line[plane]**
: 垂直線［面］

He has a great interest in geography.

▶彼は**地理学に大変興味がある**。

☑ **have a great interest in geography**
: 地理学に大変興味がある

☐ **physical geography**：自然地理

We could hardly see each other in a faint light.

▶**かすかな光**の下ではお互いがほとんど見えなかった。

☑ **a faint light[smell]**
: かすかな光［におい］

An evening we spent cruising the River Seine was wonderful.

▶セーヌ川**巡航**で過ごした一夕は素晴らしかった。

☐ **take[go on] a cruise**
: クルージングをする［クルーズに出る］

☐ **a cruise ship**　：遊覧船

He is proud of never having consulted a doctor.

▶**医者にかかった**ことがないというのが彼の自慢である。

☑ **consult a doctor**
: 医者にかかる

I've got a client with me at the moment.

▶ただいま**接客**中です。

☑ **have got a client with** *A*
: *A* が接客をしている

☐ **a big client**　：大口の顧客

You've all done a magnificent job.

▶君たちは皆**素晴らしい仕事**をした。

☑ **a magnificent job**
: 素晴らしい仕事

☐ **a magnificent view**
: 壮大な眺め

1517
secondary
[sékəndèri | 〈英〉-dəri]
セカンデリィ

形 **第2位の；次いで；中等教育の**
not as important as something else
関 second（第2位の）

1518
circuit
[sə́ːrkit]
サーキット

名 **周囲；巡回**
a line, route or journey around a place

1519
storage
[stɔ́ːridʒ]
ストーリッヂ

名 **貯蔵；収納**
the process of keeping or putting something in a special place while it is not being used
動 名 store（を蓄える；お店）

1520
innovation
[ìnəvéiʃən]
イノヴェイション

名 **革新；新技術**
(the use of) a new idea or method
形 innovative（革新的な）

1521
decorate
[dékərèit]
デコレイト

動 **を飾る**
make something look more attractive by putting something pretty on it
名 decoration（装飾）　形 decorative（装飾用の）
…名 ornament（装飾〔品〕）　動 adorn（を飾る）

1522
sequence
[síːkwəns]
スィークェンス

名 **連続；順序**
the order that events, actions, etc. happen in or should happen in
＝名 order（順序）☞No.0043
　名 series（ひと続き）☞No.0450

1523
prefecture
[príːfektʃər | 〈英〉-tjùə]
プリーフェクチャァ

名 **県**
a political region or local government area in some countries, for example Japan, France, and Italy

1524
resume
[rizúːm | 〈英〉-zjúːm]
リズーム

動 **を再び始める；再び始まる**
start doing something again after stopping or being interrupted
■ 名 résumé「レジュメ；《米》履歴書」とは発音が違うので注意。

7 The government took measures to enhance primary and secondary education. ▶政府は**初等並びに中等教育**を充実させるための方策を講じた。	✔ **primary and secondary education** ：初等並びに中等教育
8 I ran a circuit of the village. ▶村**を一回り走った。**	✔ **run a circuit of A** ：A を一周走る
9 This room has a lot of storage space. ▶この部屋には**広い貯蔵スペース**がある。	✔ **a lot of storage space** ：広い貯蔵スペース ☐ **be in storage** ：保管されている
20 The government encouraged technical innovations in the information industry. ▶政府は**情報産業界の新技術**を奨励した。	✔ **technical innovations in the information industry** ：情報産業界の新技術
21 Their new house was decorated with flowers. ▶彼らの新しい家**は花で飾られ**ていた。	✔ **decorate A with B** ：A を B で飾る
22 Please make sure that these files are arranged in sequence. ▶確実にこれらのファイルが**順番に**並ぶようにして下さい。	✔ **in sequence** ：順序通りに，次々と ☐ **out of sequence** ：順序が狂って
23 I was born in Nara prefecture in 1965. ▶私は 1965 年**奈良県**で生まれた。	✔ **Nara prefecture** ：奈良県
24 She resumed reading the story where she had left off. ▶中断していたところから彼女は物語を**再び読み始め**た。	

TO BE CONTINUED [**3** /13] ➡ 461

1525 federal
[fédərəl]
フェデラル

形 連邦の
relating to the central government of a country such as the US, rather than the government of one of its states
⊛ federation (連邦政府；連盟)

1526 assure
[əʃúər]
アシュァ

動 に保証する；に確信させる
tell someone that something will definitely happen or is definitely true so that they are less worried
⊛ assurance (保証，請け合い)
⋯⋯動 insure (に保険をかける)
動 ensure (を確実にする) ☞No.1653

1527 rural
[rúərəl]
ルアラル

形 田舎の
connected with or like the countryside
⇔形 urban (都会の) ☞No.0868
■▶ rural は単純・素朴で平和な面を，rustic は素朴・粗野な面を，pastoral は田園の平和な生活を強調する。

1528 genuine
[dʒénjuin]
ヂェニュイン

形 本物の，心からの
real; exactly what it appears to be; not artificial

1529 convention
[kənvénʃən]
コンヴェンション

名 代表者会議；慣習
a large formal meeting for people who belong to the same profession or organization or who have the same interests
形 conventional (伝統的な；会議の)

1530 passive
[pǽsiv]
パスィヴ

形 受動的な，消極的な
not reacting to what happens, or not acting or taking part
⇔形 active (積極的な)

1531 obligation
[àbləgéiʃən | 〈英〉ɔ̀b-]
アブリゲイション

名 義務，責務
the state of being forced to do something because it is your duty, or because of a law, etc.
動 oblige (に強いる)　形 obligatory (必須の)

1532 temporary
[témpərèri | 〈英〉-rəri]
テンポレリィ

形 一時的な，仮の
lasting or intended to last or be used only for a short time; not permanent
動 temporarily (一時的に，臨時に)
⇔形 permanent (永久の) ☞No.1126

25
He works for the <u>federal agency</u> in charge of the parks.

▶彼は公園を管理する**連邦機関**に勤めている。

- ✔ a federal **agency**
  ：連邦機関

26
I can <u>assure you.</u>

▶**大丈夫ですよ。**

- ✔ I (can) assure you.
  ：大丈夫ですよ［確かですよ］。
- ☐ assure *A* of *B*
  ：*A*〈人〉に *B* を保証する

27
The novel describes a beautiful <u>rural scene</u>.

▶その小説は美しい**田園風景**を描写している。

- ✔ a rural **scene** ：田園風景

28
The bag is made of <u>genuine leather.</u>

▶そのかばんは**本革**で作られている。

- ✔ genuine **leather** ：本革
- ☐ the genuine **signature** (of *A*) ：本物の (*A* の) 署名

29
The <u>convention</u> was brought to a close with his address.

▶**代表者会議**は彼の演説で締めくくられた。

30
You need to recognize the danger of <u>passive smoking.</u>

▶**受動喫煙**の危険性を認識する必要がある。

- ✔ passive **smoking**
  ：受動喫煙
- ☐ a passive **character[attitude]**
  ：消極的な性格［態度］

31
Lawyers have <u>legal obligations</u> to keep secrets of their clients.

▶弁護士には依頼者の秘密を守る**法的責務**がある。

- ✔ legal[financial] **obligations**
  ：法的 [財政的] 責務

STAGE **16**

32
I found <u>temporary work</u> at a ski resort.

▶私はスキー場での**臨時の仕事**を見つけた。

- ✔ temporary **work[accommodation(s)]**
  ：臨時の仕事［一時的な宿］
- ☐ a temporary **worker**
  ：派遣社員

TO BE CONTINUED [**4**/13] ➡ 463

1533	**invest** [invést] インヴェスト	動 (を)**投資する** buy property, shares in a company, etc. in the hope of making a profit 名 investment (投資, 出資)　名 investor (投資者)
1534	**plot** [plát | 〈英〉plɔ́t] プラット	名 **陰謀,** (小説などの)**筋** a secret plan made by a group of people to do something wrong or illegal 動 を**たくらむ；陰謀を企てる**
1535	**interval** [íntərvəl] インタァヴァル	名 **間隔, 合間** the space between two points ＝名 span (期間；距離)
1536	**embarrass** [imbǽrəs] インバラス	動 を**当惑させる；に恥ずかしい思いをさせる** cause someone to feel nervous, worried, or uncomfortable 名 embarrassment (気まずさ) 形 embarrassed (恥ずかしい) 形 embarrassing (困った, やっかいな)
1537	**funeral** [fjúːnərəl] フューネラル	名 **葬式, 葬儀** a ceremony, often a religious one, for burying or cremating (= burning) a dead person …名 cremation (火葬)　名 burial (埋葬)
1538	**refugee** [rèfjudʒíː] レフュヂー	名 **避難民；亡命者** a person who has been forced to leave their country or home, because there is a war or for political, religious or social reasons 名 refuge (避難 [所]) ＝名 exile (亡命者)
1539	**substance** [sʌ́bstəns] サブスタンス	名 **物質；中身** a particular type of solid, liquid, or gas 形 substantial (実質的な；たくさんの) 副 substantially (実質上；十分に) ＝名 material (物質) ☞No.0189
1540	**delight** [diláit] ディライト	名 **大喜び, 楽しみ；楽しみ [喜び] を与えるもの [人]** a feeling of great pleasure and satisfaction 動 を**大喜びさせる；非常に喜ぶ** 形 delightful (うれしい)　形 delighted (喜んで)

464

33 He had invested his money very wisely. ▶彼は極めて賢くお金を投資した。	☐ invest in A ：A に投資する ☐ invest money in A ：A に金を投資する
34 The plot to overthrow the government was defeated. ▶政府を転覆しようという陰謀は頓挫した。	☑ a plot to overthrow the government ：政府を転覆しようという陰謀
35 Trees were planted at intervals of five meters. ▶5メートル間隔で木が植えられた。	☑ at intervals of A ：A の間隔で，A おきに ☐ after a short interval ：少し間隔を置いて
36 Are you trying to embarrass me? ▶私を困らせようというのか？	
37 The funeral will be held next Friday. ▶葬儀は今度の金曜日に行われる。	☑ hold a funeral ：葬式を行う ☐ a funeral procession ：葬列
38 The organization helps refugees from the civil war. ▶その組織は内戦の亡命者を支援している。	☑ refugees from the civil war ：内戦の亡命者
39 Ice and water are the same substance in different forms. ▶氷と水は形は違うが同じ物質です。	☐ a harmful substance ：有害物質 ☐ matters[issues] of substance ：中身の問題
40 To my great delight, our new boss kindly spoke to me. ▶非常にうれしいことに，新任の上司が親切に話しかけてくれた。	☑ to one's great delight ：非常にうれしいことに ☐ delight A with B ：A〈人〉を B で喜ばせる

STAGE 16

TO BE CONTINUED [5/13] ➡ 465

1541 **earthquake**
[ə́ːrθkwèik]
アースクウェイク

名 地震
a sudden violent movement of the earth's surface, sometimes causing great damage
② earth (地球；大地)

1542 **linguistic**
[liŋgwístik]
リングウィスティック

形 言語の
connected with language or the scientific study of language
② linguistics (言語学)
② linguist (言語学者)

1543 **district**
[dístrikt]
ディストゥリクト

名 地区；地方
an area of a town or the countryside, especially one with particular features
＝② area (地域) ☞ No.0036
② region (地方) ☞ No.0543

1544 **campaign**
[kæmpéin]
キャンペイン

名 (社会的)運動，行動
a series of planned activities that are intended to achieve a particular social, commercial or political aim
動 行動を起こす

1545 **net**
[nét]
ネット

形 (1) 正味の
(1) left when there is nothing else to be taken away
名 (1) 正味，純益；(2) 網
② network (網状組織；ネットワーク)
⇔形 gross (総体の)
■▶ (1)と(2)は同一綴りの別語源語。

1546 **gentle**
[dʒéntl]
ヂェントゥル

形 優しい，穏やかな
calm, kind, or soft
副 gently (穏やかに)
…▶② gentleman (紳士)

1547 **port**
[pɔ́ːrt]
ポート

名 港
an area where ships stop to let goods and passengers on and off
■▶ harbor は波風を避けるのに適した自然の「港」。

466

0001

41 Thousands of people were killed by the earthquake.

▶ その**地震**で何千人も亡くなった。

☐ a slight[weak / strong] earthquake
：微震 [軽震／中震]

0100

0200

42 Surrounding environment affects linguistic development of young children.

▶ 周囲の環境は幼い子供の**言語の発達**に影響を与える。

✔ linguistic **development**
：言語の発達

☐ a linguistic **ability**
：言語能力

0300

0400

43 I work at a car factory in an industrial district.

▶ 私は**工業地域**にある自動車工場で働いている。

✔ an industrial **district**
：工業地域

☐ an election **district**
：選挙区

☐ a rural **district**　：田舎

0500

0600

0700

44 He conducted an effective election campaign.

▶ 彼は効果的な**選挙運動**を行った。

✔ an election **campaign**
：選挙運動

☐ **campaign** against child labor
：児童の就労に反対運動を起こす

0800

0900

1000

45 An annual net profit rose slightly.

▶ 年間の**純利益**はわずかに増加した。

✔ a net **profit**　：純利益

☐ cast[throw] a **net**
：網を打つ

1100

1200

1300

1400

46 She spoke to me in a gentle voice.

▶ 彼女は**優しい声**で私に話しかけた。

✔ in a gentle **voice**
：優しい声で

☐ **gentle** with[to] *A*
：*A* に優しい

☐ a gentle **wind**
：穏やかな風

1500

1600

STAGE 16

47 The ship carrying hundreds of people sailed into port.

▶ 何百もの人を乗せた船が**入港した**。

✔ sail into[arrive in/reach/come into] **port**
：入港する

1700

1800

TO BE CONTINUED [**6**/13] ➡ 467

1548

bomb

[bám | 〈英〉bɔ́m]

バム

图 **爆弾**
a weapon designed to explode at a particular time or when it is dropped or thrown

動 **を爆撃する**

② bomber（爆撃機）　② bombing（爆撃）

■▶ 最後の b は黙字。

1549

stock

[sták | 〈英〉stɔ́k]

スタック

图 **在庫；株**
a supply of a particular type of thing that a shop has available to sell

形 **在庫の**

動 **を蓄える**

■▶ stock は会社の「株」全体を指すのに対して，share は個々の「株」を指す。

1550

bush

[búʃ]

ブッシュ

图 **茂み；低木**
a plant with many thin branches growing up from the ground

1551

prison

[prízn]

プリズン

图 **刑務所；拘置所；禁固**
a building where people are kept as a punishment for a crime, or while they are waiting to go to court for their trial

② prisoner（囚人）

1552

murder

[mə́:rdər]

マーダァ

動 **(人)を殺す；殺人を犯す**
kill someone deliberately and illegally

图 **(故意の)殺人**

② murderer（殺人者，人殺し）

＝動 kill（〔を〕殺す）☞ No.0327

1553

deaf

[déf]

デフ

形 **耳が聞こえない**
unable to hear anything or unable to hear very well

⋯⋯⑱ blind（目の見えない）☞ No.1676

⑱ dumb（口のきけない）

1554

soap

[sóup]

ソウプ

图 **石鹸**
a substance used for washing the body or other things

■▶ 「洗剤」は detergent。

1555

chapter

[tʃǽptər]

チャプタァ

图 **章；一区切り**
one of the parts into which a book is divided

■▶ 【略】chap., ch., c.

---

⁴⁸ Japan is the only country hit by <u>atomic</u> <u>bombs</u>.
▶日本は**原子爆弾**の攻撃を受けた唯一の国だ。

☑ an atomic[a hydrogen] bomb ：原子 [水素] 爆弾

---

⁴⁹ New articles are now <u>out of stock</u>.
▶新品は今は**品切れ**です。

☑ out of stock ：品切れで
☐ in stock ：在庫があって
☐ stock exchange ：株式 [証券] 取引所

---

⁵⁰ She <u>hid in a bush</u> in a hurry.
▶彼女は慌てて**茂みに隠れた**。

☑ hide in a bush ：茂みに隠れる

---

⁵⁵¹ Today is the day he <u>comes out of pris-on</u>.
▶今日は彼が**刑務所から出所する**日だ。

☑ come out of prison ：刑務所から出所する
☐ be sent to prison ：投獄される

---

⁵⁵² He <u>murdered</u> her with a knife.
▶彼はナイフで彼女**を殺害した**。

☐ commit a murder ：殺人を犯す

---

⁵⁵³ He turned a <u>deaf ear</u> to us.
▶彼は我々の**言うことに耳を貸そうとしなかった**。

☑ turn a deaf ear to A ：A〈人〉の言葉に耳を貸そうとしない

---

⁵⁵⁴ She took a <u>cake of soap</u> out the cup-board.
▶彼女は戸棚から**石鹸**を1個取り出した。

☑ a cake[piece/bar] of soap ：石鹸 1 個
☐ wash A with soap ：石鹸で A を洗う

STAGE **16**

---

⁵⁵⁵ Let us go on to <u>Chapter</u> 2.
▶**第2章**へ進みましょう。

☐ the final chapter ：最終章

1556 **shade** [ʃéid] シェイド	名 **日陰；ブラインド；濃淡** slight darkness caused by something blocking the direct light from the sun
	動 **を陰にする** ■▶ はっきりした形も境もない光の当たらない部分をいう。「影」は shadow。

| 1557 **ghost** [góust] ゴウスト | 名 **幽霊，まぼろし** the spirit of a dead person that some people think they can feel or see in a place |

1558 **wipe** [wáip] ワイプ	動 **を拭く，をぬぐう** rub a surface with something in order to remove dirt, liquid, etc.
	名 **拭くこと** ■▶ 「こすって消す」のは rub。堅いもので「ゴシゴシこする」のは scrub。

1559 **mud** [mʌ́d] マッド	名 **泥** wet earth that has become soft and sticky
	形 muddy (ぬかるみの；泥だらけの) ■▶ mud はどろどろになった「土」。earth, soil は植物を育てる「土」。

1560 **drill** [dríl] ドゥリル	動 **(に)穴を開ける** make a hole in a hard substance using a special tool
	名 **きり；練習**

1561 **wheel** [hwíːl	〈英〉wíːl] ウィール	名 **車輪；(車の)ハンドル** one of the round things under a car, bus, bicycle, etc. that turns when it moves
	…名 a wheelchair (車イス) ■▶ 「車のハンドル」は a (steering) wheel。

1562 **fulfill** [fulfíl] フルフィル	動 **(約束など)を果たす** do or achieve what was hoped for or expected
	名 fulfillment (実行；実現) ■▶ 《英》では fulfil。

556 I'd like to sit in the shade.

▶私は日陰に座りたい。

☑ sit in the shade
   ：日陰に座る

557 She still believes in ghosts.

▶彼女はまだ幽霊がいると信じている。

☑ believe in ghosts
   ：幽霊がいると信じる

☐ a ghost story ：怪談

☐ a ghost town
   ：《米》ゴーストタウン

558 He asked the waitress to wipe off the table.

▶彼はウエートレスに**テーブルを拭く**よう求めた。

☑ wipe off the table
   ：テーブルを拭く

559 Her son got covered in mud after a few hours playing outside.

▶彼女の息子は数時間外で遊んで**泥だらけになった**。

☑ covered in mud
   ：泥だらけになって

☐ get caught in the mud
   ：泥にはまる

560 The company expanded a business of drilling for oil.

▶その会社は**石油採掘**事業を拡大した。

☑ drill for oil[gas]
  ：石油 [ガス] の採掘をする

☐ fire[emergency] drill
  ：火災 [緊急] 避難訓練

561 You look sleepy. I will take the wheel.

▶眠そうですね。私が**運転**しましょう。

☑ take the wheel：運転する

☐ bicycle wheels
   ：自転車のホイール

☐ a front wheel ：前輪

562 He fulfilled his duties well.

▶彼は**自分の務めを良く果たした**。

☑ fulfill *one's* duties
   ：務めを果たす

TO BE CONTINUED [8/13] ➡ 471

1563
poet
[póuit]
ポウイト

图 **詩人**
a person who writes poems
⊗ poem 〔〔1編の〕詩〕　⊗ poetry (詩歌)

1564
fade
[féid]
フェイド

動 **消えていく；しぼむ**
lose color, brightness, or strength gradually

1565
pole
[póul]
ポウル

图 **(1)柱，棒；(2)極地**
(1) a long stick or post usually made of wood or metal, often set upright in the ground to support something
⊕ polar (極の)
▶ (1)と(2)は同一綴りの別語源語。

1566
royal
[róiəl]
ロイアル

形 **王の；王立の**
connected with or belonging to the king or queen of a country
⊗ royalty (著作権使用料；王権)
▶ ⊕ loyal「忠実な」と混同しないように注意。

1567
shelf
[ʃélf]
シェルフ

图 **棚(板)**
a long, flat board fixed horizontally, usually against a wall or inside a cupboard so that objects can be stored on it

---

1568
burst
[bə́:rst]
バースト

動 **破裂する；を破裂させる**
break open or apart, especially because of pressure from inside; to make something break in this way
图 **破裂**
▶ 【変】burst-burst-burst/《米》bursted

1569
spell
[spél]
スペル

動 **(文字を)綴る**
say or write the letters of a word in the correct order
▶ 日本語で言う「スペル」は spelling。

1570
grip
[gríp]
グリップ

動 **を握る，(を)つかむ**
hold very tightly
图 **把握(力)；取っ手**
= 動 hold (を手に持つ) ☞No.0080
　 動 grasp (をつかむ) ☞No.1609
　 動 clutch (をつかむ)

---

63 He has the heart of a poet.

▶彼には**詩人の心情**がある。

☑ a heart of a poet
: 詩人の心情

64 The noise faded away.

▶ **物音は消えていった。**

☑ fade away ：(向こうへと)
消えていく

65 A tent pole was easy to carry.

▶**テントの支柱**は簡単に運べた。

☑ a tent[fishing] pole
: テントの支柱 [釣竿]
☐ the North[South] Pole
: 北 [南] 極

66 This royal palace was built in the 16th century.

▶この**王宮**は 16 世紀に建てられた。

☑ a royal palace ：王宮
☐ There is no royal road to learning.
: 学問に王道なし。《諺》

67 He took a book from the shelf.

▶彼は**棚から**本**を取った。**

☑ take A from the shelf
: 棚から A を取る
☐ supermarket shelves
: スーパーの商品棚

68 She burst into laughter.

▶彼女は**突然**笑い**出した。**

☑ burst into A
: A を突然始める
☐ burst out *doing*
: 突然~し始める

69 How do you spell it?

▶それはどう**綴る**の？

☐ spell a word ：単語を綴る

STAGE
16

70 Please grip the steering wheel.

▶**ハンドルをしっかりと握って**下さい。

☑ grip the steering wheel
: ハンドルをしっかりと
握る
☐ keep a tight grip on A
: A をしっかり握って離
さない

1571 flash

[flǽʃ]
フラッシュ

图 **ひらめき；瞬間**
a sudden bright light that shines for a moment and then disappears

動 **ピカッと光る**
⋯▶图 newsflash（ニュース速報）
■▶ flash はぱっと「光る」。twinkle は星・光などがきらきら「光る」。glitter は強い光でぴかぴか「光る」。

1572 virus

[váiərəs]
ヴァイアラス

图 **ウイルス，病原体**
an extremely small piece of organic material that causes disease in humans, animals, and plants

1573 wrap

[rǽp]
ラップ

動 **を包む**
cover something completely in paper or other material, for example when you are giving it as a present

图 **包むもの**

1574 export

動[ikspɔ́ːrt]
图[ékspɔːrt]
《動》イクスポート
《名》エクスポート

動 **(を)輸出する**
send goods to another country for sale

图 **輸出（品）**
图 exporter（輸出業者）
⇔图 動 import（を輸入〔する〕）☞No.1312

1575 heaven

[hévən]
ヘヴン

图 **天国**
(in some religions) the place believed to be the home of God where good people go when they die, sometimes imagined to be in the sky
形 heavenly（天の）
⇔图 hell（地獄）

1576 shadow

[ʃǽdou]
シャドウ

图 **影；陰**
the dark shape that someone or something makes on a surface when they are between that surface and the light

動 **を陰にする**
＝图 shade（日陰）☞No.1556

1577 pure

[pjúər]
ピュアァ

形 **純粋な；清い**
not mixed with anything else
副 purely（全く；単に）
⇔形 impure（不純な）
⋯▶图 Puritan（清教徒）

---

71 I saw a flash of lightning light up the sky.

▶私は**稲妻のひらめき**が空を照らすのを見た。

☑ **a flash of lightning**
：稲妻のひらめき

☐ **flash on and off**：点滅する

☐ **flash back**
：(記憶・画面などが) 急に戻る

---

72 He got infected with the flu virus.

▶彼は**インフルエンザウイルス**に感染した。

☑ **the flu virus**
：インフルエンザウイルス

☐ **a computer virus**
：(コンピュータ) ウイルス

---

73 I bought a roll of wrapping paper for Christmas.

▶クリスマス用の**包装紙**を 1 巻買いました。

☑ **wrapping paper**
：包装紙，包み紙

☐ **wrap (up)** A in B
：A を B で包む

---

74 The country exports manufactured items and imports food.

▶その国は**製品を輸出し，食品を輸入している**。

☑ **export manufactured items and import food**
：製品を輸出し食品を輸入する

☐ **export** A **to** B
：A を B に輸出する

---

75 Please pray for him to be able to go to heaven.

▶彼が**天国に行ける**よう祈って下さい。

☑ **go to heaven**
：天国へ行く，亡くなる

☐ **That island is truly a heaven on earth.**
：あの島はまさにこの世の天国だ。

---

76 A big tree cast long shadows.

▶大きな木が長い**影を落として**いた。

☑ **cast[throw] a shadow**
：影を落とす

---

77 These fish can only live in pure water.

▶これらの魚は**きれいな水**でしか生きられない。

☑ **pure water**　：純水

☐ **pure white[gold]**
：純白 [金]

STAGE 16

TO BE CONTINUED [**10** / 13] ➡ 475

1578	**cheer** [tʃíər] チアァ	動 を元気づける，を励ます encourage somebody or give them hope or comfort 名 励まし 形 cheerful（機嫌のいい，元気のいい）
1579	**sunshine** [sʌ́nʃàin] サンシャイン	名 日光 the light and heat that come from the sun ＝名 sunlight（日光）

1580	**sigh** [sái] サイ	動 ため息をつく breathe in and out making a long sound, especially because you are bored, disappointed, tired, etc. 名 ため息
1581	**harbor** [hɑ́ːrbər] ハーバァ	名 港；避難所 an area of water on the coast, protected from the open sea by strong walls, where ships can shelter ■▶ harbor は主として「港」の水域に，port は都市に重点がある。
1582	**tune** [tjúːn｜〈英〉tjúːn, tʃúːn] チューン	名 調律；曲 a series of musical notes, especially one that is pleasant and easy to remember 動 (を) 調律する 名 tuner（チューナー，同調器）
1583	**holy** [hóuli] ホウリィ	形 神聖な related to a religion or a god ┄▶名 holiday（休日，祝日）
1584	**minister** [mínəstər] ミニスタァ	名 大臣 (in the UK and many other countries) a senior member of the government who is in charge of a government department or a branch of one 動 仕える ┄▶名 ministry（省）
1585	**evil** [íːvəl] イーヴル	名 邪悪；不善 something that is very bad and harmful 形 邪悪な ＝形 bad（悪い）

The hopeful news cheered me.

▶期待の持てる知らせで，私への励ましとなった。

- [ ] cheer for *A*
  : *A* に声援を送る
- [ ] cheer *A* up[up *A*]
  : *A* を元気づける

We took a walk in the warm sunshine.

▶暖かいひなたで散歩をしました。

- ✔ in the warm sunshine
  : 暖かいひなたで
- [ ] After rain comes sunshine.
  : 雨の後には日差しがある。《諺》

She sighed with regret.

▶彼女は後悔のため息をついた。

- ✔ sigh with regret
  : 後悔のため息をつく
- [ ] give a sigh of relief
  : 安堵のため息をもらす

The ship was refused to enter the harbor.

▶その船は入港を拒否された。

- ✔ enter[leave] a harbor
  : 入[出]港する

This piano is out of tune.

▶ このピアノは調子が狂っている。

- ✔ out of tune：調子が狂った
- [ ] a familiar tune
  : 聞き覚えのある曲

Holy wars had been justified by religion.

▶聖戦は宗教によって正当化されていました。

- ✔ a holy war　：聖戦
- [ ] believe *A* to be holy
  : *A* を神聖なものと信じる

The Prime Minister made a speech at the conference.

▶総理大臣が会議で演説をした。

- ✔ the Prime Minister
  : 総理大臣，首相
- [ ] the Foreign Minister
  : 外務大臣

Does good always win over evil?

▶善は必ず悪に勝つだろうか？

- ✔ win over evil　：悪に勝つ
- [ ] evil intentions　：悪意

TO BE CONTINUED [11/13] ➡ 477

1586	**wing** [wíŋ] ウィング	名 翼，羽；袖 one of the parts of the body of a bird, insect or bat that it uses for flying 動 に羽をつける
1587	**acid** [ǽsid] アスィッド	形 酸っぱい，酸性の with a sour taste 名 酸 ＝形 sour (酸っぱい；酸性の) ⇔形 alkaline (アルカリ性の)　形 neutral (中性の)
1588	**grave** [gréiv] グレイヴ	名 墓 a place in the ground where a dead person is buried 形 厳粛な 名 gravity (重力；重大さ)　名 gravitation (引力) ＝名 tomb (墓)　形 serious (重大な) ☞No.0138 ■▶ 名と形は同一綴りの別語源語。
1589	**cast** [kǽst | 〈英〉kάːst] キャスト	動 (を) 投げる throw somebody or something somewhere, especially using force 名 出演俳優 名 casting (配役)　名 caster (キャスター) ■▶【変】cast-cast-cast
1590	**whisper** [hwíspər | 〈英〉wíspə] ウィスパァ	名 ささやき a low, quiet voice or the sound it makes 動 (を) ささやく …名 twitter (さえずり；むだ話)
1591	**arrest** [ərést] アレスト	動 を逮捕する；(悪化を) 止める If the police arrest someone, they take them away to ask them about a crime that they might have committed 名 逮捕；停止
1592	**guilty** [gílti] ギルティ	形 有罪の responsible for breaking a law 名 guilt (有罪，罪⇔名 innocence) ⇔形 innocent (無罪の) ☞No.1366
1593	**brilliant** [bríljənt] ブリリャント	形 立派な；光り輝く extremely clever or impressive 副 brilliantly (鮮やかに，見事に)

⁶ The hawk spread its wings. ▶タカは**翼を広げた**。	☑ **spread** *one's* **wings** ：翼を広げる，独り立ちする
⁷ Acid rain is a grave problem. ▶**酸性雨**は重大問題だ。	☑ **acid rain** ：酸性雨 ☐ **an amino acid** ：アミノ酸
⁸ The coffin was lowered slowly down into the grave. ▶棺はゆっくりと**墓穴に降ろされた**。	☑ **lower down the coffin into the grave** ：棺を墓穴に降ろす
⁹ A fisherman cast a net into the water to catch fish. ▶漁師は魚を捕まえるために水に**網を打った**。	☑ **cast a net** ：網を打つ ☐ **an all-star cast** ：花形俳優総出演
¹⁰ She told me her secret in a whisper. ▶彼女は**ささやき声で**私に秘密を明かした。	☑ **in a whisper** ：ささやいて ☐ **make a whispering sound** ：ささやき声を出す
¹¹ Most of them were kicked out or arrested. ▶彼らのほとんどは叩き出されたり**捕えられ**たりした。	☐ **arrest** *A* **for** *B* ：*B* のことで *A* を逮捕する
¹² You are guilty of theft. ▶君は窃盗で**有罪**だ。	☐ **guilty conscience** ：罪悪感
¹³ She came up with a brilliant idea. ▶彼女は**素晴らしい考え**を思いついた。	☑ **a brilliant idea** ：素晴らしい考え

TO BE CONTINUED [12/13] ➡ 479

1594 **endurance** [indʒúərəns | 〈英〉-djúər-] インデュアランス	图 **忍耐 (力)** the ability to continue doing something difficult or painful over a long period of time 動 endure (〔を〕我慢する)
1595 **freeze** [frí:z] フリーズ	動 **凍る；を凍らせる** become hard, and often turn to ice, as a result of extreme cold; make something do this 图 freezer (〔冷蔵庫の〕冷凍室)
1596 **nap** [nǽp] ナップ	图 **昼寝** a short sleep, especially during the day
1597 **pigeon** [pídʒən] ピヂョン	图 **鳩** a grey bird with short legs that is common in cities
1598 **scold** [skóuld] スコウルド	動 **を叱る** speak to someone angrily because you disapprove of their behavior
1599 **sneak** [sní:k] スニーク	動 **こっそり入る** go somewhere secretly and quietly in order to avoid being seen or heard ⋯图 sneaker (スニーカー) ■▶【変】snake-snaked/〈米〉snuck-snaked/〈米〉snuck
1600 **wrinkle** [ríŋkl] リンクル	图 **しわ** a small line or fold in cloth

⁴ Running a marathon requires <u>endurance</u>.

▶マラソンを走るには**忍耐力**が必要だ。

---

⁵ The rivers <u>freeze</u> rapidly in the cold winter.

▶寒い冬には河川が急速に**凍ってしまう**。

☐ freeze **to death** ：凍死する
☐ Freeze! ：動くな！

---

⁶ I want to <u>take a</u> little <u>nap</u>.

▶私は**仮眠をとり**たい。

☑ take[have] **a** nap
：昼寝をする，うた寝をする

---

³⁷ The elderly man <u>feeds the pigeons</u> every morning.

▶その年配の男性は毎朝**鳩に餌をやって**いる。

☑ feed **the** pigeons
：鳩に餌をやる

---

³⁸ She <u>scolded</u> her <u>child</u> severely for his bad behavior.

▶彼女は悪いことをしたことを理由に**子供を**厳しく**叱った**。

☑ scold **a child**
：子供を叱る
☐ scold A **for** *doing*
：～したことに対してA〈人〉を叱る

---

³⁹ A thief <u>snuck into a room</u> without making any noise.

▶泥棒は音を立てずに**部屋にこっそり入った**。

☑ sneak **into a room**
：部屋にこっそり入る

---

³⁰ She <u>removed wrinkles from a shirt</u> with a steam iron.

▶彼女はスチームアイロンで**シャツのしわを取った**。

☑ remove wrinkles **from a shirt**：シャツのしわを取る

STAGE **16**

Lesson 15　接頭辞

難しい英単語の多くは、語幹と接頭辞が組み合わされてできています。よく使われる接頭辞の意味を知れば、理解のきっかけになります。

1　con, com, co, col, cor は、「共に」の意味か「強め」

☐ contain	含む	☐ construct	構築する
☐ compose	組み立てる	☐ coordinate	同等の
☐ collect	集める	☐ correspond	一致する

2　in, im, il, ir は、「反対」か「内、中」の意味

☐ incorrect	間違った	☐ impossible	不可能な
☐ illegal	非合法の	☐ irregular	不規則な
☐ income	収入	☐ import	輸入する

3　ex, e, ef は、「外へ」の意味

☐ export	輸出する	☐ emotion	感情
☐ effect	効果	☐ effort	努力

4　inter, enter は、「相互の」の意味

☐ international	国家間の	☐ interaction	相互作用
☐ interview	会見	☐ entertain	楽しませる

5　un, dis がつくと、「反対」の意味になる

☐ unhappy	不幸な	☐ unbelievable	信じられない
☐ unemployment	失業	☐ unfold	開く
☐ dislike	嫌う	☐ disorder	混乱

6　sub, suf, sus は、「下の」「隠れた」の意味

☐ subway	地下鉄	☐ submarine	潜水艦
☐ sufficient	十分な	☐ suspect	疑う

7　re は、「後ろ」「再び」の意味

☐ reaction	反応	☐ recall	思い出す
☐ reform	改革する	☐ replay	再生する

8　pre は、「先の」の意味

☐ prewar	戦前の	☐ prelude	前置き

0001
0100
0200
0300
0400
0500
0600
0700
0800
0900
1000
1100
1200
1300
1400
1500
1600
1700
1800

9 pro は、「前へ」の意味

☐ propose　　提案する　　　　☐ produce　　生産する

10 post は、「後ろの」の意味

☐ postwar　　戦後の　　　　　☐ postscript　後書き

11 en, em がつくと、「～にする」の意味の動詞になる

☐ endanger　　危険にさらす　　☐ enrich　　豊かにする
☐ encourage　　勇気づける　　　☐ embrace　抱き締める

12 mis がつくと、「誤った」「悪い」の意味になる

☐ misunderstand 誤解する　　　☐ misfortune　不幸

13 sur は、「越えた」の意味

☐ survive　　生き残る　　　　☐ surplus　　余剰

14 over がつくと、「～過ぎた」の意味になる

☐ overeat　　食べ過ぎる　　　☐ overnight　夜通しの

15 per は、「完全な」の意味

☐ perfect　　完全な　　　　　☐ permanent　永遠の

16 up は、「上の」「上へ」の意味

☐ upgrade　　グレードアップする　☐ upload　　アップロードする

17 trans は、「越えて」「貫いて」「別の状態へ」の意味

☐ transport　　輸送する　　　☐ transplant　移植

18 fore は、「前の」の意味

☐ forecast　　予報　　　　　☐ forehead　ひたい

19 non は、「非…」「無…」の意味

☐ non-bank　　非銀行系の　　☐ nonstop　直行の

STAGE **16**

20 syn, sym, syl は、「一緒に」の意味

☐ synchronize　同調させる　　☐ syndrome　症候群
☐ symptom　　徴候　　　　　☐ syllable　　音節

1601 lung
[lʌ́ŋ]
ラング

图 肺
either of the two organs in the chest that you use for breathing

1602 slide
[sláid]
スライド

動 滑る
move smoothly over a surface

图 滑ること，滑り台；スライド
⑧ sliding（滑走）
＝動 glide（滑る）
■▶【変】slide-slid-slid

1603 republic
[ripʌ́blik]
リパブリック

图 共和国
a country without a king or queen, usually governed by elected representatives of the people and a president
⑱ ⑧ republican（共和国の／共和主義者；〖R-〗《米》共和党員）
…⑧ democrat（民主主義者；〖D-〗《米》民主党員）

1604 pond
[pánd | 〈英〉pɔ́nd]
パンド

图 池
an area of water smaller than a lake, often artificially made
■▶《英》では人工「池」，家畜の「水飲み場」，《米》では小さい自然の「池」を指すのが普通。単位の pound [páund] とは発音が違うので注意。

1605 humor
[hjúːmər | 〈英〉hjúː-]
ヒューマァ

图 ユーモア，おかしみ
the funny or amusing qualities of somebody / something
⑱ humorous（こっけいな）
＝⑧ wit（機知，ウィット）

1606 rub
[rʌ́b]
ラブ

動 をこする，を摩擦する
move your hand, or something such as a cloth, backwards and forwards over a surface while pressing firmly

图 こすること，摩擦
⑧ rubber（ゴム；《英》消しゴム，黒板拭き＝《米》⑧ eraser）

1607 clay
[kléi]
クレイ

图 粘土，土
a type of heavy sticky earth that can be used for making pots, bricks, etc.

1608 drain
[dréin]
ドゥレイン

图 排水管
a pipe that carries water or waste liquids away

動 を排出させる；流れ出る

484

⁰¹ Smoking causes lung cancer. ▶喫煙は**肺ガン**の原因になる。	✔ lung **cancer** ：肺ガン ☐ lung **capacity** ：肺活量 ☐ **breathe** with lungs ：肺で呼吸する
⁰² The logs slid down a hillside. ▶その丸太は斜面**を滑り落ちた**。 	✔ slide **down** *A* ：*A* を滑り下りる ☐ sliding **doors** ：引き戸
⁰³ It is the first time for me to visit the Republic of Ireland. ▶**アイルランド共和国**を訪れるのはこれが初めてだ。	✔ the Republic **of** Ireland ：アイルランド共和国 (Eire)
⁰⁴ I used to go fishing in the pond every Sunday. ▶以前は毎週日曜日に**池へ魚釣りに行った**ものだ。 	✔ go fishing **in[at]** the pond ：池へ魚釣りに行く
⁰⁵ She has a great sense of humor. ▶彼女には大いに**ユーモアの心**がある。	✔ a sense **of** humor ：ユーモアの心
⁰⁶ She rubbed her eyes sleepily. ▶彼女は眠そうに**目をこすった**。	✔ rub *one's* **eyes[hands]** ：両目 [手] をこする ☐ rub **off[out]** *A* ：*A* をこすり落とす [こすって消す]
⁰⁷ These clay pots were found near the river. ▶これらの**土器**はその川の付近で発見された。	✔ clay **pots[tiles]** ：粘土製のつぼ [タイル]
⁰⁸ I think the kitchen drain is blocked. ▶**台所の排水管**が詰まっていると思う。	✔ a kitchen **drain** ：台所の排水管

STAGE **17**

TO BE CONTINUED [1/13] ➡ 485

1609

grasp
[grǽsp | 〈英〉grá:sp]
グラスプ

動 をつかむ；を理解する
take and hold something firmly

名 つかむこと；理解（力）
＝動 grab（〔を〕ひっつかむ）☞No.1470

1610

embrace
[imbréis, em-]
インブレイス

動 を抱きしめる；抱き合う
put your arms around somebody as a sign of love or friendship

名 抱擁
＝動 hug（を抱きしめる）

1611

sponsor
[spánsər | 〈英〉spón-]
スパンサァ

動 の後援者となる
pay the costs of a particular event, program, etc. as a way of advertising

名 スポンサー，出資者
名 sponsorship（後援）

1612

portrait
[pɔ́:rtrit]
ポートゥリト

名 肖像（画）
a painting, drawing or photograph of a person, especially of the head and shoulders

形 縦長の
動 portray（〔～の肖像〕を描く）

1613

estate
[istéit]
イステイト

名 地所，私有地
a large area of land in the country, usually with one large house on it and one owner

---

1614

cabin
[kǽbin]
キャビン

名 小屋；船室，機室
a small house, especially one built of wood in an area of forest or mountains

---

1615

delicate
[délikət]
デリケット

形 微妙な；繊細な
(of colors, flavors and smells) light and pleasant; not strong
名 delicacy（微妙なこと）　副 delicately（優美に）
＝形 subtle（微妙な）　形 fragile（もろい）

39
She <u>grasped</u> her child firmly by the hand.

▶彼女は子供**の手を**しっかりと**握った**。

✔ **grasp** *A* **by the hand**
: *A* の手を握る

☐ have a good **grasp** of the subject
: その主題をよく理解している

40
She closely <u>embraced</u> her son.

▶彼女は息子**を**しっかりと**抱きしめた**。

511
These sports events are <u>sponsored</u> by the tobacco industry.

▶これらのスポーツ大会は**タバコ産業が後援している**。

512
He had his <u>portrait</u> painted in uniform.

▶彼は制服を着て**肖像画を描か**せた。

✔ **paint[draw] a portrait**
: 肖像画を描く

☐ a self-**portrait** : 自画像

513
He has a large <u>estate</u> in the country.

▶彼は田舎に**大きな地所**を有している。

✔ have a large **estate**
: 大きな地所を有する

☐ a real **estate** agent
: 《米》不動産屋

514
The <u>log cabin</u> which is used as a storeroom was <u>built</u> 10 years ago.

▶物置として使われている**丸太小屋**は 10 年前に**建て**られた。

✔ a log **cabin** : 丸太小屋

✔ build a **cabin**
: 小屋を建てる

✔ **cabin** crew
: (航空機・客船の) 客室乗務員

515
The table is painted in a <u>delicate</u> shade of blue.

▶そのテーブルは**青の微妙な色合い**で塗られている。

✔ a **delicate** shade of blue
: 青の微妙な色合い

☐ **delicate** skin : 敏感肌

STAGE **17**

1616 **liberty**
[líbərti]
リバアティ

图 **自由；解放**
freedom to live as you choose without too many limits from government or authority
彫 liberal（寛大な）☞No.1763
＝图 freedom（自由）

1617 **triumph**
[tráiəmf]
トゥライアンフ

图 **勝利，大成功**
a great success, achievement or victory
動 **打ち勝つ**
■▶ victory より堅い語で意味が強く，「決定的な勝利」をいう。

1618 **mutual**
[mjú:tʃuəl]
ミューチュアル

彫 **相互の；共通の**
felt or done equally by both people involved

1619 **ladder**
[lǽdər]
ラダァ

图 **はしご**
a piece of equipment used for climbing up and down, that consists of two vertical bars or pieces of rope joined to each other by a set of horizontal steps
■▶ はしごの下を通るのは不吉であるという迷信がある。

1620 **shed**
[ʃéd]
シェッド

動 **をこぼす；を取り除く**
drop something or allow it to fall
图 **物置，納屋**
■▶ 動 と 图 は同一綴りの別語源語。

1621 **sword**
[sɔ́:rd]
ソード

图 **剣，刀；〖the ~〗武力**
a weapon with a long pointed blade and a handle
…▶图 dagger（短剣）　图 saber（サーベル）
　图 bayonet（銃剣）
■▶ w は黙字。

1622 **absolute**
[ǽbsəlù:t]
アブソルート

彫 **絶対的な；完全な**
true, right, or the same in all situations and not depending on anything else
副 absolutely（絶対に）
⇔彫 relative（相対的な）☞No.0918
　彫 comparative（比較の）

---

⁶ The fight for justice and liberty has never come to an end. ▶正義と自由を求める闘いは決して終わらない。	✔ the fight for justice and liberty ：正義と自由を求める闘い ☐ the liberty to *do* ：～する自由
⁷ A decrease in child death is one of the greatest triumphs of modern science. ▶児童の死亡の減少は現代科学の**偉大な勝利の一つ**だ。	✔ one of the greatest triumphs of *A* ：*A* の偉大な勝利の一つ ☐ a triumph over[for] *A* ：*A* に対する大勝利
¹⁸ Regular communication may promote mutual understanding. ▶定期的なコミュニケーションは**相互理解**を促進するだろう。	✔ mutual **understanding** ：相互理解 ☐ mutual **respect** ：相互尊重 ☐ a mutual **friend** ：共通の友人
⁶¹⁹ She climbed up a ladder against the wall to clean the window. ▶彼女は窓を掃除するために壁に立てかけた**はしごを登った**。	✔ climb up[down] a ladder ：はしごを登る [降りる]
²⁰ She shed silent tears when she heard the news. ▶その知らせを聞いた時，彼女は静かな**涙を流した**。	✔ shed tears[blood] ：涙 [血] を流す ☐ a garden shed ：庭の物置
⁶²¹ They finally appealed to the sword. ▶彼らは最後は**剣 [武力] に訴えた**。	✔ appeal to the sword ：剣 [武力] に訴える
⁶²² There is no absolute standard for beauty. ▶美しさに**絶対的な基準**はない。	✔ absolute **standard** ：絶対的な基準

STAGE 17

1623 **despair**
[dispéər]
ディスペァァ

名 **絶望**
the feeling of having lost all hope
動 **絶望する**
形 desperate (絶望的な)
副 desperately (死にもの狂いで，必死に)

1624 **steep**
[stí:p]
スティープ

形 **急勾配の；法外な**
(of a slope, hill, etc.) rising or falling quickly, not gradually
····名 steeple (尖塔)

1625 **pavement**
[péivmənt]
ペイヴメント

名 《米》**舗装道路，車道；**《英》**歩道**
a paved road
■■■ 《英》と《米》で意味が異なる。

1626 **shallow**
[ʃǽlou]
シャロウ

形 **浅い**
having only a short distance from the top to the bottom
⇔形 deep (深い) ☞No.0355

1627 **assembly**
[əsémbli]
アセンブリィ

名 **集会；組み立て（品）**
a group of people who are elected to make decisions or laws for a particular country, area, or organization
動 assemble (を集める；を組み立てる)
＝動 rally (集まる)

1628 **virtue**
[və́:rtʃu:]
ヴァーチュー

名 **美徳，徳**
a good moral quality in a person, or the general quality of being morally good
⇔名 vice (悪徳)

1629 **tremendous**
[triméndəs, trə-]
トゥリメンダス

形 **巨大な，強大な**
very great in amount or level, or extremely good
副 tremendously (非常に，大変に)
動 tremble (震える；心配する)
＝形 huge (巨大な) ☞No.0373

1630 **descend**
[disénd]
ディセンド

動 **（を）降りる；（下に）傾斜する**
move from a higher level to a lower one
名 descendant (末裔，子孫)　名 descent (降下)
⇔動 ascend (上がる)

490

³They gave up the fight in despair. ▶彼らは**絶望して**戦いを**投げ出した**。	✔ give up *A* in despair 　　：絶望して *A* を投げ出す ☐ in despair at[over / about] 　*A*　　：*A* に絶望して ☐ fall into despair 　　：絶望の淵に沈む
⁴The road is too steep to ride up on a bike. ▶自転車で登るには道路が**急**すぎる。	
⁵We entered a pavement café in Venice. ▶私たちはベニスの**歩道カフェ**に入った。	✔ a pavement café 　　　：歩道カフェ ☐ a pavement artist 　：大道絵師（《米》a 　　sidewalk artist)
²⁶We walked across a shallow stream. ▶私たちは**浅い小川**を歩いて渡った。	✔ a shallow stream[dish] 　　：浅い小川 [皿] ☐ the shallow end　：浅瀬
²⁷She was elected a member of the city assembly. ▶彼女は**市議会**議員に選ばれた。	✔ the city assembly：市議会 ☐ produce cars on an 　assembly line 　　：流れ作業で車を作る
²⁸He is a person of great virtue. ▶彼は**極めて高徳な人**だ。	✔ a person of great virtue 　　：極めて高徳な人
²⁹The company built a tremendous ship. ▶その会社は**巨大な船**を造った。	✔ a tremendous ship 　　：巨大な船
³⁰The airplane began to descend. ▶飛行機は**下降し**始めた。	

TO BE CONTINUED [4/13] ➡ 491

1631 inquire
[inkwáiər]
インク**ワ**イアァ

動 (を)**尋ねる；を調べる**
ask someone for information
名 inquiry (問い合わせ)
＝動 ask (〔を〕尋ねる) より堅い表現
■▶ enquire, enquiry は主に英国系の綴り。

1632 crawl
[krɔ́:l]
クロール

動 **這う**
move along on your hands and knees with your body close to the ground
名 **這い歩き；クロール（泳法）**
＝動 creep (這って進む)

1633 splendid
[spléndid]
スプレンディド

形 **素晴らしい，豪華な**
excellent, or beautiful and impressive
動 splendidly (立派に，申し分なく)
名 splendo(u)r (輝き；見事さ，壮麗)
＝形 glorious (華麗な，輝いている)

1634 surgeon
[sə́:rdʒən]
サーヂャン

名 **外科医**
a doctor who is specially trained to perform medical operations
名 surgery (外科；手術)
…▶名 physician (内科医)
　名 dentist (歯科医) ☞No.1494

1635 ritual
[rítʃuəl]
リチュアル

名 **儀式**
a series of actions that are always performed in the same way, especially as part of a religious ceremony
形 **儀式の**

1636 nasty
[nǽsti]〈英〉nɑ́:s-]
ナスティ

形 **嫌な**
very bad or unpleasant
⇔形 nice (よい)

1637 candidate
[kǽndidèit, -dət]
キャンディデイト

名 **候補者**
a person who is trying to be elected or is applying for a job

492

³¹ I inquired about the matter.

▶私はその事について尋ねた。

☑ inquire about *A*
: *A* について尋ねる

³² Our baby is just starting to crawl.

▶うちの赤ちゃんがはいはいをし始めたところだ。

³³ We enjoyed a splendid view of the mountains.

▶私たちは素晴らしい山の眺めを楽しんだ。

☑ a splendid view of the mountains
: 素晴らしい山の眺め

³⁴ She works as a brain surgeon.

▶彼女は脳外科医として働いている。

☑ a brain[heart] surgeon
: 脳 [心臓] 外科医

³⁵ They perform certain rituals to make sure they will be successful in their work.

▶彼らは作業が必ず成功するようにいくつかの儀式を行う。

☑ perform a ritual
: 儀式を行う

³⁶ The garbage gives off a nasty smell.

▶その生ごみは嫌な臭いを発している。

☑ a nasty smell[taste]
: 嫌なにおい [味]

³⁷ I will vote for this candidate.

▶私はこの候補者に投票します。

☑ vote for the candidate
: 候補者に投票する

☐ a leading candidate
: 有力候補者

☐ a candidate for *A*
: *A* の候補者

1638

weave

[wíːv]

ウィーヴ

動 (を)織る；曲がりくねって進む

make cloth, a carpet, a basket, etc. by crossing threads or thin pieces under and over each other by hand or on a loom

■▶【変】weave-wove/weaved-woven/weaved

1639

launch

[lɔ́ːntʃ]

ローンチ

動 を発射する，を進水させる

send a weapon or spacecraft into the sky or into space

名 発射；進水

1640

polish

[páliʃ | 〈英〉pɔ́l-]

パリッシュ

動 を磨く；を洗練する

make something smooth, bright, and shiny by rubbing it

名 磨くこと

® polished (洗練された＝® sophisticated)

■▶「歯を磨く」は brush[do] one's teeth。

1641

venture

[véntʃər]

ヴェンチャァ

動 (を)危険を冒して行う

risk losing something valuable or important if you are not successful at something

名 冒険的な事業，投機

…▶® adventure (冒険) ☞No.1226

1642

convert

動[kənvə́ːrt]

名[kánvərt | 〈英〉kɔ́n-]

《動》コンヴァート

《名》カンヴァート

動 を変える，転向する

change or make something change from one form, purpose, system, etc. to another

名 転向者

® conversion (変換；転向)

1643

sweep

[swíːp]

スウィープ

動 (を)掃く，(を)掃除する

clean especially a floor by using a brush to collect the dirt into one place from which it can be removed

名 掃除

…▶動 wipe (を拭く) ☞No.1558

1644

hypothesis

[haipáθəsis | 〈英〉-pɔ́θ-]

ハイパサスィス

名 仮説，仮定

an idea or explanation for something that is based on known facts but has not yet been proved

® hypothetical (仮定の；仮想の)

＝名 premise (前提)

■▶【複】hypotheses

494

Most spiders weave webs that are almost invisible. ▶ほとんどのクモはほとんど目に見えないような**巣を作る**。	✔ weave **webs** ：(クモの) 巣を張る
They launched two new style missiles. ▶彼らは新型**ミサイルを**2発**発射した**。	✔ launch a **missile** ：ミサイルを発射する ☐ launch an **attack** ：攻撃を始める
They swept and polished the floor. ▶彼らは**床を掃いたり磨いたりした**。	✔ sweep and polish **the floor** ：床を掃いたり磨いたりする ☐ polish *one's* **shoes** ：靴を磨く
Nothing ventured, nothing gained. ▶**虎穴に入らずんば虎児を得ず**。《諺》	✔ **Nothing ventured, nothing gained.** ：虎穴に入らずんば虎児を得ず。《諺》 ☐ a business **venture** ：投機的事業
Heat converts water into steam. ▶熱は**水を蒸気に変える**。	✔ convert A into B ：A を B に変える
Could you help me sweep the floor? ▶**床を掃除する**のを手伝って下さいませんか？	✔ sweep **the floor**[street / stairs] ：床 [通り／階段] を掃除する
There are several hypotheses for global warming. ▶**地球温暖化についていくつかの仮説**がある。	✔ several **hypotheses for global warming** ：地球温暖化についてのいくつかの仮説

STAGE **17**

TO BE CONTINUED [**6**/13] ➡ 495

1645
moderate

形[mádərət | 〈英〉mɔ́d-]
動[mádərèit | 〈英〉mɔ́d-]
《形》**マ**ダレット
《名》**マ**ダレイト

形 穏やかな，極端に走らない
having or showing opinions, especially about politics, that are not extreme

動 を和らげる；和らぐ
- moderately (穏やかに，ほどほどに)
- moderation (節度；穏健)
- moderator (司会者)

1646
reform

[rifɔ́:rm]
リフォーム

名 改革，改正
a change or changes made to a system or organization in order to improve it

動 を改革する
- reformation (改善，改革)
- reformer (改革 [改良，革新] 家)

1647
administration

[ædmìnəstréiʃən, əd- | 〈英〉əd-]
アドゥミニストゥレイション

名 管理；〖the ~〗行政機関
the activities that are involved in managing the work of a company or organization
- administer (を管理する，を運営する)
- administrative (管理 [経営] 上の)
= supervision (管理，監督)

1648
mist

[míst]
ミスト

名 もや，霧，かすみ
a cloud of very small drops of water in the air just above the ground, that make it difficult to see
- misty (もやのたちこめた)
···▶ frost (霜)
■▶ haze より濃く，fog より薄い。

1649
dispute

[dispjú:t]
ディスピュート

名 口論；紛争
an argument between two people, groups or countries; discussion about a subject on which people disagree

動 口論する；に反対する
= argue (論争する) ☞ No.0131

1650
neglect

[niglékt]
ニグレクト

動 を怠る；を無視する
not give enough care or attention to people or things that are your responsibility

名 怠慢，無視
- negligent (怠慢な；不注意な)
- negligence (怠慢)
= disregard (を無視する)
  ignore (を無視する) ☞ No.0427

⁵ He has moderate views on the new policy.

▶彼はその新たな政策について**穏健な見方**を有している。

☑ moderate **views**
　　　　：穏健な見方

⁶ Major economic reforms were put into practice by the government.

▶大規模な**経済改革**が政府によって実施された。

☑ economic **reforms**
　　　　：経済改革

⁷ The school developed under his wise administration.

▶彼の賢明な管理の下でその学校は発展した。

☑ under *one's* wise administration
　　　：賢明な管理の下で

☐ business administration
　　：経営管理，企業経営

⁸ The town is covered in thick mist.

▶街は**濃霧**に覆われている。

☑ (a) thick[heavy] mist：濃霧

⁹ Territorial dispute arose between the two countries.

▶両国間に**領土紛争**が起こった。

☑ territorial dispute **between the two countries**
　　　：両国間の領土紛争

☐ dispute **about the household budget**
　：家計のことで口論する

⁵⁰ She neglected her home and children.

▶彼女は家と子供**をないがしろにした**。

☐ neglect **to** *do*
：～することを忘れる，(不注意から)～しないでおく

STAGE 17

TO BE CONTINUED [7/13] ➡ 497

1651 bind
[báind]
バインド

動 (を)**縛る；拘束力がある**
force somebody to do something by making them promise to do it or by making it their duty to do it
＝動 tie (を結ぶ) ☞ No.0610
■▶ be bound to do は「〜するはずだ，義務がある」の意。【変】bind-bound-bound

1652 conquer
[kɑ́ŋkər | 〈英〉kɔ́ŋ-]
カンカァ

動 (を)**征服する；(に)勝つ**
take control of a country or city and its people by force
⊗ conquest (征服)　⊗ conqueror (征服者)
＝動 defeat (を負かす) ☞ No.1259

1653 ensure
[inʃúər | 〈英〉-ʃɔ́ː, -ʃúə]
インシュアァ

動 **を確実にする，を保証する**
make certain that something will happen properly

1654 session
[séʃən]
セッション

名 **会期，開会** (していること)
a formal meeting or series of meetings of an organization such as a parliament or a law court

1655 relevant
[réləvənt]
レラヴァント

形 **関連のある，適切な**
closely connected with the subject you are discussing or the situation you are in
⇔形 irrelevant (見当違いの)

1656 miserable
[mízərəbl]
ミザラブル

形 **惨めな，見すぼらしい**
very unhappy or uncomfortable
⊗ misery (惨めさ)　動 miserably (惨めに)

1657 digest
動[daidʒést, di-]
名[dáidʒest]
《動》ダイヂェスト
《名》ダイヂェスト

動 (を)**消化する，を(よく)理解する**
change food that you have just eaten into substances that your body can use
名 **要約**
⊗ digestion (消化)

1658 cabinet
[kǽbənit]
キャビニット

名 **キャビネット，飾り棚；内閣**
a piece of furniture with shelves, cupboards, or drawers, used for storing or showing things

---

⁵¹ We won't bind you to rules.

▶君たちを規則で縛るつもりはない。

☑ bind *A* to *B*
: *B* に *A* を縛りつける

---

⁵² Love will conquer all.

▶愛は全てを征服する。

☐ conquer *one's* fear
: 恐怖心を乗り越える

☐ efforts to conquer inflation
: インフレ克服のための
努力

---

⁵³ The clerks ensure that accurate records are kept.

▶書記官たちは正確な記録が必ず残るようにしている。

☑ ensure that節
: ～であることを確かに
する

---

⁵⁴ The parliamentary session ends on October 6th.

▶議会の会期は10月6日までです。

☑ a parliamentary session
: 議会の会期

☐ a training session
: 研修, 講習会

---

⁵⁵ Please enclose all the relevant documents with your visa application.

▶ビザ申込用紙と関係書類を全て同封して下さい。

☑ the relevant documents
: 関連書類

---

⁵⁶ We felt miserable from hunger.

▶私たちは空腹で惨めな思いをした。

☑ feel miserable from *A*
: *A* で惨めな思いをする

---

⁵⁷ It takes time to digest food.

▶食べ物を消化するのには時間がかかる。

☑ digest food
: 食べ物を消化する

☐ a digest of the news
: ニュースのダイジェスト

STAGE 17

---

⁵⁸ She put a document in a filing cabinet.

▶彼女は書類を書類整理用キャビネットにしまった。

☑ a filing cabinet
: 書類整理用キャビネット

☐ the shadow Cabinet
: 影の内閣

TO BE CONTINUED [**8**/13] ➡ 499

1659 **assess** [əsés] アセス	動 **を査定する，を評価する** make a judgment about the nature or quality of somebody or something 名 assessment（評価，判断）
1660 **abuse** 名[əbjúːs] 動[əbjúːz] 《名》アビュース 《動》アビューズ	名 **濫用，悪用；虐待** the use of something in a way that it should not be used 動 **を濫用 [悪用] する；を虐待する** ＝動 misuse（を悪用する）
1661 **external** [ikstə́ːrnl] イクスターナル	形 **外部の，対外的な** connected with or located on the outside of something or somebody ⇔形 internal（内部の）☞No.1154
1662 **expire** [ikspáiər] イクスパイアァ	動 **満了する；(息)を吐き出す** (of a document, an agreement, etc.) be no longer legally acceptable because the period of time for which it could be used has ended 名 expiration（終了，満期）
1663 **awkward** [ɔ́ːkwərd] オークワァド	形 **ぶざまな；ばつの悪い** not moving in an easy way; not comfortable 副 awkwardly（ぎこちなく）
1664 **collapse** [kəlǽps] カラプス	名 **崩壊，倒壊；急落** the sudden falling movement of a person or structure that has become too weak to stand 動 **崩壊する；つぶれる** ＝名 breakdown（故障）
1665 **regime** [rəʒíːm]〈英〉rei-] レジーム	名 (非民主的な)**政権；体制** a method or system of government, especially one that has not been elected in a fair way ■ しばしば軽蔑的に用いる。
1666 **dismiss** [dismís] ディスミス	動 **を解雇 [免職] する；を去らせる** remove someone from their job 名 dismissal（解雇）
1667 **penalty** [pénəlti] ペナルティ	名 **刑罰；罰金** a punishment for breaking a law, rule, or legal agreement 形 penal（刑罰の）

359
We've tried to assess what went wrong.

▶何が悪かったのか調べようとしてきた。

360
They are victims of child abuse.

▶彼らは児童虐待の被害者だ。

✔ child abuse	：児童虐待
☐ abuse of power	：権力［職権］の乱用
☐ abuse drugs	：薬物を乱用する

361
Japan is ready to give in to external pressure.

▶日本はすぐに外圧に屈する。

✔ external pressure　：外圧

362
The contract will expire at the end of the year.

▶契約は年末で期限が切れる。

363
His awkward way of walking is due to his leg injury.

▶彼のぎこちない歩き方は，脚のケガによるものだ。

✔ an awkward way of walking
：ぎこちない歩き方

364
The collapse of the tower was a great surprise to them.

▶塔の倒壊は彼らにとって大きな驚きであった。

✔ the collapse of A
：A の崩壊
☐ in danger of collapse
：崩壊の危険のさなか

365
Mass demonstration led to the fall of a military regime.

▶大規模なデモが軍事政権の崩壊を導いた。

✔ a military regime
：軍事政権

366
The maid was dismissed for being lazy.

▶そのお手伝いは怠け癖があって解雇された。

✔ dismiss A for B
：B という理由で A を解雇する

367
The penalty for drunken driving is extremely severe.

▶飲酒運転に対する刑罰は非常に厳しい。

✔ the penalty for drunken driving
：飲酒運転に対する刑罰

STAGE
17

1668 keen
[kíːn]
キーン

形 鋭い；熱望して
very good or well developed
副 keenly（鋭く；熱心に）
＝形 sharp（鋭い）☞No.0594
⇔形 dull（鈍い）☞No.1722　　形 blunt（鈍い）
■▶「刃物」には sharp の方が一般的。

1669 negotiate
[nigóuʃièit]
ニゴウシエイト

動 交渉する；を取り決める
discuss something in order to reach an agreement,
especially in business or politics
名 negotiation（交渉，折衝）

1670 deliberate
[dilíbərət]
ディリバレット

形 慎重な；計画 [意図] 的な
(of a movement or an action) done slowly and carefully
副 deliberately（慎重に）

1671 toll
[tóul]
トウル

名 犠牲 (者)，被害；通行 [使用] 料
the amount of damage or the number of deaths and
injuries that are caused in a particular war, disaster, etc
動（晩鐘）を鳴らす
■▶ 名 と 動 は同一綴りの別語源語。

1672 warmth
[wɔ́ːrmθ]
ウォームス

名 暖かさ，温暖；思いやり
a high temperature that is comfortable but not hot
形 warm（暖かい）　　副 warmly（暖かに；熱心に）
⇔名 coldness（寒さ，冷たさ）.

1673 sore
[sɔ́ːr]
ソーァ

形 痛い
painful and uncomfortable because of injury, infection,
or too much use
名 傷

1674 darkness
[dáːrknis]
ダークニス

名 暗さ，暗黒
the quality of being without light, or a situation in
which there is little or no light
形 dark（暗い）　　動 darken（〔を〕暗くする [なる]）
⇔名 lightness（明るさ）

1675 frequent
形[fríːkwənt]
動[fríːkwént]
《形》フリークワント
《動》フリークェント

形 度々の，頻繁に起こる
happening often
動 をしばしば訪れる
副 frequently（度々）　　名 frequency（頻繁；頻度）
⇔形 infrequent（たまに）
⋯▶副 often（しばしば）

⁸ A dog has a keen sense of smell. ▶犬は**鋭い嗅覚**を持っている。	✔ **a keen sense of smell** ：鋭い嗅覚
⁹ Employees negotiated with the employers about wages. ▶従業員たちは雇い主と賃金の交渉をした。	✔ **negotiate with** *A* **about** *B* ：*A* と *B* について交渉する
⁰ He spoke in a slow and deliberate way. ▶彼はゆっくりと**慎重に話した**。	✔ **speak in a deliberate way** ：慎重に話す
⁷¹ The explosion took a heavy toll of lives. ▶爆発で**多くの人命が奪われた**。	✔ **take a heavy toll** ：大きな被害を与える ✔ **a heavy toll of lives** ：多くの犠牲者
⁷² The sun sends out light and warmth. ▶太陽は光と**熱を放っている**。	✔ **send out warmth** ：熱を放つ ☐ **for warmth** ：暖を取るために
⁷³ I have a sore throat. ▶**喉が**(ひりひりと)**痛い**。	✔ **have a sore throat[eye]** ：喉が荒れて [目がひりひり] 痛い
⁷⁴ He saw a strange shape in the darkness. ▶彼は**暗がりの中に**奇妙な形をしたものが見えた。	✔ **in the darkness (of** *A***)** ：(*A* の) 暗闇で
³⁷⁵ I have frequent stomachaches today. ▶今日は**頻繁に腹痛がする**。	✔ **have frequent stomachaches** ：頻繁に腹痛がする

STAGE **17**

1676	**blind** [bláind] ブラインド	形 **目の見えない** unable to see

| 1677 | **weapon**
[wépən]
ウェポン | 名 **武器，凶器**
an object such as a knife, gun, bomb, etc. that is used for fighting or attacking somebody
■▶ arms は戦争用の「武器」。 |

| 1678 | **strip**
[stríp]
ストゥリップ | 動 **をはぐ；から奪う**
take off your clothes or take off someone else's clothes
名 **細長い切れ**
■▶ 動 と 名 は同一綴りの別語源語。 |

| 1679 | **tube**
[tjú:b \| 〈英〉tjú:b]
チューブ | 名 **管；チューブ；〖通例 the tube〗(ロンドンの)地下鉄**
a round pipe made of metal, glass rubber, etc, especially for liquids or gases to go through
…《米》名 subway (地下鉄)
《英》名 underground (地下鉄) |

| 1680 | **canal**
[kənǽl]
カナル | 名 **運河，水路**
a long passage dug into the ground and filled with water, either for boats to travel along, or to take water to a place
＝名 waterway (水路；運河) |

| 1681 | **stir**
[stə́:r]
スターァ | 動 **をかき回す**
mix a liquid or other substance by moving an object such as a spoon in a circular pattern
名 **かき回すこと**
■▶ star と発音区別。 |

| 1682 | **chief**
[tʃí:f]
チーフ | 名 **長，チーフ；上役**
the person in charge of a group or organization, or the ruler of a tribe
形 **主な**
副 chiefly (主に)
＝形 main (主要な) ☞No.0106 |

| 1683 | **relation**
[riléiʃən]
リレイション | 名 **関係**
a connection between two or more things
名 relationship (関係，結びつき)
形 related (関連している；相関している)
名 形 relative (親戚／相対的な；係のある)
☞No.0918 |

76
I gave up my seat to a <u>blind man with a stick</u>.

▶杖を持った盲人に席を譲った。

- ✔ a blind man with a stick
  ：杖を持った盲人
- ☐ Love is blind.
  ：恋は盲目。《諺》

77
The use of <u>nuclear weapons</u> is never allowed.

▶核兵器の使用は決して許されない。

- ✔ nuclear weapons ：核兵器
- ☐ Surrender your weapons!
  ：武器を捨てろ！

78
He <u>stripped a room of furniture</u>.

▶彼は部屋から家具を取り除いた。

- ✔ strip a room of furniture
  ：部屋から家具を取り除く

79
I finished up the <u>tube of toothpaste</u>.

▶私はその練り歯磨きを使い切った。

- ✔ a tube of toothpaste
  ：練り歯磨き1本
- ☐ a test tube ：試験管

80
The <u>Panama Canal</u> has served as an effective route to carry things. ▶パナマ運河は物を運ぶのに有効なルートとして役立っている。

- ✔ the Panama[Suez] Canal
  ：パナマ [スエズ] 運河
- ☐ build a canal
  ：運河を建設する

581
He <u>stirred the tea with</u> his spoon.

▶彼はスプーンで紅茶をかき回した。

- ✔ stir *A* with *B*
  ：*B* で *A* をかき回す

582
He was the <u>chief of</u> an Indian <u>tribe</u>.

▶彼はあるインディアンの部族長だった。

- ✔ a chief of tribe ：部族長

583
They show the <u>relation between</u> cause and effect.

▶それらは因果関係を示している。

- ✔ relation between *A* and *B*
  ：*A* と *B* の関係
- ☐ a close relation
  ：親密な関係

1684
union
[júːnjən]
ユーニャン

名 団結；組合；連合
the act or the state of being joined together

1685
tooth
[túːθ]
トゥース

名 歯
any of the hard white structures in the mouth used for biting food
···名 toothache（歯痛）　名 toothbrush（歯ブラシ）
名 toothpaste（練り歯磨き）
■▶【複】teeth

1686
confess
[kənfés]
カンフェス

動 (を)告白する，(を)認める
admit that you have done something wrong or something that you feel guilty or bad about

1687
thrive
[θráiv]
スライヴ

動 繁栄する；成長する
grow, develop, or be successful

1688
seal
[síːl]
スィール

動 に封印する
close a letter or parcel by sticking the edges together
名 封印

1689
deck
[dék]
デック

名 甲板
a flat area for walking on, built across the space between the sides of a boat
···名 hatch（昇降口）

1690
lord
[lɔ́ːrd]
ロード

名 主，神，君主；《英》貴族，上院議員
a man who has a rank in the aristocracy, especially in Britain, or his title
名 landlord（主人；《英》経営者）

1691
behalf
[bihǽf | 〈英〉-háːf]
ビハフ

名 利益；支持
(on behalf of:) as the representative of somebody or instead of them

1692
cancellation
[kæ̀nsəléiʃən]
キャンセレイション

名 取り消し
a decision to stop something that has already been arranged from happening; a statement that something will not happen
動 cancel（〔を〕取り消す）

⁴Union is strength.

▶団結は力なり。

☐ a union leader
: 労働組合幹部

☐ the European Union
: 欧州連合，EU

⁵Brush your teeth after meals.

▶食事の後歯を磨きなさい。

✔ brush[clean] one's teeth
: 歯を磨く

☐ the decayed tooth : 虫歯

☐ pull out a tooth : 歯を抜く

⁶I must confess that I'm not good at math.

▶実を言うと数学は苦手なんだ。

✔ I must[have to] confess
(that)... : 実を言うと…だ

☐ confess to having stolen
the money
: 金を盗んだと認める

⁷Many of these coastal towns thrive on tourism.

▶この沿岸の町の多くが観光業で栄えている。

✔ thrive on A
: A で栄える，よく育つ

⁸She sealed the envelope and put on a stamp.

▶彼女は封筒に封をして切手を貼った。

☐ seal A with B
: A を B で封をする

⁹⁹The passengers rushed to the boat deck.

▶乗客は船の甲板へ殺到した。

✔ the boat deck : 船の甲板

³⁰He lives like a lord.

▶彼は贅沢三昧をしている。

✔ live like a lord
: 贅沢三昧をする

⁹¹I thank you on behalf of my wife.

▶私の妻に代わって礼を言う。

✔ on behalf of A
: A の代理として，A のために

⁹²This hotel accepts cancellations.

▶このホテルはキャンセルが可能です。

✔ accept cancellations
: キャンセル可能である

STAGE 17

1693
coincidence
[kouínsidəns]
コウ**イ**ンスィデンス

图 偶然の一致
an occasion when two or more similar things happen at the same time, especially in a way that is unlikely and surprising
®coincidental (〔偶然に〕一致した，同時発生の)

1694
controversy
[kántrəvə̀rsi|
〈英〉kɔ́n-, kəntrɔ́və-]
カントラヴァースィ

图 論争
a disagreement, often a public one, that involves different ideas or opinions about something

1695
grocery
[gróusəri]
グ**ロ**ウサリィ

图 食料雑貨店
a store that sells food and small things for the home

1696
hemisphere
[hémisfiər]
ヘミスフィアァ

图 半球
a half of the Earth, especially one of the halves above and below the equator

1697
modest
[mádəst, -dist|
〈英〉mɔ́dist]
マデスト

形 謙虚な；適度の
not usually talking about or making obvious your own abilities and achievements

1698
questionnaire
[kwèstʃənéər, kès-]
クウェスチョ**ネ**アァ

图 質問事項；アンケート用紙
a list of questions that several people are asked so that information can be collected about something

1699
usage
[júːsidʒ, -zidʒ]
ユースィヂ

图 使用法；慣習
the way in which words are used in a language
⑩ use (を用いる)

1700
utility
[juːtíləti]
ユー**ティ**リティ

图 有用(性)；公共料金
the quality of being useful
■▶ utility bill は「ガス電気水道代」。

³ I met her at the bookstore by coinci-
dence.

▶私は本屋で彼女と**偶然**出会った。

- ✔ by coincidence ： 偶然にも
- ☐ it is no coincidence that 節
  ： ～は偶然ではない

⁴ There has been a lot of controversy over
the company's decision.

▶会社の決定**をめぐる大論争**が起こっている。

- ✔ controversy over[about/
  surrounding] A
  ： A をめぐる論争

⁵ I bought milk at the grocery near my
house.

▶私は家の近くの**食料雑貨店**で牛乳**を買った**。

- ✔ buy A at the grocery
  ： A を食料雑貨店で買う
- ☐ a grocery store
  ： 食料雑貨店《米》

⁶ Canada is located in the Northern
Hemisphere.

▶カナダは**北半球**に位置する。

- ✔ the Northern[Southern]
  Hemisphere ： 北[南]半球

⁷ She seems to be a modest person.

▶彼女は**謙虚な人**のようだ。

- ✔ a modest person
  ： 謙虚な人

⁸ I filled out a questionnaire about the
new product.

▶私は新製品についての**アンケートに記入した**。

- ✔ fill out[in] a questionnaire
  ： アンケートに記入する
- ☐ a questionnaire on A
  ： A についてのアンケート

⁹ It is important to learn the proper usage
of verbs.

▶**動詞の正しい使い方**を学ぶことは大切だ。

- ✔ the usage of verbs
  ： 動詞の使い方

¹⁰ This material has great potential utility.

▶この物質は素晴らしい**潜在的有用性**を有している。

- ✔ potential utility
  ： 潜在的有用性
- ☐ utility bill
  ： ガス電気水道代

STAGE 17

Lesson 16　語幹①

つづりの長い単語は、接頭辞＋語幹＋接尾辞に切って処理してみましょう。長い英単語は、ラテン語をはじめとした外来語が多いので、語幹の意味を知っておくと原意を把握したり、同じ語源の他の単語に拡張できる利点があります。

act	行動する	actually	実際は	react	反応する
audi	聴く	audience	聴衆	audition	オーディション
bar	横木、妨げる	barrier	障害	embarrass	当惑させる
cas	落ちる	casual	偶然の	occasion	機会
cid	落ちる	accident	事故	incident	出来事
cap	頭	captain	主将	capital	首都
cap	取る	capture	捕える	capable	有能な
ceive	//	perceive	気づく	receive	受ける
cept	//	accept	受け入れる	concept	概念
celer	速い	decelerate	減速する	accelerate	加速する
cern	ふるい分ける	concern	関係する	discern	見分ける
ceed	行く	succeed	成功する	proceed	進行する
cide, cise	切る	precise	正確な	decide	決める
cite	呼ぶ	excite	興奮させる	recite	暗唱する
claim	//	exclaim	叫ぶ	proclaim	宣言する
clar(e)	明らか	clarify	明らかにする	declare	宣言する
cline	傾く	decline	衰える	recline	もたれる
clude	閉じる	conclude	結論を下す	include	含む
cord, cour	心	record	記録する	courage	勇気
cre(s)	生じる	create	創造する	recreation	休養
cred	信じる	incredible	信じがたい	credit	信用する
crease	成長する	increase	増える	decrease	減る
cri(m)	裁く	critic	批評家	crime	犯罪
cult	耕す	agriculture	農業	culture	文化
cur(e)	世話、心配	curious	好奇心の強い	secure	心配ない
cur(s)	流れる	current	現在の	occur	起こる
di(c)t	言う	tradition	言い伝え	predict	予言する
duce	導く	reduce	減らす	introduce	紹介する
duct	//	product	製品	conduct	指揮する

equ	等しい	equality	平等	adequate	十分な
fac(e)	顔	surface	表面	facial	顔の
fact	作る	factory	工場	factor	要因
fect	〃	perfect	完全な	affect	影響する
fit	〃	benefit	利益	profit	利益
fer	運ぶ	transfer	移る	refer	言及する
form	形	perform	演ずる	formal	正規の
fend	打つ	defend	防ぐ	offend	不快にする
fess	言う	professor	教授	confess	告白する
fin	終わり	define	定義する	finish	終える
flect	曲げる	reflect	反射する	flexible	柔軟な
fuse	注ぐ	confuse	混乱させる	refuse	拒絶する
flu	流れる	fluent	流暢な	influence	影響
fort	力	effort	努力	comfortable	快い
gen	生む	generation	世代	generous	寛大な
gress	歩む	progress	進歩	congress	議会
graph	書く	autograph	自筆	telegraph	電報
grav	重い	gravity	重力	grave	厳粛な
hib	持つ	exhibit	示す	prohibit	禁止する
hap	運	happening	出来事	perhaps	たぶん
ject	投げる	project	映写する	reject	拒絶する
journ	日	journal	日誌	journey	旅行
late	運ぶ	relate	関係づける	translate	翻訳する
mand	命じる	command	命令する	demand	要求する
ma(i)n	とどまる	remain	残る	permanent	永久の
man(u)	手	manage	管理する	manual	手引き
mit, miss	送る	admit	認める	mission	使命
med(i), mid	中間	immediate	直接の	midnight	真夜中
ment	心	mental	精神的な	mention	言及する
mem(or)	記憶する	remember	思い出す	memory	記憶
mini	最小の	minimum	最小限	minute	分
mira, mire	驚く	miracle	奇跡	admire	賞賛する
mod(e)	ものさし	model	手本	moderate	適度の

STAGE 17

511

1701 council
[káunsəl]
カウンシル

图 会議，評議会
a group of people that are chosen to make rules, laws, or decisions, or to give advice
② councilor（評議委員，顧問官）

1702 league
[líːg]
リーグ

图 連盟，同盟
a group of sports teams or players who play games against each other to see who is best
= ② confederation（同盟，連合）

1703 trace
[tréis]
トゥレイス

图 (足)跡
a sign that something has happened or existed
動 の跡をたどる；を追跡する
■▶ trace は通った「跡」。track は通った後に残った「跡」。

1704 grain
[gréin]
グレイン

图 一粒；穀物
a single very small piece of a substance such as sand or salt
= ② corn（穀物）

1705 affair
[əféər]
アフェアァ

图 事件；こと；恋愛
an event or set of related events, especially one that is impressive or shocking

1706 mayor
[méiər, méər | 〈英〉méə]
メイアァ

图 市長，町長
the person who has been elected to lead the government of a town or city
■▶ mayor は，米国では選挙で選出され多くの職権を持つ。英国では多くは市[町]会議長の兼任で名誉職の性質が強い。

1707 ugly
[ágli]
アグリィ

形 醜い；卑劣な
unpleasant to look at; not attractive
② ugliness（醜悪）
⇔ 形 beautiful（美しい）
■▶ 女性に対しては通例用いず，homely や plain などを代用する。

512

¹ The United Nations Security Council was set up to keep peace.

▶国連安全保障委員会は平和を維持するために設けられた。

- ✔ the United Nations Security Council
  ：国連安全保障委員会
- ☐ a city council ：市議会

² His dream is to play on a major league team.

▶彼の夢は**メジャーリーグのチーム**でプレーをすることである。

- ✔ a major league (baseball) team
  ：メジャーリーグの(野球)チーム
- ☐ the League (of Nations)
  ：国際連盟

³ He suddenly disappeared without trace.

▶彼は突然**跡形もなく消えた**。

- ✔ disappear without (a) trace ：跡形もなく消える
- ☐ trace *one's* roots
  ：家系をたどる

⁴ I store grains of wheat to feed chickens.

▶私は鶏に与えるために**小麦の粒**を蓄えている。

- ✔ grains of wheat
  ：小麦の数粒

⁵ He denied being involved in the horrible affair.

▶彼はその**恐ろしい事件**への関与を否定した。

- ✔ a horrible affair
  ：恐ろしい事件
- ☐ current affairs ：時事問題
- ☐ international[world] affairs
  ：国際情勢

⁶ She ran for the mayor of New York.

▶彼女は**ニューヨーク市長**に立候補した。

- ✔ the mayor of New York
  ：ニューヨーク市長
- ☐ the Mayor of London
  ：ロンドン市長

⁷ That picture doesn't seem ugly to me.

▶その絵が**下品**とは思いません。

- ☐ an ugly smell：ひどい臭い
- ☐ turn ugly
  ：(様子などが)悪化する

STAGE 18

| 1708 **sex**
[séks]
セックス | 图 **性；性交**
the state of being male or female
形 sexual（性の）　形 sexy（性的魅力のある）
副 sexually（性的に） |

| 1709 **elect**
[ilékt]
イレクト | 動 **(を)選ぶ；選挙する**
decide on or choose, especially to choose a person for a particular job, by voting
图 election（選挙）　形 electoral（選挙の）
=動 choose（〔を〕選ぶ）☞No.0066
　動 select（〔を〕選ぶ）☞No.0460 |

| 1710 **companion**
[kəmpǽnjən]
カンパニャン | 图 **仲間；付き添い**
someone you spend a lot of time with, especially a friend
=图 friend（友人）　图 colleague（同僚）☞No.0828 |

| 1711 **flesh**
[fléʃ]
フレッシュ | 图 **肉；肉づき**
the soft part of the body of a person or animal that is between the skin and the bones
⇔图 soul（魂）☞No.1189　图 spirit（精神）☞No.0995
■▶「食肉」は meat。 |

| 1712 **bitter**
[bítər]
ビタァ | 形 **苦い；つらい**
(of food, etc.) having a strong, unpleasant taste; not sweet
副 bitterly（ひどく）
⇔形 sweet（甘い）☞No.0780　形 mild（穏やかな）
☞No.1152 |

| 1713 **aggressive**
[əgrésiv]
アグレシヴ | 形 **攻撃的な；積極的な**
behaving in an angry and violent way towards another person
图 aggression（攻撃，侵略） |

| 1714 **extraordinary**
[ikstrɔ́ːrdənèri \|
〈英〉-dənəri]
イクストゥローディネリィ | 形 **並外れた；異常な**
very unusual, special, unexpected, or strange
副 extraordinarily（非常に；異様に） |

| 1715 **compound**
[kámpaund \| 〈英〉kɔ́m-]
カムパウンド | 图 **合成物；化合物**
a thing consisting of two or more separate things combined together
形 **合成の** |

514

8
She experienced indirect sex discrimination at work.

▶彼女は職場で間接的な**性差別**を経験した。

| ✔ sex discrimination | ：性差別 |
| the opposite sex | ：異性 |

9
They elected him chairman.

▶彼らは彼**を**議長に**選んだ**。

0
People are judged by their companions.

▶人は交わる**仲間**で判断される。

| a male[female] companion | ：男［女］の友達 |
| a companion animal | ：ペット |

11
Some flesh-eating animals learn the way of hunting soon after they are born.

▶**肉食獣**の中には生まれてすぐに狩りの仕方を学ぶものもいる。

✔ flesh-eating animals	：肉食獣
white flesh	：白身の肉
the flesh	：肉体

12
Good medicine tastes bitter.

▶良薬は口に**苦し**。《諺》

| a bitter experience | ：つらい経験 |

13
He was very aggressive in pursuing his own goal.

▶彼は**自分の目標追求**に非常に**積極的**だった。

| ✔ aggressive in pursuing *one's* own goal | ：自分自身の目標を追い求めることに積極的な |

14
Seven feet is an extraordinary height for a person.

▶7フィートは人間としては**並外れた身長**だ。

| ✔ an extraordinary height | ：並外れた身長 |

15
The instrument is used to test the quality of chemical compounds. ▶その器具は**化合物**の質を検査するために用いられる。

| ✔ chemical compounds | ：化合物 |

STAGE **18**

1716
index
[índeks]
インデックス

图 **索引；指数**
an alphabetical list, such as one printed at the back of a book showing which page a subject, name, etc. is on
動 **に索引をつける**
■▶【複】indexes, indices

1717
strain
[stréin]
ストゥレイン

動 **を痛める；を緊張させる**
injure a muscle or part of your body by using it too much or making it work too hard
图 **緊張；圧力**

1718
infant
[ínfənt]
インファント

图 **(乳) 幼児**
a baby or very young child
图 infancy ((乳) 幼児期)

1719
squeeze
[skwíːz]
スクウィーズ

動 **を絞る；を押しつぶす**
get liquid out of something by pressing or twisting it hard
图 **絞ること；押し合い**

1720
ban
[bǽn]
バン

動 **を禁止する**
forbid (=refuse to allow) something, especially officially
图 **禁止**
■▶新聞見出しでは prohibit, forbid などの代用語として多用。

1721
refund
動[rifÁnd]
图[ríːfʌnd]
《動》リファンド
《名》リーファンド

動 **を払い戻す**
pay back money received or spent
图 **返金**

1722
dull
[dÁl]
ダル

形 **退屈な；鈍い**
not interesting or exciting
動 **を鈍くする；鈍くなる**
＝形 tedious (うんざりする)
⇔形 interesting (興味深い)　形 sharp (鋭い)
☞ No.0594　形 bright (利口な) ☞ No.0509

0001

¹⁶ The index is at the back of the book.

▶**索引**は本の最後についている。

0100

0200

¹⁷ I strained my eyes.

▶私は**両目を痛めた**。

| ✓ **strain** *one's* **eyes** : 両目を痛める |
| ☐ **The rope broke under the strain.** : ロープは張りすぎて切れた。 |

0300

0400

0500

¹⁸ The mother is feeding her infant.

▶母親が**乳児に授乳**している。

| ✓ **feed an infant** : 乳児に授乳する |

0600

0700

¹⁹ I poured freshly squeezed lemon juice into a glass.

▶私は**絞りたてのレモンジュース**をグラスに注いだ。

| ✓ **freshly squeezed lemon juice** : 絞りたてのレモンジュース |
| ☐ **squeeze into a seat** : 無理に席に割り込む |

0800

0900

1000

²⁰ The government banned smoking in all offices to prevent health damage from passive smoking.

▶政府は受動喫煙による健康被害を防止するため全ての仕事場で**禁煙にした**。

| ✓ **ban smoking** : 禁煙にする |
| ☐ **ban** *A* **from** *doing* : *A* が〜することを禁止する |

1100

1200

1300

²¹ The shop was unwilling to refund my money.

▶店は当方に費用の**払い戻し**をしぶった。

| ☐ **refund the price of the ticket** : チケットの代金を返金する |

1400

1500

1600

²² The students were bored with the dull lectures.

▶学生たちは**つまらない講義**にうんざりしていた。

| ✓ **a dull lecture** : つまらない講義 |
| ☐ **All work and no play makes Jack a dull boy.** : よく遊びよく学べ。《諺》 |

STAGE **18**

1700

1800

TO BE CONTINUED [**3** / 13] ➡ 517

1723 dominant
[dámənənt | 〈英〉dóm-]
ダミナント

形 支配的な；優勢な
more powerful, important, or noticeable than other people or things
働 dominate（〔を〕支配 [統治] する）
名 domination（支配，統治）
名 dominance（優越；支配）

1724 altogether
[ɔ̀:ltəgéðər]
オールトゥゲザァ

副 全く，全然，すっかり
(used to emphasize something) completely; in every way
＝副 entirely（完全に）☞No.0966

1725 depart
[dipá:rt]
ディパート

動 出発する，（を）去る；それる
leave a place, especially to start a trip
名 departure（出発，門出）
＝動 leave（〔を〕離れる）　動 start（〔を〕始める）

1726 cruel
[krú:əl]
クルーエル

形 残酷な；容赦のない
extremely unkind and unpleasant and causing pain to people or animals intentionally
名 cruelty（残酷さ）　副 cruelly（残酷に）

1727 invasion
[invéiʒən]
インヴェイジョン

名 侵入，侵略
the action of entering another country with your army
動 invade（を侵略する）　名 invader（侵入者）

1728 supreme
[suprí:m, sə-|〈英〉sju-, sju:-]
スプリーム

形 最高の；最も重要な
having the highest position of power, importance, or influence
＝形 utmost（最高 [大] の）

1729 carriage
[kǽridʒ]
キャリッヂ

名 乗り物，馬車；《米》乳母車
a vehicle with wheels that is pulled by horses
動 carry（を運ぶ）
＝名 carrier（運ぶ人〔物〕）
➡ 《英》では「（鉄道）客車」，《米》では car が「（鉄道）客車」の意味。

1730 ambassador
[æmbǽsədər]
アムバサダァ

名 大使
an official who lives in a foreign country as the senior representative there of his or her own country
…名 embassy（大使館）
　名 diplomat（外交官）

0001

23
TV is the dominant source of information in our society.

▶テレビは我々の社会の**支配的な情報源**である。

✔ a dominant **source of information**
：支配的な [最も有力な] 情報源

0100

0200

24
I am not altogether happy about your decision.

▶あなたの決定に**全く**喜んでいるわけではない。

✔ not altogether
：全く～というわけではない

0300

0400

25
He departed for London last evening.

▶彼は昨晩ロンドン**へ向かった**。

✔ depart (from *A*) (for *B*)
：(*A* から) (*B* に向けて) 出発する

0500

0600

26
She was often cruel to her sister.

▶彼女は時に妹に**容赦しなかった**。

✔ be cruel to *A*
：*A* に対して残酷なことをする

0700

0800

27
The Soviet Union invasion of Afghanistan was launched in 1979.

▶**ソ連によるアフガン侵略**は 1979 年に開始された。

✔ the Soviet Union **invasion of** Afghanistan
：ソ連によるアフガン侵略

0900

1000

28
Safety of citizens was a matter of supreme importance when the disaster struck the city.

▶その災害が町を襲った時，市民の安全が**最重要問題**だった。

✔ a matter of supreme importance ：最重要問題
☐ the Supreme **Court**
：(国または州の) 最高裁判所《米》

1100

1200

1300

29
She was getting out of a second-class non-smoking carriage.

▶彼女は**二等の禁煙車両**から出てきた。

✔ a second-class non-smoking carriage
：《英》二等の禁煙車両

1400

1500

1600

30
He was appointed as the British Ambassador at Tokyo.

▶彼は**東京駐在の英国大使**に任命された。

✔ the British Ambassador at[in] Tokyo
：東京駐在の英国大使

1700

STAGE 18

1800

1731 **useless** [júːslis] ユースリス	形 役に立たない，無益な not useful or effective in any way 名 動 use（〔を〕使用〔する〕） ⇔形 useful（便利な）
1732 **output** [áutpùt] アウトゥプット	名 出力，生産高 the amount of goods or work produced by a person, machine, factory, etc.
1733 **margin** [máːrdʒin] マーヂン	名 余白，余地，へり the empty space at the side of a written or printed page 形 marginal（周辺的な；あまり重要でない）
1734 **rumor** [rúːmər] ルーマァ	名 噂 information or a story that is passed from one person to another and which may or may not be true 動 〖通例受身〗を噂される ■▶《英》では rumour。
1735 **cliff** [klíf] クリフ	名 崖，絶壁 a high area of rock with a very steep side, often at the edge of the sea or ocean
1736 **molecule** [máləkjùːl |〈英〉mɔ́l-] マレキュール	名 分子 a group of atoms that forms the smallest unit that a substance can be divided into without a change in its chemical nature …▸名 atom（原子）
1737 **nonsense** [nánsens |〈英〉nɔ́nsəns] ナンセンス	名 無意味な言葉，たわごと ideas, statements or beliefs that you think are silly or not true
1738 **cease** [síːs] スィース	動 をやめる；終わる stop something ＝動 stop（を止める） 　　動 quit（〔を〕やめる）☞No.0831 ⇔動 continue（〔を〕続ける）☞No.0059 …▸名 cease-fire（停戦）

731 A car would be useless without gaso-line. ▶車はガソリンが**なくては役に立たない**。	✔ **be useless without** *A* ：*A* なしには役立たない
732 What is the Japanese annual manufac-turing output? ▶**日本の**年間**工業生産高**はどのくらいですか？	✔ **Japanese manufacturing** **output**：日本の工業生産高
733 She wrote a comment in the margin of the document. ▶彼女は文書の**欄外に意見を書いた**。	✔ **write a comment in the** **margin** ：欄外に意見を書く
734 There is a rumor that the cabinet will soon resign. ▶内閣は近いうちに辞職する**との噂**がある。	✔ **a rumor that**節 ：〜という噂 ☐ **rumor about[of]** *A* ：*A* に関する噂 ☐ **be rumored to** *do* ：〜すると噂される
735 I walked down a path along the cliff top. ▶私は**崖の頂上沿いの遊歩道**を下った。	✔ **a path along the cliff top** ：崖の頂上沿いの遊歩道
736 Today, electron microscopes allow us to investigate a molecule of water. ▶今日，電子顕微鏡は**水の分子**を調べることを可能にしている。	✔ **a molecule of water** ：水の分子
737 Don't talk nonsense! ▶**ばかなことを言う**な！	✔ **talk nonsense** ：ばかげたことを話す ☐ **it is nonsense to say** **(that)**節 ：〜などと言うのはばかげている
738 The factory ceased producing goods. ▶工場は商品の**生産をやめた**。	✔ **cease** *doing*[to *do*] ：〜するのをやめる ☐ **cease production** ：生産を中止する

STAGE **18**

TO BE CONTINUED [**5**/13] ➡ 521

1739 suicide

[súːəsàid | 〈英〉sjúː-]
スーイサイド

名 **自殺**
the act of killing yourself
⇔名 murder (殺人) ☞No.1552

1740 spoil

[spɔ́il]
スポイル

動 **をダメにする；悪くなる**
change something good into something bad,
unpleasant, etc.

1741 illusion

[iljúːʒən]
イリュージャン

名 **幻想，錯覚**
a false idea or belief, especially about somebody or
about a situation

1742 temptation

[temptéiʃən]
テンプテイション

名 **誘惑**
something that makes you want to do or have
something that you know you should not
動 tempt (を誘惑する，を誘う)

1743 suspend

[səspénd]
サスペンド

動 **を吊るす；を一時停止する；を停職
[停学] にする**
hang something from something else
名 suspense (宙ぶらりん)
名 suspension (中止；吊るすこと)

1744 consent

[kənsént]
カンセント

名 **同意，承諾**
agreement about something
動 **同意する，承諾する**
名 consensus (一致した意見，コンセンサス)

1745 cheat

[tʃíːt]
チート

動 **をだます**
trick somebody or make them believe something that is
not true
＝動 deceive (をだます)　動 trick (をだます)☞No.0951

1746 dignity

[dígnəti]
ディグニティ

名 **威厳，品位，気高さ**
the fact of being respected or deserving respect
動 dignify (に威厳をつける)
＝名 prestige (名声，威信)
⇔名 indignity (軽蔑)

⁹ The singer committed suicide. ▶その歌手は**自殺した**。	☑ **commit suicide**：自殺する ☐ **a murder or a suicide** 　　：他殺か自殺か
⁰ The heavy rain spoiled the picnic. ▶大雨で**ピクニックは台無しになった**。	☑ **spoil the picnic** 　　：ピクニックを台無しにする ☐ **Spare the rod and spoil the child.** 　　：ムチを惜しんでは子供がダメになる。《諺》
⁴¹ He is under the illusion that everyone admires him. ▶彼は皆が彼を賞賛しているという**錯覚に陥っている**。	☑ **be under the illusion** 　　：錯覚に陥っている ☐ **create the illusion of A** 　　：A の錯覚を生み出す
⁴² The priest resisted every temptation. ▶聖職者は**あらゆる誘惑に耐えた**。	☑ **resist every temptation** 　　：あらゆる誘惑に耐える
⁴³ The lamp was suspended from the ceiling. ▶ランプは天井**から吊り下げられていた**。	☑ **be suspended from A** 　　：A から吊るされている
⁴⁴ They got a divorce by mutual consent. ▶彼らは**両者合意に基づく離婚**をした。	☑ **divorce by mutual consent** 　　：両者合意に基づく離婚
⁴⁵ You should not cheat the honest. ▶**正直な人々をだます**のはよくない。	☑ **cheat the honest** 　　：正直な人々をだます
⁷⁴⁶ I want to maintain the dignity of man. ▶私は**人間の尊厳**を保ちたい。	☑ **the dignity of man** 　　：人間の尊厳

STAGE **18**

TO BE CONTINUED [**6**/13] ➡ 523

1747	**thread** [θréd] スレッド	图 糸;筋(道) a thin string of cotton, wool, silk, etc. used for sewing or making cloth 動 (を)縫うように進む
1748	**scheme** [skí:m] スキーム	图 計画;計略;配列 an organized plan for doing something, especially something dishonest or illegal that will bring a good result for you 動 (を)計画する =图 plan(計画) ☞No.0100
1749	**pardon** [pá:rdn] パードゥン	图 許すこと,容赦 the action of forgiving somebody for something 動 を許す =動 forgive(〔を〕許す)
1750	**horizon** [həráizn] ホライズン	图 地[水]平線 the furthest that you can see, where the sky seems to meet the land or the sea 彫 horizontal(地[水]平線上の;平面の)
1751	**rob** [ráb	〈英〉rɔ́b] ラブ	動 (人)から奪う steal from someone or somewhere, often using violence 图 robber(泥棒)
1752	**corporation** [kɔ̀:rpəréiʃən] コーポレイション	图 法人,会社 a big company, or a group of companies acting together as a single organization 彫 corporate(法人組織の) 彫 incorporated(《主に米》法人組織の)
1753	**forecast** [fɔ́:rkæst, -kà:st	〈英〉-kà:st] フォーキャスト	图 予報,予想 a description of what is likely to happen in the future, based on the information that you have now 動 を予想[予言]する =動 predict(を予言する) ☞No.0965

7 I am sewing on a button with a needle and thread.	✔ **a needle and thread** ：糸を通した針(単数扱い)
▶私は**糸を通した針**でボタンを縫い付けている。	☐ **thread a needle** ：針に糸を通す
8 He came up with a scheme to escape taxes.	✔ **a scheme to escape taxes** ：税金逃れの計略
▶彼は**税金逃れの計略**を思いついた。	
9 I beg your pardon.	✔ **I beg your pardon.** ：ごめんなさい。
▶**ごめんなさい。**	☐ **I beg your pardon?** ： ：もう一度言って頂けますか？
	☐ **Pardon me?** ：もう一度言って下さい。
50 The sun rose above the horizon.	✔ **above[on] the horizon** ：地[水]平線上に
▶太陽が**地平線上に**昇った。	☐ **below the horizon** ：地[水]平線の下に
51 A burglar robbed the old lady of her purse.	✔ **rob A of B** ：A〈人など〉を襲ってB〈金など〉を奪う
▶強盗は老婦人の財布**を盗んだ。**	☐ **rob you of important time** ：あなたの貴重な時間を奪う
52 He works in a big corporation.	✔ **a big[large] corporation** ：大企業
▶彼は**大きな会社**に勤めている。	☐ **British Broadcasting Corporation** ：英国放送局(BBC)
53 What's the weather forecast for tonight?	✔ **the weather forecast** ：天気予報
▶今夜の**天気予報**はどう？	☐ **make a forecast** ：予想する

0001
0100
0200
0300
0400
0500
0600
0700
0800
0900
1000
1100
1200
1300
1400
1500
1600
1700

STAGE 18

1754

nightmare
[náitmèər]
ナイトメアァ

图 悪夢（のような体験 [状態]）
a dream that is very frightening or unpleasant; an experience that is very frightening and unpleasant, or very difficult to deal with

---

1755

accommodation
[əkàmədéiʃən | 〈英〉əkɔ̀m-]
アカマデイション

图 宿泊（施設）；順応，収容能力
動 accommodate（を適応させる；を宿泊させる）

1756

resemble
[rizémbl]
リゼンブル

動 に似ている
look like or be similar to someone or something
图 resemblance（類似；類似点）
■▶ 他動詞。進行形・受身形にしない。ただし，「似てきている」という推移を表す場合は進行形も可。

1757

ambitious
[æmbíʃəs]
アンビシャス

形 大望 [野心] のある
needing a lot of effort, money or time to succeed
图 ambition（大望，向上心）

1758

inn
[ín]
イン

图 宿屋
a pub, usually in the country and often one where people can stay the night

---

1759

conservative
[kənsə́:rvətiv]
カンサーヴァティヴ

形 保守的な
opposed to great or sudden social change; showing that you prefer traditional styles and values
图 保守的な人
图 conservation（保護，保存）
⇔形 progressive（進歩的な，革新的な）

1760

scarcely
[skéərsli]
スケアスリィ

副 ほとんど～ない
only just; almost not
形 scarce（不足して）
＝副 hardly（ほとんど～ない）☞No.0532

1761

optimistic
[àptəmístik | 〈英〉ɔ̀p-]
アプティミスティック

形 楽観主義の，楽天的な
hoping or believing that good things will happen in the future
图 optimism（楽観主義）
⇔形 pessimistic（悲観的な）

4 It was a nightmare driving home in the snow.

▶雪の中を**運転して家に戻るのは恐ろしい経験**でした。

☑ a nightmare *doing*
：〜する恐ろしい経験

---

5 We paid for our flight and bed-and-breakfast accommodation.

▶私たちは航空運賃と**朝食付き宿泊費**を支払った。

☑ bed-and-breakfast accommodation
：朝食付き宿泊（施設）

---

6 You resemble your mother.

▶君は母親**似だ**。

☑ (closely) resemble *A*(in *B*)
：(*B* の点で)*A* と(よく)似ている

---

57 The politician had ambitious plans for social reform. ▶その政治家は社会改造**への野心的な計画**を持っていた。

☑ ambitious **plans for** *A*
：*A* への野心的な計画

☐ Boys, be ambitious!
：少年よ，大志を抱け！

---

58 He stayed at an inn in Izu.

▶彼は伊豆の**宿屋に泊まった**。

☑ stay at an inn
：宿屋に泊まる

---

59 He is conservative about how he dresses.

▶彼は服装**について保守的[地味]**だ。

☑ conservative **about[in]** *A*
：*A* の点について[で]保守的な

☐ conservative **views**
：保守的な考え

---

60 I can scarcely believe it.

▶そんなこと信じられ**ないね**。

---

61 I am optimistic about the future.

▶これから先のことについては**楽観している**。

☑ be optimistic **about** *A*
：*A* について楽観する

STAGE 18

TO BE CONTINUED [8 /13] ➡ 527

1762	**sector** [séktər] セクタァ	名 部門，分野 a part of an area of activity, especially of business, trade, etc.

1763	**liberal** [líbərəl] リベラル	形 寛大な；自由な willing to understand and respect other people's ideas, opinions, and feelings 名 自由主義者 動 liberate（を解放する） 名 liberation（解放すること）

1764	**pension** [pénʃən] ペンション	名 年金 an amount of money paid regularly by the government or a private company to a person who does not work any more because they are too old or have become ill 名 pensioner（年金受給者）

1765	**scope** [skóup] スコウプ	名 範囲；視野 the range of things that a subject, an organization, an activity, etc. deals with

1766	**initiative** [iníʃətiv, -ʃiə-] イニシァティヴ	名 〖the ~〗主導（権）；独創力；新しい取り組み the power or opportunity to act and gain an advantage before other people do

1767	**bid** [bíd] ビッド	名 入札 an offer of a particular amount of money for something that is for sale 動 （値）をつける ■ 【変】bid-bid-bid

1768	**reckon** [rékən] レコン	動 をみなす；を数える think that someone or something is a particular kind of person or thing ＝動 compute（〔を〕計算する）

1769	**entitle** [intáitl] インタイトル	動 に資格を与える；に名称 [称号] を与える give somebody the right to have or to do something

⁷ The government encourages the private sector participation in this area.

▶政府はこの分野への**民間部門**の参入を奨励している。

✔ the private[public] sector
: 私企業[公企業]部門

---

³ He takes a liberal view toward marriage and divorce.

▶彼は結婚と離婚について**寛大な見方**をしている。

✔ a liberal view : 寛大な見方

---

⁴ She lives on a pension after she retired from her job.

▶彼女は退職後**年金で生活している**。

✔ live on a pension
: 年金で生活する

---

⁵ That is far beyond the scope of our investigation.

▶それは我々の調査**の範囲を**はるかに**超えている**。

✔ beyond the scope of *A*
: *A* の範囲を超えて

---

³⁶ She took the initiative in carrying out the plan.

▶彼女はその計画を**実行する主導権を取った**。

✔ take the initiative in *doing*
: ～する主導権を取る

---

⁸⁷ The art collector made a bid of $500 for a painting.

▶その美術収集家は絵画に 500 ドル**の値をつけた**。

✔ make a bid of *A* for[on] *B*
: *B* に *A*〈値段〉の値をつける

---

⁸⁸ I reckon it's going to rain.

▶雨になる**と思う**。

✔ reckon (that)節
: ～だと思う

---

⁶⁹ Retired people are entitled to certain benefits.

▶退職した人々は**いくつかの給付資格を与えられている**。

✔ entitle *A* to *B*
: *A* に *B* の資格を与える

1770 **draft**
[drǽft | 〈英〉drάːft]
ドゥラフト

图 **下書き；選抜；隙間風**
a piece of writing or a plan that is not yet in its finished form

動 **を起草 [立案] する**
■▶ 多義語。

1771 **rear**
[ríər]
リアァ

動 **を育てる；を栽培する**
look after a person or animal until they are fully grown

图 『the ~』**後ろ**
⇔图 front (前部) ☞No.0136
■▶ 動 と 图 は同一綴りの別語源語。「リヤカー」は和製英語。

1772 **infection**
[infékʃən]
インフェクション

图 **感染 (症)，伝染**
a disease that affects a particular part of your body and is caused by bacteria or a virus

動 infect (に移す，に伝染する)
厖 infectious (伝染性の)

1773 **regulate**
[régjulèit]
レギュレイト

動 **を規制 [統制] する；を調整する**
control an activity or process, especially by rules

图 regulation (規制)

1774 **resign**
[rizáin]
リザイン

動 **(を) 辞する，(を) 辞める**
officially tell somebody that you are leaving your job, an organization, etc.

图 resignation (辞任；辞表)
厖 resigned (諦めている；辞職した)
■▶ retire は特に老齢・定年などで「退職する」。

1775 **wicked**
[wíkid]
ウィキッド

厖 **邪悪な，意地悪な**
morally wrong and bad

=厖 evil (邪悪な) ☞No.1585
┄┄图 witch (女の魔法使い)
　　图 wizard (男の魔法使い)

1776 **pitch**
[pítʃ]
ピッチ

動 **投げる；を据える**
throw something with a lot of force, often aiming carefully

图 **調子；程度**
图 pitcher (投手；水差し)

I've made a rough draft of the letter.

▶手紙の**おおまかな下書き原稿**を作りました。

✔ **a rough draft**
：おおまかな下書き

0001
0100
0200

She reared six children.

▶彼女は6人の子供**を育て**た。

☐ **settle back in the rear seat of taxi**
：タクシーの後部座席に深く座る

0300
0400
0500

They died from diseases and infections.

▶彼らは病気や**感染症で亡く**なった。

✔ **die from infections**
：感染症で亡くなる

0600
0700
0800

It is sometimes necessary to regulate traffic.

▶ときには**交通規制**が必要である。

✔ **regulate traffic**
：交通を規制する

0900
1000

He resigned (from) his office.

▶彼は職**を辞**した。

✔ **resign from[as]** *A*
：*A* を辞める

1100
1200
1300

In many fairy tales, wicked people are defeated in the end.

▶多くのおとぎ話では，**悪人**は最後に倒される。

✔ **wicked people[deeds, heart]**：悪人 [悪事，邪心]

1400
1500
1600

He attracts attention among baseball fans as he pitches a fast ball.

▶彼は**速球を投げる**ので，野球ファンの注目を集めている。

✔ **pitch a fast ball**
：速球を投げる

☐ **pitch a tent**
：テントを張る

1777 **lean**
[líːn]
リーン

動 もたれる，傾く
rest on or against something for support
形 やせた，ぜい肉のない
■▶ 動 と 形 は同一綴りの別語源語。【変】lean-leaned/
leant-leaned/leant

1778 **tolerate**
[tálərèit | 〈英〉tɔ́l-]
ターラレイト

動 を許容する，を我慢する
accept or allow something although you do not like it
形 tolerant（寛容な）　名 tolerance（忍耐；許容）

1779 **editor**
[édətər]
エディタァ

名 編集者
a person who is in charge of a newspaper, magazine,
etc., or part of one, and who decides what should be
included
動 edit（を編集する）　名 edition（版）
名 editorial（社説，論説）

1780 **territory**
[térətɔ̀ːri | 〈英〉-təri]
テリトーリィ

名 領土；地域
land that is under the control of a particular country or
political leader
形 territorial（土地の；領土の）
＝名 region（地域）☞No.0543

1781 **flame**
[fléim]
フレイム

名 炎
hot bright burning gas that you see when something is
on fire
動 燃え立つ

1782 **accomplishment**
[əkámpliʃmənt, əkʌ́m- |
〈英〉əkʌ́m-, əkɔ́m-]
アカンプリッシュメント

名 完成，成就，遂行
something good that you have done that was difficult
動 accomplish（を成し遂げる）

1783 **respectively**
[rispéktivli]
リスペクティヴリィ

副 それぞれ
(of two or more items) with each relating to something
previously mentioned, in the same order as first
mentioned

1784 **oversee**
[òuvərsíː]
オウヴァスィー

動 を監督する
watch or organize a job or an activity to make certain
that it is being done correctly

---

⁷ He leaned against the wall with folded arms.

▶彼は腕を組んで壁に寄りかかった。

✓ lean **against[on]** A
　：A に寄りかかる [頼る]

☐ **be lean and hungry**
　：やせて腹を空かせている

---

⁸ Our society will not tolerate domestic violence.

▶現代社会は家庭内暴力を認めない。

☐ tolerate ~ A('s) *doing*
　：A〈人〉が～するのを許する

---

⁹ A professor in our department was chosen as the chief editor of our new online journal.

▶私たちの学部の教授が新たなオンライン雑誌の編集長に選ばれた。

✓ **the chief** editor ：編集長

☐ **a sports[fashion]** editor
　：スポーツ[ファッション]欄担当編集者

---

⁴⁰ The country finally returned its occupied territories.

▶その国はついに占領地域を返還した。

✓ **occupied** territories
　：占領地域

☐ **enemy** territory
　：敵国の領土

---

⁸¹ He broke out in a great flame of anger.

▶彼は怒りの炎を爆発させた。

✓ a flame **of anger[desire]**
　：怒り [欲望] の炎

☐ **be in** flames
　：炎に包まれている

---

⁸² The explorer achieved a great historic accomplishment.

▶その探検家は歴史的な偉業を成就した。

✓ achieve a great historic accomplishment
　：歴史的な偉業を成就する

---

⁸³ My two daughters are six and ten respectively.

▶うちの二人の娘たちはそれぞれ，6 歳と 10 歳だ。

☐ Invitation cards will be sent respectively.
　：招待状はそれぞれに送られます。

---

⁸⁴ She oversees the project.

▶彼女がその事業計画の監督をしている。

STAGE **18**

TO BE CONTINUED [11 / 13] ➡ 533

1785 **offense**
[əféns]
オフェンス

图 違反；犯すこと；攻撃
an illegal act
働 offend (を不快にする；を傷つける；犯す)
⑧ offender (犯罪者，違反者)
働 offensive (不快な；無礼な；攻撃の)
⇔⑧ defense (防御)

1786 **deposit**
[dipázit | 〈英〉-póz-]
ディパズィット

働 を預ける
put money into a bank account
图 手付金；(銀行) 預金 (額)

1787 **enhance**
[inhǽns | 〈英〉-háːns]
インハンス

働 を高める，を増す
improve the quality, amount, or strength of something

1788 **acquaintance**
[əkwéintəns]
アクウェインタンス

图 知人，知り合い
someone you know, but who is not a close friend
■▶「私の知人」は an acquaintance of mine(× my acquaintance)。

1789 **bump**
[bámp]
バンプ

働 をぶつける；ぶつかる
hit or knock against something

1790 **donate**
[dóuneit | 〈英〉dounéit]
ドウネイト

働 (を) 贈与 [寄付] する
give money, food, clothes, etc. to somebody or something, especially a charity
⑧ donation (寄付)

1791 **dormitory**
[dóːrmətɔ̀ːri | 〈英〉-təri]
ドーミトーリィ

图 寮；共同寝室
a large building at a college or university where students live
■▶【略】dorm

1792 **eggplant**
[égplænt]
エグプラント

图 ナス
an oval, purple vegetable that is white inside and is usually eaten cooked

⁷⁸⁵ I paid a fine since I committed an offense against the law.

▶私は**法律に違反した**ため罰金を支払った。

☑ **commit an offense against the law** ：法律に違反する

---

⁷⁸⁶ You can deposit money in a bank whenever you wish via the Internet.

▶インターネットを通じていつでも**銀行にお金を預け**られる。

☑ **deposit money in a bank** ：銀行にお金を預ける

☐ **put down a deposit on** *A* ：*A* の手付金を払う

---

⁷⁸⁷ Regular practice will enhance your physical and emotional health.

▶規則的な練習が心身の健康**を高める**。

---

⁷⁸⁸ He is an acquaintance from work.

▶彼は**仕事上の知り合い**である。

☑ **an acquaintance from work** ：仕事上の知り合い

---

⁷⁸⁹ I bumped my car against the fence.

▶塀に車**をぶつけて**しまった。

☑ **bump against[into]** *A* ：*A* にぶつかる

---

⁷⁹⁰ We need to come up with ideas about how to raise money to donate to charity.

▶チャリティー**に寄付する**ための資金を調達する仕方についてのアイデアを考える必要がある。

☑ **donate (money) to** *A* ：*A* に（金を）寄付する

☐ **donate blood** ：献血する

---

⁷⁹¹ When I was an exchange student in Japan over 20 years ago, I lived in a dormitory.

▶20 年以上前に日本で交換留学をしていた頃，私は**寮に住んでいた**。

☑ **live in a dormitory** ：寮に住む

☐ **a college dormitory** ：大学の寮

---

⁷⁹² I cut the eggplants and fried them for a few minutes.

▶私は**ナスを切り**，それを数分間いためた。

☑ **cut the eggplant** ：ナスを切る

STAGE **18**

1793
intercultural
[ìntərkʌltʃərəl]
インタァ**カ**ルチュラル

形 異文化間の
relating to or involving more than one culture

1794
monarch
[mánərk, -ɑːrk | 〈英〉mɔ́n-]
マナァク

名 君主
a king or queen
名 monarchy (君主制)

1795
pebble
[pébl]
ペブル

名 小石
a small smooth stone found especially on a beach or on the bottom of a river

---

1796
rationally
[rǽʃənəli]
ラショナリィ

副 合理的に
in a way that is based on reason rather than emotion
形 rational (理性的な)

1797
recruit
[rikrúːt]
リク**ルー**ト

動 (を)募集する, (を)新しく入れる
find new people to work in a company, join an organization, do a job etc.

1798
skeptical
[sképtikəl]
ス**ケ**プティカル

形 懐疑的な
having doubts that a claim or statement is true or that something will happen
▶《英》では sceptical。

1799
souvenir
[sùːvəníər]
スーヴェニアァ

名 土産, 記念品
something you buy or keep to help you remember a holiday or special event

---

1800
swear
[swέər]
ス**ウェ**アァ

動 (を)宣誓する；(を)誓う
promise that you will do something
▶【変】swear-swore-sworn

³ Studying intercultural communication is useful because we can cope with cultural misunderstandings.

▶文化的な誤解に対処することができるため、**異文化コミュニケーションを研究する**ことは有用だ。

✔ **study intercultural communication**
：異文化コミュニケーションを研究する

⁴ Few countries still have monarchs.

▶**君主**のいる国はもうほとんどない。

⁵ The beach was covered with small pebbles instead of sand.

▶海岸は砂ではなく**小石**で覆われていた。

✔ **a small pebble**　：小石

⁶ He always thinks rationally.

▶彼はいつも**合理的に物事を考える**。

✔ **think rationally**
：合理的に考える

⁷ The company recruits workers from abroad.

▶その会社は海外から**労働者を募集している**。

✔ **recruit workers**
：労働者を募集する

⁸ She is rather skeptical about the plan.

▶彼女はその**計画にいくぶん懐疑的**である。

✔ **skeptical about the plan**
：計画に懐疑的だ

⁹ The souvenir shop sells a variety of goods.

▶その**土産物屋**はたくさんの商品を売っている。

✔ **a souvenir shop**
：土産物屋

☐ a souvenir of[from] *A*
：*A*のお土産

⁰⁰ We swore to keep a secret.

▶私たちは**秘密を守ることを誓った**。

✔ **swear to keep a secret**
：秘密を守ることを誓う

STAGE **18**

語幹	意味	単語	意味	単語	意味
mun	共有する	community	地域社会	communicate	伝える
norm	基準	normal	標準の	abnormal	異常な
note	しるす	notice	知らせ	note	覚え書き
nounce	知らせる	announce	発表する	pronounce	発音する
oper	働く	operate	操作する	cooperate	協力する
ordin	列	ordinary	普通の	disorder	混乱
ori	(日が)出る	oriental	東洋の	original	元の
pac(i)	平和	pacific	穏やかな	peace	平和
p(e)ar	現れる	appear	現れる	apparent	明らかな
pa(i)r	用意して	prepare	準備する	repair	修理する
part	部分	participate	参加する	particular	特定の
pati, pass	被る	patient	忍耐強い	passive	受動的な
pel	駆り立てる	compel	強制する	propeller	プロペラ
pend, pens	掛ける	depend	頼る	suspense	不安
pet(e)	求める	compete	競争する	appetite	食欲
ple	満たす	complete	完全な	plentiful	あり余る
ply	折りたたむ	reply	返事する	complicated	複雑な
polis	都市	policy	政策	policeman	警官
port	運ぶ	porter	運搬人	airport	空港
pose	置く	compose	組み立てる	position	位置
poss	できる	possible	可能な	possess	所有する
press	押す	impression	印象	pressure	圧力
prim	第一の	primary	初等の	primitive	原始の
preci	価値	precious	貴重な	appreciate	評価する
quire	求める	acquire	得る	inquire	尋ねる
quest	〃	request	要請する	conquest	征服
rect	正しい	correct	正しい	direct	直接の
rupt	破れる	interrupt	遮る	bankrupt	破産者
sat(is)	満ちた	satisfy	満足させる	saturate	飽和させる
sci	知る	science	科学	conscious	気づいて
scribe	書く	describe	描く	subscribe	署名する
sect	分ける	insect	昆虫	section	分割

sent	感じる	sentimental	感傷的な	consent	承諾する
sert	加わる、結ぶ	insert	挿入する	assert	断言する
sta	立つ	instant	即座の	constant	絶え間ない
serve	保つ	preserve	保存する	reserve	予約する
sid, sit	座る	president	大統領	situation	状態
sist	立つ	consist	成り立つ	insist	主張する
spect	見る	aspect	見方	respect	尊敬する
soci	交わる	society	社会	associate	交際する
spond, spons	約束する	respond	応ずる	sponsor	保証人
stitute	立てる	constitute	構成する	substitute	代用する
struct	築く	construct	建設する	instruction	指図
sult	跳ぶ	insult	侮辱する	result	結果
sume	取る	assume	想定する	consume	消費する
sure	確かな	assure	保証する	insure	保険をかける
tail	切る	detail	詳細	retail	小売り
tach, tact	触れる	attach	取り付ける	contact	接触
tain	保つ	contain	含む	obtain	得る
		retain	保つ	maintain	維持する
tent	〃	content	内容	intent	意図
tend	伸ばす	extend	伸ばす	pretend	言い張る
term	限る	terminal	終点	determine	決心する
turb	乱す	disturb	乱す	turbulent	荒れ狂う
urb	都市	urban	都会の	suburb	郊外
val, vail	価値	available	利用できる	value	価値
vert, vers	向く	universe	全世界	convert	転換する
velop	包む	develop	発達する	envelop	包む
view	見る	review	復習	interview	会見
vid, vis	〃	vision	視力、視界	provide	準備する
vent	来る	prevent	妨げる	event	出来事
via, vey	道	obvious	明白な	conveyer	コンベア
vict, vinc	征服する	victory	勝利	convince	確信させる
viv(e)	生き生きした	revival	復活	survival	生き残り
volv(e)	回転する	revolution	革命	evolution	進化

hats and caps

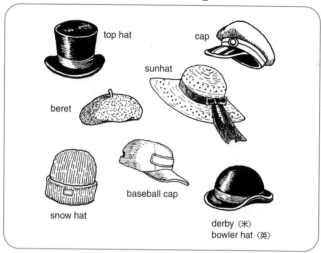

top hat

cap

sunhat

beret

baseball cap

snow hat

derby 〈米〉
bowler hat 〈英〉

nuts

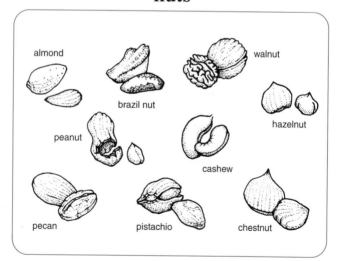

almond

walnut

brazil nut

hazelnut

peanut

cashew

pecan

pistachio

chestnut

ropes

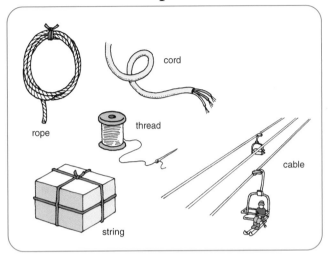

rope

cord

thread

string

cable

shoes

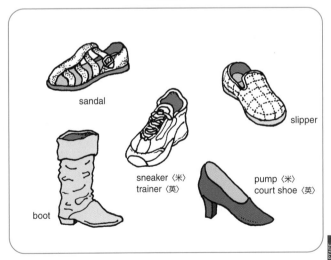

sandal

slipper

boot

sneaker 〈米〉
trainer 〈英〉

pump 〈米〉
court shoe 〈英〉

a	bloom	come	fall	hand	kitchen
about	blossom	cook	famous	happy	know
across	boat	cool	far	hard	lady
after	body	could	farm	have	lake
afternoon	book	country	fast	he	large
again	both	cry	father	head	last
ago	box	cup	February	hear	late
all	boy	cut	feel	help	learn
already	bread	dark	few	her	leave
also	break	daughter	find	here	left
always	breakfast	day	fine	hers	lend
am	bring	dear	fish	high	let
among	brother	December	flower	hill	letter
an	build	desk	fly	him	library
and	building	dictionary	food	his	life
animal	bus	dinner	foot	holiday	light
another	busy	do	for	home	like
answer	but	doctor	forgive	hope	listen
any	buy	doll	friend	hot	little
April	by	door	Friday	hour	live
are	call	down	from	house	long
arrive	can	drink	fruit	how	look
as	car	drive	game	hundred	lose
ask	card	during	garden	I	lot
at	carry	each	get	ice	love
August	cat	ear	girl	idea	low
aunt	catch	early	give	if	lunch
away	chair	easy	glad	in	make
back	child	eat	glass	ink	man
bad	city	either	go	into	many
be	class	enjoy	god	is	March
beautiful	clean	enough	good	it	may
because	clock	evening	goodby	January	May
become	close	ever	green	July	me
before	cloud	every	ground	June	mean
begin	club	everyone	group	just	meet
between	cold	everything	grow	keep	milk
big	college	eye	hair	kid	mine
bird	color	face	half	kind	Monday

542

money	our	see	stone	Thursday	Wednesday
month	ours	self	stop	till	week
moon	out	sell	story	time	welcome
more	over	send	street	to	well
morning	paper	September	strong	today	what
most	park	shall	student	together	when
mother	pass	she	study	tomorrow	where
mountain	pen	shop	such	tonight	which
mouth	pencil	short	summer	too	white
much	people	should	sun	town	who
music	picture	shout	Sunday	Tuesday	whom
must	place	show	sure	tree	whose
my	plane	sick	swim	true	why
name	play	since	table	try	will
near	please	sincerely	take	turn	wind
need	poor	sing	tale	umbrella	window
never	pretty	sir	talk	uncle	winter
new	put	sister	tall	under	with
news	question	sit	teach	understand	without
next	rain	sky	teacher	until	woman
nice	read	sleep	team	up	word
night	really	small	tell	upon	work
no	red	smile	than	us	world
noon	rice	snow	thank	use	would
not	rich	so	that	useful	write
notebook	ride	some	the	usually	wrong
November	right	son	their	vacation	yard
now	rise	soon	them	very	year
October	river	sorry	then	visit	yes
of	road	speak	there	wait	yesterday
off	room	spend	these	walk	yet
often	run	sport	they	wall	you
old	sad	spring	thing	want	young
on	same	stand	think	warm	your
once	sand	star	thirsty	wash	yours
only	Saturday	start	this	watch	
open	say	station	those	water	
or	school	stay	though	way	
other	sea	still	through	we	

特別付録 カタカナ語／まとめて覚える語

日本人は日常生活の中で、多くの英語から来た外来語を使っています。使用頻度の高いものをジャンル別に以下に挙げてみます。また、体の部位などまとめて覚える語も確認しておきましょう。

■ カタカナ語

服飾

accessory	アクセサリー	装飾品
bag	バッグ	かばん
blond	ブランド	金髪の
blouse	ブラウス	ブラウス
boots	ブーツ	長靴
bracelet	ブレイスレット	腕輪
button	バトゥン	ボタン
chain	チェイン	鎖
collar	カラー	襟
costume	コスチューム	衣装
crown	クラウン	王冠
curl	カール	巻き毛
decoration	デコレイション	装飾
handbag	ハンドバッグ	ハンドバッグ
handkerchief	ハンカチーフ	ハンカチーフ
hook	フック	留め金
insole	インソウル	靴の中敷
jacket	ヂャケット	上着
jeans	ヂーンズ	ジーンズ
jewelry	ヂュエルリー	宝石類
knit	ニット	編み物
lace	レイス	ひも
mask	マスク	仮面
necklace	ネックリス	首飾り
overcoat	オウヴァコウト	オーバー
pants	パンツ	パンツ
pearl	パール	真珠
pocket	ポケット	ポケット
ribbon	リボン	リボン
scarf	スカーフ	スカーフ

shirt	シャート	(ワイ)シャツ
shoe	シュー	靴
skirt	スカート	スカート
sleeve	スリーヴ	袖
socks, sox	ソックス	靴下
stocking	ストッキング	長い靴下
tattoo	タトゥー	入れ墨
trousers	トゥラウザーズ	ズボン
uniform	ユーニフォーム	制服

食事

almond	アーモンド	アーモンド
apple	アプル	林檎
bacon	ベイコン	ベーコン
banana	バナーナ	バナナ
barbecue	バーベキュー	バーベキュー
bean	ビーン	豆
beef	ビーフ	牛肉
beer	ビーァ	麦酒
biscuit	ビスケット	ビスケット
bottle	バトゥ	ビン
bowl	ボウル	鉢、どんぶり
butter	バター	バター
cabbage	キャビッヂ	キャベツ
cake	ケイク	ケーキ
candy	キャンディー	キャンディー
cheese	チーズ	チーズ
cherry	チェリー	さくらんぼ
chocolate	チョカリトゥ	チョコレート
coffee	コーフィー	珈琲
cookie	クッキー	クッキー

544

☐ corn	コーン	とうもろこし	☐ salad	サラッド	サラダ
☐ cream	クリーム	クリーム	☐ salmon	サーモン	鮭
☐ cucumber	キューカンバァ	キュウリ	☐ salt	ソルト	塩
☐ curry	カリー	カレー	☐ sandwich	サンドウィッチ	サンドウィッチ
☐ egg	エッグ	卵	☐ sauce	ソース	ソース
☐ fork	フォーク	フォーク	☐ slice	スライス	薄切り
☐ fry	フライ	揚げ物	☐ snack	スナック	軽食
☐ garlic	ガーリック	にんにく	☐ soup	スープ	スープ
☐ ginger	チンヂャー	しょうが	☐ spice	スパイス	香辛料
☐ grape	グレイプ	ぶどう	☐ spoon	スプーン	匙
☐ grill	グリル	直火で焼く	☐ steak	ステイク	ステーキ
☐ honey	ハニー	はちみつ	☐ stew	スチュー	シチュー
☐ jam	ヂャム	ジャム	☐ sugar	シュガー	砂糖
☐ juice	ヂュース	果汁	☐ supper	サパァー	夕食
☐ knife	ナイフ	小刀	☐ syrup	シロップ	シロップ
☐ lamb	ラム	羊肉	☐ tea	ティー	紅茶
☐ lemon	レマン	レモン	☐ toast	トウスト	トースト
☐ meat	ミート	食肉	☐ tomato	トメイトウ	トマト
☐ menu	メニュー	献立表	☐ tray	トレイ	盆
☐ mushroom	マッシュルーム	キノコ	☐ tuna	ツーナ	まぐろ
☐ noodle	ヌードル	麺	☐ whisky	ウィスキー	ウィスキー
☐ nut	ナット	ナッツ	☐ wine	ワイン	ワイン
☐ onion	アニャン	玉ねぎ			
☐ orange	オリンヂ	オレンジ	**住居**		
☐ oven	アヴン	天火	☐ balcony	バルコニー	バルコニー
☐ peach	ピーチ	桃	☐ bathroom	バスルーム	風呂場
☐ peanut	ピーナット	落花生	☐ bedroom	ベッドルーム	寝室
☐ pepper	ペパー	こしょう	☐ bench	ベンチ	長いす
☐ pie	パイ	パイ	☐ blanket	ブランケット	毛布
☐ plum	プラム	西洋すもも	☐ breaker	ブレイカー	遮断機
☐ potato	ポテイトウ	じゃが芋	☐ carpet	カーペット	敷物
☐ pottery	パタリィ	陶器	☐ cottage	カティッヂ	小さな家、コテージ
☐ powder	パウダー	粉	☐ cupboard	カップボードゥ	食器棚
☐ pumpkin	パンプキン	かぼちゃ	☐ curtain	カーテン	カーテン
☐ recipe	レシピ	レシピ	☐ fence	フェンス	塀
☐ rice	ライス	米	☐ floor	フローア	床

カタカナ語

☐ garage	ガラーヂ	車庫	☐ illumination	イルミネイション	イルミネーション
☐ gate	ゲイト	門	☐ jail	ヂェイル	刑務所
☐ greenhouse	グリーンハウス	温室	☐ jet	ヂェット	噴出
☐ hall	ホール	広間	☐ mall	モール	ショッピングモール
☐ interior	インティアリア	室内装飾	☐ monument	モニュメント	記念碑
☐ key	キー	鍵	☐ outlet	アウトレット	直販店
☐ lamp	ランプ	ランプ	☐ palace	パレス	宮殿
☐ mat	マット	マット	☐ platform	プラットフォーム	プラットフォーム
☐ mirror	ミラー	鏡	☐ poster	ポスター	ポスター
☐ shampoo	シャンプー	シャンプー	☐ pub	パブ	居酒屋
☐ shower	シャウア	シャワー	☐ pump	パンプ	揚水器
☐ sofa	ソゥファ	ソファー	☐ rail	レイル	レール
☐ stove	ストウヴ	暖炉	☐ railroad	レイルロウド	鉄道
☐ terrace	テラス	テラス	☐ restaurant	レスタゥラーントゥ	レストラン
☐ tile	タイル	タイル	☐ shortcut	ショートカット	近道
☐ toilet	トイリトゥ	トイレ	☐ stage	ステイヂ	舞台
☐ vase	ヴェイス	花瓶	☐ studio	スチューディオウ	スタジオ
			☐ supermarket	スーパーマーキトゥ	スーパーマーケット

街

☐ apartments	アパートメンツ	アパート
☐ arch	アーチ	アーチ
☐ bakery	ベイカリー	パン屋
☐ bar	バー	酒場
☐ bookstore	ブックストー	書店
☐ bridge	ブリッヂ	橋
☐ café	キャフェイ	喫茶店
☐ chapel	チャペル	礼拝堂
☐ church	チャーチ	教会
☐ clinic	クリニック	診療所
☐ dock	ダック	《米》波止場
☐ downtown	ダウンタウン	商業地区(へ)
☐ elevator	エレヴェイター	昇降機
☐ escalator	エスカレイター	エスカレーター
☐ gallery	ギャラリー	画廊、観客
☐ highway	ハイウェイ	幹線道路
☐ hotel	ホゥテル	旅館

☐ tower	タウア	塔
☐ tunnel	タネル	トンネル

乗り物

☐ balloon	バルーン	気球
☐ bicycle	バイスィクル	自転車
☐ bike	バイク	自転車、バイク
☐ crane	クレイン	クレーン
☐ ferry	フェリー	渡し船
☐ helicopter	ヘリコプター	ヘリコプター
☐ license	ライセンス	免許
☐ navigation	ナヴィゲイション	航海
☐ puncture	パンクチァ	パンク
☐ rocket	ロケット	ロケット
☐ taxi	タクシー	タクシー
☐ tire	タイア	タイヤ
☐ truck	トゥラック	トラック
☐ van	ヴァン	小型トラック

趣味・娯楽

☐ amusement	アミューズメント	娯楽
☐ antique	アンティーク	骨董品
☐ camp	キャンプ	キャンプ
☐ chess	チェス	チェス
☐ cigarette	シガレットゥ	タバコ
☐ cinema	シネマ	映画
☐ circus	サーカス	サーカス
☐ comedy	コメディー	喜劇
☐ comic	コミック	漫画
☐ crossword	クロスワード	クロスワード
☐ cycling	サイクリング	サイクリング
☐ dance	ダンス	舞踊
☐ drama	ドゥラマ	劇
☐ festival	フェスティヴァル	祭り
☐ fishing	フィッシング	魚釣り
☐ highlight	ハイライト	呼び物
☐ hiking	ハイキング	徒歩旅行
☐ leisure	リージャー	余暇
☐ lottery	ラッテリィ	くじ
☐ miniature	ミニアチュア	小型模型
☐ movie	ムーヴィー	映画
☐ parade	パレイド	行進
☐ parasol	パラソル	日傘
☐ passport	パスポート	旅券
☐ picnic	ピクニック	ピクニック
☐ pipe	パイプ	パイプ
☐ puzzle	パズル	パズル
☐ resort	リゾート	行楽地
☐ tag	タグ	荷札
☐ tale	テイル	物語
☐ tent	テント	テント
☐ ticket	チケット	切符
☐ tobacco	タバコウ	タバコ
☐ trump	トランプ	切り札

情報・電子機器

☐ battery	バッテリー	電池
☐ blog	ブラグ	ブログ
☐ camera	キャメラ	カメラ
☐ cassette	カセット	カセット
☐ computer	コンピュータ	電子計算機
☐ cyber-	サイバー	電脳
☐ data	デイタ	データ
☐ dial	ダイアル	ダイヤル
☐ digital	ディヂタル	デジタル(式)の
☐ disc, disk	ディスク	円盤
☐ dot	ドット	点
☐ file	ファイル	ファイル
☐ film	フィルム	フィルム
☐ freezer	フリーザー	冷凍庫
☐ install	インストール	インストールする
☐ microscope	マイクロスコウプ	顕微鏡
☐ motor	モウター	発動機
☐ online	オンライン	オンラインの[で]
☐ radio	レイディオゥ	ラジオ
☐ robot	ロウバット	ロボット
☐ software	ソフトウェア	ソフトウェア
☐ switch	スウィッチ	開閉器
☐ telegraph	テレグラフ	電報
☐ television	テレヴィジョン	テレビ
☐ vibration	ヴァイブレイション	振動
☐ video	ヴィディオゥ	ビデオ

音楽

☐ amplifier	アンプラファイア	増幅器、アンプ
☐ audio	オーディオゥ	音声
☐ chorus	コーラス	合唱
☐ concert	コンサート	音楽会
☐ drum	ドラム	太鼓
☐ ensemble	アンサンブル	合奏
☐ guitar	ギター	ギター

カタカナ語

547

□ jazz	ヂァズ	ジャズ
□ melody	メロディー	旋律
□ opera	オペラ	歌劇
□ orchestra	オーケストラ	管弦楽団
□ phonograph	フォウナグラフ	蓄音機
□ pianist	ピアニスト	ピアニスト
□ piano	ピアノゥ	ピアノ
□ rhythm	リズム	リズム
□ song	ソング	歌
□ soundtrack	サウンドゥラック	サウンドトラック
□ symphony	シンフォニー	交響曲
□ violin	ヴァイオリン	バイオリン
□ violinist	ヴァイオリニスト	バイオリン奏者

学校・教育

□ blackboard	ブラックボード	黒板
□ campus	キャンパス	構内
□ chalk	チョーク	チョーク
□ classroom	クラスルーム	教室
□ curriculum	カリキュラム	全教科課程
□ lesson	レッスン	授業、学課
□ seminar	セミナー	演習
□ stationery	ステイショナリ	文房具
□ test	テスト	試験

職業

□ athlete	アスリート	運動選手
□ babysitter	ベイビーシター	子守り
□ driver	ドライヴァー	運転手
□ gang	ギャング	暴力団
□ pilot	パイロット	操縦士
□ pirate	パイレット	海賊
□ police	ポリース	警察
□ policeman	ポリースマン	警察官
□ priest	プリースト	聖職者
□ senator	セネタァ	上院議員

□ tailor	テイラー	洋裁師

地位・役割

□ chairman	チェァマン	議長
□ coordinator	コウオーディネイター	調整役
□ elite	イリート	精鋭、選ばれた人々
□ guest	ゲスト	客
□ knight	ナイト	騎士
□ mate	メイト	仲間
□ narrator	ナレイター	語り手
□ pioneer	パイオニア	先駆者
□ prince	プリンス	王子
□ princess	プリンセス	王女
□ queen	クイーン	女王
□ spokesman	スポウクスマン	代弁者

経済

□ agenda	アヂェンダ	計画表、議題
□ auction	オークション	競売
□ bargain	バーゲン	見切り品
□ bonus	ボウナス	賞与
□ coin	コイン	硬貨
□ deflation	デフレイション	デフレ
□ donor	ドナー	提供者
□ goods	グッヅ	商品
□ graph	グラフ	グラフ
□ inflation	インフレイション	インフレ
□ panic	パニック	恐慌
□ percent	パーセントゥ	パーセント
□ salary	サラリー	給料
□ tenant	テナント	賃借人

軍事

□ bullet	ブレット	銃弾
□ gun	ガン	銃
□ missile	ミサイル	ミサイル

☐ navy	ネイヴィ	海軍
☐ pistol	ピストル	拳銃
☐ rifle	ライフル	ライフル銃
☐ spy	スパイ	間諜
☐ submarine	サブマリーン	潜水艦

天文

☐ comet	カメット	彗星
☐ galaxy	ギャラクシー	銀河
☐ solar	ソウラー	太陽の
☐ telescope	テレスコウプ	望遠鏡

物理

☐ barometer	バロミーター	バロメーター
☐ beam	ビーム	光線(の束)
☐ echo	エコウ	こだま
☐ laser	レイザー	レーザー光線
☐ minus	マイナス	マイナス
☐ plus	プラス	プラス
☐ radiation	レイディエイション	放射(線)
☐ simulation	スィミュレイション	シミュレーション
☐ speed	スピード	速度

物質・材料

☐ alcohol	アルカホール	アルコール
☐ ash	アッシュ	灰
☐ carbon	カーボン	炭素
☐ ceramic	セラミック	陶芸(の)
☐ chip	チップ	切れ端
☐ cotton	コットン	綿
☐ crystal	クリスタル	水晶
☐ diamond	ダイアモンド	ダイアモンド
☐ dioxide	ダイアクサイド	二酸化物
☐ fiber	ファイバー	繊維
☐ gas	ガス	ガス
☐ gold	ゴウルド	金

☐ iron	アイアン	鉄
☐ light	ライト	光
☐ oil	オイル	油
☐ ozone	オゾウン	オゾン
☐ plastic	プラスチック	プラスチック
☐ protein	プロウティーン	たんぱく質
☐ silk	スィルク	絹
☐ silver	スィルヴァ	銀
☐ straw	ストロー	麦わら
☐ vitamin	ヴァイタミン	ビタミン
☐ wool	ウル	羊毛

道具

☐ basket	バスケット	かご
☐ bell	ベル	鈴、鐘
☐ blade	ブレイド	刃
☐ brush	ブラッシュ	はけ
☐ bucket	バケット	バケツ
☐ candle	キャンドル	ろうそく
☐ cane	ケイン	杖
☐ filter	フィルタァ	濾過器
☐ hammer	ハマー	金づち
☐ imitation	イミテイション	模造品
☐ lens	レンズ	レンズ
☐ pot	ポット	つぼ
☐ sack	サック	大袋
☐ spray	スプレイ	スプレー
☐ tape	テイプ	テープ
☐ towel	タウアル	手ぬぐい
☐ wallet	ワレト	財布
☐ whistle	ホウィスル	口笛、笛

スポーツ

☐ aerobics	エアロウビックス	エアロビクス
☐ ball	ボール	球
☐ ballet	バレイ	バレエ

カタカナ語

☐ baseball	ベイスボール	野球	☐ carp	カープ	コイ
☐ basketball	バスキットボール	籠球	☐ cherry blossom		桜の花
☐ bat	バット	バット	☐ chicken	チキン	にわとり
☐ bowling	ボウリング	ボーリング	☐ cow	カウ	乳牛
☐ champion	チャンピオン	優勝者	☐ crab	クラブ	カニ
☐ championship	チャンピオンシップ	選手権大会	☐ crow	クロウ	カラス
☐ diving	ダイヴィング	潜水	☐ deer	ディアー	鹿
☐ football	フットボール	サッカー	☐ dinosaur	ダイノソー	恐竜
☐ golf	ゴルフ	ゴルフ	☐ dog	ドッグ	犬
☐ gym	ヂム	体育館	☐ dolphin	ドルフィン	イルカ
☐ hockey	ホッケー	ホッケー	☐ donkey	ドンキー	ロバ
☐ marathon	マラソン	マラソン	☐ dragon	ドラゴン	竜
☐ medal	メダル	メダル	☐ duck	ダック	アヒル
☐ Olympic	オリンピック	五輪	☐ eagle	イーグル	ワシ
☐ player	プレイヤー	選手	☐ elephant	エレファント	象
☐ pool	プール	プール	☐ fox	フォックス	キツネ
☐ relay	リレイ	リレー	☐ frog	フロッグ	カエル
☐ rugby	ラグビー	ラグビー	☐ goat	ゴウト	ヤギ
☐ skate	スケイト	スケートをする	☐ goose	グース	ガチョウ
☐ ski	スキー	スキーをする	☐ hare	ヘアー	ノウサギ
☐ soccer	サッカー	蹴球	☐ hawk	ホーク	タカ
☐ stadium	ステイディアム	競技場	☐ herb	ハーブ	ハーブ
☐ tennis	テニス	庭球	☐ horn	ホーン	つの
☐ tournament	トーナメント	勝ち抜き戦	☐ horse	ホース	馬
☐ triathlon	トライアスロン	トライアスロン	☐ kitten	キトゥン	子猫
☐ volleyball	ヴァリボール	排球	☐ lily	リリィ	百合
☐ yacht	ヨット	帆船	☐ lion	ライアン	ライオン
			☐ maple	メイプル	カエデ

動植物

☐ ant	アント	アリ	☐ monkey	マンキー	サル
☐ bacteria	バクティアリア	細菌	☐ mouse	マウス	(ハツカ)ネズミ
☐ bee	ビー	みつばち	☐ oak	オウク	樫
☐ bull	ブル	雄牛	☐ octopus	アクトパス	タコ
☐ butterfly	バタフライ	蝶	☐ ox	アクス	雄牛
☐ cactus	キャクタス	サボテン	☐ pet	ペット	愛玩動物
☐ camel	キャメル	らくだ	☐ pig	ピッグ	豚
			☐ pine	パイン	松

☐ pony	ポウニー	小型の馬		☐ diary	ダイアリー	日記
☐ puppy	パピー	子犬		☐ dream	ドリーム	夢
☐ rabbit	ラビット	ウサギ		☐ episode	エピソウド	挿話
☐ rat	ラット	ネズミ		☐ etiquette	エチケット	礼儀
☐ rose	ロウズ	バラ		☐ fever	フィーヴァ	熱
☐ sheep	シープ	羊		☐ forum	フォーラム	公開討論
☐ snake	スネイク	ヘビ		☐ fountain pen	ファウンテンペン	万年筆
☐ spider	スパイダー	クモ				
☐ sunflower	サンフラウア	ひまわり		☐ gossip	ゴシップ	噂
☐ swan	スワン	白鳥		☐ handicap	ハンディキャップ	ハンディキャップ
☐ tiger	タイガー	トラ		☐ hint	ヒント	暗示
☐ turtle	タートル	カメ		☐ hurricane	ハリケイン	ハリケーン
☐ whale	ウェイル	クジラ		☐ idol	アイドル	アイドル
☐ wolf	ウルフ	オオカミ		☐ joke	ヂョウク	冗談
				☐ jungle	ヂャングル	ジャングル
				☐ legend	レヂェンド	伝説

社会・生活

☐ album	アルバム	アルバム		☐ lifetime	ライフタイム	生涯
☐ allergy	アラーヂィ	アレルギー		☐ list	リスト	目録
☐ alphabet	アルファベット	アルファベット		☐ merit	メリット	長所
☐ amateur	アマチュア	素人		☐ monster	モンスター	怪物
☐ angel	エインヂェル	天使		☐ newsletter	ニューズレタァ	会報、社報
☐ autumn	オータム	秋		☐ newspaper	ニュースペイパー	新聞
☐ ballpoint pen		ボールペン		☐ nickname	ニックネイム	愛称
☐ Bible	バイブル	聖書		☐ page	ペイヂ	頁
☐ bilingual	バイリンガル	バイリンガル		☐ phone	フォウン	電話
☐ booklet	ブックレット	冊子		☐ profile	プロウファイル	プロフィール
☐ boom	ブーム	ブーム		☐ scandal	スキャンダル	醜聞
☐ bridal	ブライダル	婚礼		☐ slogan	スロウガン	標語
☐ calendar	キャレンダー	暦		☐ stamp	スタンプ	印、切手
☐ cancel	キャンセル	取り消す		☐ taboo	タブー	禁忌
☐ catalogue	カタログ	目録		☐ vocabulary	ヴォキャビュラリ	語彙
☐ chaos	ケイオス	混沌				
☐ charter	チャーター	借り切り		### 行動		
☐ congress	コングレス	会議		☐ blend	ブレンド	混合物
☐ debut	デビュー	初登場		☐ chop	チャップ	叩き切る
☐ devil	デヴル	悪魔		☐ gesture	ヂェスチャー	身振り

カタカナ語

☐ jump	チャンプ	跳躍
☐ kick	キック	蹴る
☐ kiss	キス	接吻
☐ pierce	ピアス	穴を開ける
☐ punch	パンチ	パンチ
☐ snap	スナップ	ポキンと折る
☐ spin	スピン	ひねり
☐ stroke	ストローク	発作
☐ toss	トス	ほうる
☐ twitter	トゥイッター	さえずり
☐ yawn	ヨーン	あくびをする

心情・様子

☐ cute	キュート	かわいい
☐ dramatic	ドラマティック	劇的な
☐ elegant	エレガント	優雅な
☐ frustration	フラストレイション	欲求不満
☐ gorgeous	ゴーヂャス	豪華な
☐ handsome	ハンサム	美男子の
☐ hazard	ハザード	危険
☐ jealousy	ヂェラスィ	嫉妬
☐ premium	プレミアム	景品, 高級な
☐ refresh	リフレッシュ	リフレッシュする
☐ slim	スリム	スリム
☐ sour	サウア	すっぱい
☐ spectacle	スペクタクル	壮観
☐ thrill	スリル	スリル

色

☐ black	ブラック	黒
☐ blue	ブルー	青
☐ brown	ブラウン	茶
☐ gold	ゴウルド	金色
☐ gray, grey	グレイ	灰色
☐ green	グリーン	緑
☐ pink	ピンク	桃色

☐ purple	パープル	紫
☐ red	レッド	赤
☐ white	(ホ)ワイト	白
☐ yellow	イェロウ	黄

基数詞・序数詞

☐ one	ワン	1
☐ two	トゥー	2
☐ three	スリー	3
☐ four	フォー	4
☐ five	ファイヴ	5
☐ six	スィックス	6
☐ seven	セヴン	7
☐ eight	エイト	8
☐ nine	ナイン	9
☐ ten	テン	10
☐ eleven	イレヴン	11
☐ twelve	トゥウェルヴ	12
☐ twenty	トゥウェンティ	20
☐ twenty-one	トゥウェンティワン	21
☐ thousand	サウザンド	1000
☐ million	ミリョン	100万
☐ billion	ビリョン	10億
☐ trillion	トゥリリョン	1兆
☐ zero	ズィアロウ	0
☐ first	ファースト	1番目
☐ second	セカンド	2番目
☐ third	サード	3番目
☐ fourth	フォース	4番目
☐ fifth	フィフス	5番目
☐ sixth	スィックスス	6番目
☐ seventh	セヴンス	7番目
☐ eighth	エイトゥス	8番目
☐ ninth	ナインス	9番目
☐ tenth	テンス	10番目
☐ eleventh	イレヴンス	11番目

☐ twelfth	トゥウェルフス	12番目
☐ twentieth	トゥウェンティイス	20番目
☐ twenty-first	トゥウェンティ ファースト	21番目

単位・略語

☐ cent	セント	1/100ドル
☐ pound	パウンド	454グラム
☐ penny	ペニー	1/100ポンド
☐ meter	ミーター	メートル
☐ inch	インチ	2.54cm
☐ feet	フィート	12インチ
☐ yard	ヤード	3フィート
☐ mile	マイル	1609m
☐ dozen	ダズン	ダース
☐ acre	エイカー	4047m²
☐ centigrade	センチグレイド	摂氏
☐ gram	グラム	グラム
☐ kilo	キーロウ	キロ
☐ ton	トン	トン
☐ liter	リター	リットル
☐ barrel	バレル	159ℓ
☐ a.m., A.M.	エイエム	午前
☐ p.m., P.M.	ピーエム	午後
☐ Dr.	ドクター	博士
☐ Mr.	ミスター	氏
☐ Ms.	ミズ	Mrs., Miss
☐ etc.	エトセトラ	…など
☐ i.e.	アイイー	すなわち
☐ cf.	コンファー	…を参照
☐ vs	ヴァーサス	…対
☐ e.g.	イーヂー	たとえば
☐ :	コロン	説明・引用の前
☐ ;	セミコロン	, と . の中間

■ まとめて覚える語

体

☐ ankle	足首
☐ arm	腕
☐ beard	ひげ
☐ brow	ひたい
☐ cheek	頬
☐ chin	あご
☐ elbow	ひじ
☐ eyebrow	まゆ
☐ finger	指
☐ fist	げんこつ
☐ forehead	ひたい
☐ heel	かかと
☐ hip	腰、臀部
☐ jaw	あご
☐ knee	ひざ
☐ lap	ひざ
☐ leg	足
☐ lip	くちびる
☐ nail	爪
☐ neck	首
☐ nose	鼻
☐ shoulder	肩
☐ skin	皮膚
☐ stomach	胃
☐ throat	のど
☐ thumb	親指
☐ toe	つま先
☐ waist	腰
☐ wrist	手首

家族

☐ dad	お父さん
☐ daddy	お父さん
☐ mom	お母さん
☐ mommy	お母さん

カタカナ語

☐ grandfather	祖父
☐ grandmother	祖母
☐ grandparents	祖父母
☐ grandchild	孫
☐ grandson	孫息子
☐ granddaughter	孫娘
☐ nephew	おい
☐ niece	めい

学問

☐ aesthetics	美学
☐ anthropology	人類学
☐ archaeology	考古学
☐ astrology	占星術
☐ astronomy	天文学
☐ biotechnology	生物工学
☐ ethics	倫理学
☐ geology	地質学
☐ geometry	幾何学
☐ linguistics	言語学
☐ meteorology	気象学
☐ optics	光学
☐ pharmacy	薬学
☐ phonetics	音声学
☐ physiology	生理学
☐ sociology	社会学
☐ theology	神学

複合語

☐ outside	外側
☐ inner	内側の
☐ outer	外側の
☐ upstairs	階上へ
☐ downstairs	階下へ
☐ inward	内側へ

☐ outward	外側へ
☐ upward	上方へ
☐ downward	下方へ
☐ toward	～の方に
☐ onward	前方へ
☐ forward	前へ
☐ backward	後ろへ
☐ afterward	後で
☐ anymore	もはや～ない
☐ whoever	～する誰でも
☐ whomever	～する誰でも
☐ whenever	～する時はいつでも
☐ wherever	どこへ～しても
☐ whatever	～するのは何でも

機能語

☐ above	～の上に
☐ against	～に対して
☐ along	～に沿って
☐ around	～の周りに
☐ behind	～の後ろに
☐ below	～の下方に
☐ beneath	～の真下に
☐ beside	～のそばに
☐ beyond	～を越えて
☐ forth	前に
☐ onto	～の上に
☐ underneath	～の下に
☐ unless	もし～でなければ
☐ unto	～に（へ、～まで
☐ within	～以内に

ESSENTIAL ENGLISH WORDS FOR
The Common Test for University Admissions

INDEX

索引

- □ この索引には，本文の見出し語・フレーズ（計1800語）とその派生語・類義語・反意語・関連語（計2163語）が掲載されています。
- □ 太字（abcde...）は見出し語，細字（abcde...）はそれ以外です。
- □ 左端の赤文字（-aや-bなど）は「2つのスペル」です。例えば，A列にある-bの右側にはabで始まる単語（abandon, absenceなど）がくるという意味です。単語検索の際にご活用ください。

A B C D E F G H I J K L M N O P Q R S T U V W X Y Z

-i dialect

E
PAGE

INDEX
A B C D E F G H I J K L M N O P Q R S T U V W X Y Z

I
PAGE

A B C D E F G H I J K L M N O P Q R S T U V W X Y Z

INDEX ▼ A B C D E F G H I J K L M N O P Q R S T U V W X Y Z

-i

-o

Y

Z

MEMO

音声再生方法

右の QR コードまたは下記の URL にアクセスし，
パスワードを入力してください。
http://www.toshin.com/books/
Password: TSKT1800

▶ 音声ストリーミング
スマートフォンやタブレットに対応。ストリーミング再生はパケット通信料がかかります。

▶ ダウンロード
パソコンよりダウンロードしてください。スマートフォンやタブレットでのダウンロードはサポートしておりません。

共通テスト対応英単語 1800

発行日	:	2020 年 9 月 26 日　　初版発行
		2024 年 8 月 20 日　　第 8 版発行
編者	:	高橋 潔
発行者	:	永瀬昭幸
発行所	:	株式会社ナガセ

〒 180-0003　東京都武蔵野市吉祥寺南町 1-29-2
出版事業部（東進ブックス）
TEL：0422-70-7456 ／ FAX：0422-70-7457
http://www.toshin.com/books/（東進 WEB 書店）
（本書を含む東進ブックスの最新情報は，東進 WEB 書店をご覧ください。）

イラスト	:	新谷圭子，スタジオクゥ
装丁	:	東進ブックス編集部
DTP	:	株式会社秀文社
印刷・製本	:	シナノ印刷株式会社
編集協力	:	大澤ほの花，金子航，佐藤春花，佐廣美有，土屋岳弘，戸田彩織，福島はる奈，山下芽久，山蔦千尋
音声収録	:	一般財団法人　英語教育協議会（ELEC）
音声出演	:	Marcus Pittman，Emma Howard，Jack Merluzzi，Bianca Allen，Jennifer Okano，Guy Perryman，水月優希

WEBで体験

国語

「脱・字面読み」トレーニングで、「読む力」を根本から改革する！

輿水 淳一先生
[現代文]

明快な構造板書と豊富な具体例で必ず君を納得させる！「本物」を伝える現代文の新鋭。

西原 剛先生
[現代文]

東大・難関大志望者から絶大な信頼を得る本質の指導を追究。

栗原 隆先生
[古文]

ビジュアル解説で古文を簡単明快に解き明かす実力講師。

富井 健二先生
[古文]

縦横無尽な知識に裏打ちされた立体的な授業に、グングン引き込まれる！

三羽 邦美先生
[古文・漢文]

幅広い教養と明解な具体例を駆使した縦横自在の講義。漢文が身近になる！

寺師 貴憲先生
[漢文]

小論文、総合型、学校推薦型選抜のスペシャリストが、君の学問センスを磨き、執筆プロセスを直伝！

正司 光範先生
[小論文]

文章で自分を表現できれば、受験も人生も成功できますよ。「笑顔と努力」で合格を！

石関 直子先生
[小論文]

理科

正しい道具の使い方で、難問が驚くほどシンプルに見えてくる！

宮内 舞子先生
[物理]

化学現象を疑い化学全体を見通す「伝説の講義」は東大理三合格者も絶賛。

鎌田 真彰先生
[化学]

「なぜ」をとことん追究し「規則性」「法則性」が見えてくる大人気の授業！

立脇 香奈先生
[化学]

「いきもの」をこよなく愛する心が君の探究心を引き出す！生物の達人。

飯田 高明先生
[生物]

地歴公民

歴史の本質に迫る授業と、入試頻出の「表解板書」で圧倒的な信頼を得る！

金谷 俊一郎先生
[日本史]

つねに生徒と同じ目線に立って、入試問題に対する的確な思考法を教えてくれる。

井之上 勇先生
[日本史]

"受験世界史に荒巻あり"と言われる超実力人気講師！世界史の醍醐味を。

荒巻 豊志先生
[世界史]

世界史を「暗記」科目だなんて言わせない。正しく理解すれば必ず伸びることを一緒に体感しよう。

加藤 和樹先生
[世界史]

どんな複雑な歴史も難問も、シンプルな解説で君を徹底理解できる。

清水 裕子先生
[世界史]

わかりやすい図解と統計の説明に定評。

山岡 信幸先生
[地理]

政治と経済のメカニズムを論理的に解明しながら、入試頻出ポイントを明確に示す。

清水 雅博先生
[公民]

「今」を知ることは「未来」の扉を開くこと。受験に流されず、目標を高く、そして強く持て！

執行 康弘先生
[公民]

※書籍画像は2024年3月末時点のものです。

付録 **2**

01 人にしかできないやる気を引き出す指導

夢と志は志望校合格への原動力！

夢・志を育む指導

東進では、将来を考えるイベントを毎月実施しています。夢・志は大学受験のその先を見据える、学習のモチベーションとなります。仲間とワクワクしながら将来の夢・志を考え、さらに志を言葉で表現していく機会を提供します。

一人ひとりを大切に君を個別にサポート

担任指導

東進が持つ豊富なデータに基づき君だけの合格設計図をともに考えます。熱誠指導でどんな時でも君のやる気を引き出します。

受験は団体戦！仲間と努力を楽しめる

チーム制

東進ではチームミーティングを実施しています。週に1度学習の進捗報告や将来の夢・目標について語り合う場です。一人じゃないから楽しく頑張れます。

現役合格者の声

東京大学 文科一類
中村 誠雄くん
東京都 私立 駒場東邦高校卒

林修先生の現代文記述・論述トレーニングは非常に良質で、大いに受講する価値があると感じました。また、担任指導やチームミーティングはものの支えでした。現状を共有でき、話せる相手がいることは、東進ならではで、受験という本来孤独な戦いにおける強みだと思います。

02 人間には不可能なことを AI が可能に

学力×志望校 一人ひとりに最適な演習をAIが提案！

AI演習

東進の AI 演習講座は 2017 年から開講していて、のべ 100 万人以上の卒業生の、200 億題にもおよぶ学習履歴や成績、合否等のビッグデータと、各大学入試を徹底的に分析した結果等の教務情報をもとに年々その精度が上がっています。2024 年には全学年に AI 演習講座が開講します。

■AI演習講座ラインアップ

高3生 苦手克服＆得点力を徹底強化！

「志望校別単元ジャンル演習講座」
「第一志望校対策演習講座」
「最難関4大学特別演習講座」

高2生 大学入試の定石を身につける！

「個人別定石問題演習講座」

高1生 素早く、深く基礎を理解！

2024年夏 新規開講

「個人別基礎定着問題演習講座」

現役合格者の声

千葉大学 医学部医学科
寺嶋 怜旺くん
千葉県立 船橋高校卒

高1の春に入学しました。野球部と両立しながら早くから勉強をする習慣がついていたことが現役合格した要因の一つです。「志望校別単元ジャンル演習講座」は、AIが僕の苦手を分析して、最適な問題演習セットを提示してくれるため、集中的に弱点を克服することができました。

03 本当に学力を伸ばすこだわり

楽しい！わかりやすい！そんな講師が勢揃い

実力講師陣

わかりやすいのは当たり前！おもしろくてやる気の出る授業を約束します。1・5倍速×集中受講の高速学習。そして、12レベルに細分化された授業を組み合わせ、スモールステップで学力を伸ばす君だけのカリキュラムをつくります。

パーフェクトマスターのしくみ

合格したら次の講座へステップアップ

授業 知識・概念の **修得**	→	確認テスト 知識・概念の **定着**	→	講座修了判定テスト 知識・概念の **定着**

毎授業後に確認テスト　　最後の講の確認テストに合格したら挑戦！

英単語1800語を最短1週間で修得！

高速マスター

基礎・基本を短期間で一気に身につける「高速マスター基礎力養成講座」を設置しています。オンラインで楽しく効率よく取り組めます。

本番レベル・スピード返却学力を伸ばす模試

東進模試

常に本番レベルの厳正実施。合格のために何をすべきか点数でわかります。WEBを活用し、最短中3日の成績表スピード返却を実施しています。

現役合格者の声

早稲田大学 基幹理工学部
津行 陽奈さん
神奈川県 私立 横浜雙葉高校卒

私が受験において大切だと感じたのは、長期的な積み重ねです。基礎をつけるために「高速マスター基礎力養成講座」や「授業後の確認テスト」を満点にすること、模試の復習などを積み重ねていくことでどんどん合格に近づき合格することができたと思っています。

ついに登場！ 君の高校の進度に合わせて学習し、定期テストで高得点を取る！

高等学校対応コース

目指せ！「定期テスト」20点アップ！
「先取り」で学校の勉強がよくわかる！

楽しく、集中が続く、授業の流れ

1. 導入

授業の冒頭では、講師と担任助手の先生が今回扱う内容を紹介します。

2. 授業
約15分の授業でポイントをわかりやすく伝えます。要点はテロップでも表示されるので、ポイントがよくわかります。

3. まとめ

授業が終わったら、次は確認テスト。その前に、授業のポイントをおさらいします。

付録 **4**

合格の秘訣③ 東進模試

申込受付中
※お問い合わせ先は付録7ページをご覧ください。

学力を伸ばす模試

本番を想定した「厳正実施」
統一実施日の「厳正実施」で、実際の入試と同じレベル・形式・試験範囲の「本番レベル」模試。
相対評価に加え、絶対評価で学力の伸びを具体的な点数で把握できます。

12大学のべ42回の「大学別模試」の実施
予備校界随一のラインアップで志望校に特化した"学力の精密検査"として活用できます（同日・直近日体験受験を含む）。

単元・ジャンル別の学力分析
対策すべき単元・ジャンルを一覧で明示。学習の優先順位がつけられます。

最短中5日で成績表返却 WEBでは最短中3日で成績を確認できます。※マーク型の模試のみ

合格指導解説授業 模試受験後に合格指導解説授業を実施。重要ポイントが手に取るようにわかります。

2024年度
東進模試 ラインアップ

共通テスト対策
■ 共通テスト本番レベル模試 　全4回
■ 全国統一高校生テスト （全学年統一部門）（高2生部門）（高1生部門）　全2回

同日体験受験
■ 共通テスト同日体験受験 　全1回

記述・難関大対策
■ 早慶上理・難関国公立大模試 　全5回
■ 全国有名国公私大模試 　全5回
■ 医学部82大学判定テスト 　全2回

基礎学力チェック
■ 高校レベル記述模試 （高2）（高1）　全2回
■ 大学合格基礎力判定テスト 　全4回
■ 全国統一中学生テスト （中2生部門）（中1生部門）　全2回
■ 中学学力判定テスト （中2生）（中1生）　全4回

※ 2024年度に実施予定の模試は、今後の状況により変更する場合があります。
最新の情報はホームページでご確認ください。

大学別対策
■ 東大本番レベル模試 　全4回
■ 高2東大本番レベル模試 　全4回
■ 京大本番レベル模試 　全4回
■ 北大本番レベル模試 　全2回
■ 東北大本番レベル模試 　全2回
■ 名大本番レベル模試 　全3回
■ 阪大本番レベル模試 　全3回
■ 九大本番レベル模試 　全3回
■ 東工大本番レベル模試 [第1回]
■ 東京科学大本番レベル模試 [第2回]　全2回
■ 一橋大本番レベル模試 　全2回
■ 神戸大本番レベル模試 　全2回
■ 千葉大本番レベル模試 　全1回
■ 広島大本番レベル模試 　全1回

同日体験受験
■ 東大入試同日体験受験 　全1回
■ 東北大入試同日体験受験 　全1回
■ 名大入試同日体験受験 　全1回

直近日体験受験
| 京大入試 直近日体験受験 | 北大入試 直近日体験受験 | 阪大入試 直近日体験受験 |
| 九大入試 直近日体験受験 | 東京科学大入試 直近日体験受験 | 一橋大入試 直近日体験受験 |

2024年 東進現役合格実績
受験を突破する力は未来を切り拓く力!